家国萦怀不计年

JIAGUO YINGHUAI BU JINIAN

徐 盈◎著

中国文史出版社

CHINA CULTURAL AND HISTORICAL PRESS

徐　盈（20世纪30年代）

第三辑　战火中的工商业

政协委员文库

第一辑

烽火中的北平

古城最后的一瞥

一、时局掀开之前日

在密云不雨的时局中，鸭蛋黄飞机撒下了雪片似的传单，上面写着："脱离凶狠的二十九军，断绝他们后方，是华北老百姓们一致的希望，并且是最少限度的义务！"这种非中国文的句子，足以表示时局已到最后关头，战争不久就要展开。

果然，七月二十七日晚二十九军宋哲元便发出表明"态度"的电报。这里面是把"经过事实，掬诚奉闻"。他简明地报告，七月七日夜，日军突向我卢沟桥驻军袭击，我军守土有责，不得不正当防御。十一日双方协议撤兵恢复和平，不料于二十一日炮击我宛平县城及长辛店驻军，于二十五日夜突向我廊坊驻军猛烈攻击，继以飞机大炮肆行轰炸，于二十六日晚又袭击我广安门驻军，二十七日早三时，又围攻我通县驻军，进逼北平。迟延复迟延，卢沟桥事变后的第二十一日，守土的领袖才知道了"国家存亡，千钧一发"，才声称"尽力防御"。

在这"态度"表明的一日（当日市民并未知道），古城的空气，已有相当严重。早晨，北宁、平汉两站徘徊着不少"行不得也"的旅客，该日客货车已完全不通，平津、平保、平京，各长途电话之线路均中断。城门及各要冲路口，又将前撤去的沙袋恢复旧观。清洁夫们这天大忙碌，多少麻袋中都装满垃圾作沙堆，西单、东单，西四、东四，都有了武装的士兵，在各城门口，还有许多兄弟换穿了警察的衣裳，在加紧警备着。城门除前门外，多未开启，特别是地当要冲的广安门及宣武门外，在下午一时许的微阴，竟宣布戒严。

过去北京政府时代称为太上政府的"东交民巷"也在戒备森严，呈战时状态，各自划分地界，由各国兵营派人把守，我巡视一周，见东口系由美兵把守，西口由法兵把守，中间由意兵巡逻，御河桥西为英兵把守，台基厂则由日兵把守。这群黄种弟兄以有战意之眼神注视我通过，显出此同文同种间之鸿沟日趋深沉。旭日旗在黯云中微微舒展，两国之未来关系实在飘忽与荡漾之中。

到崇文门大街，这一带有国际性的商店，各把富于保护色的旗帜悬挂出来，五颜六色，宛如国旗展览。偶然过一两个白色侨民，也都匆匆即行消失，听说使馆已有命令发出，叫侨民到使馆集中。

薄暮时，天微雨，各方筑砂工程多在进行，二十九军之刀光在阴影中闪烁，晚报上之大标题为：

"最后关头之今明日！"

二、一天的欢欣

二十八日晨，天还没亮，炮声已逼近北平，隆隆声中佐以轻机关枪声，铁鸟亦在空中开始盘旋，全市开始作着轻微的乱动，这是卢沟桥事变后，市民首次受到最大的刺激。人心惶惶中，"号外"满街飞，老百姓的态度很鲜明。失掉了悠闲的人们，晓得今后是要准备着来打发一些紧张的日子了。

号外满街飞，捷音频频，甚至广播电台也随时以郑重声音报告着"本台确讯：丰台及廊坊已经克复"。下午，我又在北京大学的狂欢人丛中，听到"通州又被我们克复了"。到处所见，都是一副笑脸。

在喜洋洋的氛围里，我怀着兴奋的心情踏遍全市。神圣的民族战争的"胜利"是发生了预期不到的波澜。没有一个警察能够安然地立在岗位上，四周包围着人群，大家说说笑笑，没有了隔阂。为了工事，米店也不曾有丝毫苛吝，便欣然地交出麻袋。当街的地上，重叠地贴着号外，让大家喜欢一下，"中国也有了翻身的日子了！"

王府井大街没有了繁华，便衣队的一度惊惶过后，伴着我的孤影在漫步的只有一些小传单在翻滚。环绕着东交民巷的大街上都掘着丈深的沟，

4

这是预备某国人若是从东交民巷的兵营里冲出来：我们沙堆后的武士随时随地都能给他们以当头棒。

通过东单牌楼时，新铺了沙的马路中的日兵营在静寂中，仅见堡垒的垛口后有些人影。这时，突有一架怪飞机从南天飞来，绕城数遭之后，竟在东交民巷的上空翱翔起来。市民大半疑心这是南京派来的铁鸟，可是这铁鸟竟低飞到日兵兵营投下了一个并不爆炸的铁筒便走了。

前门的三座大门，只开着最西面的一扇，那一带路上的行人很拥挤，这里，没有一家商店在营业，没有一家的人们关在家里。人丛中有几个西方同业正在拍照，名记者Snow也携着一位穿夏布大衫的随从在内。我很艳羡他们特有的自由。方才我在西单大街，为了拍照曾一度受了拘留，不由得感到异国人超于本国人的优越和特殊。

城外，一路上都能遇到换防回来零星走着的弟兄。绛色的脸，混着泥的军服，表示他们是在如何的浴血奋战中贡献了全部精力。各外城的城门口，都有大批慰劳人，市民贡献西瓜，学生们有慰劳团在唱歌、鼓掌。我们士兵全不曾习惯于这样的待遇。他们忸怩着，但又是很兴奋地报告着前方战况：

"前方哪能看得见人！谁也看不见谁，敌人方面的炮火真足，飞机又老是在下蛋，漫天都是摸不着边儿的烟，个个都成了睁眼瞎子……"

二十九军自己承认自己的大刀片在这种场合下失去了效用。

市民对于军队的亲切，到了使人不敢相信的程度。问路时，人们争着带路；疲倦得走不动时便有人替他们雇车。在中山公园前，有人不单替他们雇上车，还一壁向他们作揖致敬。这两个士兵惨笑地告人说："一连人就剩了我们俩——"有些年纪在半百以上的人们还能追忆着庚子时代的投降姿态，他们频频说，"到底民气不同了！"

同时，六国饭店、利通饭店、华安饭店在保护旗下宣告客满，拥挤到一部分人只能在铁棚门里的小院子里，坐在自己的包裹上听炮声，可是也不时地传来楼上的麻将牌声作伴奏。西城运国教堂里的营业也极好，房价每小间日需三十元，走廊一般也要十五元，有资产甘心忍受虐待。

近晚，炮声逼近城根，越听越近，但人心都想着"胜利"依然不曾感到什么恐慌，一个黄包车夫很自信地告诉我说：

"这就是我们的炮，一炮打死一百个小日本！"

鲁悦明（徐盈笔名之一）

八月二日于北平

（选自《陷落后的平津》，上海，时代史料保存社1937年11月）

陷落后的北平

北平的人心虽镇静，但政局却十分紧张，代委员长张自忠氏首将离平的八个委员开了缺，另选了八员"新贵"递补。以不干政为名的地方维持会成立了，推元老江朝宗氏为领袖，但江氏的晚辈为了不愿这老人作傀儡，力逼他连辞二职，维持会及政委会双方都曾恳切挽留，将来如何发展尚在不可知中。连日平津反战同盟会的宣言满街飞，声言"打倒国府投机的抗日"，"任如何慷慨激昂，牺牲彻底，亦不能成功，何则，力不胜任故也"；故应"拥护地方行政权"，并"实行中日提携，调整国交"。这次的文字比较通顺，但显然也是在敌人的指挥刀下，离间南北，给国人以恫吓的。

日本踏入平津后事实上是已有了相当的暂时满足。为了要稳定现状，便不能不随时给人民以刺激，造成地方上的普遍"恐日病"而完成华北的独立。于是文字之余，又加之以武事，因而有四日卢沟桥日军联络员携着大批武器，由城内通过前往通县的事实。

官方解释日军所以通过城内的原因，是因为郊外连日有雨，泥泞难行，故日军特务机关部特向警察局长潘毓桂"婉商"，由市内通过，以期便利。潘氏业已通令各区转知市内各处人民，届时不必惊疑。

四日上午八时起，日军联络员，有的穿着军服，有的索性赤背，带着坦克车、铁甲汽车、卡车、机关枪车多辆自西南角上的广安门入城。联络员们断续地唱着军歌，坦克车上厚披着树枝和稻草，东交民巷口上有美军布岗，有日本妇孺在摇旗欢迎，引得卡车时时停着，里面出来军官立正还礼。经过东长安街、东单、东四出朝阳门，过东郊直赴通县，一路上，参观者万人空巷，除了面有畏色，而态度则"异常镇静"。

事变以来，最辛苦的莫过于昼夜不眠的警察，日人称之为忠顺的八旗子弟。为了与通县保安队有别，日来北平四郊的警察在烈日下又改换了黑色制服，服务时无不汗流浃背。联络员们通过时，红光旗子满街飞，只是没有了我们的国旗。到处旗杆都空着。但四郊一带，有几处已经在面粉口袋上画个红圈而悬挂出来，据说燕大和清华都改悬了美国旗。

当日战车通过后，到处传布着"日本进城了"的消息，柏油马路上留着残破轮迹，市民心里也遗留下一条深深的创痕。

这一次恫吓，日本的计划是成功了，街谈巷议，又是一片"明日接收"的猜测预言，多数人都为敌人的武器所迷惘，以为我们的武器不能和人家的比，我们的失败实为必然的结果。

日本是惯于使用这一种技术的滑头。他们虽然说我们是"年事财政，百孔千疮"，但他们自己也矛盾百出，从不敢作全面冲突的预期。前北平特务机关长松室少将曾对关东军有个秘密情报，这里面有一个日本实力的忠实供状：

"……须知'九一八'迄今之帝国对华及历次对中国军之作战，中国军因依赖国联而实行不抵抗主义。故皇军得以顺调胜利。及后华军对于知己知彼之认识，受帝国皇军威胁而竟疑神疑鬼，转成普遍之恐日病，帝国之相煎煎烈，中国之惶惑亦愈甚，则一般当习局之恐日病益趋加重。倘彼时中国官民能一致合心而抵抗，则帝国之在满势力，行将陷于重围，一切原料能否供给帝国，一切市场能否销售日货，所有交通要塞、货源工厂，能否由帝国保持偌大区域，偌大人口能否为帝国所统制，均无切实之把握……"

报告虽隔数年，但一贯的宗旨从未变更。汉奸满天飞，走狗满地爬，都是必然结果。代委员长×××氏现已因故失宠，继之而起的是对中日当局均甚热心的"地方参议会"，闻其"民意"的第一案即系"反对南军北来，睦邻自存，免受惨祸"。这条路子和"满洲"建国并无二致。

古老的北平，"天棚、鱼缸、石榴树"，"老爷、肥狗、胖丫头"虽然依旧，可是已失掉了昔日的趣味；临河茶馆里依旧客满，但谈话的题目却已失掉了"悠闲"。譬如中央通讯社社长以蓝衣社的名义被捕入狱，卢布与法币相提并论，城外灾民不得入城，及"满洲国"的小学生沿街为

"北支将士"募捐之类，这些题目，都不是平常时候惯谈"花、鸟、虫、鱼"的人所能想到的。

北平的确也是在非常时期中！

在"北宁奉山化"的压迫下，五日平津开始通行临时车，将二小时半的时间扯长到九小时。狂风打击中，东车站又告人满，头二等车上拥挤得无立足地，月台上还有一半购得了票而上不去车的人，这样的车，每天平津在晨九点对开一次。

从北平到天津的旅客是以企图南下的青年学生为多，而自天津到北平来的主要多属难民，因此故，北平在便门车站设立了严密的检查机关，以防止"不良分子"。旅客们到了天津，也有同样的困难，就是没有持通行证的不能踏入租界，连天在下"霉雨"，人们踏着泥泞，茫然无所归宿。

在北平当前的亟待解决的问题是"学校"，上至教授，下至学生无不为此焦急。这种焦急，也就是文化城的焦急，如果北平失掉了他怀抱中的学生，北平就要有半个空城。现在，只要交通有办法，大部分学生已经在准备出走。终日里人心惶惶，但走到哪里去，还是一个问题，记者曾经拜访过几位学校主持人，他们也是陷入于苦闷中。到处所见，都是几副苦脸和一桌麻将，好在古城如今还没有人说"打打麻将"也是犯法的。

旧历的七月七日快到了，此地游戏场已有将"天河配"提前演出的，可是，任何娱乐场所都很少有人。市政府虽然将娱乐捐免收半月，提倡娱乐，岂奈人民没有娱乐的心情何！

鲁悦明

八月六日在检查住户声中写完

（选自《陷落后的平津》，上海，时代史料保存社1937年11月）

动乱中的北平

七月二十八日以后的北平，除了电报以外，完全被逼着和现社会隔离了，密不透风，二百万市民宛如馒头中的肉馅。这里并没有外方人想象中的骚动和纷扰，可是，粮价提高，谣言百出，自然也是动乱中不可避免的现象。

值得特别报告一声的是"市民很镇静"，虽然全市治安的维持全赖诸不会使枪的警察，他们抱着"多一事不如少一事"的宗旨，已使北平近于无政府状态了。警察局长即昔任冀察政委会政务处长之潘毓桂氏。潘氏素习警政，在就任时他当众宣称："诸位若是以为我是汉奸，诸位辞职我自然不敢挽留，如果不这样想，那么请诸位安心做事，我是一概都不更动。"措辞之深刻，一时无双。

日来阴霾多雨。三伏天气，本年变化甚大，时冷时热。北平完全在封锁中，电报局虽然收了电件，却不敢保证何日拍出；邮政局虽在接收邮件，但也不敢保证何时寄出。每当酝雨之前，天多作奇热，与全市市民之内心一样，同陷于沉闷忧郁的空气里。

北平的新闻纸因纸荒关系，已然缩小篇幅，同时并将价格提高了。各报内容除本市"官方消息"外，只能有条件地选些南京中央电台广播的新闻，此外，各方消息都很稀见。三十日，党方的《华北日报》即行停刊，三十一日最活跃的《北平新报》也结束了生命。八月一日中央通讯社又关上了铁门，据说下级职员尚为捕去数人。同时，日本的华字报纸——《新兴报》又突出了东城的"销售线"（按：曾一度禁止过）而飞跃全城，报贩们大声喊着："《新兴报》又出来了。"

前曾为王芸生先生一度"招魂"的同业们，这时也都丑态露，有的是一向对于这次"事变"一字不提，有的是采用了"同盟社讯"也不特别标出。公然称颂着"中国驻屯军"的功德，只差无颜地改口称"我国"。某机关报纸且特别喜发号外，以刺激街市上的变乱。

几天来，城门开闭无时，几次都未能走出城去，但就难民们的口中可以知道，城外高粱玉米等大半全毁，中间伏着的死尸被雨打日炙，已水肿得如小牛，青菜腐烂在地皮上，茄子贱到送人都没人吃。有些城里的穷人曾冒险出去贩菜，可是出去后，城门又不开，没法进城，最后却是遍体鳞伤地从城下的水闸口爬进城来。"赔了夫人又折兵"，他们在茶馆中这样讲，"还不是为的得一条活命"！

战后第四日，记者由广安门绕道永定门外去视察，自桥下向南苑大道进发时，沿途即发现许多伤兵。卢沟桥战时，我们的后方救护组织便嫌太不严密，伤兵很是痛苦，何况，现在已然根本没有了"后方"。有些轻伤者还在以手代足地向城方移动，但重伤者，却颓然卧在中途，三日三夜，没有得到过一点水喝。因为慈善机关及红十字会的汽车还不能出城，这些受伤者只能静静地等候着死神的来临。

我们曾给一些难民们摄影，被摄影者都表示很不高兴。问他们起反感的原因，他们说："今生我们已经吃饱了痛苦，你给我们留下影子，难道要我们生生世世永远不能翻身么？"特别是一些外国记者用活动电影机向他们拍来拍去，也是最使他们头痛的一件事。后来，我们又在救济所中摄影时，则人们都不响了，他们却是在希望以痛苦的影子换来救济和怜悯。

有汽车的视察者群看到了伤兵的惨状，不由得同情心大发，他们把重伤者用绳带系在汽车的保险杠上、挡泥板上，或尾部的行李箱中，带他们回城。这群受伤者完全是飞机下的牺牲者，伤全在下部，也有的是胸肋处被裂成洞或头部已不完整，满面血污。他们都在追赶或用手示意恳求援助，但汽车中人只好爱莫能助地驰去了。

城里面"官方消息"是不断地对敌军表示钦佩，可是南苑边上逃出来的女人们告诉我，敌军初到的第一天，便曾向"地面上"索要五十个壮年女人。弹冠相庆的新贵们，他们做梦也想不到士兵的死亡枕藉和农民大众的流离与惨苦。

回城后，看到汪精卫讲演的全文。此地一般人不愿意听"人与地俱成灰烬，使外人一无所得"的消极句子；反之，是企望政府做事能够敏捷些，动员领导着全国人民，迅速地在未被敌机炸成焦土之先，来一齐把敌人赶出去。在目下，我们城内投降的银行家们正在申论着战事：非要到敌人看着我们被打得可怜，才会终止打击。这两种说法，其实是一样的懦弱——怕听口口声声的"弱国"。

"敌人给我们的刺激越加深，我们的向心力便越发加强，可是，政府怎样来领导我们呢？"

街谈巷议，小市民层，有着与上层相反的意志。劳动者群更是在担心会做高丽第二，他们纷纷谈论着一条街上只有一把刀的惨痛。"什么事都是坏在姓张的手里，"他们说，"从古来起，张邦昌、张士贵、张宗昌……恰好最近又有一位。"

八月二日夜里传来密令，叫各商户都把门口钉着的"新生活标志"取消。各公寓中，警察好意地来送信："诸位，把东西该收的收一收。"满城风雨地说是要逐户检查。全城已没有了国家的旗子。殷汝耕在南池子二十九号私宅里设"冀东政府驻平办事处"，新油饰得耀眼的新颖。

青年的苦闷已到极点，有一批人想要徒步去保定，中途被截回来。北平的四周已被封锁得十分巩固，一天好像一年一般地度过着，大家见了面第一句话便是："有新消息吗？"可是，谁也没有。

各种救护事业只有让"慈善家"或屠夫们去做，青年人都不能参加了，汉奸环窥在四周，随时随地都有失踪的可能。

大家都在企望着再听见炮声。

二十九日早晨。昨夜睡得颇为满足的人们打开本日的新闻纸，准备来温习一遍昨天的"欢欣"，可是，最醒目的题目已经换成了时局"急转直下"，宋哲元及北平市长都已离平赴保了。

昨天天黑以后，东城六条东口住的朋友就来电话告我，二十九军司令部已然在搬家，嘈杂却不混乱，似乎是有计划地向南退走。我们在白天虽然已经晓得这几个富于刺激性的消息很有折扣，可是还不曾料到"急转直下"得这样迅速。不过，现在回想起来，那天夜晚所见各方面的情形的确是在兴奋中还有忙迫。

据说代委员长张自忠今晨要视察全市防务，记者在破晓后便环城走了一周，视察换防情形。各城门虽是依然在关闭，可是上面已然没有一个手持大刀"不失一寸土"的士兵。巡察们正在指挥着拆除麻袋，当记者在摄影时，快嘴者流便纷纷喊着："又照相了！"可是警察们却一声不响地连头都不抬，"今日"与"昨日"宛然是两个世界。

今天，街上最可怜的莫过于前方退下来的"弟兄"，他们从南苑方面退回来，千辛万苦地找到自己的司令部，但司令部里已经没有一个自己的人，在大门口便被"挡驾"，自己还不清楚是怎么一回事。机警些的人，就忙找个僻静处抛了大刀，脱了军衣，仅穿着里面的小衣裤在街市上开始做落魄的孤魂。市民们已然没有人再行另眼相待，虽然和昨天的距离不过只有十二三小时光景。

但由这些落魄的孤魂口中，昨天的血战依然使听众兴奋。而飞机的掷弹，却又是使这次南苑失败的主因。"一·二八"战役时，翁照垣将军曾说：此次战役给我一个极大的感触，当日人的飞机向我们恣意掷弹时，它们满天乱飞，得心应手，丝毫无所顾忌，虽然不能弹弹命中，但在精神上给我们以威吓，在实际上给我们以损害确实极大的。他更加重地说："沪战不是最后的对外战争，飞机的效用将来愈大，难道我们将于第一次领受了这样严重痛苦的教训之后，再以同样的眼睛，看我们许多无抵抗的大都市和民众受到第二次的损害么？"

不幸而言中，二次的损害又来了，第二次的"损害"便落在华北的头上，我们的南苑、通州、廊坊、天津，大半都成了焦土。佟麟阁副军长在南苑统率着军官团抗战，便是在飞机的轰炸下为国捐躯的；赵登禹师长也是在烟雾弥漫中失掉了指挥大刀队的策略，终至于贡献了生命。二十九军的内幕复杂我们是知道的，可是这次老宋的指挥不灵，却很少有人顾虑到，尤其是多年共事的袍泽，竟然为着利禄而成为仇敌，这变化尤其令人不敢想象。

下半天，外城每过相当时间开城一次，使难民进城，只允妇孺，不要孤身男人。四个日军站在城门边监视着警察执行职务，男人手中的包裹必须打开检视，但女人手中的则只按一按有无武器，无武器即准进来。南城一带，香厂和彰仪门里都设立了供给玉米面粥的收容所，所址的面积和难民人数比起来，真是"一粟"。

在朝阳门上，可以看见通州的烟气弥漫。

昨天夜晚，通州一点也不平静，保安第一总队在总队长张庆余指挥下"反正"了，冀东政府的各县一致行动，宛如过去八月十五杀鞑子的故事重演。在民族仇恨的怒火燃烧中，我们的士兵先把监视当地的太上皇某敌人领袖消灭后，便开始了壮烈的流血，这群东北健儿可以遥向着白山黑水默祷：我们放弃了最后的等待！（按：其中有于学忠旧部。）

殷汝耕本是被掳在军中，那张之洞的第十三个孙子，及前五省保安司令赵二老爷和其他汉奸，都是战战兢兢地趴在高粱地里听着别人血滴在流：一枪打死，紧跟着又是一刀。一阵暴风过去后，又享受了从未吃过的辛苦。到了北平城外，才辗转打电话，叫了辆汽车坐着进城，他们进城后才知道殷某是在某种谅解下，才未丧失了性命。

最残酷的是，大部冀东保安队来到北平和二十九军会合，不料到了城根却受到敌人机关枪的欢迎。二十九日傍晚北平城内又听到了沉重的炮声，人心震动，以为是中央军来到，可以死水扬波，谁想到是这幕悲剧呢？这以后，收复冀东显然是不会再这么容易了。

到处是叹息，到处是愤懑，无线电台天天报告着"日机，日机"，华北人民要问，"我们的飞机呢？""我们的国军呢？"事情到了自己的头上，才有了真正的感觉，大家的向心力坚强，绝非东北事变、热河事变、上海事变时的漠不关心了。可是——

北平已被团团包围着，四面已经透不进一点风来。

鲁悦明

（选自《陷落后的平津》，上海，时代史料保存社1937年11月）

笼城落日记

一、野火四起

日文报称北平为笼城，这比喻是相当恰当的。笼城中大家窒息到万分，一般人都觉得，宁要狂暴，不要这死水一般的平静，所以谣言多到万分，结果证实了都是热望与空想。可是，制造者和听众们却在其中获得了聊以自慰的满足。

笼城的笼屉外层，在治安上与内层已经有着天渊之别，虽然这内层的秩序让这群没有枪的警察维持着能到哪一天也还是问题。各驻扎日军的城门外，难民是成群结队地逃进城来，从他们的狼狈的情绪上，可以看出那里的环境是有着不能驻足的恶劣，"但没有法子，"他们说，"谁愿意离开自己的家呢？"几天来，苦风凄雨频频打击着这群队伍。

外城一带，在逼迫下，已经悬挂出来用半只面粉口袋画一个红圈的旗子。在黑衣白箍的警察监视之下，齐化门外，一个高丽人拿只手枪一天连抢三家。日军在守城之暇，最喜到各家串门，一件黄短裤或是一身童子军衣都会构成了私藏军械的罪状。彰仪门外，情形尤为混乱，作检查工作的"堂堂士兵"竟公然把别人的钱钞没收到自己的衣袋里，有反抗的，便说他是通敌的便衣队。阜成门外，有个乡下人系红腰带进城，结果便被日军扣留起来，倒灌凉水，又打个半死，硬逼他供出同伙的人来。这个人，直到咽气时也没有明白他为什么犯罪。

骚乱的蔓延像是野火，只要是有人开了头，便会毫不停息地扩大和燃烧起来。我们的四郊是猬集着多少散兵游勇和多少流氓地痞，当那侦缉网严密的时候，他们还要"生事"，何况现在是又有了这么好的"机会"。

从四郊到内城，即有笼屉也难关锁着这骚动的滋生。

因此，一天天，笼城人们自己造了更多的谣言和更多的虚惊。

二、北平陷落

本是"遵约"不入城的日军，在四日通过了联络员之后，终于在八月八日入城了，满街上贴满了"大日本军入城司令"的布告进城了，这是我军退出北平后的第十日。

关于第一星期的北平状况，记者已有详报。最近一周则只有难民猬集，呈罕见之惨状。据各方统计，目前本城各收容所皆已满额，总数已突破一万人。各处的墙上悲惨地贴着一些"寻人"的凄楚公告。一家人，东奔西走地到了四方，望干了泪水，谁再也见不着谁。我们所晓得的近城厢一带，服毒自尽的是时有所闻，恰好北平满地都是烟馆，购起鸦片来十分容易；辽远地带的凄惶，当然只有加甚了。

这次中国官方告诉中国人说是"小住即去"的日本兵，在布告上却宣称为"维持治安"而来，并没有"小住即去"的意思。日军系河边旅团，约三千人及机械化战队，分别从彰仪门、永定门及朝阳门三路入城，分驻在天坛、铁狮子胡同及旃坛寺等处。十二点整开始入城，在天安门前集合，一共戒严约四小时，使得全市人民观看，全市警察出动。

日军进城前，正逢汉奸郝鹏的灵柩出永定门，记者先随殡去城外视察。这时沿途已经没有死尸及伤兵，惟道路连日落雨，泥泞非常。青纱帐郁郁茂茂，碧葱可爱，据乡人说，里面还有死尸，不过除非踏毁庄稼，否则便不容易找寻出来。

坦克车响声隆隆，啃得柏油路上留着齿印，有些明眼人，看到这套机械化战队，便说其战车的号头是和四日前联络员所携往通州的同一模式，似乎是从通州又转回来专为给笼城的人们以恫吓的。

当日军集合与通过时，北平的中心区停止交通约四时之久。这期间，街上只有黄衣警察，市政府供给的载重汽车和城外来的大车，在柏油路上过来过去。偶然地，也有人力车拖过几个西人，广场上的独步，似乎连车夫都感到了骄傲，他们的脚步把地打得很响。满街的观众，也都很羡慕这群"天之骄子"。

警察打着呵欠在劝沿街的观众后退。"反正就是些人跟车,"他连声说,"有什么看头,大家退一退。"后来,又不停地大声喊:"诸位,这要是出了误会⋯⋯这要是出了误会⋯⋯"他也不想想:征服之下,还有误会吗?

群众很嘈杂,每一条路口上都是走不出的车,穿不过的人。有人处小贩子便来了,敲着酸梅汤的铜碗,拍打着满是青蝇的烂桃。西瓜贩高喊:"船的个,斗大的块来——"群众嬉笑怒骂着向后退几步,便回敬几句道"好丫头,真厉害"或是"这丫头真会装蒜"。

当大军"堂堂"地走过之后,另有一部分"颓废派"随在后面,有的甚而至于坐在人力车上一个个地把头垂在胸前。东交民巷的美国兵营高墙上有人摄影,记者也希望能够把部分着"堂堂入城"的机械队一同公诸世界——让世界看看军阀专横下一般士兵的疾病和疲劳。

交通恢复后,天安门前留下的是马粪、烂纸,和坦克车轮印。我们地方维持会的衮衮代表和新贵们,便在这轮印上,飞驰着汽车赶去叩谒"司令"了。

三、回忆庚子

这次日军的入城,令人回忆到"庚子之变",四十岁以上的人,他们已经有两次看到这古城受蹂躏。陆树德氏曾谓"庚子之变,误于不通洋务者,唯有怨恨畏缩,而不知自强;又误于熟悉洋务者,只知谄媚逢迎,而不知大体"。这几句话,至今仍有再念一遍的必要。

北平"落日"之时,各阶层的感慨虽各个不同,但自不知不觉以至于先知先觉,各有其激愤乃属当然。某慈善会之老祖又行降坛,曾谓立秋日(八月八日)晨微雨,午后北风,晚见北斗星则可以免灾。此说当日一一应验,而日军亦于是日入城,北平由是能否因而免灾,这恐怕任何相信老祖的人都难承认。这种迷信,比起庚子时代的上本求神请怪的群臣,自然已有天渊之别。

陈敬如诗云:"五色旌旗成列国,万家灯火尽夷人。"实亦为今日笼城之良好写照。可是，不必悲观——

　　昨夜听到炮声了，也许不久笼城就又有了自由的空气。

鲁悦明

　　（选自《沦亡的平津》，汉口，生活书店1938年1月）

"笼城"听降记

复员不是复原，但八年以来，北平又为革命的人民武装所包围，性质不同，笼城地位并未改变。这个七百多年的古城，风景如旧，饱经沧桑的人民，苦谈时局。受降以来举世注意。

一、杀无赦！

蒋主席告诫收复区内的扰民败行的官员这样说，"扰民者，杀无赦！"谁来执行命令，军法乎，司法乎？就像收复区的机关组织那样的混乱，这阵风刮过去，一切便都恢复原状了。

第一批飞到北平主持受降的吕文贞少将于十一月十日得到陆军总部传令嘉奖。就在那一天，吕氏在处理了"冒充"十一战区长官部副官在外面抢汽车、封粮店、私运粮食一案后，他颇有感慨地说：

"我不敢说我们没有错误，但是给我知道了，我一定严办。希望各单位都能够这么不护短，我们彼此间应当少批评，多联系。"

吕少将是前进指挥所的一级高官，其仪容在某一点上很像陈辞修（诚），当他坦白谈及外界对他贪污和玩弄女戏子的恶意攻击后，他又强调了陈诚将军对他最为了解。当时，陈立夫、张厉生都要查办他，后来又对他说，你能得的信任如此，将如何答报长官。于是吕氏说：

"中央派来的人员，容或作风不同，但像蒋主席说的那样腐败，我相信绝不可能。譬如我，到这虽两个月，没有过一个钟头的闲暇。我父亲住在这里，可是一共只见了三次面，问题在于中央来的人太少了，不能不雇用当地的一些人，其中难免有流氓地痞假借名义为非作歹，自然长官不能

19

负责任。譬如在前进指挥所这个阶段内的一切事件，我当然要负全责。"

北平是一个国际知名的历史名城，吕氏说，"受降不是分配"，要统一不要分散。到后来，机关来的多了，受降主官没有力量，甚至某些人忘记了自己变为战胜国，以为受降就是要分配，大家动手抢起来。结果便是各自当家，牵制多，执行的少；会议多，决定的少。分别由局部来处理，有了流弊，有了攻击，有了摩擦，乱成了一团。因而到处出事，事事不能解决，如敌人的华北兵站基地的油水多，那里便被大切八块，再也拼凑不起来。北平的受降后的混乱，象征着全国各大城市的现况。

北平比如一个大香炉，此刻烟尘滚滚，使人感到目迷心寒。乡村包围着城市，郊区白面限卖二十元一斤，城内则高达三百六十元。飞来的粮食特派员赶到时，此地最大的"华北平衡仓库""华北麦粉制造协会""华北交通粮食部""华北开发公司生计组合"，早已被人接收一空。军政部特派员却接收经济部应当接收的棉纺织工业以供军需；教育主官却接收了农林部的棉业改进会，因为里面还多少有点物质资料；由天津赶到的文化服务社代表接收了纸库、油墨厂和材料仓库。特别是那些带枪的人，用"不三不四"的办事处名义，明火抢劫，增加个人财富，使多少仓库变得空空如也。于是接收人员之间狗咬狗的笑话，车载斗量，使那"盼中央、等中央、中央来了更遭殃"的北平人民哭笑不得寒了心。

二、外来的冷酷

北平人最受不了的是飞来者所加给的冷酷，冷如冰霜，对那些大汉奸——特别是到重庆镀过金的却正在怡然自得，而那为了饭碗不得不在虚与委蛇的二十万公务人员，倒成为正牌"汉奸"。他们看见在敌人指挥刀下舐血的走狗，一跃而为抗战的英雄；杀人不见血的刽子手，一变而为地下工作者。敌伪特务踏着他们屠杀的骸髅，从容离平；操纵经济的日本人白岛，经过一度转移资产后，据说入山落发为僧；过去"干、干、干""新国民运动"起家的新民会会长胡汉翔，仍以新贵出出入入，成为新的"既得利益"群中的不倒翁。

更令人不能理解的是敌军的不集中、不缴械、不做工，以骄焰万丈的姿态，带着笑乘大卡车东奔西走，搬运物资，除了免于人人向他们敬礼一条之外，好像日军也正在逐渐恢复旧观。本决定在西直门外集中，如今也自动回家；西单、东单的商场内，木屐儿满坑满谷；各大餐馆内，日籍大腹贾仍有最大的购买力，中国商人还要逢迎承欢；平津铁路线头二等客车内，日人冠盖如云，吹烟吐雾；日籍的韩人作威作福，似乎比日本人还要神气。

不能再拖了。假定日军顺序缴械，假定日侨遵纪守法，这样，汉奸问题也就可以逐步解决。只有政治局面可以打开军事危机，在此同时，政治局面开展也可解开经济上的僵局。在各地等待接收的人员有了正经事做，那些比醇酒妇人更多的令人寒心事件才可以相对地减少吧。

三、谁的错？

日本投降之后，不过三个月，到处的物价都由狂跌变为狂涨了。滨海的物价反射到重庆，由重庆又正射到滨海，几度循环之下，已经造成更大的恶性膨胀。北平一天一个价格，全城的资金已经不准自由出境了，又是一个违令者杀！

这是谁的错？有人说是政治的，有人说是军事的，还有人就事论事，说是经济没有一盘棋。在目前不必讳言，这么大的发行数字，水涨必然船高，何况乡村包围着所有的城市，那些既得利益者正要啮碎对方的咽喉。

从南到北，从京沪到平津，复员就是复员，"五子登科"（五子指接收"金子、车子、女子、房子及票子"）；接收就是停摆，"三洋开泰"（三"洋"即捧西洋、骂东洋、抢大洋）。将日本统治了多年的一元化企业（尽管它们有陆军、海军的矛盾），分别割裂得破碎不堪，再加用本身的制度及作风，自己把自己陷于冻结状态之中。

东北人民到了只要"思想"上存在了"敌意"便可被捕致死的境地，华北人民也仅仅是延长到了有"行动"再上断头台。垂死状态中的沦陷区人民，风吹草动，都惊心动魄，何况新来人那么怀有敌意的榨取。重庆人态度上像是蝗虫过境，以征服者自居，它们拥有成捆的法币并用政治力量来抬高价格。这里的顺民有点像牛皮糖，三个月来硬是表现出对法币的不信任，对于那政治措施，明明暗暗地做出讽刺性的嘲笑。对那说什么"以德报怨"保存固有道德、不要相残互嫉的劝导，这里的善良人偏偏断断续续发生了聚打敌人的全武行。谁使牛皮糖变为钢料性质？谁使这里古老传统的文明做出野蛮行为？

有一位深通内幕的人透露，头一个来北平的接收机构，伸手就向地方银行借二十亿元，以后就不办手续，一拖了事。一切的封建积习都进了新来的欧美留学生住的朱漆大门以内，那里门深似海，奴婢成群，重演一呼百诺的局面。在大汽车两边，居然又站着北洋时代的胡子兵。宋哲元时候，以养女孩子献媚官僚的齐六爷又成为时代的宠儿，用声色犬马来诱惑飞来的新贵族。"齐为谨订"的帖子把一掷百万的豪客从旧日的八大胡同（八大胡同，北平的妓院集中区）拖到他的朱红大门里来了，受帖者甚至比赛着抢这种荣耀。

敌人八年来在华北经济方面有些满有长远意义的设施，我们只用了不过三个月，便加以摧毁。坐食这恶果的不是敌人，而是我们自己。日籍科拉专家中的有心人也为之垂泪。日本财阀和军阀搞的华北开发公司是满铁第二产物。这个庞大的母体，有二十五个"社"，八大"组合"……我们把它大卸八块，难以使用。就在一瞬间，敌人在声言"华兵、美兵两次占据"，借此机会销毁他们的一切犯罪证件。据闻，受降的第一个月之初，北平到处都是汽油气息并且纸灰满天飞。

在一次汇报会上，有一位迟到的某部特派员被后来的更大的高官批评为"有误时机"，这位老实的特派员服罪了，但是复员的"时机"过了，再也不复返了。谁是真正贻误"时机"的罪人呢？

四、文化圈

在乌烟瘴气中，文化圈内比较还算是清凉地点。固然由于那些措施不当伤了知识分子的心，但人们具有敏感和智慧，却使他们不能忘情纵谈国内外的局势。

"说我们是汉奸，"一位大学教授愤然说，"要说我们是汉奸，试问从重庆来的人，到如今是不是也在使用着敌人发的钞票，他们也许忘记了他们的'国民公约'之中，正巧还有这么一条戒律。这是不是也犯了罪？是不是也是罪人。"

到处听到这种愤激的声音。八年来，华北在教育战线上的人并没有"亡国"，他们关在被广大人民包围着的"笼城"里面，爱国的声音永在互相通气。这些年来，文化城在开倒车，学术机关冻结，理论上制造奴隶。伪北大毕业生，求在华北开发公司当一名绘图员亦不可得，因为那里要保密。伪师大的毕业生每三个月都要换一次职业，没有做教师的自由。北大地质系有两年没有上课，怕地质工作者出城去同游击队联系。

这些天，天气已然够冷，而能穿棉衣和点煤炉子的还不普遍。所谓公立的大学全未复课。陆志韦、洪煨莲、邓之诚、翁独健，正在支持着燕京大学逐步恢复，中国学院还有王之相、余启昌、石志泉等一批老师。辅仁大学的人事变动很大，不少人被飞来的沈兼士拉到教育特派员的办公处内，做了临时的接收人员。

到了北平，最值得怀念的就是"北京人"到哪里去了？八年中，灰白了头发的裴文中教授（他是"北京人"的发现者）说，"日本人一定会知道它的下落，我要求国家要追问它的下落。"老地质工作者王竹泉，毕生从事山西煤田地质勘探，八年来，他足不出户，没有为日本人写一篇地质论文，他说，"今后就要再进山西了"。地理学家刘玉峰，日本帝大的老毕业生，闭户谢客。台北帝大毕业的林朝棨，关门对于日本史地做了研究。蒙古史专家翁独健，北京历史专家侯仁之，都以"思想犯"先后被关进日本宪兵队的监狱。从法国回来的杨堃则研究"灶王爷"，逃避现实。

在科学家中，维他命K的发现者萨本铁，参加一家制药厂的闲职。研究宇宙光的褚圣麟，执教辅仁，决不参加伪职。药学家赵燏黄埋在他的药物研究所内，从事于中国本草药物研究。生物学家张春霖、李良庆及寿振黄等人迫不及待地接收他们原来工作的静生生物调查所，结果是被一名姓夏的职员接收了。

北平，无人不晓的文化城，到处都是文化圈的活动。在此文中列举和未列举的事实，本身并没有主观选择，只愿借此说明一点，这些文化工作者，他们是独立的战斗者，他们在八年中，即便是在敌伪的控制下，他们心向抗战，自我牺牲。公教人员的生活痛苦比起大后方来只有加重和加深。表面北平文化建筑大致不变，实际上虚有其表，内容空虚。袁同礼到了北平图书馆，向那八年来艰辛的看管者说：

"目前的北平图书馆，面貌无改。但它犹如一个患有重症的病人，元气大伤。同人在维持期间，犹如医生之在维护病人，现在问题是急需救治病人，让他起死回生，同人应由护士变为医生，加紧治疗，以便早日恢复病人元气。"

袁同礼这番话，是一个积极性的概括。图书馆如此，高等学府如此，整个北方的局面也是如此。不应这样，对于抗战的军队有所歧视，对于从敌的汉奸元凶有所宽容，主事者在一种不能没有的"遗憾"心情下，在获得"既得利益"之后，针对着一些细小问题发威，用官僚作风代替民主，用打击异己主义代替团结，散布迷眼的砂子，用以代替进步，这如何能够收复人心，特别是广大知识分子的心？

自然，今天在文化圈内所发生的问题，正是整个政治大方向中间的一环，别的方面今天还是个乌烟瘴气的混乱局面，则教育界、文化界自难例外。目前陈诚部长飞来北平，找了四位老人，听取意见。他衷心接受了他们的建议，即是：且慢接收物资，请先接收人心。要接收人心，应先接收知识分子的心！

自北平到重庆，航空五小时可达，但是心声呵，到现在还没有达到此呼彼应的程度。

（原载于《大公报》，重庆，1946年11月19日）

北平风霜

民　意

北平国大选举的前一天，主办选举的中南海延庆楼忽然着了大火，在五小时内，把一所今日的"国大代表选举事务所"，昔日的清末慈禧太后的停灵处，民国十五年大总统曹锟被幽禁的古老殿堂，烧成一副空架子。只剩了西边楼沿上的一只铁马犹作凭吊的叮当。

何思源市长为这件事非常痛苦，他说这是做官二十年第一次所遭受的大打击。焚毁物中有一套敌伪时代留下而二年来不断增补的北平户籍卡片，这一百五十多万张卡片的复活，当然是不可能的事了。所幸选举事务所的文卷抢了出来，漏夜借地办公，所以没有影响二十一日的选举大典。

二十一日这天的风非常大，天相当冷。景山上拉笛，先是选举的"警报"，跟着便又是防空节的"警报"。但北平人有一股牛皮糖的劲儿，你急他不急。据说北平一百七十万人中的选民有七十万人，但这一天去投票的，却只有百分之一，于是一家报纸这样写了标题道："轻财重义候选人热心，风峭景寥小市民好睡"。这一天是星期六，物价金价都在狂涨了三分之一，难怪现实的人民在票上写了"玉米面三千六百元"……

平市郊区一位候选人用汽车接送选民，有位老太太以为是发面。她等了半天领不到，便向那位先生行好事，代我问问面票交了好半天，为什么还不发出来？市内的一位参议员雇二十辆公共汽车，每辆每天一百五十万元，于是市内的公共汽车一律脱班。某投票所一位老职员呆坐竟日，没有投票者于是低吟了一句李清照的名句："冷冷清清凄凄惨惨戚戚。"小学生满街跑，非常高兴，因为"老师投票去了，放一天假"！

有民主墙的北大是一个投票所。胡校长去投票太忙了，把帽子遗忘在桌上，有学生给送了去。北大五百九十二个有选举资格的人中投票的还有一百八十人，中法四十二人中投票的只有一人，朝阳六十三人中投票的一人，艺术四十一人中投票的有一人，华北学院八十八人中投票的有八人，弃权的占五分之四。

二十四日开票时候，为了怕电线走火，怀仁堂内硬是不准开电灯，这电灯好像成了不祥之物。结果七十万人的选举，投票者竟有三十万人，大出于一般意料之外。天津的张伯苓被竞选者控告了，但北平却没有，的确是礼仪文化之区。

北大法学院院长周炳琳说："我投了胡适先生一票。这对大家都是不热闹，只有一个政党，没有反对党的选举，当然无法热闹，民国两党的选举，也都在国民党支持之下，不能称为反对党。但是政府要能实行宪政，总比没有宪法好一点，人权可因宪法而有保障。若能多选些才智之士，也比少数腐化官僚的包办为好，多数人的考虑也总比少数人独裁为好。总之——"

他最后说："我们只有耐心求改进。"

烦　闷

北平市各界庆祝三十六年度国庆大会，在中山公园中山堂举行时，何思源市长致辞中曾说："国民党，所遭遇到的各种困难，实为旷古未有，即英国的丘吉尔，美国的罗斯福搬到中国，也未必能治得更好。外人污我政府为贪污集团，实在是污辱了整个公务人员，北平公务人员两万计，试问贪污者有几人？"

这一天故宫博物院半价售票，游览人突增十倍，门前好像是火车站。这一天，中山公园、北海、颐和园开放，老幼妇孺毕至，西郊学生旅行队伍络绎不绝，西山红叶，成了这些人的纪念品。这些全都不比何市长的谈话更值得纪念。在战后的北平，这是第一次一个主政者公开当众表白他的对外国人的愤怒。

十一月二日，孙中山先生诞辰，那是北平学生要求人权的运动以后。

何市长报告开会意义后又指出：国父领导革命，目的即在于争取国家民族的自由平等，然而迄今我们仍未能获得真正的自由平等。既以最近各大学学潮，而学校当局的布告，犹如废纸，百几个学生就可以操纵罢课，甚至治安机关的警察，也因为维持秩序遭到侮辱。这一部分学生好像认为"犯法是无罪的，骂人是他们的权利"，所以我们首先要替大多数青年争取读书的目的。至于一般人指责国民党无能，贪污，但国民党领导革命推翻清朝，以至北伐及完成抗战，"无能"能够完成这种艰巨的工作吗？

我认为我们对于任何事，都应有独立见解，不要为他的意志所左右。我们要获得自由，要国家富强，我们就要精诚团结起来。对于外国人的批评，应当接受，然不应视为真理，做美国人的奴隶，和做苏联的奴隶，都不是争取国家民族自由平等的人。我们要尽力矫正此种不良风气。

十月有东北共军的第六次攻势，十二月十日失了冀中据点的石家庄，十二初同来的是风狂霜烈。河北大平原上的人心都很烦闷。在月初举行的北平竞选参议会席上，久已不曾作声的行辕李主任宗仁，缕述他的感想称：今日虽正剿匪，实尚未动员一切人力物力财力。一切力量应集中于军事，勿奢谈建设。一般人民活都活不了，每多灰心烦闷，埋怨政府。其实，中国底子不好，政治如请罗斯福，军事如请马歇尔来，也未必有办法。孔院长去后，大家希望宋院长，宋院长去后，大家希望张院长。做生意本钱若不够，换什么经理也是一样的，当家方知艰难，方知家庭中复杂微妙。盼参议员本互谅互助的精神，协助政府。跟着何思源市长恭颂这一届参议员为各阶层民选，政府重视这个民主力量。又以当家人身份对中央一面不准地方加税加捐，一面又要它地方自治，自力更生，痛加呼吁，请参议员帮忙研讨。譬如屋中失火而又不准人自门中窗中跳出，只告以自力更生，实为绝大笑话。"在什么条件下才能成为一个自治单位，请诸位想一条道路。"

十二月十五日

（原载于《大公报》，天津，1947年12月17日）

故都春梦

中国历书上说，旧历正月初一这一天，假如是阴天，便是一年的好预兆，假定那天下雪，便主气候干燥，可惜这一天是晴天，太阳特别好。去年东北和华中都有极坏的天气，而北平的气候却始终良好。竟使桃花都要发花了。

故乡的老百姓，在这春光明媚中，都在做着吉利与发财的美梦——为什么人民宁愿把希望寄托于渺茫的天国，而不寄托在大地上呢？

东岳庙香客如云

宋末修的古庙"东岳庙"，到今天是北平有名的大庙之一，每年春节第一天，香客满坑满谷，想来大家的目的，不外乎是去给神一点小惠，企图换得一年的顺利。《都门语东岳庙诗》曰："七十二司信有无，朝阳门外万人趋。也知善恶终须报，不怕官刑愧鬼诛。"看了后一句，不外乎是神道设教的意思，今日的贤达及治人者，善承古意，这一点衣钵倒遗传下来了。

东岳大帝高居正殿，两旁的财神与子孙娘娘香火却最盛。而重心所在的七十二司，也是一般人怕诛的对象。速报司、督察司、正直司、恶报司、毒药司、较量司：每司前各有香炉一只，司的头脑也因职位性质不同而有差异，有的慈善，有的凶恶，有的两目圆睁，有的闭目微笑。虽然是泥的雕塑，但很能显出威风，美术家自然也可在其中看出艺术的价值。每司的两边都刻着诗，解说各司的执掌，与犯人应受的惩罚，比如：

较量司两旁联句道："公平交易如山稳，狡猾从来无下场。"

毒药司两旁联句道："性毒洋烟成弱骨，味甘美酒实伤身。"

《燕京岁时记》中说：相传速报司的神如岳武穆，最着灵异，凡负屈含冤，心迹不明者，率于此处设盟誓心，其报最速，阶前有秦桧跪像见者莫不唾之，已不辨面目矣。（后传说华北政委会时期，秦桧给老道托梦，说他的时候来了，不甘心再受辱，于是老道把这个像撤了。）后阁梓潼帝君，亦着异灵其耳，病目者则拭其目，疾足者则抚其足。（现在要进去非给一点香钱不可，等于买票。）

东岳庙之外，还有一个护国庙，上面写着"十殿阎王所司职官"，后面排列着各种地狱模型，泥胎因年久变色了。这是明朝的建筑。用意在劝人为善，而上刀山、拔舌、下油锅，都有一种恐怖感！配合着殿内的阴森，不由得使人毛骨悚然。尤其是投生轮回那殿中，一个老妇人身旁摆着一锅迷魂汤，老妇拿着勺子，要舀汤，十分逼真。

虽说向鬼判们花点香钱，一般还是喜欢花到那财色的所在，当地狱巡礼时，虽然也有不少信士，但比起财神与子孙娘娘，却差得远，七十二司中的多福、多寿司也比"较量""毒药"等司多得一些香火。

中国人是多神的，这个东岳庙内除了前面提出的以外，还有阎王、瘟神、马王、三皇、九娘娘、鲁班、菩萨、月下老人面面俱到，花一点小钱换得一年的幸福岂不是好事。难怪男男女女都把这件事当作一年之初的第一件大事了。

为什么只让人民把希望寄托在虚无缥缈的天国，而不使他们寄托希望于大地上呢。这就牵涉到"政治"问题了。

财神庙希望集中

头一天向东岳庙地狱的鬼判送纸钱的人，第二天早晨又陆续向五显财神庙的五位古铜色的镖客祈福了。广安门外，从晨六时开城起，便在那日本人修的走向卢沟桥的水泥坦途上，踏起了滚滚黄尘，演奏出一幕三十七年恶性通货膨胀第三期经济现况下的乞财喜剧。

只有在神的仲裁下，城市与乡村融合了，治人者与被治者之间显出了毫无隔膜的笑颜，过去走向妙峰山的虔诚男女们是如此，前天走向东岳庙向鬼判送小费的人们是如此，昨天向财神祈福的人们也是如此。人类更大同的目标不外乎是幸福、康乐、和平。能决定这一切的主流，就是要有一安定的经济环境，让各种不同型式的幼苗，依其天赋的权力萌发。神，是代表了这种种希望的偶像。

人的流，车的流，和不同等级希望的洪流，明天都集中在财神庙。十几万商号，百多万市民，有钱者想更增加，没钱者盼能获得。按照旧例是在子夜中摸索走向那个目的地，分别得到自己的一份金黄元宝和幸福的花朵。但今年是在天文数字的恶性膨胀下，是在"乱即建国，剿匪即是救民"的春光下，天明不准开城，摸索者必要在黎明下开始等候于那块"有求必验"大金匾下。那供香火人说："当然不如往年了，去年还是从夜里十一点起，今年就从六点钟来开始了。希望十六日那天要比今天更好一些。"

财神庙前成了一个小商场，纸钞世界中，而这里却堆积着各种不同的元宝。大的金纸元宝万元一个，小元宝虽细得像珠圈，也要一千一根。象征"富贵有余"的纸鱼，用日本纸印的只要一千，而中国纸剪的却要三千。有还价的，引得那位卖鱼者发火道："你知道鲜鱼十几万一条吗"？背着元宝的卧鱼，背着元宝的花盆都是万元一个，一个有脑筋的贩子，竟把泥吉普车上也载着元宝，看起来像是钞票不值钱的讽刺。买香者更是直从庙内到大街成为半里许的络绎线，每万元两对，到中午就落价了，大喊道："便宜了，您可买个便宜的香吧，落（音声）了价钱了。"

几十个存自行车的地方可以"议价"，存一次自五千到一万不等。成群结队的和尚、道士、尼姑在这个道士观的里外车丛中，追逐香客，对于给一千元的施主频频表示不满。庙外面的高土坡上，基督教会在那里布道，成群牵"福"拾"元宝"的人群在围听着他们喊道："把有用的钱，做无用的事，中国永远强不了的：我们不要做这种消耗，我们要做正当的生产……"

春苗还没有在乡村出现，工厂的烟突，都不冒烟，四周围有疏疏落落的花炮声，象征着不安定的外围，还有无用的事情在进行，即在财神庙内，警察们也亮出了刺刀，不同的只是含着笑，满院的跪拜者，在小坝似的香灰炉周围在祈福，但那和平的磬声，却使人起一种宁静出尘之感。

老主持穿着新道袍，在数钞票。他说这五显财神是得自明代的曹、刘、张、葛、李五位老哥们。好像黄天霸似的，原来都是从关东内外运珠宝洋货的镖客。行侠仗义，济弱除强，因为得罪了奸臣，在距城六里这庙附近的小酒店中吃酒被害，后来皇帝不忍，因而受了皇封，成支配财富的神，清朝又追认了这件事，三百年来修了五次。目前后殿又添了南无阿弥陀佛、药王、子孙娘娘和文昌。

老道发愿，十年内把庙要全见新，只是一希望钞票不这么毛，真有街上卖的这些元宝够多好？

庙前另一最拥挤的地方是求签处，也是希望寄托处，只要献几文香钱，不必跪拜，就可以认领。一位雄起起者自以为必得"上上"，结果却得了"下下"，他大不高兴，立刻把灵签退回，并且还重收回香钱。那守签者果然笑脸奉还，并且春风满面地说道："顾主总是对的。"也许就是这个道理。我也为国运求了一签，得第十九，签文曰：

"且向春耕学种田，生成粒实总由天，果然雨顺风调日，谁羡王公值万钱。"

又解曰："施之必报，有求必应，秋冬吉利，春夏平平。"真不脱经济家的手笔，看样子在恶性经济膨胀中，也许是暗示我们自力更生，到后半年才有结果罢。

寂寞的音响

寂寞的北平，春节的鞭炮算是解禁六天了。这几天砰砰乱响，好像在演习笼城的节奏。北方如果有声音的话，一次是请愿团到京沪，为了"偏枯"的呼吁；一次就是这一回，为了想出一口"伪民"的闷气而大放了一气鞭炮。好时候，北平的鞭炮作坊有三十几家，琉璃厂的九降斋，崇文门外的顺成，西直门外的仁利，都是出名的老字号。九降斋有三百多年历史，千余工人，硝碱厂有九家之多，如今却已一落千丈了。因为任何地方都去不了，而且一个麻雷子五千元，一排鞭十万元，哪个买得起？九降斋掌柜张步云说："官家认为我们这行生意，对治安不利。我们熬一年，还不就是为遇大年吗？向行辕请愿，才算请准了六天，回想起去年来——"

那一年可真了不得，军调部在的那一年，洋人和中国人，一天就卖了百万法币，还有联勤总部和空军，今年呢？"今年又只好等美国人了，听说美商要大量收买中国爆竹，还有联勤总部和空军。我们问过工商辅导处，他们承认有这事，好了，我们就等着赚这笔外汇了。"

旧历腊月十七，是平西门头沟的窑神节，往年这一天，热闹非凡，要买个几千万的爆竹来放。可是今年，却以"治安不宁"，一文钱也没有买。

"鞭炮业一共有三十八种，价钱比去年高出十五倍，一个大盒子的单价，是五百万。'特种'手工业，如果美国今年不救济，那一定会失传的。可是，我们的特种工业，又为了什么一定要靠外国人来救济呢？我们可以赚外汇了！"他们都这么说，但是赚得到与否，还是一个谜。掌柜们到东岳庙和财神庙都烧了高香，希望这个发财的梦能够实现。

二月十一

（原载于《中美周报》，1948年2月14日）

故都文讯

北平真不愧为文化故都，目前国内最大的期刊虽然不全在北方出版；但很多写稿人却集中北平，政治中心虽然南移，但论政的中心，仍在北平。从长城到长江烽火一片，只有北平城一方面弦歌不绝，一方面是仍能领导着层出不穷的运动。

前年秋高气爽中，国军克复张家口以后，和谈逆转，在一片杀声里"民主"与"解放"都关门大吉，一时章法大乱，出版界的混乱也不亚于战场。枪杆子正红，笔杆子无光。去年的新春，那种青黄不接的时候，当真有过一段真空。

到了莺飞草长的四月中，首先出现了自由主义的《知识与生活》（半月刊），刊辞中说，"邀了几位素负盛名的教授学者，请他们和我们合作"。杨人梗教授采用《论知识与生活》一文，纪念提倡四大自由的罗斯福总统。高呼《知识是力量》的编者又认为"将近十年的全面战争造成了中国目前可怕的文化贫乏""这原因即在于知识与生活的脱节"，于是决定在推动"一般生活与知识一致并进上"努力。这期刊竟能到现在出满了一卷，在挣扎中随时显出疲惫的姿态。

去年的"五四"过得非常火炽，千千万万的人在追念德先生赛先生。换言之，就是在"要民主要科学"。胡适先生在思想界的大分裂中，虽然没有恢复他们的《独立评论》，却在朋友的合作下产生了《独立时论》，这是一个供给专栏稿件的组织，一篇文章只供给每个城市中的一家报纸或期刊，但作者花了一篇文章的气力却可以得到五篇或更多的稿费。出版家可以自由选择他希望的作家的稿件，而作家却不必担心各地的转辗抄袭，因是一举数得的事，于是这个组织成功了并且有了影响。

《独立时论》社初创的时候，只有一架华文打字机，四个月后他们有了印刷所。最初规定每个月作家的每篇文章可送稿费三十万元，到最近却增到一百八十万元到二百五十万元。一位被大众欢迎的作者，他的文章可以在同一天，在五十个地方以专栏刊出。同时，拟以译文向国外发稿。至于订稿单位原有五十万元至五万元以下的三级，目前当然随着物价成比例地上涨。但就地方报纸及期刊而言，不能不说是一个便利。

　　《榴花》五月之初发出的第一篇稿子是胡适先生的《论五四运动》，到最近胡适先生的答周鲸生关于苏联是否侵略国家的专文《国际形势的两个问题》，这可以说代表了《独立时论》社投稿人大多数的态度。有人认为这用罗斯福的说法，则是中间偏右一点的。他认为"太平洋和平"之梦不可能，本来对之有无限希望的苏联，"会变成一个可怕的侵略势力"。

　　这时候北平起起灭灭出现了不少短命的小刊物，这里自然是指有政治性的而言，至于上海化的豆腐干，和介绍明星戏人起居注的杂文不拟加以论列。其中最有刺激性的是几本文丛，如《社会贤达考》《沧州行》，到今天还认为是禁书的作者，也不乏专家与学者。假如也用罗斯福的说法，在两大势力之下，那也许是中间偏左一点的成绩。

　　随着三十七年的来临，悄悄产生了《周论》，印刷之精撰述之专，一时无二，这又是论政的大型周刊之一。据说主编人是清华教授雷海宗，稿费也是第一流的价格。赵凤喈教授在第四期发表了《忏悔录》，更是一篇力作。这文中他坦然而言知识分子对于选举的冷淡，震惊一时。每周的特写中，对"共匪"称共军，也是戡乱时期的稀见的表现。

　　司徒大使所说中国自由主义的消极，由于赵凤喈教授一文中指出"北平市大学及独立学院教员人数，共有一千八百名以上，而投票者只有三百余人，清华有三百八十二名以上教员，投票者只有百把人，知识分子何以对选举冷淡如此"？

　　资源委员会前领导人钱昌照在二月中旬到北平，从事于中国社会经济研究会的组织。这一块有相当重量的石头又激起了不少的波纹与水花。在美国的钱端升，在日本的吴觉农，在北平的刘大中、吴景超、周炳琳、杨振声、孙越崎都是发起人，钱昌照与资委会的关系太深，虽然他一再否认，多少人都认为这是代表资源委员会研究中国出路的机构。

三月一日中国社会经济研究会正式成立了。钱昌照致开会辞道：提到"研究"两个字，特别在民不聊生的今日，有些人不免把我们看作什么迂腐。另一方面，对于社会团体向来抱怀疑态度的人，或许有猜测我们于"研究"之外，说不定别有用心。在今日情形下，怀疑猜测乃是极自然的心理现象。我们认为研究如果离开现实，当然容易趋于迂腐，但是处理现实而没有研究基础，一样也是盲人瞎马。中国距离现代化的阶段还很远很远。若干现代化的先决问题还得彻底研讨。谁能准确地说出中国多少人口，多少土地，多少储藏，多少森林，谁会精细地计算过中国国民所得，然而这些事实都是有朝一日建设真正开始时所必须知道的基本资料。此类研究工作迟早必做，而且是早应该做的。

　　"至于集合志同道合的朋友们对中国各种大问题加以分析，在黑暗中为民族摸索一条可能达到光明的途径，乃是我们分内之事。若谓借此参加政治或组织政治集团，则我们并无此心。凡是有功人类的革命应该像一树花，思想基础好比枝叶，人民幸福的增进是果子。中国过去革命之失败，失败于思想基础不够深厚，建立思想基础乃是本会成立的唯一动机。而本会的工作亦将留在研究阶段。我们研究尽量客观，我们研究的方式绝对公开。

　　"我们真想寻一条新路，这新路，既不拘于国内已经有人走过的途径，也绝不随着国际局势的演变，而轻易转移。我们必须集中力量并与外界合作，根据求全民需要，试画一幅建设新中国的蓝图。"

　　北平之教授们到了有四十余位，他们想在四月中出版一个周刊名叫《新路》。

三月廿日寄

（原载于《新建设月刊》，1948年3月22日）

北平围城两月记*

1948年12月12日[1][2]

12日唐山守军[3]主动撤离。消息传来，大家都相信：平津的围城局面就要来到了。

王华堂[4]今晨搭车去南口，在车站上，他得到了消息，国军[5]在南口也主动撤离了。他打回一个电话，立即转车赴津，他回馆后以北平电话口吻，写了这样一条消息：

"华北战局演变中，林彪四个纵队[6]突破察南。据悉，国军各路强大兵团正向察南冀北压挺。南口12日拂晓国军撤出，即系掌握有计划兵力之运转，据路局消息，平绥客货运输暂停，北平南口间各次列车12日均未开出。"

同一天下午，华北"剿总"副总司令兼太原绥署参谋长郭宗汾[7]在对来访记者的谈话中，也备具了充分的暗示，那就是说："平津的将被包围"，从12日起已然有了苗头。他这么说：

"北平是文化中心，天津为工业中心，太原是兵工基地，国军如能确保以上三基地，则华北局势尚有可为。从天津、北平经过张垣[8]到大同、绥包是一面大墙。这面大墙虽已不甚完整，但仍然有它的作用，使共军兵团不能南北运动，共军自然要求决战来推倒这面墙。决战的地点离我们越近，对我们也就越有利。"

听了这话，不能不想到东北失掉后，不过两个月，只剩了平津唐成为三脚架来支持着华北了。得风声之先的上海各界领袖，据中央社讯，已在成立自救救国联合会了。徐蚌会战[9]第一期打了二十天，第二期又近二十天，当这江北及黄泛区域既成相持不下的局面，北方可能有事，南北战场看来就是相呼应的。

一位军事当局发言人表示：一旦平绥路线被切断，张垣也在危难中，但是并不要紧，因为双方的主力已然接触了，我们虽有损失，对方可能更大。他又对北大、清华、燕京、师范四所大学校长表示："局面确实严重，不过不要紧，只要我们立定脚跟，就有法子来还击。"各大学教授在城内接触频繁，探询消息。

这一天太紧张了，到处弥漫着烟火气息。在抗战前夕，这一天也是一个可纪念的日子："双十二。"

【注释】

［1］选自中共北京市委党史研究室编注的《北平围城两月记》。此次出版时，由当时的具体编注者张润生重新核定书稿，并补充了部分注释内容。始于1948年（中华民国三十七年）12月12日，终于1949年（中华民国三十八年）元月30日（中缺12月24日一天），共计49天。

［2］是日，人民解放军已切断平绥路，将华北傅作义集团主力分别分割包围在张家口和新保安，并且基本上割断了平津之间的联系，迫使傅作义不得不调整部署，在北平、津塘各设一防守区，分别由第4兵团司令李文和第17兵团司令侯镜如指挥。

［3］即段沄部第87军，是日弃守唐山，撤往天津塘沽。

［4］天津《大公报》驻北平记者。

［5］即袁朴部第16军，是日弃守南口，撤入北平城内。

［6］遵照中共中央军委12月11日关于"首先包围平津、塘沽、芦台、唐山诸点"，隔断平、津、塘、唐诸地的联系，"务使敌人不能跑掉"的指示，东北野战军第3纵队（司令员韩先楚、政委罗舜初）、第4纵队（司令员吴克华、政委莫文骅）、第5纵队（司令员万毅、政委刘兴元）和第11纵队（司令员贺晋年、政委陈仁麒）以及华北军区第7纵队（司令员孙毅、政委林铁）迅速进军，至本月17日先后占领平郊海淀、门头沟、丰台、南口、通县、南苑机场和黄村等地，完成了对北平的包围。

［7］郭宗汾　河北河间人。时任华北"剿总"中将副司令兼太原绥

靖公署参谋长。1949年1月与傅作义一起参加北平和平解放。后历任北平联合办事处副主任，华北军政大学高级军事研究室主任，军训部高级研究室副主任等职。

[8] 即张家口。

[9] 即淮海战役。1948年11月初，由蒋介石亲自指挥，拟定了所谓"徐蚌会战计划"，决意集中兵力于蚌埠附近，把徐州"剿总"所属兵团及各绥靖区部队之主力移至淮河南岸蚌埠的东西地区，与解放军华东、中原野战军展开战略决战。故国民党方面多将该决战称为徐蚌会战。

12月13日[1]

西郊的炮声响起来了，一夜过后，北平披上了武装，各重要路口有了装甲车辆在警卫，警备总司令部公告：宵禁提前到8时开始。《华北日报》说："北平初披武装。"

从前门到后门，从东城到西城，到处都是撤退下来的队伍，到处是搬家逃难的民众。晚报上登着清华园内落弹，炸伤了一名厨师。清华和燕京到城内的校车上也载满了行李，柏油马路上也全是武装与难民。平时游山玩景者的潇洒全不见了，到处都是紧张与战备。尤其是在两个文化地区的人们见面，便彼此相问道："我们这个区域不至于吧——"彼此也只有相对作苦笑。

前门车站上，唐山、通县、良乡的难民一批又一批地下来，朝阳门和西直门首先堆起了沙袋，工兵们开始做工事。德胜门、阜成门和安定门，进来的是清河、沙河的难民；朝阳门和东直门进来的是孙河和通县的难民。北平像个大香炉，整日烟雾弥漫，内城九个门，外城七个门[2]都空前地拥挤着行人，这样也只不过一天，到第二天便要相继关闭了。

傅作义正式宣布倚城野战开始。"剿总"发言人说："既然为了守城，城内同胞自不免在生活上、精神上感受若干痛苦，这是中国苦难命运的遭受，诚非得已，我们愿尽力在生活上加以协助。"他们并且作预言道："将来城内街市过军队，城外郊区有接触，偶然听到几声炮响就是家常便饭，不再是稀奇的事了，目前一般人的疑惧自然还是因为不习惯。"

在炮声中，难民带来了食粮、银圆和杂货。上海面粉落到每斤250金圆券[3]的市价；每圆银币[4]黑市跌到半百金圆券。但中央银行前面，照旧排着挤兑金银的队伍，各配售面粉店又挤满了领本月面粉的人。北海、太庙[5]、景山都驻了兵，溜冰的人少了。"剿匪总部"今天搬进中南海[6]，那正是溜冰场开幕的日子，临时停止开放，由军方赔了一万金圆券来抵补这一冬的损失。

从榆林、包头、大同的围城中逃来的人都说："这真是怪事，从来没有见过战火逼近城根，物价不但不涨，却有下落的现象。这也许是七百年来帝都[7]历史上的一件奇事。"

傅作义晚上7时半在中南海居仁堂有招待党、政、军及文化界人士晚会，说明固守平津的决心。对于"剿总"也是做了一次惊人的移动，只用了三天的时间，他们整个由西郊主动地转移到了城内。这个会的参加者都是有汽车而且有紧急时期通行证的人们。

【注释】

[1]是日，中共中央军委发布命令，任命聂荣臻为平津卫戍司令，薄一波任政治委员；彭真为北平市委书记，叶剑英任北平军管会主任兼北平市市长。

[2]据查，时内城并非九个门，当为十二个门，即西直门、德胜门、安定门、东直门、朝阳门、建国门、崇文门、正阳门、和平门、宣武门、复兴门和阜成门。外城的七个门是，西便门、广安门、右安门、永定门、左安门、广渠门和东便门。

[3]根据1948年8月19日国民党政府颁布的《金圆券发行办法》等四项办法，开始发行的一种不兑现的纸币。当局规定禁止买卖金银和外币，凡持有全银和外币者必须按法币300万兑换金圆券1元的比价，于9月30日前全部兑换成金圆券，过期不交者一律没收。在不到两个月内，就从人民手中榨取价值2亿美元的金银和外币。至1949年5月，金圆券发行达60万亿元，但没有一个人用金圆券从国民党政府银行兑换到一个金圆。

[4]即银圆。一称大头。1933年国民政府实行废两改元，银圆成为正式本位货币。1935年国民党政府实行法币制度后，遂废除银圆流通。抗

战胜利后，由于通货恶性膨胀，银圆又开始在市面流通。

[5]位于天安门东侧，是明清两代皇帝祭祀祖先的地方。1924年，民国政府改名为和平公园。1928年又曾一度作为故宫博物院分院。新中国成立后改名为北京市劳动人民文化宫。

[6]华北"剿总"成立后，起初总部机关设在北平西郊复兴门外罗道庄附近的"新北平"。这一带的建筑为日本侵占北平后期所兴工修建，工程尚未完成，日本即宣告投降。傅作义于1948年初率部进入，直到是日因解放军日趋进逼，才仓皇放弃，迁入中南海。

[7]若以金帝完颜亮1153年迁都燕京，改称中都算起，至此凡795年；若以元帝忽必烈1272年迁都燕京，改称大都算起，至此凡676年。

12月14日[1]

神经战了一天，入夜月明如水，回忆这一天的经过，历历如绘。城是死了，但人心的荡漾如海涛怦击不已。

谣言说，战事就在西直门外进行，共军乘了一列煤车从门头沟一直冲下来，到了石景山附近才遇铁甲车迎击，于是队伍分散。西郊一带普遍接触，在昨天还是"剿总"院内，也有了巷战。这次如果挡不住，也许就打进城来了。谣言未必真实，但西边的炮声未已，南边的炮又响了。

另外一种政治性的谣言在中航公司候机室内散布着。这些高贵的绅士、淑女们在交头接耳地漫谈着这类消息：宋庆龄到了天津，李宗仁到了北平；南苑机场附近有战事。又说，和平即将实现，因为天津《大公报》出了号外。

天空的飞机在兜圈子，可是找不到地方降落。等飞机的人都自以为是来接自己的，他们说，胡适[2]校长被霍夫曼[3]接到南京去组阁了。

我回来以3分钟75金圆券的代价，叫了加急电话问天津有没有这些传说，回答道："谣言。"这一天，我们办事处的三部电话的铃声没有一刻停着，别的报馆比我们有更大的交际圈子，他们所应酬的单位一定更多。读者们都如同我们的老朋友似的，向我们问一些不能答复的问题：为什么空军全部撤离了基地？天空那五架飞机是谁的，来接什么人的？为什么事先不在城内修飞机场？为什么城外不修堡垒，使解放军一打就到了近郊？军队从四面八方撤到城里了，那些不能撤的老百姓能不能进城？关在城门外叫他们到哪里去？

清华园方面自城内运出1500袋面粉，燕园[4]也方从燃管会[5]领齐了本年的配煤。北京大学都看胡适校长的做法，他在上午还告诉汤用彤[6]院长说："我们要照旧筹备50周年的纪念会，我也绝不会离开北平。"但到下午，北大到处都传说："校长走了。"

5时半，天已黑了，我赶到曾作为魏忠贤"公馆"的东厂胡同——胡校长公馆，恰好遇到那里有一部满载行李的汽车。梅校长[7]正和胡校长揖让着进大门，陈寅恪[8]夫妇没有下车，由张佛泉等陪着到别处休息。

胡校长一见我便很生气地说："我要向中外记者朋友们控诉，为什么把一个瞎子留在城内，不肯让他飞了走！陈先生是中国的国宝，我们不能让他受损失。你知道我们农学院的消息吗？我希望你替我问一问。"

胡校长丝毫不提他们自己的事。电灯亮了，自来水也没有停。他立刻又与学校负责人通电话，问候大家的安全。我问他知道有五架飞机来接他的事吗？是不是王叔铭[9]找他谈过话？他不正面回答，只在批评永定门守军有了命令不肯开城门，"我不知道这是怎么一回事？"

梅校长证实了霍夫曼的广播，美国对于"联合政府"有了意见。胡校长不肯说自己的事，只好算了。一些教育界人士又在他那里开会，继续商讨什么。

晚上8点钟，是倚城野战后的第一次"剿总"汇报，楚溪春[10]、贺翊新[11]、刘瑶章[12]、许惠东[13]和傅作义到会。据一个参加者说："军事变得太快了，我们配合不上。他要我们配合什么，我们就配合什么。"

神经战在全社会如野火一般地蔓延，一直到深夜，电话铃声仍然响个不停。每个人一定会做乱梦的，炮声到深夜仍然若断若续地响个不停。

【注释】

[1]据当事人王克俊（时任华北"剿总"副秘书长兼政工处少将处长）、李腾九（时任华北"剿总"联络处少将处长）的回忆，是日，傅作义秘密派遣《平明日报》社社长崔载之，该报记者兼采访部主任、中共地

下党员李炳泉出城与解放军洽谈和平。

［2］胡适　安徽绩溪县人。1946年9月至1949年1月任北京大学校长，同年1月15日下午偕夫人飞往南京。

［3］霍夫曼　时任美国经济合作总署署长。1941年，霍氏曾担任美国援华联合会主席之职。1948年11月，他自欧洲考察之后飞抵上海，此番来华的使命是视察经合署分署的现状并且研究援华的实际需要。

［4］即燕京大学。

［5］全称作"煤炭管理委员会"，成立于1948年底，由华北"剿总"秘书长郑道儒兼任主任委员。

［6］汤用彤　湖北黄梅人，佛学家，时任北京大学文学院院长。新中国成立后，任北京大学副校长、全国政协常委等职。

［7］即梅贻琦　天津人，时任清华大学校长。1948年12月14日离开清华园，21日离开北平飞往南京，年底赴美国。

［8］陈寅恪　江西修水人，历史学家、语言学家，时任清华大学教授。1948年底离开北平后，应岭南大学之邀，任教授。新中国成立后，历任中山大学教授、中央文史馆副馆长等职务。

［9］王叔铭　山东诸城人。时任国民党空军少将副司令兼参谋长。随蒋介石南逃台湾后，历任国民党空军总司令、参谋长之职。

［10］楚溪春　河北蠡县人。早年毕业于保定军校。时任国民党河北省主席、河北省保安司令兼北平党政军督察总监。1949年1月随傅作义起义，新中国成立后，任中央人民政府政务院参事、全国政协委员。

［11］贺翊新　时任国民党河北省参议会议长。北平被围期间被公推为华北人民和平促进会副会长。

［12］刘瑶章　河北安新人。1948年6月，任北平市市长；7月任国民党河北省党部主任兼北平市地方行政干部训练团主任。新中国成立后，历任全国政协委员、水利部办公厅主任、部长助理，水利部顾问等职。

［13］许惠东　河北武清县人。早年毕业于北京大学政法系。曾参加过五四运动，并于1925年加入国民党。从1935年至抗战胜利前夕，一直在平津等地区从事地下抗日活动。1945年初奉召赴重庆参加国民党第六次全国代表大会，行至山西介休，被日本特务逮捕，关押在介休日本宪兵队

内，备受酷刑，终未暴露政治身份。同年9月出狱后，被任命为国民党北平市党部主任。1946年4月被蒋介石免去职务，旋又被任命为北平市临时参议院副议长，并于翌年秋正式当选为北平市参议会议长。同年因支持李宗仁竞选国民党副总统而进一步受到蒋介石的冷落。北平围城期间，被公推为华北人民和平促进会会长，与何思源等为实现北平和平解放而奔走，并拒绝了国民党政府飞往南京的邀请。新中国成立后，因为与1948年七五事件有关联，被捕入狱，并于1954年病死狱中。1984年北京市人民政府认为他任北平市参议会议长期间，对和平解放北平有贡献，应按起义投诚人员对待，遂撤销了1954年6月21日北京市军事管制委员会军法处对其的原有裁定。

12月15日[1]

冬天很难得的太阳，今天特别温暖，许多人站在金鳌玉蛛桥上看三海冰融的奇景。快到冬至了。已冻了的冰却又融化，在北平还算是多年不见的怪事。

四面八方的队伍还是陆续向城内走。平汉、平津两条战线已缩到环城路上。几十年来，一直是熙熙攘攘吐纳口的北平车站，从昨天的一张布告驱散了准备搭车的万余旅客后，再没有行驶过一列旅客列车。今天东便门铁路岔口封闭了，开到城内来的机车多半入睡，车站冷落了，货车分别挤在东西车站内，里面还住了一些军队。市民们所熟悉的汽笛声变成了不常听到的炮声，东车站一变而成为野鸡汽车的停车场。

中央及中航两公司的搭机客人一部在下午2时出了城门。据说胡校长和一批随从者也是在"剿总"各吃了一枚馒首做午饭，准时赶到了机场，顺利登机南飞，薄暮就到了南京。其余的客人们都不如这一行人动得顺利，登机的时候，机场上忽然落下了几颗炮弹，于是飞机立刻起飞，发生了一些父母子女不能相顾的惨剧。有一个育英中学的学生被飞机中途抛下，至今还在中和医院里养伤。机场上有些没有人认领的小汽车便被人开进城来，秘密出售。

在东交民巷外的垃圾场上开始修建临时飞机场。除全体清道夫都奉令

43

参加外，还决定动员各区民工义务劳动，限三天完成。而平津铁路局撤退回来的技工临时便成为指导员。东单小市[2]从此便成为历史名词了。房屋被拆去，树木及一部分电杆都被锯掉，一片嘈杂和尘土在崇文门内飞舞。这一带因禁止交通，大商店临时停业，"平安"和"美琪"两大电影院改从后门出入。中航飞机一架，下午在市空低飞，似乎在欣赏这个工程的进行。中航大楼人少多了，没有走的职工还在那里上班。

城内外的交通，到此刻算是完全断绝，清华、燕京两校的校车停开。城外不准通过，扫除射界[3]的爆裂声也开始听到，城内搬家的人仍然多，靠城边的住户全住满了队伍。

黄昏时候，全城无灯的街上随着一片夕阳的黯淡，渐渐有了紊乱拥挤的现象，车与车有时挤成一团。石景山电厂的电源未到，电车停在半途；自来水直到天津借的电源到来，方才恢复。

留平的立监委李培基[4]一行十余人拜访傅作义，探询时局真相。傅氏在百忙中接见，从军事、人心及国策方面解释"倚城野战"的意义。他相信：撤退的空军即可北返，南苑飞机场仍然可望恢复[5]，希望大家不要相信"谣言"。

今天，恰值阴历十五，在一轮明月下，各报纸都在当局授意下，著论肃清"谣言"。

【注释】

[1]是日，蒋介石遣前军令部长徐永昌由南京抵平，游说傅作义率部南撤，傅氏以实际形势不可能做到为由，婉言回绝。徐氏于当天南返回宁。

[2]亦作晓市，俗称贼市，相传因为有些货物是赃物，故多在天没亮时开市，太阳一出则收市，沿袭下来，故有此名。当时北平有名的晓市不止一处，像东单晓市、崇文门晓市、德胜门晓市皆享盛名。

[3]特指火器发射时，上下左右所及的范围。

[4]李培基　河北省献县人。曾任国民党绥远省政府主席，河南省政府主席兼保安司令，时为国民党立法、监察委员。新中国成立后，任全国政协文史委员会委员。

［5］据《平津战役亲历记》附录一：《平津战役国民党军队大事记》《北京革命史大事记》记载，及当时东北野战军一兵团司令员萧劲光、亲自参加解放南苑机场战斗的一兵团3纵某师苟在松的回忆，解放军攻克南苑机场的时间为1948年12月17日。

12月16日[1]

北平"收容"了华北，把全华北各地的代表人物集中到城内，组成了一个战时团体，名为协军工作团[2]。这些人穿着各种不同的衣裳，但有一个共同的杏黄色臂箍，为的是配合这次"倚城野战"。立监委在今天致电中央，要求空军返防，还要求海军守海口。

整天的炮声忽远忽近，人心安静到令人可怕的程度。省市两府[3]的战时体制也都完成。市府的职员们在很短时期把玻璃窗上粘上纸条，以免被大炮震碎；省政府职员则集中焚毁从各地撤下来的卷宗。有些科技机关却无所事事，大家在街上随意散步，所以到处都是人，像看什么大热闹似的。

大街都为车辆所占领。军用大卡车满载着军队及整箱弹药出城；经合署[4]的老虎汽车运面粉进城，坦克车披着五色外衣出入闹市，骆驼和骡马挤在人行道上为军队搬运柴草。随走随撒，满城都是草屑；搬家的车辆也挤在这些车辆中络绎不绝，据说这三天中被撞毁的三轮车已达百余辆。

两千多市民义务地在修市内机场，这一批来，那一批走，满街都是扛锹的人。两架美式推土机在推土拆房，补人力的不足。市民在问：修好了飞机场给谁用呢？是我还是你有坐飞机的份？一位从南苑回来的人说，地面上的人撤了，七辆大汽车堆满了皮箱行李，机场内用几十辆汽车排成一个"T"字形作标志，这给飞机降落造成了很大的困难。

飞不来钞票，银根又紧，物价只能抬高，菜蔬则更见俏。白菜每斤从1元涨到3元半；菠菜到了8元1斤；咸鱼、干货尤其昂贵。落到46金圆券1枚的银圆，又升到70金圆券以上。面粉也逐步上升到650元1袋。在炮声中市府职员已发给4块银圆，美国新闻处也恢复给美金制度。黑市一直向上滚，这"涨"声比今晚景山试炮的巨响更加令人惊心动魄。

【注释】

[1] 是日，中央军委就与傅作义和谈代表进行谈判的原则和策略问题，致电东北野战军首长林彪、罗荣桓、刘亚楼，指出："对傅作义谈判的内容，要以争取敌人放下武器为基本原则。"在此原则之下，"以傅作义下令全军放下武器为交换条件"，"可以考虑允许减轻对于傅作义及其干部的惩处，和允许他们保存其私人财产"。同时明确表示："我们的第一个目的是解决中央军。"

[2] 全称为"协军自卫工作团"，由华北"剿总"出面组织的准军事团体。以国民党河北省主席楚溪春为团长，"剿总"参谋长李世杰、国民党北平警备总司令周体仁、北平市市长刘瑶章任副团长，实际负责人是"剿总"军法处处长张恩庆（中统头子）。该机构成立于1948年12月下旬，积极协助驻平的国民党军警宪特，参与了1949年1月8日的全城户口大清查。搜捕所谓"嫌疑"分子，以及清查全城存粮，登记封存等活动。至傅作义和平解放北平协定公布后，遂被解散。

[3] 指国民党河北省政府和北平市政府。

[4] 即美国经济合作总署。1948年4月，美国政府为实施"马歇尔计划"而建立的负责"援外"的主要机构。

12月17日[1]

今天是理想中极盛大的北大五十周年纪念会，但胡校长却走了。在炮声频频中，他只托汤用彤代读了一篇论文道：

"北大是在多灾多难的环境中长大的，由于在国难中继续苦干，建立了一个坚实可靠的基础。北京大学今年五十岁，但在世界大学中只能算是一个小孩子。今天又是在危险的环境里，祝他能平安地渡过眼前的危难，正如同他度过五十年许多次的困难一样。"[2]

北大学生自治会对于五十周年校庆，只留下一个宣言，呼吁互爱、互助、互谅、互信，预定的一切游艺节目都临时终止了。宣言写道：

"面对着今天的艰苦形势，北大人怀着沉重的心情来纪念五十校庆。这个纪念，由于北大在五十年来中国新文化运动上的贡献，是有着重大的意义的。这次的校庆正当着历史激变的时候，更有它超越过去一切校庆的丰富内容。我们曾用团结的力量度过一连串激荡的日子，然而我们生活上不够接近，也是显然存在的事实；由于不够接近，我们总不能心贴心地谅解，甚至造成误会和猜疑，影响总的团结，因此在今天这样艰苦的时候，大家心头总不免多多少少有些动荡和不安。纪念校庆，我们决心拿出勇气来改进这些缺点，历史所赋予我们的任务是艰巨的。北大人应当做到真正一家，互爱、互助、互谅、互信，结成一条心，融成一个人，才能担当起这个任务。中国的前途是光明的，争取中国的前途而不断地作着卓越的贡献的北大是光明的。"

是日的校庆，北大红楼顶只多添了一面有五个颜色的校旗。炮声忽紧忽松，点缀了这个场面。教授三三五五，谈论战局，没有任何官员到场，梅校长没有开会就离去。会场上只有两盆常绿树挂着红色字条，在未揭幕的蔡孑民[3]先生铜像下，有一个小小的花篮。工学院同学特设的向全国广播用的天线已然装置起来，但因没有电，所以没有广播。汤用彤院长对这不足百人的集会先表示感激，即由唐兰[4]和魏建功[5]主持蔡先生铜像落成典礼。白发白髯的老校友周养庵[6]站在最前列，双目充满热泪。蔡氏铜像上也戴着眼镜以深沉的目光注视着他的随从。

汤用彤轻轻地说："北大是戊戌政变的产物，到了五四，有了生机。这五十年来，渡过了多少难关，今天又是炮声不停，这些多灾多难的时代，北大是能够度过的，我们的学校并不是过去的太学，而是勉励着走向有希望的未来。"

徐悲鸿代表来宾致辞道："北大精神的建立，使中国学术走向近代化。"他是民国六年北大绘画研究馆的导师，也是蔡先生的同事，可知当时的北大是无所不包，无所不容。

周炳琳[7]代表校友致辞说："我们心情虽沉重但是也不奇怪。北大成立是在人民要求革新的时候，当国家民族在灾难中，北大也跟着受难，这是北大的荣誉；但在某种关系上，北大对过去的一切灾难逃不掉责任。在历史上，有许多灾难是北大自己贡献的，北大也要自己来担当。北大努力得不够，一方面要求前进，一方面还要建立学术的基础。这个社会要是我们创立的，现在应该变了。在时代洪流中，我们能够把握自己，还是要靠蔡先生的学术与思想的自由。"

炮火毁灭了一切希望，四十七位名教授的专题讲演全告停止。学生们仍然出入着图书馆和实验室，弦歌不辍。

【注释】

［1］是日，新成立的中共北平市委在保定召开了第一次会议，宣布经中共中央批准的领导成员构成：以彭真为中共北平市委书记，叶剑英、赵振声（李葆华）分别为第一、第二副书记，委员有刘仁、徐冰、赵毅敏、谭政文、萧明、王鹤峰、张秀岩、韩钧。同时，宣布任命叶剑英为北平军事管制委员会主任兼北平市长，徐冰任副市长。

同日，东北野战军第1兵团第3纵队第118师第354团一举攻占南苑机场，缴获各种飞机25架以及大量军用物资，北平空中交通遂被切断。

［2］参见1948年12月13日，胡适为北大五十周年校庆特刊撰写的《北京大学的五十周年》一文。

［3］蔡孑民即蔡元培　浙江绍兴人。1916年至1923年任北京大学校长，在任期间，提倡在学术上兼容并蓄，竭力延揽各方面人才来校任教，使北京大学成为新文化运动的主要阵地。

［4］唐兰　浙江嘉兴人。文学家、金石学家，时任北京大学教授。

［5］魏建功　江苏海安人。语言学家，时任北京大学教授。

［6］周养庵　浙江绍兴人。早年曾任北京政府京师警察总监，湖南省代理省长，临时参政院参政等职。晚年主办中国画学研究会，任东方绘画协会干事、委员。

［7］周炳琳　浙江黄岩人。经济学家，时任北京大学法学院院长。

12月18日

围城已经一周，北平外围的战事已然沉寂下来，而天津周边的战事却在今天爆发了。在开滦矿务局听到天津电话说：上午7点起就开始戒严。"倚城野战"不仅是北平的事了。

北平在这一周末已完成了城防工事，这是两万民工血汗的成就。这内外十七座城门（阜成门、西直门、德胜门、安定门、东直门、朝阳门、建国门、崇文门、东便门、广渠门、左安门，永定门、右安门、广安门、西便门、宣武门和复兴门）[1]，环城马路有60华里，环行一周，坐汽车也要两个小时。目前开放的是广安、广渠、安定、永定、西直、朝阳等门，其余全都用麻袋堵死了。

负责军风纪的楚溪春总监以两天的时间巡视城防，他到处对士兵们说，打胜了可以吃肉娶个老婆。还说，这是文化古都，谁也不能摧毁它。他又说：

"前几天炮声响，在城里的人只'啊呀'，可是你出城看看，城墙厚、工事好，兵又多，有啥可怕，别说15榴炮，就是16榴炮也没有用。顶多给城墙上添几个麻子……大家不要怕，新年不准放花炮，再听见炮响，就认为是过年算了。"

对于几十万大军在城内，他认为：风纪及治安问题很重要，振纪纲就要用重典，佛说"杀恶人即是善念"，如果要判什么徒刑，哪有那些粮食给他吃？对于部队占用房产，他主张让中小学停课，先住小学中学，再入高楼大厦，反正这些是用廉价买来的敌伪产业，而且一听见炮声人就跑了的。对于临敌逃跑的王季高[2]之类，他最痛恨，认为地方非叫他回来惩戒一番不可。对于物价，他主张杀、杀、杀，谁再兴风作浪，就地正法。

城门以外，深沟高垒，一片战地景色，部队长表示共军主力已然后撤。临时用食粮代替沙包做工事，楚总监表示要调换回来，免得有人讲话，他主张可以拿盐包来代替粮包。有一些炮声还从四边传来，那是清除射界的爆裂声，沙尘起处，一所所房屋便塌下来，朝阳门本是通京东大道，那里一里多长的长街要拆掉，一路哭声，地上流着酱油的液汁，像是淤血的模样……

归途中路过景山，楚溪春自己嘴里叨唠着"用人不当操之过急"之后，便半开玩笑地说："假如我死了，我愿意埋葬在中山公园社稷坛五色土之下，前面立一小碑，写着'楚晴波先生之墓'，于愿足矣！"他并且相信这是可能的，假如他的保卫北平能够成功的话。

天气忽然冷起来，起了小风。第一个飞机场没有正式使用，第二个飞机场决定今天在天坛公园内开工。官方宣布今天下午的爆炸声音，是在拔除那地区的400余株古树。假如新的飞机场能够完成，北平的空中交通就恢复了。今后只希望天上能掉下馅饼来。

【注释】

［1］时内外城门当为十九座，这里缺正阳门、和平门。

［2］王季高　湖南常德人，曾任中国大学政治系教授。1947年2月至1949年1月，先后出任国民党北平市教育局局长、社会局局长，围城后，弃职南逃。

12月19日[1]

战争松了下来，从昨天起宵禁从晚8点延长到10点了，电却是没有来。

这是一个没有后方的战争，有的只是城与乡的区分。除了大军这一周内都集中在古城内，连平津、平汉、平绥各路的员工也都撤回来了。交通部给北平汇来1200万金圆券为应变费用，石志仁[2]在给南京电话上用力向凌鸿勋[3]报告道：

"我们的人都搬回来了，这是一个没有后方的战争，和抗战时候不同，他们只能暂时集中到城市里，我们高级人员把房子让出来给他们住，借了一批粮食给他们吃，一部分技工参加了修飞机场的工作，今天所要的第一是钱，第二是钱，第三还是钱……"

听说交通界有一名大员要南下，却从机场上被工人追回来。一位发言人表示，同时走的还有石志仁局长和电信局聂传儒局长。这句话被北平的三家报纸引用后，没有走的石、聂二氏便请楚溪春总监予以查究，如果不实，应当给这发言人一点应得的惩戒。于是满城风雨，传说总监部要借此来开刀。

然而，石局长却对新闻界说："这并不是对于艰苦奋斗的新闻界的不谅解，今天水电俱无，环境的困难大家都是一样的。我自己还是德望不够，所以才遭受到这样的误会。"

走的是平津路局的沈思涛副局长，他调到京沪路做副局长，主持浦口的联运。平津局运输处长王羽仪升任了副局长。这说明了淮北战事仍在积极准备之中，平津战局虽然紧急，但是主战场仍然是在大江两岸。

工程界的技术人才也从四面八方向城内集中。他们开了一次会，要求"剿总"给失业的工人发粮食。工人多有工会组织，因而无法解雇。资源委员会留平单位决定每天上午汇报一次，学习铁路局的民主方式，一切问题都在汇报席上集体解决。北平市的公用企业都停摆了，市府也没捐税的来源，连酱油厂都拿不出流动的资金。

所谓抗战胜利使工业技术进步了一百年的专家们，重新又从创业时候做起。冀北电力公司的石景山厂总经理鲍国宝说，自15日上午10时起就断了电，但他相信那些机器是完好的。于是驾驶25000瓩大电机的专家们，不能不回过头来在城内装修500瓩的小机器度日了。电车没法行驶，两千余人失了业。自来水没有电，不能供水。华北最大的钢铁公司（也在石景山）15日上午8时在原料煤焦两缺中，250吨炼炉封了炉，一个月后如不破坏仍然可以再用。那天下午，据陈大受总经理谈，我们的厂子已然被接收了。平津民间燃料的基地门头沟，据候德均总经理说，到14日上午联络中断，可能共军就是从那里下来的。他们运到矿上去的50000斤玉米和几百袋面粉在西直门车站上被人抢光了。

电车公司忽然接到通州电厂来的电话道："你们要不要接电，只要你们运来烟煤，我们就可以为北平电车供电。"电车公司考虑之后还是接受了。电力公司也不愿背着"黑暗之王"的罪名。鲍国宝经理只希望总公司能有10盏灯，他表示：无电一身轻，说是想到北海去滑冰。但多少负责人仍然在为员工的生活发愁，长期的围困会把人拖死的。每个单位的重压无论如何都是逃不掉的。

到今天，平津塘都被隔离了，平津之间的有线电话也中断了，军事通讯只有靠无线电话来联络。北平东单机场降落了几架飞机，"天雄号"飞机因为跑道不平，爆炸了一只轮子，非到修好才能起飞。如果空运不能恢复，这几个大海中的孤岛又怎能连在一起呢？

【注释】

[1]是日，东北野战军第7纵队（司令员邓华、政委吴富善）、第8纵队（司令员黄永胜、政委邱会作），第9纵队（司令员詹才芳、政委李

中权）各一部攻克了长辛店、卢沟桥、杨村以及军粮城等地，实现了对天津的进一步包围并且切断了津塘之间的联系。

同日，秘密出城的傅作义和谈代表崔载之一行，抵达平津前线司令部附近的八里庄村，在这里与平津前线司令部的刘亚楼参谋长举行正式和平谈判。由于双方所提出的条件相差甚远，故未能达成协议。

同日，蒋介石派参谋次长李及兰、总统府参军罗泽闿、联勤总司令部参谋长吴光朝等飞抵北平上空，因无处降落，乃将蒋介石写给傅作义及守城军长以上将领的一封信空投下来。信中在强调固守北平的重要性的同时，要求各将领一旦守不住时，应做到不成功便成仁，以完成"革命"大业。

〔2〕石志仁　河北省昌黎人。铁路机械专家，时任平津铁路局局长。新中国成立后曾任铁道部副部长等职。

〔3〕凌鸿勋　祖籍江苏常熟，生于广州。铁路工程专家，时任国民党交通政务次长。

12月20日

教育部派机到北方来迎接一批教授的传说实现了，二十几位教育界人士在北京饭店等了一整天的飞机，而飞机仍然没有到来，直到日暮他们才分别回去。"剿总"发表的消息是：平郊区国军步炮联合"出击"；军粮城、杨柳青撤守；天津海河停航。

北平是文化区，是世界有名的历史古城，至今还找不出第二个城市拥有北平这样多的第一流教授。当抗战爆发之时，这些人毅然地离开书斋，封锁了实验室，不顾一切地走到大后方去。到今天同样是这批人却沉寂得令人可怕。书斋的书却堆得更多，实验室连星期日也不停闭了，他们都像老僧入定一样，虽然处在红尘扰攘中，但却又不动声色，似也不管外界的寒来暑往，像一切都与他们没有关系似的。

教育部的希望是下列四种人到江南去：一种是各大学及文化单位首长，一种是与政府有接触的文化界人士，一种是中央研究院的院士，一种是学术界有地位的学者。除了第四种的第一名是张星烺[1]外，其余的都不必说明也可以猜到一些的。所以尽管胡校长对人一再表示他不会离平，可是毕竟还是离开了他的学校，而他的学校却到今天还没有停课。

梅校长是送胡校长离开北平的，他表示从未想过离开。虽然他有他自己的愿望，但在北京饭店大厅的套间内，他却也成了候机的一位。他的消瘦的面孔低沉，低声说："我去了就回来的，我是一定回来的。"而他的夫人则随着卫立煌及夫人的专机早已到了南方，卫夫人是梅夫人的妹妹韩权华。

袁守和[2]馆长也是临时决定不走的，但是他带了全家六口到了机场。他的弟弟袁敦礼[3]留下来，也许在下一批走。袁守和临走的时候，只留了一封信给北平图书馆的王重民[4]及赵万里[5]，请他们照应北平图书馆。这个图书馆内的宝物，据说在"七七"事变之前已有一批运到了美国，可至今还没有接回；至于曾运到上海的那批敦煌来的唐人写经，也没听说运回来。

北平研究院李书华[6]院长才从城外接回来一批在火线上的员工，同时为了他们的生活也"有了相当的办法"，于是决定南下述职了。

英千里[7]司长本来是要走的，张怀教授也要去美国讲学，但都临时没能成行。辅仁大学[8]另有一批神甫则乘民航大队的"圣保罗"号飞机走了。据说教廷已有了指示：辅仁不南迁。但是教授的行止，学校也不加以干涉。

北大教授只有张颐一位偕夫人南下，这位四川人自己说："我要告老还乡了。"

"你就还乡先不告老如何？"这是送他的教授们的幽默。

中央工业试验所北平分所所长顾毓珍[9]也是南飞的四种人之一，他正苦笑着和一些送行者告辞。日本人留下的工业我们不仅没有利用，而且支离破碎了，这能说是仅由工程师来负责？

北大经济学教授赵迺抟[10]说："中央来电报自然是希望我们南下的，'盛意可感'。但是我们对于几千学生有责任，大部分的人都是不想走的，我也是不走的。"他摸着长髯，一个字一个字地说。

【注释】

　　〔1〕张星烺　江苏泗阳人，时为辅仁大学历史系教授。

　　〔2〕袁守和　河北徐水人，图书目录学家，时任北平图书馆馆长。

　　〔3〕袁敦礼　时任北平师范大学校长。

　　〔4〕王重民　河北高阳人，图书目录学家和版本学家。新中国成立后，曾任北京大学教授、北京图书馆代馆长。

　　〔5〕赵万里　浙江海宁人，版本目录学家。新中国成立后，曾任北京图书馆研究员，清华大学、北京大学教授。

　　〔6〕李书华　河北昌黎人，物理学家，曾任国民党教育部部长、中央研究院总干事等职。1953年由台湾赴美国定居。

　　〔7〕英千里　北京人，语言学家，曾任辅仁大学教授，国民党教育部社会教育司司长。

　　〔8〕罗马教廷在华创办的大学。前身是1925年创办的辅仁社，为大学预科。1951年由人民政府接管，1952年并入北京师范大学。

　　〔9〕顾毓珍　江苏无锡人，化学工程专家。新中国成立后，曾任同济大学、华东化工学院教授。

　　〔10〕赵迺抟　浙江杭州人，经济学家，时任北京大学经济系主任。

12月21日[1]

　　北平恢复了晚起早睡的原始生活。为了治安，入夜以后市府要每家在门口悬挂一盏红灯。今晚有风，没有几盏红灯能够保持不灭的。夜静更深，到处都无声响，连一片树叶的滚动都可以发出不小的声音。大汽车隆隆通过，震耳欲聋。

　　北京大学放了五天假，昨天的全体教授会席上决定了今天上课，结果也就照常上了课。学府自有其尊严与坚毅。本来在教授会席上，一部分人要求胡校长返校，同时还要追究农学院长俞大绂[2]和四位系主任不知下落的责任。当时，周炳琳在会上为胡校长解释，"一个人有他的自由"，但立即为另一教授反驳道："他是校长，不是个人，个人有行动自由，但校长却没有这自由。"激辩快到白热化的时候，忽然有一位校工从西郊农学院带来了俞院长以下三十一人亲笔签名的信，报告他们在城外平安，他们甚至还在挂念城内同事及朋友们的安全。正在不安中的那些城内职教人员也不便再发作了，本年度第三次教授会便在这种情形下解了围。

清华和燕京的消息也逐个地透进城来："两校平静无事，并无任何部队进驻。"学校区域为一个真空地带，有两位外籍学生和一位德籍教授19日走到城内，今日才又出城。他们说燕京仍在上课，清华则局部上课，但同学都有了应变准备，所以十分安定。19日下午在晚饭之前，不幸遇有过路的飞机无意在校园内落弹，但无伤亡。后来军方表示，是因为看到共军汽车在那一带移动，所以在校外加以轰炸，也许是因为投弹偏差，所以误落园中，但未伤人。

飞机场今天可以应用了，运来了一批钞票，物价便翻了一个筋斗。梅校长及此间文教首长们一共二十四人，也在今天中午南飞了。故宫博物院的七十老人马衡[3]，他是应走而未走的一位，他说他要留下看守这些国宝[4]。

"如今就不必说到搬运了，"他说，"只要装一装箱子，若无一万元的经费就不必谈。何况如今连点材料也不齐备呢！我不能丢下它们。"

今日的紫禁城四门紧闭，和外城情况一样。但这个小城里面三十七年前是是非之地[5]，如今却只好让它再寂寞下去吧。

【注释】

［1］是日，中共北平市委发出《关于如何进行接管北平工作的通告》。《通告》宣布了中共中央及华北局关于北平市委的组成人员及市军管会、市政府的主要负责人的决定，并宣布解放军进入北平后立即实行军事管制。《通告》对军管期间的中心任务、具体执行政策时所应注意的策略、全体干部在思想上所应作好的准备及在行动中所应遵守的纪律等作了逐一指示。

［2］俞大绂　浙江绍兴人，时任北京大学农学院院长。

［3］马衡　浙江鄞县人，著名文物学家。自1933年起一直任故宫博物院院长。1948年北平围城期间，国民政府行政院虽再三指令他将博物院院藏文物悉数空运南京，但为了文物安全起见，他坚决予以反对。

[4]1948年11月，根据蒋介石指令，朱家骅、王世杰、傅斯年等密商故宫博物院搬迁问题。从1948年12月22日至1949年1月30日，共将三批文物运往台湾。其中故宫博物院文物23万余件。1949年7月，台湾成立"国立中央博物图书院馆联合管理处"，负责运台文物、图书的管理工作。1965年，在台北士林外双溪建立"故宫博物院"。

　　[5]1911年10月10日，武昌起义，全国响应。清政府垂死挣扎，在一个月内先后取消了皇族内阁，命监国摄政王载沣引咎辞职，并起用袁世凯组阁。袁世凯恃帝国主义的支持，一方面诱使革命党人妥协，一方面逼迫清帝退位。翌年1月1日，中华民国成立，孙中山就任临时大总统。2月12日，清帝逊位，从而结束了中国两千年来的封建帝制。但很快辛亥革命的胜利果实便被袁世凯篡夺。

12月22日[1]

　　今天是阴历冬至，但天气却是暖得奇怪，三海的冰再度融化了。冬天的信号来了，就像围城开始一样。几十万大兵与两百万人民相处，至少在城圈内，并不如想象的冷酷，只是环境会使人变得可以随便的时候，那时可顾虑的事情也许就成正比例地多起来了。

　　蚌埠战事毫无动静，中央社通讯稿在这两年来头一天完全没有战报发出，乃使注意新闻的人，不能不有一些猜测。就在平津也是一样地转向沉寂，这是怎么一回事？"剿总"的人们说：北平附近的林彪部正在换防，天津在海河的顶端略有接触。有些人说，林彪的大队伍是过路性质，他们从卢沟桥转保定，转到郑州去。这又是无法能证实的事，官方后来郑重否认了这个说法。

　　一向是成为太上政府所在地的东交民巷，如今却也寂静得怕人。这个租界区内虽然照样还是那些领事馆和旗帜，可是战争的意义却告诉人们躲在那里丝毫不会有保安作用。

　　东交民巷使馆区是全城唯一不驻兵的区域，旧日的巍峨大使馆及侨民住宅几乎都关上铁栅，各国的国旗依然高挂，五色缤纷。这虽然不是抵挡炮弹与炸弹的符咒，至少却可以壮壮白种人的胆子。那些领事们接触频繁，一方面通知其侨民们不要冒险，应该集中在各国领事馆内；一方面先在口头上请求外交部门转请治安局设法保卫外侨生命财产。外交特派员常驻天津，此时却只能口头答应一定代洽最安全的办法，如此而已。

在美国兵营对面的法国医院里只住有一位病人，神甫和修女们终日在做祈祷。避风港的华安饭店内，客人也不多。号称为规模最大，而且最贵族化的六国饭店除了高悬起英国国旗之外，门外又贴了两张布告。一张是英领事的，一张是警备总司令的。后者大意是说六国饭店为英国商人产业，凡我军警宪应妥为保护，不得无故占驻、或与其发生事端，以维军誉，而敦邦交。前者的大意也是在申明主权。这四层堂皇大楼房已封闭了一半，暖气不暖，自来水上不来，电灯未恢复，黑得像地窖。英国主人开除了一批侍役，自己为仅有的十几位客人上菜。

18日来了一架专机，接走了几位外籍记者，给这里增加了不少活气，我记下了他们的名字。那包括了《纽约时报》的李德曼、美联社的密尔克斯、合众社的诺克斯、《泰晤士报》的鲁易逊、《芝加哥报》的鲍士可等。他们自驾吉普车，在城内外采访，而且还远足了一次南苑，结果被革命的炮火轰回来，今天这部分人已经走了。

一位经过庚子事变[2]的古稀老人还能追忆过去的若干故事，那就是当时诗人说过的"五色旌旗成列国，八方风雨尽夷人"。"七七"事变却又重演了一次，而这一次也同样是旗，人们的看法却大大不同了。美国经济合作署的职员们一度认为在门口应当悬挂联合国旗才够味呢。因为任何一国的国旗都将不能在中国作特殊的活动了。

苏联领事去访楚溪春，希望他们侨民的牛奶厂的稻草不要被人任意取用。苏籍侨民在北平有个大牛奶厂，名叫"小金"，已有三十年的历史了，他们在东单还开有一个大面包房。

【注释】

[1]是日，中国人民解放军平津前线司令部以司令员林彪和政委罗荣桓的名义颁布了《约法八章》。其中主要包括：保护各城市全体人民的生命财产；保护民族工商业；没收官僚资本；保护学校和医院、文化教育机关、体育场及一切公共建筑；保护外国侨民生命财产的安全等等。

同日，华北野战军第2兵团（司令员杨得志、政委罗瑞卿）攻克围攻数日的新保安城，歼灭傅作义的王牌军第35军（军长郭景云）主力共1.6万人。

〔2〕指1900年八国联军入侵北京。这年春夏之交，为镇压北京义和团运动，英、法、德、美、日、俄、意、奥等八国组成联军，由天津进犯北京。途中因遭到义和团团民及清军爱国官兵的狙击，进展迟缓。8月14日，联军攻陷北京，慈禧太后挟光绪帝仓皇西逃。联军在北京烧杀抢掠，无恶不作，对中国人民犯下了累累罪行。直到翌年《辛丑条约》签订后，联军各国才相继撤兵。1900年乃旧历庚子年，故有"庚子事变"之说。

12月23日[1]

蒋纬国来过[2]，据闻送来飞机一架给傅作义。

围城已过了十天，就像是一转眼的样子。一家报上说，北平像是火烧冰核，内热外冷。人民表面上已习惯了这种日子。

天空连日总是蔚蓝得可爱，像秋高气爽时候一样，只是没有任何一家公园可以自由游玩。白鸽子飞翔时，满天都是轻巧的调子，如果不看到地面上的污秽，倒也陶醉心性。但地面上垃圾充斥，粪便结冰，尤其是物价的高昂，使人哪有心情来欣赏自然的景物呢？

北平的动乱时期已过去了，抢购报纸的狂潮也过去了。在此期间，军人比市民更注意战局的发展，报纸虽然是减半篇幅，出版后也被抢购一空，如今却已停滞。小小的安息期中，结婚的人却又加多。在街市上，和大军并行的只有结婚的队伍是轻松的，但是却不准吹吹打打。于是，伴行的军乐队首先被解除了"武装"。协军工作队员沿户征募着劳军的物资，开始准备阳历年终的劳军运动。筹备中的十二所临时医院只成立了一所，但里面还没有开始住伤兵，因为虽有几十万大军，但四城周边的战事，却并没有开始，所以也就没有伤亡。一部分老伤兵早在电影院内免费娱乐呢，他们并且希望评剧院能早日恢复。

长途无线电话在战事比较寂静的时候每天以一百号"加急"供给民用，但是声明不保密，只是利用了两家广播电台来交流，有电的地方每当开了收音机，听到的便是一片商情行表。天津的大亨们要北平的代理人收进"绿钞"[3]；北平的大亨们要天津的代表吸着黄白硬货，这里面谁也不关心战争，而此间战争所要保护的就是他们！长途电话特别给他们以便利，要他们通过空中的跳板，扰乱平津两地的物价。

北平的通货在漏斗上本有两个宣泄的洞，一向天津，一向上海。如今两个洞都已不通，北平的物价问题没有方法解决，目前已有的飞涨看来还只能是一个开始。

今天又是圣诞前夕了。两年前的圣诞前夕，在东单广场发生了皮尔逊案，沈崇小姐的受辱曾激起了一次爱国运动[4]。谁知两年后的今天，美国经合署正式宣布对华经济建设专款停拨，他们认为除了台湾日月潭电厂、青岛公共工程及粤汉铁路以外，中国本部已然没有地方可以拨款建设了。

霍夫曼又在另一次谈话中涉及北方的危局。他表示不论谁到了天津，只要他承认中美以前的各种协定，美国的配合工作可以照常进行。这段谈话在中文报纸上大都被全文披露，只有北平的《英文时事日报》[5]例外。

圣诞在北平毫无热闹，除教会中略有表示以外，昔日风光绮丽的古城，今日已变为森严堡垒。王府井一个摩登店内的圣诞老人身着戎装，右手按着宽大的武装皮带，左手骄傲地指着自己的鼻子。在黑暗的东安市场玩具摊上的圣诞老人就完全不同了，他像是一个受苦的老百姓脸型，农夫打扮，在给别人送礼物时，看着是不胜负荷的样子。只有一家百货公司的圣诞老人依然是当年西洋人模样，大概是往年存下的旧货。他好像完全不知世态变幻，还在那里挤鼻弄眼地出洋相。

市内特殊分子们仍偷偷在夜里举行宵夜舞会，在戒严的口令声中，透出了"蓬拆"声音，却是一个极好的讽刺。烽火中能有钱有闲庆洋节的人们，究竟是一种什么样的滋味呢？

在那古希腊式建筑的各教堂内略有点缀。人心像天色那样阴沉，瑰丽的圣诞树绝迹了，红灯、绿灯和霓虹灯都不见了，只有幽暗的烛光洒下了神秘的光彩。让在教堂里的虔诚信徒对渺茫的未来和各自的前途做祷告吧。

天津战事也呈胶着状，塘沽仍然很紧，名驾驶员衣服恩[6]驾了专机带着一个要人来访此间要人，似乎是来送圣诞礼物的，也有人说是奉命来视察新修好的两个机场的。北平市参议会议长许惠东说："美国军舰已开抵大沽口，数目不详。"

照目前情形看，美国会不会有军舰来塘"保侨"呢？这是一个谜。

【注释】

［1］是日，傅作义通过崔载之致电毛泽东，电文如下：

毛先生：

（一）今后治华建国之道，应由贵方任之，以达成共同政治目的。

（二）为求人民迅速得救，拟即通电全国，停止战斗，促成全面和平统一。

（三）余绝不保持军队，亦无任何政治企图。

（四）在过渡阶段，为避免破坏事件及糜烂地方，通电发出后，国军即将停止任何攻击行动，暂维现状，贵方军队亦请稍向后撤，恢复交通，安定秩序，细节问题请指派人员在平商谈解决。在此转圜时期，盼勿以缴械方式责余为难。过此阶段之后，军队如何处理，均由先生决定，望能顾及事实，妥协处理，余相信先生之政治主张及政治风度，谅能大有助于全国之底定。

傅作义

12月23日

［2］是日，蒋介石遣其次子，时任国民党陆军装甲兵司令部参谋长的蒋纬国携其亲笔信来平，再次诱劝傅作义撤军南下。据当事人王克俊等事后回忆，蒋在给傅将军的信中写道：西安双十二我上了共产党的当，第二次国共合作是我平生一大教训。现在你因处境又与共产党合作，我要借此一劝，特派次子前来面陈，请亲自检查面陈之事项。所谓"面陈之事"，据傅作义事后对王克俊所言，即只要傅由津海陆两路撤军至青岛，

则有美军援助南撤；并可委任傅为华东南军政长官云云。傅作义对此婉言
拒绝。

［3］指美元，因其纸币背面呈绿色，故得此名。

［4］即抗暴运动。1946年12月24日晚，北大女学生沈崇在东单操场
被皮尔逊等两名美国军人强奸。事发后，北京大学、清华大学等高校学生
5000多人举行了大规模的抗议驻华美军暴行的示威游行，并且得到了社会
的广泛支持和响应。由此掀起了全国范围内的反美怒潮。

［5］系国民党当局在平所办的英文党报，主编张明炜。

［6］衣服恩　曾任国民党空军空运大队队长。"美龄"号专机机长。

12月25日[1]

上帝好像是要给圣诞节一个点缀，今天夜里下了一场瑞雪，把北平点
缀得粉妆玉琢，十分美丽；把每天由250万人所制造的1700吨垃圾及污秽
都掩盖住了。

这次的雪虽然不大，但是本年第二次大雪。第一次雪是在11月初，以
后天气便是反常地暖和起来。一直到这次落雪为止，天气并未十分冷过。
从14日围城以后，不到一周就出现了停水停电的局面。坏了多少锅炉；增
加了多少为了抢水而起的斗争；煤油的价格自6元1斤涨到36元1斤，苦了
多少没有油灯设备的人，这一切战时的混乱是无法计算的。两周以来，人
们却也只得习以为常。

有人说从街头的点点无电红灯说明了北平落后三十年，其实北平人的
衣、食、住、行在这两周中无一不起了变化。"七七"以后，那时北平的
笼城局面不能与此相比，庚子时候的八国联军对旧都的破坏，也不同这次
的性质。从来没有武装的北平，如今每所高楼及道路转角处都设了防，重
要机关的门口的卫兵也都是全副武装，而大街上，放眼望去，没有一处不
是充满了武装。

先从衣服说起，人们的华贵衣服都不敢露面，越是有钱的人越是抢穿
一件破棉袍和两只旧棉鞋，唯恐打扮不出他的苦相。天桥一带的估衣市
场也都把好衣服收藏起来，但是也许用1000多元便能够巧遇一件狐皮袍

子，5元钱有时也许能买到一件进口衬衫。但这些都是机会，要属于偶然的运气。

饮食方面由于物价高昂，标准普遍降低，100元一客的西餐在饭馆老板办起来叫苦连天，而客人还只有半饱，有名的饭庄一天上不了三五位客人，但是还不能不做准备。淮阳馆子玉华台一顿中餐1000元，蒋总统欣赏的萃华楼一连几天不能开张。人人皆知的东来顺，每天从500斤羊肉的供应量降到了每天50斤，每4两肉售价16元还要赔本。东来顺的饭庄门市部往常有一百五十多名伙计，现已不足百人了。而最粗的玉米面也涨得和麦粉的价格差不了多少。

至于住是军队与百姓混居在一起，当局一再整顿风纪，但终没有什么结果。督察总监楚溪春只得说，你们最好不要住老百姓的北房。城门外关厢为扫清射界而分别炸拆，这在北平也是七百年来未有的事，制造了大批难民，却又不让他们进城。为此有人一再呼吁，朝阳门外通冀东的三里长街只拆了一部分，才算中止。广安门是历史上外敌入城的大道，这次城外100米内的建筑却也加以清除了。军人的胆战心惊，可以概见。

至于行的方面更起了大变化，铁路不通了，电车不通了，公共汽车由小型野鸡汽车代替了。一辆小座车内共挤了十个以上的人而且其中只有几个人是要加倍出钱的，其余都是丘八。崇文门大街因修飞机场整个封闭，几百号商家歇业，其中有法国面包房、德国饭店、中国石油公司、中国植物油厂及一些靠洋人生活的店铺。东长安街也禁足了，有讯为扩大机场还要拆去历史古物五牌楼[2]。柏油大路上从不许走铁轮大车，如今却鼓励有能回乡运货的大车进城。马路上的污秽，更是再加几十倍清道夫也扫不干净。东单银圆晓市也都七零八落，分散各地。

北平还有一万多在"冬令救济"名下的难民，每天必要吃粮保命，还有两万多学生，也到了断炊的边缘，他们吃完了麸皮之后，每人每天发到一斤玉米粒；至于难民，当局发证叫他们出城，而且一去不准转回来。

警备司令部通知，从圣诞夜起，宵禁又提前，从10点提前到8点。

【注释】

[1]是日，中共权威人士通过新华社公布了以蒋介石为首的第一批

战犯名单，共43名，其中包括傅作义。为进一步争取傅将军，促成北平和谈的成功，平津前线司令部奉中共中央军委之命于翌日派傅方和谈代表、中共地下党员李炳泉返平，向傅氏当面转告中共中央争取和平解放北平的六点意图，其中特别指出：傅作义反共甚久，中共中央不能不将他与刘峙、白崇禧、阎锡山、胡宗南等一同列为战犯；但此举的另一目的在于加强傅本人在蒋介石及蒋系军队面前的地位，傅将军正可借助其有利地位，配合人民解放军里应外合，和平解放北平。待和谈告成后，中共中央便可因傅将军创立的大功而有理由赦免其战犯罪。

　　［2］即东单牌楼，据说是明清建筑，金碧辉煌，宏伟壮丽，虽历经战乱，但并无损失。南苑机场被解放军占领后，华北"剿总"拟在东单、天坛两地修建临时机场。在东单因计划以柏油路面作跑道，所以只得拆除矗立于马路中央的五牌楼。但傅作义将军为不落得毁坏古迹之恶名，决定招商拆除。并在合同内规定拆除时不允许损害一砖一瓦，以待战事平息后，再照原样修复。

12月26日[1]

　　天气转阴了，似乎还有要继续下雪的样子。今天华北"剿总"在各级报上正式公布张家口及新保安国军的主动撤离[2]。原文说："国军为了避免张垣30万人民生命财产的损失，决定作有计划的撤离。完成一切必要准备后，于23日开始行动，沿途秩序致为良好。国军于35年10月14日进驻张垣，[3]经二年余之惨淡经营，所有共匪退却时破坏之发电厂、电信局、火柴厂、橡皮厂、酿造厂、玻璃厂、造纸厂及各公共建筑均次第修复。[4]此次国军撤离时，连同所存物资、工厂、成品、家具均等造册移交，指定办理交代人员，因此项建设，是国家的财富，均不加以丝毫的破坏。"[5]

　　内战中间用这类口吻解释撤离的，还是第一次。前年10月，傅作义部进驻张垣，破坏了和谈形势，去年12月，成立华北"剿总"，从西北来到华北，负起七省市的军政任务，今年11月更兼领东北的饷弹，统率长城内外。[6]这两个月来，节节撤离又是为了什么？据楚溪春对文教机关公开讲演道："这是欲取姑予的办法，国军是要收回拳头来，为的还击得更厉害一些。目前主战场在江淮，支战场才是华北，张垣、新保安撤守后，平津塘便是华北军事中心。"

楚溪春说，我主张林彪一来，就打他一个下马威，于是那时国军在唐山、丰润、天津、三河、香河地区展开坚强部署，谁料林彪见势不佳，马上缩将回去。我们既不能往山里追，也即刻集中兵力撤守回来。这以后，林彪部就由冀东绕到了张垣附近突然出现。[7]"张垣这时只有一个多军，兵力不足，此间乃派暂三军及35军增援，后来发现他们的兵力太大，又向后撤。[8]在回撤时，这两军又各自发生了错误，暂三军在行军途中，官长心痛士兵，允许多睡两小时的觉。结果未出山口就有遭遇战，受了些损失，但大部分已撤回。35军奉命在早上出发，因为士兵收拾东西，到下午6点才从张垣东开，到了新保安就因铁路被毁搁了下来，这都是以不忍人之心招致的错误。"

当张垣撤守公布的时候，据楚溪春说某军已自新保安突围，驻张垣的某军也突围了，结果如何尚不得知。他这样结论道："华北的点线过长，满天星的战法是不行的。承、保、密、怀、唐、涿、良诸点的主动放弃，国军毫无损失，这正是傅总司令的手快眼明处，否则各线被截断，再撤也撤不回来，到今天就是哭也哭不出办法来。"

今后国军战略，楚氏说明是主动出击，现在是加紧作城防，完成之后以一部守城，以主力出击。

一位参谋人员在事后说，原想张垣与保定同时撤离，但是张垣比保定却晚了一个月，[9]以致有了这个损失。由于平绥线的切断，影响了北方的全局。所以才有所谓倚城野战的新形势。

阴天的下午，忽然发生了一个奇迹，就是停在马路中途的电车忽然转动起来，马路中心的路灯亮了。大家眼前一亮，"这是怎么一回事？"官方说这电源来自平东，是不是通州呢？于是自来水跟着扩大了范围，北平有了活气。

北方二十九省市的国大代表今天在府右街四存中学[10]开会，他们要在苦闷中找一条出路，想发一个宣言，要打倒民族的罪人，铲除民族的敌人，实现民族的自由与平等。一文物机关也在北大开会，希望作保存文物的呼吁。阴天好沉闷呀,大家都似要找寻地方来喘一口气。总之,不要毁掉这个古城吧。

【注释】

[1]是日,傅作义的和谈代表崔载之等奉命返平,行前将译电员和电台留下。李炳泉仅在北平小住一夜,翌日重赴蓟县,为傅作义与中共方面的进一步谈判牵线搭桥。

[2]指1948年12月23日,国民党傅作义部张家口守军奉令弃城突围。人民解放军华北军区第3兵团(司令员杨成武、参谋长李天焕)、东北野战军第4纵队(司令员吴克华、政委莫文骅)以及北岳军区、内蒙古军区部队围堵追击,除国民党第11兵团司令官孙兰峰率少数骑兵逃往绥远,全歼敌军105军(军长袁庆荣)、104军(军长安春山)第258师(师长张惠源)共五万四千余人,解放张家口。

[3]1946年10月初,国民党12战区傅作义部两万余人乘晋察冀人民解放军与蒋介石嫡系李文兵团在怀来东西作战之机,从集宁向张家口侧背发动进攻。同年10月11日,晋察冀人民解放军撤离张家口。14日,国民党部队进驻张家口。

[4]我军撤离时,只搬走了一部分有用的机器设备,对张家口附近的各种建筑设施,例如下花园发电厂、张家口飞机厂等均无破坏性处置。见《聂荣臻回忆录》(下)第636页。

[5]1948年12月4日,傅作义亲赴张垣,指令高级将领秘密准备撤离,撤离前要做到荣誉交代,把不能带走的军用物资包括机械、弹药、粮草、服装等完整封存,造册留交。见《平津战役亲历记(原国民党将领的回忆)》第136页。

[6]1947年11月,人民解放军解放石家庄后,蒋介石下令撤销保定、张垣两绥靖公署,成立"华北剿匪总司令部",傅作义任总司令。节制晋、冀、察、热、绥五省和平、津两市军政事务。1948年11月2日,辽沈战役结束后,蒋又下令将在葫芦岛的国民党17兵团62军,92军21师,独立第95师划归华北剿总序列。

[7]1948年11月下旬,华北人民解放军第3兵团主力遵照中央军委指

示，撤围归绥，开赴张家口附近。29日，3兵团1、2、6纵攻克怀来、沙子岭、柴沟堡、万全，歼敌两千余人，形成对张家口的包围之势。12月17日，东北野战军第4纵队由南口西开，21日出现在张家口附近。

［8］此时张家口守军为傅作义所属孙兰峰第11兵团部及105军（军长袁庆荣）等部共五万余人。在人民解放军强大攻势下，一面收缩兵力拒守，一面向北平求援。傅作义错误认为这是华北解放军的局部行动，遂派其王牌35军（军长郭景云，第262师）和暂编第3军（即104军，军长安春山）258师（师长张惠源）增援张家口。12月初，当傅作义得知华北解放军第2兵团（司令员杨得志、政委罗瑞卿）主力正由易县进逼平张线，特别是得知12月5日东北解放军先遣兵团（司令员程子华、政委黄志勇）力克密云的消息之后，深恐北平有失，又急令援张家口的35军等部立即返平，并派104军主力250师（师长王建业）、269师（师长慕新亚）前往接应。结果35军被困在新保安城，104军在新保安城外与华北解放军第2兵团遭遇，未能与35军会合。后闻16军主力又在康庄、八达岭被歼，并形成对104军的夹攻之势，于是放弃接应35军突围计划，仓皇东逃。11日，在横岭、白洋城一带被歼，除少数人逃回外，全军覆没。

［9］1948年11月22日，国民党101军32师弃守保定。

［10］四存中学为徐世昌任北洋政府总统时创办。取名于清代思想家颜习斋、李恕谷"存人、存性、存礼、存治"之说。时任校长张荫梧。北京解放初取消，校址改为国务院机要局。

12月27日[1]

围城第一周的烧饼只卖1元（金圆券）1个，第二周第三天涨到2元1个，这一周就到了3元1个了。面粉在21日从240元涨到600元以上，始终未能下降。若按法币计算，1个烧饼从300万元涨到900万元1个。

有了自来水，澡堂子又恢复了，收入些钱，大家吃了完事，煤钱水钱都在外，但对客人不供茶水，而且也没有擦澡的浴巾。有了电，一部分夜市恢复了，增加得最多的是收音机和私人电台，不知名的电波像信号枪似的飞满了天空。军方对于私售军粮发了处死刑的严厉通知。只要是秩序恢复一些，市面也许会有一层假繁荣。

落后的事业复活了，龙王爷赏饭吃，这十天里挑水的山东二哥又活跃起来了，北平井水业在十年前还有340多家，有2000多口井。目前虽然剩了不过200家，但到了"应变"时候，废井也能照旧出水，北平终是北平，水价贵到2元1挑，但还不会渴死人，这就是农业的、落后的城市的弹性。一时不会像长春，向水池子中取冰块。

北平劳动人民在流汗。八天之内修好了两个飞机场[2]，十分之一的市民都去做了工，不去的要出代役金。每工每天是玉米面3斤。城外的民房已拆除了6000多间，救济金发了300万元，可是中央银行没有头寸，一时付不出现款，这些临时难民为了进城逃难，徘徊于城乡之间，又饱尝了辛酸。

为了加强六个对外交通的管制点，用了六位少将做司令官。为了整饬军风纪，用了六辆大卡车做督察总监的车，士兵背着挂有绿绸的大砍刀来巡查。为了加强城内的军事，华北"剿总"陆续任命了九位副总司令，那就是冯钦哉、宋肯堂、郭宗汾、邓宝珊、上官云相、陈继承、吴奇伟、刘多荃，最近又任命了李文。[3]

东北及华北当真打成了一片，到今天，所有机关都集中在北平，河北省十四个流亡中学集中在北平，华北七省市的参议会议长及副议长集中在北平，二十八省市的国大立监委集中在北平，甚至半个中国的基督教会也都撤到北平，他们要在新年由江文渊主教领导着做一次和平祈祷。虽然北平古城是并非太小的池水，但其所藏的卧龙却太多了。党政军督察总监登记南飞的旅客，两天之内，申请的就有万人之多，但到今天，南方还没有正式派来过一架民航飞机看一看。

今天天气非常冷，刘瑶章市长说，北平将长期守卫了，大家要警觉，目前的沉寂只是一个暂时的现象。他说，24日就职的孙科内阁[4]对打开局面，"一定有办法"。

到电报局去开纪念会。中国电信事业到今天举办了六十七年，没有什么庆祝仪式，华北"剿总"决定从今天起恢复检查新闻。

【注释】

[1]是日，中央军委致电东北解放军首长林彪，就对傅作义所采取的策略，指示三点：（一）第一次谈判虽然没有收到满意结果，但"仍可不断与傅作义电台联系，以利侦察傅之动向"。（二）25日中共权威人士公布头等战犯43名，是"为打击国民党的和谈欺骗，澄清中间派别中的混乱思想。因此，傅作义试图逃避人民的惩处是不可能的，但却可以减轻人民对他的惩处"，这就是"命令全军缴械投诚，并保障不再杀害革命人民，不再破坏公私财产及武器"。这样，"可以保障其本人及部属的生命安全及私人财产"。（三）不应依靠傅作义"在攻城紧急一切绝望之时缴械投降的某些可能，而应靠强攻"。

[2]指天坛机场和东单机场。由于南苑机场于12月17日被解放军攻占，傅作义决定在天坛和东单开辟临时机场，以图恢复空中联络。

[3]1947年12月5日，傅作义在张家口宣布就任"华北剿总"总司令，邓宝珊、陈继承、上官云相、刘多荃、宋肯堂、冯钦哉、吴奇伟、郭宗汾、李文先后任副总司令。班底基本由张垣和保定两绥署人员组成。总参谋长李世杰，副总参谋长梁述哉、郑长海、廉壮秋；总参议张濯清；秘书长郑道儒，副秘书长王克俊、焦实斋。总部设总司令办公室和政工，新闻、军法、军械、经济、联络、文教、财政、稽核等十五处以及经理委员会。并统辖李文第4兵团、石觉第9兵团、孙兰峰第11兵团、侯镜如第17兵团，以及北平、天津警备司令部，第31、35、101、104、87军等部。

邓宝珊　甘肃天水人。时任国民党晋陕绥边区总司令兼华北"剿总"副总司令。1948年12月28日，应傅作义电邀，由包头飞抵北平。并于翌年1月14日作为傅作义全权代表赴通县与林彪、罗荣桓、聂荣臻会晤，参与策划北平和平解放。新中国成立后，历任西北军政委员会委员、国防委员会委员、甘肃省人民政府主席、全国政协常委、民革中央副主席。

陈继承　江苏靖江人。时任华北"剿总"副总司令兼北平警备总司令。因与傅作义之间矛盾于1948年12月被调离。后去台湾，任战略顾问委员会委员。

上官云相　山东商河人。原保定绥署副主任。1948年秋以有病为由，告假去上海。1949年3月飞香港，翌年去台湾。

刘多荃　辽宁凤城人。原任热河省主席。早年跟随张学良，曾参加西安事变。1949年8月，与黄绍竑等在香港通电起义，并由香港返回大陆。新中国成立后，历任政务院参事、全国政协委员等职。

冯钦哉　山西万泉人。原第11战区副司令长官兼张垣绥署副主任，北平行辕副主任，均未到任。1949年1月参加北平和平解放。新中国成立后，曾任北京市政协委员。

吴奇伟　广东大埔人。原北平行辕副主任。1948年8月任华北"剿总"副总司令，不久即赴广州，1949年初任广东绥靖公署副主任，同年5月率部在梅县起义。新中国成立后，任广东省人民政府委员，广东省政协委员。

郭宗汾：见12月12日注〔7〕。

李文　湖南新化人。时任国民党第4兵团司令。1949年1月24日离北平赴南京。后任西安绥靖公署副主任兼第5兵团司令。同年冬，率部由陕南退至成都，成都解放时被俘。1950年4月逃往香港，翌年赴台湾，任国防部中将高级参谋。

〔4〕1948年11月26日，翁文灏内阁辞职，孙科出任行政院院长并组阁，12月22日组阁完毕。行政院成员有：副院长兼外交部部长吴铁城，国防部部长徐永昌，内政部部长洪兰友，粮食部部长关吉玉，教育部部长梅贻琦，卫生部部长林可胜，社会部部长谷正纲，工商部部长刘维炽，交通部部长俞大维，水利部部长钟天心，财政部部长徐堪，地政部部长吴尚膺，司法行政部部长梅汝璈，行政院秘书长端正恺，资源委员会委员长孙越崎，侨务委员会委员长戴愧生，蒙藏委员会委员长白云梯，政务委员张群、张治中、翁文灏、陈立夫、张厉生、朱家骅。由于与李宗仁不和，孙科内阁于1949年3月8日辞职。

12月28日^{〔1〕}

中航飞机今天首次露面，运来一批钞票。这次只是试飞。今天有大雾，下午转晴，飞机又来了几批，把地面上的垃圾吹去不少。

猪肉今天80元1斤，油120元1斤，本地土产鸭梨48元1斤，土萝卜也要

10元1个，蜜柑到30元1个，小米14元1斤，玉米面落到9元光景。物价涨落不定，大家对当前战局形势看不出头绪，冒险家也不敢大施身手。

名帽店"盛锡福"，鞋店"内联陞"，绸缎店"瑞蚨祥""谦祥益"，茶店"东、西鸿记"，以及各大餐馆无一不在疏散工友。只要城外有家的就叫他们提早回家，省下一份口粮。对于这些历史性的大商店，可以说是破家值万贯，如百足之虫，死而不僵。苦只苦了那些小买卖人，摆摊的、卖宵夜的，以及卖北平特产，硬面饽饽、赛梨萝卜、糖葫芦的，都无法维持生活。因为卖了旧的，就换不回新的。小市地摊主人都这么说，我这是200块银圆的本钱，如今连20块金圆券也不值了。物资只有消耗，没有生产，这是一个促进崩溃局面的大悲剧。

"这是您的造化，"那些小贩们对主顾说，"您看着合适就留下吧，这年头用一件少一件，吃一个少一个了。"

城市与乡村的对立局面下，在最初几天，连蔬菜贩子都不许进城，说是为了防奸与防谍。乡村倒是无意在经济方面全面封锁城市，值得诧异的倒是城市故步自封，自己对自己封锁起来，想要因噎废食。当局后来知道了事情的严重，下命令让蔬菜进城，于是10元1斤的白菜便低落了一半的价钱。但供求总是不能相应，过了不多时候，菜价便又涨上去。银圆的价格是一切的指标，当每块银圆从50元涨到120元左右徘徊时，物价又怎能下降？

于是一位洗手的黑银号经理叹息道："这是什么形势，不必再打了，人家只要站在四周围的山头上数洋钱，就把咱们拖垮了。"

西郊来人谈，当地虽然让边区票、长城票[2]与金圆券并肩流通，但是除了以物易物以外，能够在市场上坚挺存在的还是硬币——银圆。

每当在花花绿绿的钞票堆中看到银圆的人，无不觉得眼前一亮，就像今天下午7时，在炮声沉寂中，更多地方忽然电灯亮了似的，使人们的神经大受刺激。

这次的电源是从西方来的。厮杀中为什么有电呢？"这也许说明战争结束有望吧"，多少人都这么想。

【注释】

[1]是日，北平市军管会颁布了由叶剑英签署的《北平市军管会关于做好入城准备工作的通告》（以下简称《通告》）和《北平市军管会关于成立北平纠察总队的通知》（以下简称《通知》）。《通告》对于准备接管北平的各单位的入城方式、入城顺序及入城后所应注意的若干问题作了严格的规定和缜密的布置，并同时颁发了《北平市军管会入城纪律守则》十四条。《通知》向即将入城的各机关、团体、部队通报了原华北步兵学校已奉命组建成平津卫戍司令部纠察总队北平总队，并开始在良乡办公与执行纠察任务的情况。要求各单位严格整顿纪律，恪守城市政策，服从统一领导。

同日，应傅作义电邀，华北"剿总"副总司令邓宝珊偕张云衢、张景文、王焕文专程由包头抵平。

[2]边区票又称边币，1938年3月由晋察冀边区银行发行，1948年5月停止发行。同年12月，按1000元折合旧人民币1元的比价收兑。

长城票为冀热辽解放区"长城银行"的货币，1948年2月发行。

12月29日

在北平这个文化古城中拥有世界知名的教授，但可以说，在这次围城以前连燕园中间的人，也很少知道外语系有个讲师名叫曼尼斯。这个人出入城门很勤，做起事来很敏捷。他上一次进城的时候，平东的电源恢复了，他昨天又进城的时候，平西的电源也恢复了。

我们无法猜出曼尼斯和电源恢复有什么直接关系，但是也不能不有一些相关的猜测。当曼尼斯今午出城的时候，除了几位燕大学生和他在一起之外，还有冀北电力局的人员在城门口相送，曼尼斯到平就住在美国领事馆的2号房间。

这个年轻的美国人徒步在平西大路上独来独往，他头戴一顶大绒绳帽子，上面有各种不同的花朵，远处看起来，像是一面旗帜在那里摇摆。外国人到今天还能有其特殊的活动，由于他们的往来，使城内与城外的消息沟通了。中国人知道自己的事情有时还要通过外国人，照历史旧例来看，却也并不是一件奇怪的事。

官方公布了一件重要消息，说是让清华、燕京学生至今自由出入城门，容易混入匪谍。从发布命令这一天起，出城的人绝对不许再随意回来（这里面没有提到外国人）。出城的人，在城门口就交出了他们的身份证，此证从此即行注销。对于城外的人要求进城，自然更要严格。需要取得城内若干家铺户或是简任级官吏[1]出面保证。

据说燕京的学生们，特别推崇陆志韦[2]先生的镇定，由于他在最紧急的时期，坐镇贝公楼[3]，使全校师生打成一片，渡过了难关。为了不使课业荒废，从19日起，大部分功课都恢复了，教授和同学就在炮声隆隆中依然闭门来过他们的日常生活。电灯显得比平常更亮，水也显得比平时更丰，除了饮食方面简单一点外，没有什么意外发生，校内希望能够早日恢复校车，他们需要更多的精神食粮。

自从梅校长赴南京后，清华学生非常注意他的行止，听到他决意不就教育部长，大家松了一口气。梅校长在临走的时候，也特别请求北大负责人协助清华校务。比如清华的应变费便由北大代领。清华回到城内的学生有300人，还有2000多人在城外，老哲学家冯友兰[4]出来负责，学生与教授没有一个共同的组织，一些课程略有改变。就哲学方面说，冯友兰也承认了学术上有另外一个唯物体系的存在。清华园内炸弹事件过后，除复课外，同学们依然可以抽空在校园中溜冰。

这两所大学被称为真空区域。两个学校都曾有外边人去演讲过。在燕大的某一次讲演中，据闻曾提到反对美援。

北大在城内虽然照旧上课，怕是暮气沉沉地拖到学期的终了。东厂胡同原为中日文化协会的大房子，此时分别贴上"北大胡校长公馆""北大博物馆""北大教授宿舍"等牌子。校务常委汤用彤住了进去。他希望这座黎元洪[5]的旧宅，能够多有几位同事去住，但也有些人怕这所房子再被"接收"时有遭受"玉石俱焚"的可能。所以除了一批助教外，大半有身家地位者却不愿搬过去。北大教授杨振声[6]说："胡校长有信来，他内心里十分难过，他的后悔是一定的，我们告诉南京的朋友们说，和同学们在一起共患难是一件最有意义的事。"许德珩[7]教授也说："此人这次是听信了小人之言，他上了一个大当。"

北大现在还有学生2913人，其中请求休学的，到今天仅有99人。毛子水[8]和少数几位教授为了"私人关系"还要南下，他把胡公馆的存书都封好箱，上了锁。并对外说："胡校长从南方借来的半部《水经注》[9]，他走的时候要我给他带回去，这个责任我不能不负。我们图书馆都一切照旧，馆里的每一本书都不准装箱。"

毛子水走后，胡校长办的《独立评论》社今天宣布寿终正寝[10]。

【注释】

[1] 指国民党政府文官第二级官阶，相当于次长、局长和厅长一级的官吏。

[2] 陆志韦　浙江吴兴人。语言学家，心理学家。时任燕京大学校长。新中国成立后，任全国政协委员，中国社会科学院学部委员，中国心理学会会长等职。

[3] 指今位于北京大学西校门后的办公楼。原名施德楼，1926年建成，1931年以美国俄亥俄州韦斯利安大学校长贝斯福德（Basefood）主教的名字命名。

[4] 冯友兰　河南唐县人。哲学家。时任清华大学教授，清华大学校务委员会代理主席。

[5] 黎元洪　湖北黄陂人。武昌起义前曾任清军第21混成协协统。武昌起义后历任湖北军政府都督、中华民国副总统、中华民国总统，1928年病死天津。

[6] 杨振声　山东蓬莱人。文学家。时任北大文学系教授。

[7] 许德珩　江西九江人。法学家，社会学家。时任北大教授。

[8] 毛子水　浙江江山人。时任北京大学图书馆馆长。1949年去台湾，任台湾大学教授。

[9] 胡适从1943年开始倾全力于《水经注》版本的校勘和考证研究工作。1948年11月间，国民党政府面临溃败前夕，蒋介石派陶希圣到北平请胡适赴南京就任行政院院长，胡适以身体不好谢绝，并托陶希圣将自己的水经注稿带到南京交给傅斯年保存。12月15日，北平被围后，南京政府再次派飞机接胡适等人南飞，固有前十分仓促，胡适只携带了一部二十六

回的《石头记》手抄本。其他手稿和一百余箱书籍留在北大，未能带走。

[10] 原文如此，应为《独立时论》社。《独立评论》由胡适等人于1932年5月在北京创办，旨在"保持一点独立的精神，不倚傍任何党派，不迷信任何成见，用负责任的言论来发表个人思考的结果"。1937年7月，卢沟桥事变后停刊。《独立时论》为胡适于1947年5月起，邀集北大、清华等校四十余名自诩为"自由主义者"的教授而创刊，似继承《独立评论》之宗旨，但实际上成为系统的进行反共宣传的工具。

12月30日[1]

岁暮的政治气氛慢慢地从杀气腾腾中透露出一些来，但北平的单位既多且杂。在华北二十九省市国大代表一再商讨中，主张罢战的却是察绥的老人，他们以年轻人全部被送上战场而痛心。最后决定以这样的文字表达他们的心声：

"凡有意成立傀儡政府者是敌人，凡贪污腐化者是罪人，以和平待我之民族是友邦，以国家为前提的黄帝子孙都要联合起来协同友邦，打倒敌人，铲除罪人，改组政府。"

这段双方各打四十大板的言论在新闻检查处先被删去一半，到后来又通知各报全文免登。无视南京的和平气氛，此地依然故我。华北与东北立委分裂后，各自又分别举行自己的座谈。北方七省市参议会议长们[2]再电南京询问国策变不变。最新得到的回答是："戡乱到底"。河北省贺翊新议长住宅驻军撤出后，民意机关于是又把军纪赞扬了一番。所谓配合工作，也就只限于此。

战争最得到实惠的就是释放囚犯。大批汉奸纷纷出笼，甚至无期徒刑者也要适用开释条例。德胜门外的监狱打开，囚犯出走，至今看守者袖手无策。法院中冷冷清清，律师到了法院无庭可开。工警职员都不能按时上班，以致"剿总"通令，法院不得迟到早退。监狱中最大困难是无法筹得粮食。目前职工已超过囚犯的数字，高院吴昱恒院长说，"一·二八"时他曾放过大批囚犯，抗战时他又在苏州释囚，这一次已是第三次了，但哪一次也不如这次的彻底。

"剿总"的政治委员会虽然没有成立，但内定副主委何思源[3]已飞津转京，开始奔走；经济小组新任主委冀朝鼎[4]正以中央银行经济研究处长资格北上。军事小组即是武管会，由总部张总参议[5]兼任。

"剿总"有九个副总司令，其中陈继承、吴奇伟、上官云相早已南下，不管事的有刘多荃、冯钦哉，在办公的有宋肯堂、郭宗汾、李文，后者且负城防的总责。邓宝珊到月底才由绥远飞平。这些将军对外不作任何发言，偶然遇到，除谈论天气之外，也不会更多说什么。

死一般地沉寂。报纸上字里行间似有个什么问题呼之欲出，但是并未着墨。最喜欢发言的人，今天也都沉默下来了。虽然城外的炮声并不响，但大家的心里都自问"怎么办？"小问题是个人的生活，大问题是国家怎么办？

夜里，炮声又响起来。

【注释】

[1] 是日，新华社发表毛泽东撰写的1949年新年献词。文章号召全中国人民在中国共产党的领导下，坚决彻底干净全部地消灭一切反动势力，不动摇地坚持打倒帝国主义、封建主义和官僚资本主义，在全国范围内建立无产阶级领导的以工农联盟为主体的人民民主专政的共和国，从而向社会主义发展。文章还指出了中国人民、中国共产党和一切民主党派、人民团体在1949年应努力实现的主要的具体的任务，即人民解放军将向长江以南进军，召集没有反动分子参加的政治协商会议，宣告中华人民共和国的成立，并组成中央人民政府。见《毛泽东选集》第4卷《将革命进行到底》。

[2] 据查北方七省市参议会议长分别是：北平许惠东、天津杨亦周、河北贺翔新、山西王怀明、热河王致云、察哈尔杜济美、绥远张钦同。

[3] 何思源　字仙槎。山东菏泽人。早年毕业于北京大学，先后留学美、德、法国。历任山东大学教授、法学院院长，国民革命军总司令部政治训导部代主任，国民政府山东省主席，1946年11月至1948年6月任北平市市长，1948年底至1949年初为呼吁争取北平和平解放四处奔走。据何

思源回忆，他于1948年11月上旬离平赴京（南京），是受傅作义之托，一则听取李宗仁对于时局的看法；二则准备请出顾孟余（国民党汪精卫派系，时为国民党六届中央执委）与中共方面洽谈合作事宜。但何抵南京后，目睹了蒋介石集团内部的分崩离析，决定亲自为争取和平解放北平奔走出力，遂于1949年1月8日（或9日）返回北平。见《平津战役亲历记（原国民党将领的回忆）》第348页。

［4］冀朝鼎　山西汾阳人。1927年加入中国共产党，后长期在国民党政府内从事经济工作，时任华北"剿总"经济处长。1948年12月28日随运钞票飞机抵北平就职。

［5］即张濯清，华北"剿总"总参议。原为张垣绥署总参议。负责"剿总"内编制、人事、经济、补给等事宜。

12月31日

1948年有个不平凡的除夕。空前未有的大变局已然形成。昨夜方下了大雪，今天又晴了。时局有了新的象征。

三周以来，空中设防，地上挖沟，为了怕城外的炮弹飞进城来，但不幸在敌方的炮弹未来之先，首先在昨晚10时被自己的流弹击中。《大公报》办事处在60小时中受两度搜查[1]，从那时候起，全体禁足，在我们大屋子里受了60小时以上的禁闭。有几位来看望我们的好朋友，也在许进不许出的原则下，陪我们一同受罪。

天气依然很好，太阳普照大地。三周以来，北平又开始安定下来，一向知足而又冷酷的居民，又能在自己造成的每个小圈子里面忍耐度日。公务员照旧上班，三轮车夫照旧出车，一切为了生存，谈不到什么生活的意义。因为北平从没有水又恢复了水，从没有电又局部恢复了电。金圆券虽然在通货膨胀，民生的必需品虽然贵，但在市场里仍然可以买到活命的东西。

新年劳军运动，提前在今天举行。多少朋友都约好了借机到郊外去参观，临时只好失约了。若干电话我们都不能去接，因为我们这些人在不宣布罪状中失掉了自由，绝对不准和外界沟通消息。连邓宝珊派来请我去吃中饭的副官也被扣留了两个小时。执行人员说："我们决定你可以出去赴宴，但我们也可以明白告诉你，我们要派四名便衣陪你一同去。"

我们不知道所犯的罪名是什么？他们两度仔细检查后，拿去了香港《大公报》和《文汇报》及一张《时代日报》附刊。上面有一篇《苏联是世界和平的基石》；一本红色问号的《魏德迈来华做什么？》；一个军调部信封；一份当时的出版物《为制止内战而斗争》；一本《奋斗日报》特刊《我们是怎样成长的》，是套红的字；《人物》杂志一本，有个大胡子封面；《北方文化》，有个牛在耕田；一份甘肃学生界的油印文艺小刊物《小风》和一份天津来的电报，指示如何发薪，如何配给福利品。最值得注意的是我近两年来的写作的贴报簿。他们说："我们很想多参考一点东西，这都得拿走，作为我们借去好了。"

明知这些东西一去不返，我还是叫他们给我留下借条，这样，我才给他们开具了一个"没有干扰"的文字小结。这是一个任何人都会随时"自动失足落水"的时代，前门楼和菜市口某当铺里关着几千不知姓名的人，谁又能知他们的下落如何呢。

除夕的夜是漆黑的，但晚报上却传来一线希望，物价为了谣言一度下跌，170金圆券1块的银圆黑市落到100元了。但这只是一个梦，第二天一定又都会恢复原状的。

【注释】

[1] 此事为北平警备总司令部稽查处所为。此前，在平国民党军统特务接到密报说，上海《观察》杂志主编储安平秘密来平参与和谈，准备落脚在《大公报》驻平办事处记者徐盈、彭子冈家中，遂派人搜查了位于北京东城灯市口的《大公报》驻平办事处，并留下特务"蹲坑"，企图捕捉储安平，结果扑空。经北京警备司令部参议兼《华北日报》总主笔李同伟和警备司令部秘书长邓继禹、华北"剿总"阎又文等出面解围，特务撤出《大公报》驻平办事处。同时，在北平户口册中查出三个徐盈，虽"盈"字音同字不同，但特务却如获至宝，于是分散隐藏在各徐盈家中。恰逢是日北平地下党通知刘时平同志在西四辟才胡同54号徐楹（徐为时北平地下党学委负责人崔月犁同志爱人徐书麟的叔父）家与学委主要负责余

涤清同志接头，不幸，刘、余二同志均遭敌人逮捕。

1949年1月1日[1]

这是一个所谓"元旦"的日子，新年带来了什么新气息呢，至少我们这些失掉了自由的人是体会不到的。

蒋总统的一纸文告[2]在未发出之前，的确刺激了整个市场。甚至傅作义和他的部下守岁到元旦清晨2时，才算在紧张心情下读毕了全文。如果用《华北日报》的党论，那就是"和平之门已开"，其他一时尚谈不到。从今天起，至少"和平"，不成罪名。

谢谢看守人员还能给我们做报的人以读报的机会，我们还能知道今天各机关照旧办公，分别还举行团拜，年关风物中心的厂甸今年停止开放。士兵们接受了"慰劳"，十个人分不到1根香烟，一班人分不到1块手巾，一排人也只能分到4两猪肉。一大堆空话说完了也就完了。

我们要求在大门口"禁足"的"卫兵"进来休息，不准。但是美国领事馆的一位外国记者闯进来看了一眼，又大摇大摆地出去。虽然外国电报也在检查之列，但发出关于我们被扣的新闻却有一二件成为漏网之"鱼"。

到了看守48小时以后，我们为了"自由"开始了反抗，三个电话机旁的看守人员鼓励我们这种行为道："他妈的，这群王八蛋自己去过年，忘记了在外面受苦的我们。你们去找保人吧，你们的事情早点完了，我们也可以早走了。"

一周前，对于文化界的恐怖已然开始了，从师范大学捕去体育教授徐英超[3]他们说是"误会"，29日又从北大宿舍捕了阴法鲁[4]教授，在1948年除夕前，又禁闭了《大公报》在北平的全体职员，这是什么意思？

由于我们到处控诉，借机知道军政当局正在举行一个很重要的会议来研究所谓"总统文告"。"剿总"的另一个会议开到2日清晨2时还没有结束。

在"主张和平不是罪名"的新年元旦局势之下，各方面对于我们的"遭遇"都说了不同程度的同情话，并且声明："这不是华北地方当局做的"。这就等于说，这是军统干的。

【注释】

[1] 北平市人民政府于本日成立，叶剑英任市长，徐冰任副市长。同日，中国人民解放军北平市军事管制委员会发布第一号布告和《告北平各界同胞书》，下令在北平城东至通州，西至门头沟，南至黄村，西南至长辛店，北至沙河的辖区内实行军事管制。并决定成立北平军事管制委员会，统一全区军事和民政管理事宜，叶剑英任军管会主任。《告北平各界同胞书》号召全市同胞团结起来，保护城市的一切公共财产，维护社会秩序，迎接人民解放军和人民政府进入北平。

是日，中央军委致电东北解放军首长林彪，提出与傅作义谈判的六点方针。电文指出："新保安、张家口之敌被歼以后，傅作义及其在北平直系部属之地位已经起了变化，只有在此时才能真正谈得上我们和傅作义拉拢，并且傅部为我所用，因此我们应认真进行傅作义的工作。"电文同时要求派可靠同志当面直接向傅作义转达中央对于和平谈判的原则和立场，以及傅作义应在和平谈判中所采取的态度和策略。具体内容详见《北平和平解放前后》第54页至55页。

[2] 指蒋介石于1949年1月1日发表的新年文告。表示愿与中共商讨停止战争，恢复和平，并提出和谈的五项条件：（一）无害于国家独立完整；（二）有助于人民休养生息；（三）不违反宪法，不破坏宪政，确保中华民国的国体和法统；（四）军队有确实保障；（五）维持人民自由生活方式与目前最低生活水准。声称在中共保证履行上述五项条件下，可以"引退"。其目的在于继续维持国民党的统治地位。

[3] 徐英超　北京人。时任北平师范大学体育系主任。新中国成立后历任中华全国体育总会副主席，北京体育学院副院长，第五、六届全国政协委员等职务。

[4] 阴法鲁　山东肥城人。时任北京大学文学教授。

1月2日

今天是星期日。围城之后，学校放了假，机关却不放假，与平常日子也没有太大的区别，对我们来说这一天却相当重要，禁闭了六十多个小时，这一天上午11时，我们全体得到了自由。

不知道他们为何而来，也不知道他们为何而撤？没有罪状为何前来，有了罪状为何不办？这都是问题，都是个谜。

在"剿总"政工处副处长阎又文[1]、发言人耿剑秋、新闻公会张明炜理事长、督察处王念祖督导的面前，我们和看守人员交换了借条，明白表示我们的遗憾，我们保留了要求赔偿一切公私损失的权利，我们还要向那捕人的机关提出抗议。

"当局正是要用具体事实来说明他们的决心的时候，我想他们不必要在中外民主人士的注视下再做这样的傻事。"

"那你去问上面好了，我们只是奉上级命令，不能不使你们受委屈。"

过了12点，走出连续生活了六十几个小时的囚房，应邀赴两位将要离开北平的立法委员的约会。他们已经把家眷送到南方去了，自己还要再观望一下。他们问道："和平有没有希望？"我说："这正是我要问你们的问题。"

下午刮起大风来，把东单的电线都吹断了。传言，封闭的和平门半扇大门也被吹开，代表了一种希望。

在笼城中自由自在地走了许多地方，谢谢朋友的关怀。也许仍有四个便衣在左右保护，但我却并未放在心上，而且不用正眼看他们。我想："法律？在指挥刀下的法律就是这样的。他们可以宽容到第一流的汉奸，但对于特刑庭[2]里的两百多位嫌疑学生，却又不吝惜囚粮，让他们常住在此黑暗的无底洞中。

一批一批的队伍在马路上跑步，嘴里喊着口令，对人民示威："努—力—奋—斗。"脚步声"沙沙"地响成一片，一阵阵狂风卷着沙土，说明了这是冬天里的春天，还看不到春天。

【注释】

[1] 阎又文　山西万荣县荣河镇人，中共秘密党员。时任国民党华北"剿总"办公室副主任兼政工处副处长。北京和平解放以后，协助傅作义为和平解放绥远做了大量具体工作。

[2] 全称"特种刑事法庭"。根据1948年3月25日，国民党政府公布《特种刑事法庭组织条例》，《戡乱时期危害国家治罪条例》而设立。

1月3日

蒋总统的文告预定的发表时间延缓了。北方的政治军事局面柳暗花明，在天鹅绒幕内进行，不知再作如何的演化。当局本想把他的"战"与"和"的问题交给"人民"作"公决"，但是南京已比他早一步先在政治上表演出攻势来。

从200多万市民成为20万军人的掩护者，不是得天独厚的北平，没有第二个城市能够负担起这么沉重的担子。不知不觉地已迈进第二十天了。人民的哀怨堆起来可能比金字塔还要高，可是环境却不允许有一个宣泄的机会。这些天来，炮声断断续续，真正的战事只在最初几天交手。台湾训练过来的31军[1]伤亡了四个营以后，撤到城内的部队一直都处在休眠状态。

西北来的邓宝珊将军说，今天西北大雪三尺，雪底下的麦子一定很好。天气还没有十分冷，黄河结冰尚未十分结实，重载的运输车还不能通过，只有回族的骑兵往来。西北的筹码缺乏，不只银圆在流通，连已废的法币[2]也还能够使用，1块银圆可换金圆券60元，1袋面粉当地只要银圆1块半。陕坝粮府虽然缺乏生产者，但也同时缺乏了消费者。打12月13日起，平绥路整个不通了，从察绥起家的人，想不到最后却被迫放弃了察绥，他空运来的黄河冻鱼，在当地1块银圆买到14斤。

表面上，西北平静无事。宁夏与青海的军队都扩大其驻防的领域，驻新疆的马呈祥[3]也有内移的样子。青海与西藏的路线已打通，这条通国际的公路上，马步芳[4]大运军火。宁夏有批大刀队，由马鸿逵[5]领着喊杀。西北和台湾，一是沙漠之海，一是真正的岛国，这都可能是最后解决的地方。这位曾徒步走过新疆的白发将军慢慢地说："问题只能由复杂向简单，不要把简单变为复杂。封建的军队无论如何对付不了反封建的军队，这是天演公理。你说呢？"

封建队伍的蜕变与任何个人的蜕变一样要经过痛苦的过程。现实正在考验着一切，六十多小时的禁闭对我们是一个考验，最近眼前的一个问题就是和平问题。

【注释】

［1］31军（军长廖慷）仅辖205师（师长邓文禧）一师，该师由台湾训练的"新军"调来，又称"青年军"。当时驻防于地坛一带。

［2］法币：国民党政府于1935年11月4日发行。为统一全国流通的货币，禁止白银流通，中央、中国、交通银行（后加中国农民银行）联合发行法币，以其收兑银圆和民间藏银。后由于法币急剧贬值，1948年8月19日被金圆券取代。

［3］马呈祥　原籍甘肃临夏，生于青海西宁。马步芳之外甥，马步青女婿。时任国民党整编骑兵第五师（但习惯称骑五军）师长，归马步芳所辖，驻兵新疆乌鲁木齐老满城一带。1949年9月逃往国外，其部属与其他新疆国民党部队一同起义。后去台湾，任澎湖防卫部中将副司令官。

［4］马步芳　甘肃河州（今临夏）人。时任国民党西北军政长官，率部在陕、甘、青等省与人民解放军作战，1949年5月，兰州解放前夕逃往重庆。

［5］马鸿逵　甘肃河州（今临夏）人。时任西北军政长官公署副长官，掌握宁夏军政事务。1948年8月逃往台湾。

1月4日

和平的声浪在围城内越唱越高，平常喊"戡乱"最起劲的人，今天一变而为喊和平最起劲的人了。战意呢，已成为尾声。

北方七省市参议长会议每天要开一次会，从元旦起就开始了讨论，今日举行全体留平的参议员座谈会。北平市议长许惠东说："现在谈和平尚有一段距离。国民党要进步，要废除官僚政治，共产党要进步，要能适合中国的民情。大家要顺应中华民族的立场努力进步。"

年前北方二十九省市国大代表联谊会放的第一炮被检查处扣留之后，2日开会又在讨论如何促成"国内和平"。北伐时候曾任北平市长的张荫梧[1]主张派人去南京"共商和平"，同时代表人民致书蒋总统，拥护元旦文告，另请毛泽东先生"放弃以武力夺取政权的迷梦"。后又决议，平津首先停战，使500万人首先获得和平。给毛氏电中说："政协失败，系双方未能顾全大局。"北平副议长唐嗣尧[2]撰文提出："今后两党必须推诚相见，方能建设真正和平统一的中国。"

被民盟开除盟籍的张申府[3]，他表示和平之门虽开，而希望不大。民社党革新派梁秋水，是一位半盲老人，他表示为了北平的和平愿望做努力。有一张小报上说："张东荪[4]4日入城飞京，闻此行系应南京友人之邀，届时将派专机来此迎接。"据张氏左右辟谣道："张氏早已进城，并没有去南京的意思。"

围城中间，慢慢了解到这次和平运动的由来与全貌。据从参议会所得的消息，呼吁和平最初是由湖北参议会发动，河南参议会也有通电发出。鄂省29日电文中说：要求一切问题以政治方式解决。豫省30日电文中要求"决请总统下野"。以上电文均由白崇禧[5]转送张群代转给蒋，因而促成总统元旦文告，诡称企望和平。湘桂滇各地也均出现了自保自卫的表示。据说阎锡山这次到南京也起一定影响。[6]至于文告文字一再修改，英文稿于下午8时发出，中文稿则延到晚11时许发表。中央社预告全文有5000字，但实际上只发出了1500字。在平津第一线，必要时候拟用飞机空投，以期获得"反应"。

在各省市参议会及党派以外，每一次活动中少不了的耆老也先后被拖了出来，从事"古城完整"的运动，那就是北平士绅傅增湘、潘龄皋、钟惠澜、康同璧，[7]甚至连吴佩孚的夫人[8]都被搬了出来，组织了一个北平文化古城保卫委员会。拟妥宣言，通电全国，告国共双方将士以北平为非战斗区，重申不设防的主张。靳云鹏[9]并且要派人访问美、苏、英、法四国领事，要他们出来调停，重申一次八国联军打进北京后的约定，"在城郊10里内不准有军事行动"。此事并没有得到结果。两年以前，

《大公报》认为内战可能引起"国际干涉之渐"受到他们谩骂,如今却自动请求国际来干涉了。

此时的新闻检查所对于"和平之门"也有其开放的限度,向毛泽东要求和平的调子通过了,对蒋介石要求和平的文件则被扣留了。原件称:"北方各地,战乱灾祸,民不堪命,经济破产,凡百俱废者无解救之计,必致同归于尽,敬祈我公为国家保元气,为人民留生机,凡一切和平障碍无不可商谈,解决委曲求全,拯国运于垂危,解民命于倒悬。"

这就是当局目前所能允许的政治胸襟与风度。

【注释】

[1] 张荫梧 河北博野人。曾任国民政府军事委员会委员、北平特别市市长兼公安局局长,河北省民军总指挥官,平汉铁路北段护路司令。1949年初北平和平解放时,曾企图组织军队暴乱,后被擒获。同年5月死于北平。

[2] 唐嗣尧 河南人。早年曾任中国大学教务长,华北大学校长,北平中德、中日文化协会理事长。时任北平市临时参议会会长,民选市议会副议长,立法委员。后去台湾。

[3] 张申府 河北献县人。早年参加中国共产党的创建工作,1925年退党。曾任黄埔军校政治部副主任,广州、暨南、中国、清华、北京等大学教授。1927年参与筹备中华革命党。1935年任华北各界救国会负责人。抗战期间在武汉、重庆等地从事抗日民主活动,参加中国民主同盟。1947年11月,因擅自以个人名义公开宣布解散民盟华北总支部,并要求民盟北平市临时委员会停止活动,而被开除盟籍。新中国成立后,任全国政协委员,北京图书馆研究员。

[4] 张东荪 浙江杭县人。时任燕京大学教授,中国民主同盟中央常委、民盟华北地区负责人。1949年1月6日,受傅作义指派与周北峰出城抵平津前线司令部,受到林彪、罗荣桓、聂荣臻的接见,并参与草签双方会谈纪要(由周北峰签字)。10日下午,张东荪返回燕京大学。

[5] 白崇禧 广西临桂人。时任国民党华中"剿总"司令。1948年12月24日,白崇禧致电张群、张治中转蒋介石,提出"恢复和平谈判"以

解决时局的主张。同时，李宗仁也宣布要求蒋介石下野；释放政治犯；言论集会自由；国共双方各自退兵30里；划上海为自由市；政府撤军，由各党派人士组成联合政府进行和谈等五项主张。30日，白崇禧再次通电呼吁和谈，并在白的指导下，湖北省参议会及河南省主席张轸也发表通电，要求蒋介石"循政治解决之常轨，寻取途径，恢复和谈"，否则"如战祸继续蔓延，不改弦更张，则国将不国，民将不民"。1949年1月2日，白崇禧电邀张群赴汉口请张向蒋转达并解释两次通电含文，表明其为挽救时局着想，而无其他含义。翌日，张群返回南京。

［6］1948年12月28日，蒋介石电召阎锡山、胡宗南、卢汉到南京。

［7］傅增湘 四川泸州人。著名藏书家。早年曾任北洋政府教育总长，后为故宫博物院图书馆馆长。

潘龄皋 河北安新人。清末举人、进士。早年曾任甘肃省省长。

钟惠澜 广东梅县人。著名医学家。时任北平中央医院院长。

康同璧 广东南海人。康有为长女。时任全国妇女大会会长。

［8］即张佩兰，时居北平。

［9］靳云鹏 山东邹县人。早年首任北洋政府陆军总长和国务总理。1921年后寓居天津。1942年任伪华北政务委员会下属谘议会委员。

1月5日[1]

有一位身份不明的朋友送来一个警告，要求我们对于六十余小时的监禁，少对外面说明，以免增加自身的危险。我谢谢这位朋友的好意，并且告诉他道："这几天连日大火，珠宝市的祥瑞兴损失了百万，昨天广安门外双合盛啤酒公司又有三小时的大火，今天正中书局工厂又是大火。别人的火我们可以不管，但是火烧到我们大门口了，我们受了损失，而我们对外并没有说完我们想说的话，绝对不说损失是不可能的。"

整个市场像着了一场大火似的，经济崩溃更加显著。冀、平省市府及各机关向行政院请求调整待遇。这里高级职员一人所得不足十日之用，低级职员更是困难。他们请按"八一九"面粉限价指数[2]，与目前市价作为薪津支付标准来维持生计。

北平国立院校在同一天也在吁请南京教育部赶快调整薪给救济缺粮恐慌，因为市场枯竭，挪借无门。国立及公立教职员薪给1月份仍按"八一九"限价的5倍发给，而物价实际上涨幅度已超过了上述限价的60倍，工警方面收支更感悬殊，有位大学教授向学校支了半个月的薪水金圆券500元，只能折合银圆4块。

在战火中，北京大学决定将本学期延长一周，把原定在17日起放寒假改为23日开始。辅仁大学为了避免军队占用校舍，也决定即日起举办留校生寒假补习班。流亡的中等学校学生粮煤全缺，教育当局则决定了即日疏散计划，首先将东北各院校学生南迁，其次是各地流亡中学生举办冬令营，分为七个纵队集中食宿，等于办粥厂。

像东北沈、长的故事重演一样[3]，平市开始要求空运粮食来接济。据"剿总"负责人说，希望陈纳德民航大队[4]从青岛每日以30架飞机空运面粉来平，每月可达三千吨；另一方面借机加紧疏散人口，先把已办登记的万余名候机旅客分批空运出去。东单飞机场落成后，大飞机不能降落，改由天坛军用机场每天上下午各抽出两个小时给民航机应用。

全市户口大检查今夜开始[5]，仿照上海、南京的办法抓紧宵禁，集中精力，把不顺眼的人全都疏散出城，再不许返回，还要选些精壮汉子补充兵额。

【注释】

[1] 是日，解放军天津前线司令部发布《告华北国民党将领书》，指出摆在华北国民党军队面前的只有一条路，就是向人民解放军投降。并明确提出欢迎他们与解放军司令部洽谈。

[2] 1948年8月19日，国民党政府颁布《财政经济紧急处分令》及《整顿财政及加强管制经济办法》等4项规定。主要内容有：从8月19日起实行"限价政策"和"币制改革"；发行金圆券，以1：300万的比价取代法币，限期一个月内收兑民间黄金、白银和外国货币；严厉限制物价，冻结于8月19日，价格不得变动。但实际物价上涨并未因此止住。

[3] 1948年3月底，东北人民解放军即在长春周围方圆50里的地域内，对十余万长春守敌展开军事、政治和经济上的围困，断绝城内粮草，

禁止人员进出，并控制机场，扰乱敌军空投。同年10月14日，东北解放军攻克锦州，使长春守敌南逃无望，守必被歼。17日，城内守军60军军长曾泽生率部起义；19日，东北"剿总"副总司令郑洞国率其余部队放下武器。长春宣告解放。

［4］1941年8月，由美国退役飞行员陈纳德任指挥官，组建中国空军美国志愿大队，又称飞虎队，共有飞机100多架，中美官兵270余人。太平洋战争爆发后，并入美国陆军第10航空队第23战斗大队，后改为美军第14航空队，协助中国抗日战争。抗战胜利后，参与国民党政府发动的内战。

［5］1月5日，国民党北平当局以"戡乱剿匪"为名，大肆逮捕进步人士。仅一夜之间，共逮捕1000余人。

1月6日[1]

隆冬天气仍然温暖，但物价越发涨高。145元金圆券换1块银圆。烧饼由3元涨到5元，每斤猪肉由100元上升到150元，一点点和平空气也压制不住野马似的物价。

有家报纸对于高唱"能战始能言和"的论者作如下分析："炉边谈和平，但外面的风太冷，出了门，一走到北风里，炉边的温暖也就一齐失掉了。"

千百只手每天挤满了中央银行的柜台要求发饷。钞票运不来物价涨，钞票运来了物价更涨，今天的金圆券走上了当年法币的老路，把那灯尽油干的民间财富再作一次有计划的压榨。早年的江浙财阀们挤干了全国的财富充实了他们几个大亨的荷包。[2]宋美龄自己的六百个箱子已到了台湾，中央银行还要再赶运两千个箱子去台，也不知道是公还是私的。一位金融界高级负责人在柜台边对我说："我请求早一点解放吧，我们真是不胜应付了，我们放出的洪水已淹到了自己的喉咙……"

看来，只有看守闸门的人，才知道洪水泛滥的严重程度。当洪水已涨过了最后一道保险的闸口水位，他们只有麻木地镇静，偶然发自良心地也说出几句由衷之言来。转瞬之间，又在苦痛地奉命继续决堤。

东交民巷为了国际"观瞻"，始终没有任意驻军，而西交民巷银行区，没有一家不是驻满了武装蝗虫，分享高楼大厦内的一切。他们打开库存的白米、卤肉、封鸡，对哪个国家银行也毫无例外。一些私人银行钱庄表示，从5日起虽然被迫开了业，但这是淡日的开始，从阳历年到阴历年，照往例商业活动极少，银根既紧，而货帮全无胃口，物价也极平静，但今年却不同了，这池子里的存水已然无法宣泄，汇到上海的汇兑和划到天津的调拨同时淤塞。水涨到头，游资在当地又怎能不作祟，物价又怎能希望压低？

"现在已然不是什么贵贱的问题，而是有无货物的问题了，只要是有货在手，还能怕他涨价吗？"

又过了一夜，每袋面粉从650元翻到千元，白菜每斤由7元涨到24元，猪肉破200元大关，东西两市场也没有杀足20头活猪。一位东北来人说，沈、长围困时的情形就是这样，先是肉贵，再是粮贵。每当飞机来一次，金银价格便波动一次。

围城快一月了，准飞的普通人候机也有半个月了，而第一架民航机今天才算开出去。北方的人心浮动，已然到了无可再忍的地步。天津《新星报》刊出某外国通讯社消息："华北将与共产党单独洽谈和平。"当局勃然大怒，据说这家敏感的报纸立刻被查封了。

【注释】

［1］是日，中共北平市委在良乡召开干部会议。彭真作重要讲话，他指出：进城后最先做的三项工作是掌握政权，建立民主，抓好工商。他还对做好工人、农民、学生、城市贫民工作以及处理好保甲长问题、国民党问题、地下党员问题等作了重要指示。

同日，傅作义的和谈代表周北峰、张东荪出西直门来到东北解放军第2兵团司令部会见程子华司令员。翌日，周、张被护送至蓟县东南的八里庄平津前线司令部，开始与林彪、罗荣桓、聂荣臻、刘亚楼等洽谈和平解放北平问题。这是关于北平和平解放的第二次正式谈判。

［2］指20世纪20年代，以上海为基地，以江浙籍金融资本家为核心的大财阀集团。其代表人物是虞洽卿、王晓籁、顾馨一、吴蕴斋、钱新之、秦润卿、荣宗敬、陈光甫。著名金融集团为浙江兴业银行、上海商业

储蓄银行、浙江实业银行、四明银行、中国通商银行等。1927年蒋介石独揽大权后，逐渐被四大家族所吞并。

1月7日[1]

空运困难，但飞来飞去传达命令的飞机并不少。如徐永昌[2]在出任军政部长以前乘机曾两度北来，却未逗留。蒋纬国上月23日来平，下机后秘密住在杜聿明家中。据说计划三天工夫，用10架运输机，把驻平装甲兵团的技术人员运走。郑介民[3]昨天也到了北平，据说给师长以上的军人带来一封蒋介石的信，仅在纸面上安慰一番。

开进北平住了快一个月的庞大军队是什么情形呢？联合社记者哈罗特·密尔克斯发出了这样的一个电报："扬子江以北的中国，可以不谈了，它已成为（毛泽东的）囊中物。战争的沉寂似乎是永久性的，这些似乎是和平前的平静。北平与天津充塞着营养良好，武装完备的国军。但是他们撤入上述的两大都市，已经结束了他们对战争的积极参与，他们对于蒋氏并无用处，犹如他们在满洲所损失的成千成万的人们一样。这种情形似乎将继续下去，直到中国新内阁是否能以谈判和平结束整个内战获得分晓。"

军队是北平笼城内唯一被人侧目而视的豪客，他们拥有成卡车的面粉和略有谷糠的大米。虽然说副食费很少，但"戡乱"期间能获得这种享受的，也是中等人以上的生活了，即使抗战八年中为国捐躯的将士，也未获得如此良好的待遇。

天津什么时候再起炮声呢？据说晚8时已经有了接触[4]，全城处于紧张之中。"剿总"发布消息：林彪部的主力第1及第2纵队都在天津，北平四周是聂荣臻主力。他的第2兵团，包括第3、4、7纵队驻在丰台附近；第3兵团，包括第1、2、6、8纵队在通县双桥及孙河一带；林彪部第11及第5纵队在西郊西苑，林彪部第4纵队一部分在南苑[5]。在这种布置下，随时都有攻城的可能，而实际上却并未曾作主力的进逼。再据有电的地方能听到广播的人说，共方想要和平接收北平，所以不能不有所期待。通州来人称，当地共军一方面造云梯，一方面举行庆祝会，可见两种准备已然开始了。

又有一批教授今天乘民航飞机去南京，他们都是南京政府特邀的。北大图书馆馆长毛子水带去胡适校长所借的半部《水经注》送还原主。胡适在北平私人的书都已封存起来。据说这一批走后，想走的教授为数已不多了。

【注释】

［1］是日，中共中央军委致电平津前线司令部林彪、聂荣臻，指示对于傅作义代表周北峰应该严正表示以下四点意见：（1）傅氏反共甚久，杀人甚多，华北人民对傅极为不满。除非他能和平让出平津，否则我们无法说服人民赦免他的战犯罪。（2）不能采取骑墙态度，只能站在人民解放军一方面，其军队编为人民解放军的一个军，不能有其他名义。（3）除傅部外，其他军队一律缴械，该部队军官及眷属可照对待郑洞国部的办法办理。（4）迅速解决，否则我军即将举行攻击。

［2］徐永昌　山西崞县人。时任国民政府国防部长，任军政部长之说有误。日记中所提两度北来的时间，一次是1948年9月30日，陪同蒋介石到北平部署平津防务；一次是同年12月15日受蒋指派，由南京飞平，劝说傅作义南撤，被傅婉言回绝。

［3］郑介民　广东文昌人。国民党军统头目。时任国防部次长。1948年1月6日，衔蒋命来平执行劝傅和了解有关和谈情况及布置任务的活动。关于郑介民所带蒋介石的那封亲笔信，据独立311师师长孙英年回忆："信中说了些傅（作义）善于守城的历史，要我们有必胜信心，团结互助，要能经历艰险，胜利定会到来。"孙英年谈道："这封信对我来说，除了蒋介石的亲笔签名可作纪念外，只能叫人泄气。"郑介民于1月8日飞回南京。

［4］1949年1月2日、3日拂晓，人民解放军在天津市东北郊和西北郊与国民党守军发生激战。5日、6日，在南郊和东北、西北郊再次发生激战。

［5］据查，当时围攻天津的东北解放军，除第1纵队（司令员李天佑、政委梁必业）、第2纵队（司令员刘震、政委吴法宪）之外，还有第

90

7纵队（司令员邓华、政委吴富善）、第8纵队（司令员黄永胜、政委邱会作）、第9纵队（司令员詹才芳、政委李中权）以及第12纵队（司令员钟伟、政委袁升平）、第6纵队（司令员洪学智、政委赖传珠）和炮兵纵队（司令员苏进、政委邱创成）的部分部队，共计22个师。而包围北平的解放军，除东北解放军第11纵队（司令员贺晋年、政委陈仁麒）、第5纵队（司令员万毅、政委刘兴元）之外，还有第3纵队（司令员韩先楚、政委罗舜初）、第4纵队（司令员吴克华、政委莫文骅）、第10纵队（司令员梁兴初、政委周赤萍）以及华北解放军第7纵队（司令员孙毅、政委林铁）等部队。华北解放军主力第2兵团（司令员杨得志、政委罗瑞卿）之第3纵队（司令员郑维山、政委王宗槐）、第4纵队（司令员曾思玉、政委王昭）、第8纵队（司令员邱蔚、政委王道邦）和华北解放军第3兵团（司令员杨成武、副政委李天焕）之第1纵队（司令员唐延杰、政委旷伏兆）、第2纵队（司令员陈正湘、政委李志民）、第6纵队（司令员文年生、政委向仲华）等部也奉命迅速于元旦以后陆续集结在北平北郊，准备协助东北解放军各部进攻北平城。

1月8日

更大的涨势即将来临，也许这还只是一个新的狂涨的开始。每块银圆的金圆券价格从145元涨到200元，今天到了260元。金锭从9500元跳到1.4万元，面粉由1000元跳到1300元，牛肉由90元跳到200元，猪肉由200元到240元。上海的报纸上错了一个数字，把20元1斤的白菜印成200元1斤。楚溪春总监在其总部里跺脚搓手地说："老百姓真没有法子活下去了。"

正阳门前堆起了面粉的小山，只能引起一种望梅止渴的作用。空运粮食也只是一句话，可望而不可即，北平确是个文化城，但文化不能充饥。

据天津到北平的人说，平津路段内有两段已经通车，白杨村到丰台已开通，通州到北平东便门也将通车。坐车都是免费的，而且也没有一定的行车时间。从唐山到北平的公路也修好了，路面修整后，可容4部卡车同时并行。这是一条军事性的公路，供应了围城部队的军需。

活人已然没有办法活下去，死人因不能出城也无法"安顿"。楚溪春总监也要为死人想办法，他勘查了几处城内的墓地，准备开设军民公墓。死人已充满了各寺庙，好在流亡学生已经搬出了庙宇，不然就要被死人挤出去。

北平人民沉住了气，在等候着"和平"的来临，希望的是能够逃避这一场厮杀与破坏。古城的人民是最现实的，自称为"窝头主义者"。只要能够生存，不敢希望其他，叫他们去修飞机场，他们遵令前往；叫他们去朝阳门外挖战壕，也就有若干商店歇业。至于流亡在平的高等学校，在没有火炉的大教室中，弦歌不辍，学生们吃完了玉米面窝头，已经在吃糠，他们每人每天从政府领到1斤玉米粒，但是缺乏充分的燃料。一些有幽默感的教育家自比为猪倌，靠养学生来吃饭。可是这些"猪"与老百姓不同，他们在饥饿不堪的时候，便相继逃走。有的学校已经走失了三分之一光景。

南京在期待些什么，蒲立德的援华建议[1]在美国外交委员会没有得到丝毫反响。美国国务卿也由马歇尔换为艾奇逊。淮北国军在凄风苦雨的日子里据说已开始了突围。[2]对这一张王牌可能是期待的核心，一位军人说："政府要在一个大胜仗之下才能谈和，不然，和平也就等于投降。"

在平郊火线上来往的外侨，络绎不绝。有一名60多岁的老德侨名叫魏伯，8日被流弹击毙，同他在一起的有合众社记者凯恩。从死里逃生的凯恩说：魏伯是一位退伍军人，和他在郊外同居的还有一个德籍理发师，名叫昆朴。为什么还有这么多的德人住在郊区？谁能解释这个谜？

【注释】

[1] 蒲立德 英国外交官。共和党人。曾任美驻苏大使。1947年秋，以《生活》杂志记者身份来华。同年10月，在该杂志上发表《中国——给美国人民的报告》一文，向美国政府提出援华建议。要求美国政府制订一个在三年内向国民党政府提供10亿美元的计划，帮助国民党与中共作战，从而避免共产主义在中国的出现。1948年4月3日，美国国会通过《援华法案》，决定向蒋介石政府提供4.6亿美元援助。但随着国民党军队在战场上的迅速溃败和在中国统治的日益恶化，美国政府内部在继续援

助蒋介石的问题上发生争执和分歧。

［2］自1948年11月6日，华东、中原人民解放军发起淮海战役后，先后歼灭黄百韬和黄维兵团，杜聿明集团已陷入重重包围之中。12月16日，中央军委电令淮海前线总前委，要求在两星期内对杜聿明部不作最后歼灭之部署，使蒋介石产生双方对峙，势均力敌的错觉，不能立即下决心南撤平津60万军队。从而为我东北解放军趁机迅速入关，切断傅作义东西退路，完成对华北敌军的战略包围创造时机。1949年1月3日，蒋介石看中原局势大势已去，命杜聿明弃徐州突围，撤至江南，并派刘汝明、李延年二兵团由南京前来接应。南京方面对外公开宣称以百架飞机掩护杜部突围。8日、9日、10日敌突围部队在人民解放军猛攻下崩溃。10日，除李弥率少数人逃脱外，全歼敌军55万余人，淮海战役胜利结束。

1月9日[1]

和平空气在迂回迈进。今天是星期日，北平各机关虽然无公可办，但仍照旧上班。楚溪春在那里编排着南飞旅客的名单，刘瑶章换了黑布制服，仍然到处讲演，说是虽然由"戡乱"到"和平"了，但大家要理智些，不要犯感情。在参议会里，北方七省市的议长们照例每天上午开一次没有结果的会，于是分别乘车而散，自己再去分别照应自己的生意。平津的形势不同，天津已在风雨中飘荡，守军正在自己替自己鼓气。

一位唱高调的蝙蝠在报上连写了三篇文章来呼吁和平，以至主张北平不设防。他访问了很多的名人，大家给他的答复是一百二十分的冷淡，于是又闭起门来称病了。他说："我主张今后的党派斗争，不要把技术人才、文化界及自由分子再拖起来。这样，中国永远谈不到建设，也就永远谈不到和平。对于北平也是这样，它是世界知名的文化古城，北平不仅是中国的，也是世界的，为了这个七百年的古城的文化，不仅内战不能破坏它，就是第三次世界大战也不能破坏它。"

这些自称"人民的代表"慢慢地被孤立起来了。立委、监委、国大代表以至于代表民意的各地参议会员们，无一不在提心吊胆地注意着时局的发展。他们的口吻变了，称"共军"代替"匪军"，说"内战"代替"内乱"，向一周前的"匪魁"称"先生"，同时还在大叫蒋介石，你为什么还不下野？在酒馆中有些急性人酒醉后捶胸大哭，连声叫道："我这一宝一定押空了。你们说可怎么好？老子输空了。"

蒋介石文告发表了一个星期，除了新华社记者的评论外，没有得到更具体的答复。陈布雷[2]真是一个幸运儿，他落了一个"尸谏"的美名。吴铁城以外长身份写信给美、苏、英、法四国大使，要求他们来干涉我们自己的内政。[3]

北平市内较大的商店都处于半开门的状态，而收售旧货的小市却一天比一天扩大了。这个城中心的集市，已有了一年以上的历史，从天安门前的千步廊[4]搬到东单，从东单搬到了霞公府[5]，从霞公府重回东单；现在又搬到东长安街，在南池子和南河沿之间的空地上，除了垃圾便是摊贩。在各式旧衣裤、桌椅及零件日用品中，新兴的热门货是平津地图，每张要3块钱。罐头牛肉（12两装）正从军用仓库中搬出来，只要200元，比1斤生肉还便宜。还有饼干卖到100多元1斤。他们喊道："买吧，两斤白菜的价儿。"饼干变荤了，上面生了小虫。

东单飞机场追着这些摊贩的足迹在扩大，马路的南侧，继续动员民工及清洁总队拆除电杆、埋电缆、砍大树、炸废墙，一片乌烟瘴气。天坛的400株古树供军用了，这里，民国元年种的洋槐林也在应声倒地，队伍用了树干后，穷家妇女及小孩子顺便拖些残枝枯叶。一位老妇到飞机场上寻子，非要他回去不可，还说："咱们一辈子也坐不上飞机，你替他们卖命干个什么劲？"

留在北平的文武百官们，真正能飞走的恐怕为数不多，他们从未听说过洋人要中国重演南北朝的局面。一切都已注定了，北平的上流人士又纷传着熊开元[6]的那部《鱼山集》中的八首诗，说是像刘伯温[7]的《推背图》一样，预测了未来局势。其中的"赤焰"，就是暗指红色的中国，又有人说："到南方去做什么，怕只怕应了那句话，朝议未定，兵已渡河。把北方人往哪儿摆？"

【注释】

[1]是日，解放军平津前线司令员林彪、政委罗荣桓，华北军区司

94

令员聂荣臻与傅作义代表周北峰、张东荪举行正式会谈。林彪表明中共方面态度：所有军队一律解放军化，所有地方一律解放区化。在接受此条件前提下，对傅部起义人员一律既往不咎；所有张家口、新保安、怀来战役被俘军官一律释放；傅总部及其高级干部，予以适当安排；对傅本人，不但不作战犯看待，还要在政治上给他们一定的地位。周北峰表明傅作义态度：军队以团为单位出城整编；对张家口、新保安、怀来战俘被俘人员一律释放，不作战俘对待；对傅军、政、文教人员予以安排，给予生活出路；由傅一人承担所犯罪行，对其部下以往罪过不再追问。

〔2〕陈布雷　浙江慈澳人。自1927年后历任蒋介石侍从室主任及国民党中央党部宣传部副部长、中央政治会议秘书长等职。1948年11月13日，因对蒋家王朝前途失望在南京自杀。也有人说因向蒋陈言停战议和而不为蒋所接受所做的"尸谏"。

〔3〕吴铁城　广东香山人。时任国民党行政院副院长兼外交部长。1949年1月8日，为使民政府获得喘息机会，实现"停战"，而向美、英、法、苏四国政府发出备忘录，请求四国政府出面"调解"，以使国共双方重新谈判，但遭到英、法、苏的拒绝。美国政府也以调解难达有益效果为由婉言谢绝。

〔4〕指原在天安门和中华门（天安门南侧，新中国成立后扩建天安门广场时拆除）之间两侧带有红墙走廊的建筑。

〔5〕位于今王府井大街东侧。

〔6〕熊开元　明代文人。嘉鱼（今属湖北）人。天启进士。后削发为僧，隐居灵岩寺。著有《鱼山集》。

〔7〕刘伯温　即刘基。浙江青田人。明太祖朱元璋的重要谋士。曾任御史中丞兼太史令。后为胡惟庸所谮，忧愤而死。

1月10日 [1]

天津周边战事变紧，说是有四位天津市参议员打着白旗走到杨柳青的林彪总部去呼吁和平 [2]。社会上谣传今天将要攻城，人心十分紧张。但又一天过去，平静无事。

物价仍在谣言中上涨，面价落到1000元1袋，但大饼有的地方已卖到10元1个；猪肉440元1斤；牛羊肉240元1斤；鸡蛋30元1斤；连东安市场的冰糖葫芦也由1元涨到10元1串。半桌人在东来顺吃一次最便宜的涮锅子，竟要4000元光景，而城区外爆破的房屋每间只发官价300元，只够30支糖葫芦的总和，或者是15斤玉米面的市价。物价跳一次，工价也就跳一次，尽管到处抓兵拉人，而隆福寺前熙熙攘攘，仍然有那么多待价而沽的壮丁，因为不想当炮灰也没有出路。

虽然是三九天气，死僵了的牲口在街头发着尸臭，闹市上的所谓"驴肉"特多。屠狗的人也多了，街上的野狗也比往日为少。三贝子花园的鹰鸠，因为没肉供养，都由驻军决定予以释放。至于鸵鸟、红绿鹦鹉及白鸽，则被押解到中山公园里代养，只有那猴山里的猴子尚未处理。

在沉闷期中，下午忽然来了一个新闻；何思源搭机返平。他是12月10日到南京去的，同他来的有李宗仁的副官长李宇清和以李副总统名义送给北平友好的礼物。这两天来平的人物中，还有大炮立委李荷[3]、新任"剿总"的经济处处长冀朝鼎。

何思源这次回来，有人称之为是起一个桥梁作用，但不知是为中央与地方做桥梁，还是为李、白与傅氏之间作桥梁。他说："一定要求和平，做到和平，文化古城决不会被毁灭，现在已不是呼吁的时候，而是要奔走的时候。北平这么多的人，为什么还不动，为什么还不像天津参议员那样动一动？北平既是文化古城，我们也得请出文化人来说一说话，既然双方都是为了人民，人民现在想要和平，又为什么不奔走停战？"

何思源曾是北大预科的学生，他下机便去北大拜访他的同窗校友，如周炳琳、许德珩、郑天挺[4]、贺麟[5]等，另一批教育界人士如王捷三[6]、何海秋[7]等也去找他谈话。何思源似乎要把这个由热转冷了的死城重新激起神经质的颤动，把和平调子重新唱起来。

据收听广播的消息灵通人士称，淮北大战已告结束。中央社也公布用百架飞机去迎接守军突围，据说，南京周围还有武装8万。蒋家王朝的500万雄兵只剩下了这点队伍，真要重演楚霸王的悲剧。蒋介石表示决不再等候王承恩[8]，他说："我要干到底，决不做崇祯皇帝……"

这时候，据说是代表李宗仁的何思源到了北平，自然要引起人的注意了。

【注释】

[1] 是日，中央军委决定成立平津前线总前委，由林彪、罗荣桓、聂荣臻三人组成，林彪任书记。

[2] 1月9日，天津参议会代表丁作韶、杨云青、胡景熙、康相九四人出城，前往人民解放军平津前线司令部，发出和平呼吁。刘亚楼参谋长在杨柳青会见了他们并要求天津守军在11日8时前放下武器，但遭到陈长捷的拒绝。10日中午，丁作韶等四人再次会见刘亚楼，希望将放下武器的时间推迟到12日12时，刘亚楼表示将时间推迟到11日18时。11日下午6时，丁等再次出城，传达守军部分将领只愿意放下重武器，让其带步枪回南方。刘表示：希望放下武器的将领退出阵地。

[3] 李荷　河北蓟县人。曾任国民党中央监察委员，制宪国大代表。1947年当选为立法委员。后去台湾。

[4] 郑天挺　福建长乐人。时任北京大学历史教授。

[5] 贺麟　四川金堂人。时任北京大学哲学教授。

[6] 王捷三　陕西韩城人。时任华北文法学院院长。

[7] 何海秋　河北藁城人。时任北京大学法学教授。

[8] 王承恩　明朝太监。崇祯时任司礼秉笔太监。1644年李自成农民起义军围攻北京，奉命提督京营，负责保卫京师。同年3月18日，起义军攻破西直门、平则门、德胜门，进入北京。同日，王承恩随崇祯皇帝自缢于万岁山（今景山）。

1月11日

张学良的姐姐，60岁的鲍张万英可能在一半天内到南方去，她希望能够到台湾去接她的弟弟。"虽然已经是太晚了，他根本也没有犯罪，可是他也到了该出来的时候。"据说张学良在台湾新竹县已完成了明史的研究，对于崇祯皇帝的认识也许比别人更为深刻些。他似乎按照古人在为今人绘脸谱，这样一部明史著作，也许就是不朽的历史，比张学良在政治舞台上前半生的事业更为人所注意。

北方二十九省市的扩大座谈会既没开成，一个东北"独立"的座谈会也没有另获结论。对于"张学良恢复自由"的问题，除了一纸呼吁外，也没有结果。参议会请何思源去商谈。他说："只唱一方面的调子是不成的，你们要有更进一步的行动作些表示。"

北平参议会为了感谢何氏的盛情，把一支荣誉市民的金钥匙送给了他，何氏认为这比发一笔洋财还要重些。

文教界的圈子里被激起了涟漪，但是波浪不大，参加的人也不多。文教界代表说，我们保护文物，北平的文物也保护了我们。这次内战我们不能破坏她，就是将来第三次世界大战也不许破坏她。

实际上除了市外开辟飞机场，市内街道也正在增设掩蔽部，挖的一条条地下长沟像陷坑一样地出现。除了城内的几千人之外，朝阳门外的大工事也正在加速建设。市政府动员除45岁以上者外服工役，每天以500人分编为5队出动服役，每五天轮流一次。由市府供应汽车，并将库存铁锹取出发放。

在一位小朋友的日记中，描写他爸爸服役情况道："爸爸扛着新锹……分吃了同事的大饼，买了两碗热腾腾的老豆腐花了10元。休息一会儿，该工作了，领导者却临时失了踪，这些人也不知道如何是好，该挖还是该垫？你盯我，我盯你。有的待着，有的走来走去，凭吊着那一望无际的颓垣碎瓦。

"爸爸尤聊之际，走到第二道市沟附近去，看到一个卖羊肉的，每斤只卖180元，比城里贱得多，掏掏口袋，恰巧昨天发了薪水，点点钱，正好买3斤。谈了会子闲天，4点整，大风刮起来，领导者也不知道才从什么地方回来，这时又点了名，交了锹，就乘车返城。这一天爸爸没有工作，带回来3斤肉和一身黄土。他转手又卖了肉，多换来几斤救命的玉米面。"

天气始终未冷，但病的人一天比一天多起来。"剿总"的中级人员不少称病入了医院，有磨电设备的协和医院生意最好，其他如北京饭店也有人托人长期定下房间"消磨"岁月。

怪事年年都有，今天下午太阳周边，有两道很浅的曲线光圈，上面又有一道弧形虹光出现，这在气象学称之为日晕，那虹状闪光叫天顶弦。奔走和平的人说，这是象征着和平。

1月12日[1]

乡村包围着城市，平津都是一样。

围城已经一个整月，城市像剥去了一层假皮似的露出失血的真相，商店是半开门状态，比"日出而作"更要迟些。10点钟左右街上才懒洋洋地有了行人，不到天黑，大家便忙着上门板，像是立刻就有强盗来临的样子。每当戒严时间来临之前，街上便早已没了行人，鬼火似的街灯在晚风中闪动，夜市黑乎乎的，只有一刹那，便是全市入睡的时间到了。

今天上午的炮弹声响有一点异样，到下午便知道每一个炮兵阵地的四周都受到城外来的"冷弹"的攻击。对于每一个飞机场的四边，也冷不防地响了几下，这就使天坛机场的飞机不能结队南飞[2]。在美国新闻处四周落下来的炮弹似乎把枯树剥掉一层皮，而且伤了一个行人。满街的人，都怀着心事在走路，谁也没有注意到这空气中传染着更大的危险，这消息送到新闻检查所中，所得到的答复是：事关军机，碍难发表。

我们住的这片区域里，昨天一度来电，今天又停了。东安市场没有供电，西单商场却有电了，电车忽开忽停，自来水忽多忽少。如今流弹在头上乱飞，市民也无从知道自己什么时候送命。一个三轮车夫说："什么都完了，做小买卖的也都完啦。把货卖出去，看着不错，钱有一大把，可是再把货原样买回来，无论如何也办不到。前些时候，三轮车夫生意不错，奔上三四趟，一家几口的棒子面钱都有了。现在可不成了，杂豆都17元1斤。一天蹬不到一百四五十块钱，您就别想回家。眼看着一家老小在挨饿，就不如一个人留在外面，谁也别见，这倒落一个眼不见、心不烦、耳不听、心不乱。"

人类史上的大舞台在演出一幕新历史。梨园行的小舞台，这一月来更不胜凄凉。北平的京剧界盛时从业者达4500人光景，最近炮声一响，只剩下二三百人还在几家园子里演日场，为给肚子解决玉米面问题。一位白发的伶工对外人说："我们都完了，都完了。"以演梁九公出名的孙盛文，摆了一个花生烟卷摊；教老生戏的刘盛通，也在西单卖起胰子来；善演《蝴蝶梦》里"二五五"的骆洪年，在天桥赁了一个"云里飞式"的场子，每日所得平均只有四五十元；谭小培[3]对人说，富英[4]已两年未出外，家里上上下下二十多口人要吃饭，我们这种人家还得撑空场面；梁小鸾也有了停唱日场的动议；尚小云[5]多了几根白发；程砚秋[6]也从青龙桥畔今嘉园迁到城里来了。

一阵阵的咳嗽，一阵阵的叹息，都是为了糊口，到处都是血泊中的挣扎声音，伴着不同音符的炮声，构成了一幅古城从未出现过的画面。

【注释】

[1]是日，人民解放军平津前线司令部由蓟县移至通县。

[2]蒋介石曾打算将北平各军空运撤至青岛，并于13日开始实施，在人民解放军炮击机场的攻势下未能实施。

[3]谭小培　祖籍湖北江夏（今武昌），生于北京。京剧老生演员。

[4]即谭富英　谭小培之子。京剧老生演员。

[5]尚小云　直隶南宫人，著名京剧演员，与梅兰芳、程砚秋、苟慧生并称为"中国四大名旦"。

[6]程砚秋　北京人。京剧旦角演员。在日伪统治北平时期，曾一度隐居西郊今嘉园拒绝演出。这里指搬回到西城西四北三条他的家中。

1月13日

北平今天继续落炮弹，紫禁城筒子河畔有六个溜冰者被炸死，伤了几个。

整天为关在特刑庭的朋友们奔走。一声"疏散"令下，草岚子胡同看守所[1]内也像有了阳光。特刑庭这五个月来一共羁押了504人，9日提前疏散了71名，其中包括49名未决犯，其余179[2]名在13日起陆续释放。当这批无声的"囚徒"正要出所的时候，天主教派去两位修女还去施诊。城内有保有家的，释出后留住家中；无保无家的一律资遣，由警备部特务营汤止戈排长率兵一排，护送出城，送到警戒区外予以疏散。110名首先办理手续，交清了狱中的衣物，集中院内，他们大半是通县、顺义和昌平一带的人，听到消息后，脸上露出忧郁的笑容。"剿总"对敌工作委员会邢锡铨训话后，又由军法官乔宝琳加以发挥。然后每人发给晋察冀边区票5000元，这种票是用土纸印的，大小如角票，一张就是5000元。

这群疏散到解放区的特种犯人，上至60岁的老者，下至十几岁的孩子，其中一位女人还带着一个吃奶的孩子。

此后，便是"疏散"的学生，一共是26人。来接他们的有清华的赵风喈，有华北训导主任白书元，有师大课外活动组主任贾慎修，还有中国、朝阳、长白师范及沈阳医学院的代表们。师生、同学相见，立刻笑语风声，忘掉了环境所带来的痛苦。清华两位被释的同学李泳和张家炽，他们都是"八一九"在德胜门被捕的[3]。他们说："不准备到城外去，决定在城内念书。"

由于大疏散的到来，有人便说特刑庭本身也要就此取消。对此，特刑庭人笑而不言，他们也不知道本身将如何办理。

《华北日报》晚刊发表了一则党报上不常见的新闻，要在过去，这条消息就具备了进特刑庭的资格。原文如下："（本报特讯）匪犯北平，师老无功，犯津亦遭重创，故士气极为低落。记者今午自某军政权威人士方面获得确实可靠消息，匪为挽救此种颓势，已派叶剑英来平指挥军政，叶于12日晚已抵平郊，其名义为北平军事管制委员会主任委员，叶系在林彪指挥之下者。顷悉，以叶领衔之第1号布告遍贴于平西郊各地。布告内容满纸梦呓，荒唐之至，我人民无不窃笑。匪12日下午两点半广播，尽量给叶匪打气并作专篇的介绍。"

【注释】

［1］位于西城区草岚子胡同19号。自1931年9月起，国民党政府为关押北平、天津两地的共产党人，把这里作为临时看守所。现已成为西城区文物保护单位。

［2］原文数字如此，似有误。

［3］指国民党政府制造的"八一九"大逮捕事件。1948年8月19日，北平各报刊登国民党当局发出的第一批拘传名单，涉及11所大学共250名

学生。同日，北平特刑庭发出传票，并派大批军警包围学校，限定名单上的学生于翌日到特刑庭投案，否则派军警前去逮捕。报纸先后三次公布名单，总计要逮捕审讯学生达463人，实际传讯322人，逮捕82人。

1月14日[1]

公园里黄色蜡梅开了，却没有人去看它。

这一天，北平继续飞来流弹，天坛新机场不能使用了，东单的飞机场限于地势，非要横断了马路，才能开辟更大的场地，为此还要消耗更大的人力和财力。

城内电流忽然又来临了，于是听到了两个不同电台的两种声音。一个是毛泽东对于蒋介石元旦文告的正式答复；一个是天津四台联合广播，向林彪商洽和平[2]。

《华北日报》和中央通讯社正式发表了毛泽东答复的一部分，并刊出了观察家承认商谈有望的消息。中共答复要旨摘录如下："中国共产党声明，虽然中国人民解放军具有充足力量和充足理由，确有把握在不要很久的时间之内，全部消灭国民党反动政府的残余军事力量。但是为了迅速结束战争，实现真正的和平，减少人民的痛苦，中国共产党愿意与南京国民党反动政府及其任何国民党地方政府与军事集团，在下列条件的基础之上，进行和平谈判。这些条件是：一、惩办战争罪犯；二、废除伪宪法；三、废除伪法统；四、依据民主原则，改编一切反动军队；五、没收官僚资本；六、改革土地制度；七、废除卖国条约；八、召开没有反动分子的政治协商会议，成立民主联合政府，接收南京国民党反动政府及其所属各级政府的一切权力。中国共产党认为上述条件反映了全国人民的公意，只有在上述各项条件之下建立和平，才是真正人民民主的和平……"最后并令解放军于实现和平以前继续其军事行动。

天津四大广播电台继续广播，透露天津市四位参议员带回来的和平方案，由于地方驻军迟迟未能接受，所以才遭受了进攻，10个小时便进到市内。为此，再次派杨亦周、李烛尘、毕鸣岐等于15日晨9时由南哨卡出城，洽商和平。

天津的电话在中午时候便停止了，而电报延续到下午5时半也中止了。以后便是在子夜时候，收到这样的广播，这些广播小姐的声音都欠正常，同一种调子说了两个钟头之后，便寂然无声了。

平市下午4时许有沉重的爆破声，有人说是城内来的，有人说是城内飞机场在爆炸障碍物，有人说是某种人的自由行动。

时局演变到今天，对于城内的和平运动者而言，和平就是投降的代名词。

【注释】

［1］是日10时，人民解放军向天津发起总攻，并于当晚突破天津城防主阵地。

同日，傅作义派邓宝珊为全权代表，与周北峰出城，当晚与解放军平津前线指挥部林彪、罗荣桓、聂荣臻等在通县五里桥村举行有关北平和平解放问题的第三次谈判。

［2］前者指中共中央主席毛泽东于1月14日发表的《关于时局的声明》，提出中国共产党与南京国民党政府及其军事集团进行和平谈判的八项条件。见《毛泽东选集》第4卷《中共中央毛泽东主席关于时局的声明》。后者指本日夜，陈长捷、杜建时等通过电台播放的准备派天津市参议会议长杨亦周，工商界知名人士李烛尘等于15日出城与解放军商洽放下武器事宜，要求解放军停止攻击的请求。

1月15日[1]

"天津为华北工商业精华所在，津市驻军仅正规军一个半军，只在维持秩序确保治安，期待和平之进行，避免200万优秀市民生命财产的损伤，凡此努力，虽未得具体结果，然仍赓续进行，觅致和平。不幸即在此期内，自9日起战争转烈，国军官兵为避免工商建筑之破坏，乃略向后撤，惟战事仍未戢止，至13日市区四周均受全面猛攻，炮火连续投入市中心区，到处引起大火，迄15日晨，市区数处仍在巷战，虽在此激烈战斗情况下，国军乃仅止于自卫作战，对保全工商建筑及人民生命财产，仍未放弃一线的希望，继续觅致和平。"

这是北平城内对于天津战争发表的最后一次文告，事实上，天津证明已到中共手中。此地"剿总"发言人每天下午4时的记者招待会上，第一次发表"无事奉告"。

"天津究竟怎样了呢？"有的记者问。

"你们都已经知道了。"发言人这样苦笑作答。外传杜建时早已他去，陈长捷被俘，林军长被杀。这位发言人无法证实也不予以否认。

北平继续落弹，市民也不太注意。黄沙弥漫了全城，古物的破坏工作仍在继续。在东单飞机场扩建中，最大的一件将被摧毁的文物就是有二百年历史的东长安街牌楼。

文整会[2]近三年来也曾作了一些工作，收养了成百的"古董"修补工人。这些建设工人，如今竟以7万金圆券的代价包工来拆这个牌楼了。四十多名老工人的脸上，是一片怅惘之色。

这里有各种不同部门的专门技师，从早上9时动工到下午4时包工，干了四天光景。他们是要有步骤地拆下来，以便将来再有计划地重装上去。

人们围着牌楼，像修建工程一样，一面搭起木架子，一面挖石基，起动石头，松动活榫，希望在两个星期以内，消灭这一个历史踪迹。

包拆这项工程的工头，就是早在民国二十年时，从事于重新改建的人。前年，也曾以80万元的代价，由这批老工友作过刷新工作，老工人说："满以为几十年后，人如不死，再由我们来装修一次的，哪里知道，以7万元的代价，又由我们包拆了。"

市府文整会管理员默默地站在一旁看着，他好像说，既然是拆卸，那就一根木头、一片瓦都要保存好，等到战争过去了，我们要完整地交出来。让它重建在这儿，作为我们补过吧。

【注释】

[1]是日下午，人民解放军攻克天津，全歼国民党守军13万余人。国民党天津警备司令部司令陈长捷、副司令林伟俦，天津市市长杜建时等被俘。

[2]即北平市文物整理委员会。

1月16日 [1]

一个出城的和平团体经过几度酝酿可能产生了。除了"人民团体"代表以外，加推了周炳琳、梁秋水、何基鸿 [2] 等做代表。

何思源忙了一整天，到天黑以后，才催生了北方七省市议长给中共的电文。同一时间，傅作义宴请十七位大学教授 [3]，他们也把另一个拟好的文件，面交作参考。这个意见中有一段说："北平围城匝月，共军不急于进攻，想是有意不破毁这座文化古城，傅作义将军一向尊重民意，各部队长官与士兵也都重视舆情，我们想来想去，只有呼吁城内部队委曲求全，撤出城区，共谋合理解决的途径。"

一位教授当时这样对傅说："傅先生一个人负责太多了，今后要人民来替你分别负责。"据说傅氏这样回答道："我一向是主张和平的，我们希望的和平，不能附带有任何的条件。"

全面的和平与局部的和平哪一个先来到呢？距离元旦又告已两周了，由中央日报社发表的《论法统与宪政》一文看，南京与北方的距离越来越远了。

"剿总"连日举行重要的会议，一开就开到了深夜。北方七位议长中午请李文、石觉 [4]、周体仁 [5] 等吃饭，交换对于局部和平的意见，似乎有了一些结果。到处都有人在谈着天津的情况，有人说，希望北平不会和天津一样，北平不只是一个中国的城市，她也是一个世界的城市，任何人不能破坏了她。

天津解放的消息在北平传开了之后，人们的心情在一阵激动之后，又恢复到平静，而且静得像死去一样的可怕。特别是晚上宵禁以后，月圆无晕，流波如水，四郊寂寂，连狗吠都听不到一声。在沉默中，北平似在等着一个新的生机。

我得到一个机会，在戒严之后漫游半个城市，除了重要路口之外，其余都是由警察来负责一切，到处都要停车检查，有的地方还要问口令，东长安街南半部的花墙完全拆掉，街上到处都是空旷和凄凉，甚至连一只老鼠走过，都可能发生震动似的。

北平二百多万人是被劫持的肉票了？难怪他们寂然无声了。

【注释】

［1］是日下午，邓宝珊、周北峰与林彪、罗荣桓、聂荣臻等继续谈判，并签署了《北平和平解放的初步协议》。同时，人民解放军平津前线司令员林彪、政委罗荣桓请邓宝珊将关于北平和平解放的公函转交傅作义。公函要求傅作义：一、自动放下武器，并保证不破坏文化古迹，不杀戮革命人民，不破坏公共财产、武器弹药及公文案卷；二、离城改编。公函指出上述两项办法，任傅作义自由选择。并规定1949年1月17日上午1时起至1月21日中午12时止为最后期限。为防止节外生枝，邓宝珊返平后并未马上把信转交给傅作义。

同日下午，"华北人民和平促进会"在北平市参议会开会。会议决定：一、以"华北人民和平促进会"名义通电全国，呼吁和平，希望解放军与傅作义举行和平谈判，促成北平问题和平解决；二、推派何思源、许惠东为代表，面见傅作义，陈述华北人民和平促进会主张；三、推选何思源（团长兼首席发言人）、吕复（立法委员，大学教授）、康同璧、王乔年、马振源（后两位为北平市总工会）、傅华亭（北平市工业会，后因高血压发作，临时未能出城）、张宝万（北平市商会）、卢其然（北平市妇女会）、冯莲溪（北平市教育会）、刘鸿瑞（河北省商会）、刘树棠（河北省农会）等十一人为华北人民和平促进会和谈代表团成员，出城赴解放军平津前线司令部转达和平愿望；四、定于1月17日上午9时出城。会后，何思源、许惠东、贺翊新等走访傅作义及驻平的国民党兵团司令官、军长等高级将领，征询对北平和平问题的意见。

［2］即何海秋。

［3］1949年1月16日下午，傅作义在中南海勤政殿宴请著名学者，征求他们对于时局的意见，据查，十六名教授是：徐悲鸿、周炳琳、马衡、郑天挺、黄觉非、束光潜、许德珩、杨人楩、贺麟、叶企荪、王铁崖、胡光骐、杨振声、何海秋、黄国璋、袁翰青。

［4］石觉　广西桂林人。时任国民党第9兵团司令。1949年1月24日与李文等蒋介石嫡系将领飞往南京。后任浙江省主席兼舟山群岛防卫司

令。退守台湾后任副参谋总长等职。

[5]周体仁　时任国民党第4兵团副司令官。1949年初接替陈继承任北平警备司令部司令。

1月17日[1]

清晨3点多钟，连续发生了几声巨响，就像在床边爆裂了似的，跟着是风声如吼如诉，使人不能入寐。

天亮以后，玉华台餐馆工人传来消息，4点多钟有人到他们那里借电话，说是和平运动者何思源夫妇和他们的女儿都被炸伤了[2]。

锡拉胡同9号的红门紧闭，石阶上积满了隔夜的风沙，满院飘散着炸后的碎片，离出事只有5小时，但仍然是一幅紧张的画面。

第一届院子有一个大藤萝架，把大客厅内罩上一层阴影，名人字画都是没有上款的，这个巨宅内奇迹之一的台柜中本有不少书籍，现已全空。西墙角有一张铁床，上面睡着13岁的何二小姐鲁美，是何的德籍夫人生的。

中院是最富丽的院落，布满了破碎的玻璃。北房屋顶因爆破下垂，整齐的瓦垄有些错乱。白绸的窗帘被过堂风吹着摇摆不已。东一间睡着何夫人和孩子，西一间原来是何氏自己住的，新近他在东套间的外面安置了一个铁床，临时睡在那里，床头小桌上就摆着电话，还有一本小说：《叛变扩大了》（*Rebel of Large*）。

偶然的事件来了。3点多钟，屋顶轰然一声，他们被埋在房顶之下，何思源闻声一跃而起，拉出来夫人及大小姐，二小姐则被埋在瓦砾中送了命。正当这时候，何氏的临时卧床屋顶上又是一声巨响，直向他的床头压来，可他却早已走开了，但何的手臂也为房椽所压伤。

何夫人和大小姐已送到协和医院去疗养，何思源则被送他的卫士加紧护卫着。对于来客也增加了限制。何思源更为神经质了，他紧紧地拉着熟人的手说："我的全家都完了，和平运动是不死的……"何氏身旁还有他的儿子宜理，他的手指被砸破了，十指连心。不必说，他也是泪痕断续，历久不息，他在挂念死去的妹妹，他说妈妈是最疼爱妹妹的。

107

许惠东议长为了七位议长的文告，昨夜10时还与贺翊新议长在前院商谈。当时何氏已是一天没有好好吃饭，叫仆人去煮面，还要小女儿把她自作的饼干拿出来给许吃，此外还叫人到后面去取南京带来的熏鸡。仆人回来说，好像房上有两个黄衣人，一会儿便不见了。何氏却认为明月如水，不会有什么，无非是小蟊贼罢了，大家还走出院子看了一会儿。许氏苦笑道："哪知道夜里就出了这样的事，熏鸡是吃不上了，鲁美小姐的饼干也是永远吃不到了。"

华北人民和平促进运动的代表在参议会开会[3]，决定18日上午9时出城。因为周炳琳及梁秋水不拟出城，改推定吕复、康同璧、冯莲溪、马振源、张宝万、刘鸿瑞、卢其然、郭树棠、王乔年等参加。头一天，向中共作广播道："华北人民和平促进会为促进和平，决定推派代表团九人于1月18日上午9时会晤傅宜生先生后，即全体出城会晤叶剑英先生，请贵军届时予以便利。"

何思源的不幸事件传到了会场，大家决定无论如何要在明天成行，为了何思源的健康，并不一定希望他也能一道前往。许议长已向"剿总"提出保障"和平人士"安全的请求。

【注释】

[1] 本日，邓宝珊等陪同解放军平津前线司令部作战处处长苏静进城，住在东交民巷傅作义的联络处。

[2] 此次暗杀为蒋介石亲自命令军统特务头子毛人凤实施，由军统北平站站长王蒲臣具体执行。原计划在何寓所附近进行狙击，后改用定时炸弹，并收买飞贼段云鹏在何宅房上放置两枚定时炸弹。另外，计划对出城的10名代表也分别采取暗杀行动，但未能实现。事发前，中共地下组织派人曾到何家提醒何思源防止意外，但没料到第二天房上炸弹爆炸。

[3] 此次会议由傅作义授意，于17日上午召开。到会者除七省市参议会代表及北平市各界人士外，还有蒋系各军首领，傅作义总部的将领共五十余人，着重研究何思源被炸后的形势和应采取的步骤。会后，代表赴协和医院看望何思源及受伤家属。何思源表示不能因个人伤势影响出城，后经商定，将出城日期推迟到1月18日。

1月18日 [1]

何思源家被炸的消息，除了黄衣人那一条被检扣外，其余的完全公布了，像一阵风暴似的，刺激了社会上的每一角落。谁是凶手？是炸弹还是流弹？各种人从各自的观点出发探讨事件的内幕。有人说这是杀鸡给猴子看，是内部分裂的象征。

有一家四口人被流弹击伤了三口人，他投书报纸道："何思源是市民，我也是市民，何思源的女儿死了可以公布，我的全家死了三口为什么不能公布呢？我的地址公布了给敌人以目标，难道他的锡拉胡同公布了就不给敌人指示目标？"

在众口纷纭讲谈着是天外飞弹，还是自己打自己的时候，有一辆公共汽车迈着疲劳的脚步，把十几位"和平代表"送出城去。汽车上交插着两面白旗，每人的臂箍上都写着"华北人民和平促进会"字样，下午3时15分在警备中出了西直门。

出城的故事，经过得十分曲折。何思源昨晚出了医院，被傅作义请到中南海内去住。

西单牌楼军方的大壁报上在最近一周内已然完全取消了"戡乱""剿匪"字样。政工处改了腔调，在宣传如何爱民、如何守纪律、如何工作等等。在大字报刊有一篇极不平凡的文字，那就是《思念家乡》，是一篇反战的新诗。背后则是来不及擦掉的粉笔字，"不要放走了林彪！"和今后两方都能使用的口号"严防匪谍"。

下午起了风，天气慢慢凉起来。报载兰州消息：一夜狂风，黄河开始结冻，长达16里的河面已凝成为一片广大的冰桥。和平代表们努力，"请求当局先行下令休战，然后进行和平谈判"，也是想要把城市与乡村之间搭成一座桥梁，虽然一般人都认为这些代表们的分量还有问题。

当代表团出城门的时候，竟有一批捷足先登的记者追到西直门，但也只能望着那公共汽车的影子。20分钟后，微微地听到一阵枪响，也不知是吉是凶（后来知道是信号枪）。主事人对记者道歉："因为对方不希望有太多的人……只好道歉了。"

那辆大客车内只有九个人吗？后来知道临行时加入了何思源及其护士李君[2]又凑足了十一个人，此外还有两名随从和一名司机。这位司机一直是驾驶西郊的大汽车的好手，他熟悉这一带的地势，而汽油也是公用汽车公司捐赠的。

【注释】

[1]本日，傅作义与王克俊、崔载之、阎又文等在东交民巷会晤苏静。傅指示双方具体商议和平解放的详细方案。

[2]据何思源回忆，应为张实，是中共方面派来负责何思源安全并与之联系的地下工作人员。

1月19日[1]

东单飞机场虽然没有修好，但今晨飞机的声音震撼了古城，北海上空变为一个大投掷场，天上居然掉下馅饼来了，而投掷下来的米和面不幸砸伤了许多看热闹的人。

北海如下雪一般，大米洒得到处都是。30架飞机从上午11时起在400公尺左右的上空，投下了20公斤重的米包千余袋，补给区发动了一连兵力在那里扫米。在五龙亭负责扫米的江连长说："这次试投全盘失败，一千包大米，只有四包是完整的。其中二分之一摔碎了，另外二分之一麻袋开了线，恐怕损失有三分之一强。要知道，散落在冰上的米很难收起。因为空投时天气较暖，冰面融化，散开的米都沾了水，天冷了以后，米就冻在冰上了，而且冰面坑坑洼洼，米掉在里面，扫不出来，只好喂了北海的鱼。到今年夏天你看吧，北海的鱼一定肥极了。"

北海的冰面已有尺厚，为试验能否承受比投掷品加重五倍的压力，有些地方打成了窟窿，有些在北海墙外的房子也被打穿了洞。长春和太原曾为空投打死了不少的人。北平也幸有北海这块空地，不然死的人不会在少数。有人说：中航、中央两公司利用空投后的飞机也要把职员南撤。

就在乱哄哄的空投时间内，"和平代表们"悄悄进了城，等到记者证实了这个消息的时候，踏破铁鞋也找不到代表们的身影。据说他们返城后就到了北京饭店集议了一番，大家对外决定不单独发表消息。到下午6时，他们派人给中央社送了一个简单的消息，内容只是下面一点：

"华北人民和平促进会代表团于18日下午3时半出城，5时到达西郊某地，当晚6时晤共方某负责人商谈[2]，至深夜12时许始散，至于和平前途甚有希望。代表团于19日午后1时许由西郊动身，3时入城，来去均报顺利。"

附带知道的新闻，是颐和园无恙。原所长许星园亦仍任旧职。这似乎对城内暗示是谁破坏古城的文物。另外是叶剑英市长赴天津了，他们见到的不是真有代表性的负责人。当此代表团不作一声，也许有些难以转播的话，未便启齿。至于发炮问题，据说中共已有了诺言，不再向城内放炮，而城内的爆炸声却仍断断续续，不像是从外面打进来的，这又是怎么一回事？[3]

和平代表传出的消息中最多的是城内现存一幅饥饿惨相，对于招待他们的四冷荤、四热炒、两碗红烧肉及一条新鲜大鲤鱼都感到十二分的兴趣。

围城六个星期了，油光早退，好像每人都剥掉了一层皮似的。400金圆券1斤的猪肉，不是每人每餐所能见到的了，甚至连油珠儿也成为珍珠了，一棵白菜要半百金圆券，一把老菠菜也要付出12元，人人都在素餐。人们诅咒着金圆券。而没有金圆券却又一刻都活不了。

【注释】

［1］是日，傅作义代表王克俊、崔载之与苏静草拟出和平解放北平的协议。

［2］代表团一行在海淀与东北野战军第4纵队政委莫文骅举行会谈。莫文骅请代表团敦促傅作义尽快接受和平解放北平的方案。

［3］驻防朝阳门内一带的石觉部队一部发生兵变，被傅平息。

1月20日

多么沉闷的时局，多么沉重的生活压力，几种不同的"冷炮"还在交织地放射；多么敏锐的神经也不能不变为迟钝了，多么有韧性的性格也不能再忍耐了。

　　假定以蒋介石的元旦文告为划时代的分水岭，那12月份的围城十五天，应当是属于战的时期，但是断断续续的炮声中，中共并未攻城，从元旦以后，又是二十天了，这是属于和的时期。开头只是一方面的调子，到了14日毛泽东宣言，才算有了和声，和平之门虽已打开，而实现和平的障碍却始终未除。于是"蒋总统下令停战"的专电昨天从南京传来[1]也曾引起一度欢喜，有几家报纸牺牲了几令纸头，印了号外，但却奉令不准出版。到夜间，中央社稿送到，才知道这仅仅是行政院的一种希望。

　　毛泽东文告给北方的"局部谈和"指出了一条新路，傅作义的机关报《平明日报》[2]把北方的和谈极力渲染，并且时常在摆字摊似的，作一些预言，如17日报载："北平的和平运动在过去三天内已有了重大的发展，而未来的三天则是北平和平运动的关键，据有关方面透露：和平谈判在进行中。闻南京方面曾暗示，北平和战问题，北方当局可自行决定。"同时又译载路透社消息说：蒋总统即行辞职。

　　三天已经过去了，《平明日报》权威观察家又说："北平的局部和平的到来日期，已更接近了，过去的和平努力，现已汇成为一条主流，条条大路通罗马，来自各方面的路，已经连结在一起，向着一个目标前进，相信终有一天的早晨，大家会听到和平的钟声。"

　　河北省130多县市全停摆了，河北省的几千职工都集中在北平。楚溪春对全体职员发表了沉痛的讲话，在不裁员不停薪的原则下，请各部门无公可办的职员暂时不要上班了，可以拿宝贵的时间做些别的事情，留下鞋袜可以少出几个窟窿，何必空空跑来跑去呢？

　　据说，最近一个月打算给职工加发一个月的薪津。此外还准备了一点杂粮，大约可以再折合到两个月的薪津数目。楚又说："我就职将近一年了，大家相处得很好，我们一分一秒不敢懈怠，尤其是严重局势下更不敢丝毫放松。大家跟着我一起吃苦耐劳，使我非常感激。我个人力已出尽，只是毫无对不起你们，我没有偷懒，没有贪污，也没有舞弊。我个人是军人，一切唯令是从。我绝对服从傅总司令，他让我如何，我就如何。时局确实很严重，但不是我们把它搞坏的。中央确实有一部分人太腐化，只知利己，不知有国有民。今天我们也不愿再多批评责难，只是我们每天拼命苦干，反落得这样结局，与那些腐败分子同归于尽，实在痛心……"

据说在城外与和平使者谈话中，一个问题引起了一幕激辩，这就是关于傅作义是否战犯问题的争论，对方要他们把这种意见带到城内来："看一看杜聿明[3]的例子，早一点放下武器，不然不论你能逃到哪里去，我们也会捉回来交给人民来审判的。"

然而这番话谁敢和当局讲明呢？事实上，不必人们传说，谁也会知道时局的严重已到了极限的边缘。

【注释】

[1] 1月19日，孙科内阁举行会议，就中共提出的八项条件再次进行讨论，并决定与中共立即先行无条件停战，双方各指定代表进行和平商谈。同日，蒋介石约见李宗仁商谈时局，表示引退之意。

[2] 1946年底创办，社址位于宣武门内石驸马大街（今新文化街）浸水胡同。社长崔载之，总编辑兼总经理杨格非。成员多为傅作义在绥远《奋斗日报》的班底，北平和平解放后，傅作义决定解散。这一时期重要文章多为该报总主笔李同伟撰写。李同伟原任北平市政府新闻处处长，北平警备司令部参议，《华北日报》主笔。其宣传和平的文章主要针对当时《华北日报》主战论调而写。参见李同伟《回忆傅作义将军》，《傅作义生平》第101页。

[3] 杜聿明　陕西米脂人。1948年8月，任徐州"剿总"副总司令，参加淮海战役。1949年1月10日，在陈官庄被中国人民解放军俘获。

1月21日[1]

今天是阴历的祭灶日，请灶王爷上天糊嘴的糖瓜每斤已然110元，谁还有这种闲情逸致呢？

美总统杜鲁门昨天就职了，他在就职演说中没有提到亚洲，尤其没有提到中国。从去年11月4日杜鲁门当选以后，南京政府希望在于马歇尔下台，到最近马氏下台了，新来的艾奇逊也不是中国的朋友，南京政府的绝望程度可想而知。今天举行的泛亚洲会议，南京仅派了一两位无关紧要的观察员。

到下午4时，华北日报社南京专电说是蒋总统预备下野的文告已经拟好。各报当局汲取上次的教训，对于这次"消息"能不能够发号外，都已失掉了兴趣。又过了两个钟头，消息陆续传来：李宗仁副总统代行总统职务，蒋自己乘飞机前往奉化[2]。

三年的内战有可能至此终止吗？蒋介石临行之前，还是放走了四大家族之一的宋子文[3]，去布置好广东军政的三角局面——由余汉谋[4]任广州绥靖主任，张发奎[5]任海南岛长官，薛岳[6]任广东省主席。对华中，虽然武汉有白崇禧两个军，但京沪还有十万雄兵。同日下午，徐永昌部长亲自飞到北平及太原传达蒋的最后命令，只在北平停留了两个钟头，没有人能知道他们谈话的内容。

北平的物价今天下午正在下降。肉类一直下跌，黄金落到了500元，银圆价格也在狂落，从400元到280元左右，粮食虽然没有来源，但也落了两成，燃料也有同样的跌落；玉米面降到20元以内。有人认为这是蒋介石下野之功，其实城外停拆民房和停止征工修建城外沟壕，是一个更大的安定力量。这点功德，倒是博得了"口碑载道"。

北大决定停止学期考试，集中红楼从事于战时紧急安排。下午忽然传起一阵谣言，说是11时共军总攻北平，引起各宿舍的不安，结果安然无事，才算告一段落。师大的徐英超及班世超两教授到昨天才先后出狱。燕大及清华近来因为道路不宁，进城的人很少。据说两校都有了新的青年团一类的组织。

为送灶王爷上天，市上还在生产那些应时商品，高香10元1股，素蜡6元1对，灶王爷8元1张，元宝12元1挂，上天用的梯子6元1份。这样一算，送他老人家上天也要花去两斤玉米面钱。

【注释】

[1]是日，王克俊、崔载之与苏静在双方达成的《关于和平解决北平问题的协议》上签字。

同日，傅作义在中南海召集高级将领会议，宣布《北平和平解放实施

《办法》，应允李文、石觉等蒋嫡系将领在保证不得破坏和平协议的情况下返回南京的请求。

［2］1月21日上午，蒋介石发表下野文告，正式宣布"引退"，由副总统李宗仁代行总统职权。在此之前，蒋介石已对军事部署及人事进行重大调整。将京沪警备司令部扩大为京沪杭警备司令部，任命汤恩伯为总司令；任命张群为重庆绥靖公署主任；朱绍良为福州绥靖公署主任；余汉谋为广州绥靖公署主任；陈诚为台湾省主席兼警备司令；蒋经国为台湾省党部主任委员；薛岳任广东省政府主席；张发奎任海南特区行政长官。一方面旨在加强东南沿海地区防务，确保台湾安全；另一方面企图直接控制军政事务，使李宗仁难以事成。21日下午4时40分，蒋介石离开南京，先抵杭州作短暂停留，翌日到达奉化。

［3］宋子文 广东文昌人。1947年9月后，历任广东省政府主席，国民政府主席广州行辕主任，广东军管区司令，广州绥靖公署主任。1949年1月中被免职后去香港。

［4］余汉谋 广东高要人。原任陆军总司令。广州绥署迁海口后任华南军政长官，1950年5月去台湾。

［5］张发奎 广东始兴人。时任海南特区行政长官兼海南建省筹备委员会主任委员。1949年2月任陆军总司令，后定居香港。

［6］薛岳 广东乐昌人。原任总统府战略顾问委员会委员。1949年1月任广东省政府主席，兼海南防卫总司令。后去台湾，任总统府一级上将战略顾问，行政院政务委员等职。

1月22日

北方的局面大摊牌了。在"秋毫无犯，市廛不惊"的原则下，傅作义与中共在今天10时签订了协议13条，宣告停战[1]。这就是说，北平在经过了将近六个星期的包围之后，和平解放了。

全世界都在注意这一次的北平解放。国际的观察家及新闻记者聚集在这里，视察中共如何执行他们的城市政策，并由此来估计其政治实力，奠定其在国际间的未来位置。根据解放了若干一流城市的经验，由于傅作义为了求得出路，出于人民对和平接收的渴望，七百年古城的易手竟创造了一个新的模式[2]。

22日早晨有重雾，市容模糊，照例地听到傅作义队伍的跑步声，一面跑一面喊着"努力奋斗"。这是一个星期六，银行照旧开门，商店照旧开业，公务员也照旧上班。有冷战性质的"冷弹"又开始在天空飞射，在东半城范围内，五天来落了有40多个炮弹。到昨天，邻居资源委员会平津办事处内也落了一发。

就在黎明之前，大部队顺序出城，走向指定防地[3]。到太阳升高了，也就只剩了些补给的车辆在奔忙。一群美国记者驾着吉普到六个城门去赶着看撤兵的镜头，而连"尾声"也未看到。

好多敏感的人，已经嗅到和平的气息，但由于这四十天来的延宕，谁也不敢相信就在今天。故宫博物院马衡院长请我去探访宫内小九龙壁四周的弹痕，拾了一把弹片，同时也在唏嘘，如果稍有偏差，这个乾隆时的名建筑即告毁灭。

在李宗仁就职的第一天，北方的局面即有大变化，南京所受刺激匪浅。夜幕来临时，"剿总"政工处在中山公园内由阎又文副处长对几十名中外记者，以傅的名义宣布这一个历史事件。同一时间，地方法院看守所有300犯人自动出狱。到9时后，城东北角起了将近一个小时的炮声枪声，不久又停息下来。

【注释】

[1]前一日（即1月21日）傅作义将军的代表王克俊、崔载之与解放军方面代表苏静共同签署了《关于和平解决北平问题的协议》。该协议条款凡22项，其中正文18项、附件4项。但事后各报公开刊出的只是正文中的13项，即第1、第2、第3、第6、第7、第8、第9、第11、第12、第15、第16、第17和第18项；而正文中的第4、第5、第10、第13、第14项及附件4项均未公开刊出，故当时有所谓"协议十三条"之说。关于协议具体条文详见北京市档案局编辑的《北平和平解放前后》一书。另外，根据《关于北平和平解决问题的协议》第1项条款规定，双方自是日上午10时起，停止军事敌对行动，正式休战。

［2］指解放战争时期，中国共产党及其人民军队创造的解放国民党城市，消灭国民党军队的方式之一，亦称北平方式。即用和平的方法接收城市，并迅速、彻底地按人民解放军制度对国民党军队进行改编。

［3］根据协议，驻守北平的国民党新编骑4师（师长刘春方）首先开出城外指定地点听候改编。

1月23日^{［1］}

凌乱的枪声，间杂以重炮，在东北城角响了两个钟头，到今晨1时左右才算告一段落。这是解放前夕的尾声呢，还是城内重新溃乱的预兆？

黎明到来，早上公布了"协议十三条"，给沉闷了四十多天的北平人心以不小的激动。城内人有他的洋迷信，这个协定是吉是凶？为什么是十三条，不会更多一点或更少一点？还有什么内幕没有？从什么时候可以实现？

表现在物价等方面的是四十多天以来的第三次跌落。而这一次的确比元旦蒋介石和平文告及19日下午蒋氏签发停战令时的下跌更为显著。

每个街头上的银圆贩子都慌了："两百块，便宜了，便宜了！"到处都是他们充满焦急的吆喝声伴随着被敲得叮当乱响的银圆的声音。人们在等候着买玉米面回家去下锅，投机家也不能再捣鬼了。

城北和城南的粮食市场也起了恐慌。10元1个的烧饼绝迹了，5元1个的减为4元。几个月不露面的牌价挂了起来，面粉15元1斤了，玉米面13元1斤了，热气腾腾的窝头也落到16元1斤了。饮食店、杂货店的伙计们开始用笑脸迎客，他们终于又可以重整旗鼓地做生意了。

协议公布的消息像野火似的烧燃了全城。拾垃圾的难民，抓虱子的乞丐，虽穷得朝不保夕、但仍悠然遛鸟的有闲人士，及过惯了显赫生活而今是靠摆小摊过活的老夫妇，甚至于满街那些只有游玩任务的士兵们，无不笑逐颜开地传播着这个消息。

"和了，也就是活了……"

"至少可以过一个和平年了……"

天不冷，照旧刮着满是尘土的风。北平越来越污秽，风里的尘埃也越来越重了。风沙中的人都好像透着亲近似的，大家纷纷地交换着自己的希望，叨唠着自己的明天，也不怕别人的厌烦。

东单飞机场没有了民工，只剩下炸残了的楼基和拆散了的墙砖，像是一堆堆骸骨。新来的一批工兵又把堆满了土的柏油马路重新掘了出来。没有卸完的五牌楼也将重新装起来。

在飞机场内，傅作义的专机"天雄号"[2]静静地和另外两架姊妹机一字行地排在那里，都披着草绿色的外衣。这以后是不是还有飞机来往呢？南京政府承认不承认这个"局部和平"？我来到六国饭店时已经10点，那里的白铁门只开了一半；而在北京饭店，厚绒窗幕尚未全启。中国航空公司门前没有一个候机的客人，也没有任何车辆，该公司的吴副主任表示自己不会离开北平站。而他们方才装上汽车的地航仪器设备，奉"剿匪"总部的通令，不许私自移动。他又说："青岛随时可望有航机来。"

说话之间，有一架飞机降落在东单机场。只看到有几个人下来，后来知道来的是李宗仁的私人代表刘仲华[3]和白崇禧的私人代表黄启汉[4]。他们到了北平代表处，立即找何思源长谈。对外谢绝访问，但间接表示："李德公很赞成傅先生的局部和平协定，他很希望这个协定可以扩大到全国……"刘仲华曾在北平李宗仁行辕[5]照管过煤矿；黄启汉才自香港返汉，就受白崇禧之托来平。

政治的攻势与军事的攻势正在并行，当长江以南的蒋军正在向东南转移的时候，李宗仁正式发表了谈和代表为邵力子、张治中、张群、彭昭贤及钟天心[6]，中共召开了新政协预备会议的预备会[7]，半百以上的文化界人士都到了那里并发出了赞成中共八项主张的宣言。有人说刘仲华、黄启汉此来，是政府和议代表的前站。这样看来，北平虽是四塞之点，但已跃为国共谈判的重心。

此间，文化界集会纷纷，或许还会有一二文件发表。传说，一个双方联合办公的机构即将成立。

北京大学文学院一位老教授很感慨地说：

"我们今天不应只替自己本身来想，我们死了并不足惜，问题倒是在于工农文化怎么建立？从宫廷文化到资产阶级文化，圈子大了；再到无产阶级，更大了。中共只接收了旧北平的古物是不够的，问题是要如何利用北平的知识阶层来创造新文化。"

【注释】

[1] 是日，北平各报相继公布了《关于和平解决北平问题的协议》13项条款。

[2] "天雄号"原为蒋介石座机，上月23日随蒋纬国抵平。蒋介石特将座机留给傅作义，意在敦促其早日挥师南下。

[3] 刘仲华　山西崞县人。1923年加入中国共产党，抗战开始后，便开始在李宗仁部队里做统战工作。新中国成立以后曾任北京市园林局局长等职务。

[4] 黄启汉　广西德保人。曾在广西国民党第四集团军政训处和国民政府军事委员会任职。时任国民政府立法委员，新中国成立后，历任广西壮族自治区政协副主席，全国政协常委。

[5] 这里指国民政府军事委员会委员长北平行营。1945年9月正式成立，1946年9月改称北平行辕，以李宗仁为行辕主任。1948年4月，李宗仁当选为国民政府副总统，该机构旋即撤销。

[6] 据查，1949年元月22日，国民政府行政院会议正式发表的和谈代表是邵力子、张治中、黄绍斌、彭昭贤和钟天心。同年4月，南京国民政府实际参加和平谈判者为张治中、邵力子、黄绍竑、章士钊、李蒸（以后又加派刘斐）。

邵力子　浙江绍兴人。国民党元老之一。1949年2月14日，以非正式代表身份随同李宗仁组织的上海人民和平代表团赴北平，随后到石家庄，会见毛泽东、周恩来。同年4月又参加以张治中为首席代表的国民党政府和谈代表团，赴北平与中共方面进行谈判，签订《国内和平协定》。在该协定为南京政府拒绝后，毅然留在北平，并出席了同年9月在北平召开的中国人民政治协商会议第一届全体会议。新中国成立后，历任全国人大常委会常委等职务。

张治中　安徽巢县人。时任国民政府行政院政务委员。1949年4月，作为国民党南京政府和平谈判代表团首席代表，积极谋求与中共和谈。在所签订的《国内和平协定》为南京方面拒绝以后，留在北平，并积极参与新疆和平解放的工作。新中国成立后，先后在西北军政委员会、国防委员会、人大常委会、民革中央等部门担任要职，为祖国建设和平统一做出重要贡献。

黄绍竑　广西容县人。1949年4月，为国民政府和平谈判代表团成员。和谈破裂后，去香港，联合四十四位国民党人士发表脱离国民政府声明，同年8月回到北平，参加中国人民政治协商会议第一届全体会议。新中国成立后，曾在政务院、全国人大常委会、全国政协、民革中央等部门任职。

彭昭贤　山东年平人。曾任国民政府行政院政务委员兼内政部部长。

钟天心　时任孙科内阁水利部长。

张群　四川华阳人。国民党元老之一。时任国民政府行政院政务委员兼重庆绥靖公署主任。大陆解放后，随蒋介石去台湾。

［7］1948年11月25日，从各地到达东北解放区的全国各民主党派、民主人士和中共方面代表在哈尔滨就召开新政协问题进行协商，就新政协性质、任务达成协议，决定由中共及赞成中共号召的二十三个单位组成新政协筹备会，由中共起草筹备会组织原则，同时确定了新政协参加范围、召开时间和共同纲领的制定等问题。1949年1月22日，各民主党派领导人和著名民主人士共55人联名发表《对时局的意见》，表示拥护并接受中共领导。

1月24日[1]

城外来的消息：说是张东荪、费孝通[2]、严景耀[3]、雷洁琼[4]等都应邀离平，参加华北人民政府的欢迎集会，并且商谈新政协的有关事项。可是新的联合机构何时成立，以及城内的军队何时完全出城，还是得不到答案的问题。

据说张东荪早就是一位受注意的人物，他参与了"局部和平"的商谈，到过一次城外的解放区，见到了共军司令员。同行的还有两位代表人士，他们都屈尊做了燕大的教授[5]。

据说张东荪6日又去蓟县，同行的有傅作义的高级顾问刘厚同和土地处处长周北峰[6]。前者是傅氏师友之间的幕友，后者是35军集宁会战时，曾为共军俘去而又释放的一名干部。9日回来，张氏返燕园[7]，告诉家人说，12日北平四门会大开，大家可以自由进城了。然而时候到了，这个愿望并未实现。

也许还有不少人士在中间奔走，但第二位确知代表傅作义出城谈和的是和平将军邓宝珊。这位望六老人自西北到北平，用他这把钥匙开了傅作义的锁，使北平二百万肉票得到了解放。邓氏常这么说：

"向人民低头是不耻辱的，人民不需要战争，事实上也不能再战争。若是打仗，当然是不怕死的；若是谈和平呢，则任何性命及财产的牺牲都是多余的。尤其是北平城，这是中外注意的焦点，这里有多少再建中国的人才，谁也不能毁灭她。"

民国三年（1914年），邓宝珊曾以邓瑜的名字在西河沿甘肃会馆住了很长的一个时期[8]。那时，他曾徒步走遍了九城，对北平留下了深厚的感情。

邓氏此次出城，可能是在13日下午[9]，经过了清河、孙河，最后到了通县5里外的一个地主之家，在那里他会见了林彪和聂荣臻[10]。邓与林彪是战后在西安见的面，与聂荣臻还是三个月前包头之役的死对头[11]。

据说那时候本想平津同时进行局部和平谈判的，但因当时正是天津战事犹酣，而中共表示绝对有把握可以攻下，于是便等候了12个小时，天津终于解放。这样便专就北平的"局部和平"谈起来。最后得到的结论，就是所公布的十三条，这只是大纲，内部还有许多细则。据说由林彪的一位参谋长陪着进城来的中共代表，便是22日10时在中南海签字的叶参谋长[12]。

当外界纷纷传着共军有一团人戴了没有帽徽的大皮帽子进城时，楚溪春总监在总部代表傅作义答复中外记者的问题："就我所知，城内正式的共军只有一个人。这位参谋长和刘顾问、周代表曾在为旧日本大使馆所改造的联谊社内见过。"

邓宝珊17日回来后说："两边都有几十万人，不必说打，就这么一摆，人民已经受不了。这时候，哪怕是一条生命的牺牲也都是冤枉的。"

楚溪春对记者说，他一定等候解放，绝不会再飞回台湾去见陈诚^[13]，他说：

"到哪里都会再做一次俘虏，我犯不着。"

刘瑶章市长对全体市政人员训话，要大家在原岗位上努力工作，静候接收。

满天仍然是机声隆隆，对那些特殊分子却仍然给他们以飞青的机会，东单机场是一片乌烟瘴气。

北平已然是政治性的城市了，宁夏代表哈议长来了，绥远主席董其武^[14]来了，阎锡山的代表郭宗汾将成为联合机构^[15]中的副主委，联合机构中共方四人，傅方三人，内定以叶剑英为主委。傅作义派来参加这个机构的还有周北峰。

"如果北平办得有效率，"一位内幕中人说，"华北各地都可能按照北平的协议，也就都可以商谈和平了。"

一批外国记者每天到城门口去探望，始终不见行动。有时进城的军人比出城的多，虽然城内也在蜕变着。反共的标语开始刷洗，炮局内的政治犯人320名陆续开释，连保都不需要了，而"青训队"800人也全部恢复了自由。这批人出来后，有不少立刻参加了"城工"工作。"反省"的三个月，只不过给他们一些休息的机会。

城外仍然有枪声，城内发现了不少假的"城工"人员在活动，甚至于到日本人那里作"再度接收"，于是又出现了三年前的"大员"。如果秩序不能恢复，这次"协定"的意义将等于泡影。

【注释】

［1］是日，国民政府代总统李宗仁饬令行政院院长孙科实行"七大和平措施"。（一）将各地"剿匪总司令部"改为"军政长官公署"；（二）取消全国戒严令；（三）裁撤"戡乱建国总队"；（四）释放政治犯；（五）启封一切戡乱期间因抵触戡乱法令而被封之报馆、杂志；（六）撤销特种刑事法庭，废止刑事条例；（七）通令停止特务活动。

［2］费孝通　江苏吴江人。时任清华大学教授。

［3］严景耀　浙江余姚人。时为燕京大学教授。

［4］雷洁琼　广东台山人。时任燕京大学教授。

［5］这是指元月6日至10日傅作义第二次派代表出城与中共方面进行谈判一事。元月6日，华北"剿总"土地处处长周北峰偕燕京大学教授张东荪，以燕京大学教授身份出城，经海淀，先会见了程子华将军。翌日，前往河北蓟县八里庄。在解放军平津前线司令部，周、张两代表与林彪、罗荣桓、聂荣臻、刘亚楼等进行了会谈并草签了《会谈纪要》。元月10日，周北峰经清河返平向傅作义赴命，张东荪则径直返回燕京大学。

［6］据查，张东荪作为傅作义的和谈代表之一，只参加过元月6日至10日的蓟县谈判，同行的也仅有周北峰一人，参见注［5］。另刘厚同从未以傅作义和谈代表的身份参与和解放军方面的谈判。

刘厚同，早年参加辛亥革命，曾任甘肃军政部部长兼总招讨使。做过傅作义老师，多年为傅氏出谋划策，备受信任。时任华北"剿总"少将高参兼傅作义高级政治、军事顾问。力主实现北平和平解放。为敦促傅作义当机立断，他不顾年迈多病，由津赴平，多次会见并力劝傅氏应以国家民族大义为重，弃暗投明，实现北平局部和平。此间，他还广为呼吁，多方奔走，不遗余力以致双目失明，人称"和平老人"。

周北峰　山西人。曾任山西大学法学院教授，并加入共产党。抗日战争期间，多次作为谈判代表，参与国共方面的谈判。时任华北"剿总"土地处处长，作为傅作义方面主要谈判代表，参加了第二次、第三次北平和谈。和平解放实现后，为北平联合办事处的傅方代表。新中国成立后，曾任内蒙古自治区人民政府副主席、政协副主席。

［7］据查，张东荪返回燕京大学的时间当为1月10日。

［8］据查，民国三年（1914年）邓宝珊正在陕西华山，与井勿幕、孙岳、胡景翼、刘守中、续范亭等以讲学为名聚会策划反对袁世凯，并未赋闲北京。此处或指民国二年（1913年）邓氏由俄国西伯利亚经东北、北京、天津返回甘肃故里时小住北京的那段时间。

［9］据陪同邓宝珊出城参加谈判的周北峰回忆，出城日期是元月14日上午，许多公开出版的书刊、证文亦多采此说。然据另一位当事人——邓宝珊的随从副官王焕文回忆，出城日期当为1月13日上午。

［10］据李炳泉事后回忆，第三次谈判地点在通县西五里多路的五里

桥村，而据王焕文回忆则在通县西马各庄。

[11]据查，1948年10月在包头与邓宝珊对垒的是贺龙所属的陕甘宁晋绥联防军区的部队。

[12]据查，1月17日，邓宝珊代表傅作义与解放军方面草签了《北平和平解放初步协议》以后，遂偕同平津前线司令部作战处处长苏静、部队队列科王科长秘密返平，同行的还有邓的随员习可成、王焕文。19日，在东交民巷原日本大使馆傅作义的联络处内，苏静与王克俊、崔载之共同草拟了《关于北平和平解决问题的协议》。此后，他们分别代表双方草签了协议。22日，傅作义批准了《关于北平和平解决问题的协议》正式生效，并发表广播讲话，公布了该协议的部分条款。

[13]楚溪春与陈诚同在保定军校毕业，且楚在校任中队长时，陈为其部下，二人交往甚密。1947年，陈诚以参谋总长身份兼任东北行辕主任，曾特地调楚溪春任行辕总参议兼沈阳防守区司令。陈诚时任国民党台湾省政府主席兼台湾警备司令。

[14]董其武　山西河津人。时任国民党绥远省政府主席兼保安司令、西北军政副长官。1949年9月率部起义。新中国成立以后，历任绥远省人民政府主席、中国人民解放军第23兵团司令员、第69军军长、全国政协副主席等职。据董其武本人的回忆，他来北平的日期是1949年1月22日。

[15]该联合机构全称为"北平联合办事处"，于1949年2月1日正式成立，地点设在东交民巷御河桥2号。该机构由国共双方七人组成，中共方面是叶剑英、陶铸、徐冰和戎子和，国民党傅作义方面是郭宗汾、周北峰和焦实斋，其中以叶剑英为主任委员、郭宗汾为副主任委员，该办事处于同年4月中旬结束。

1月25日

虽然全世界都在注意北平这一次的和平接收，希望一切都能提早一点掀开薄纱，露出真正的面庞。可是在举世的焦躁中，和平的"联合机构"却当真姗姗来迟了。

因此，一个谣言的世界出现了。传说中叶剑英正在城内指挥一切，实际上他却在河北省很远的地方开会。[1] 传说中共军是头戴着大毛皮帽子进了城，而实际上将进城的步骑炮兵却在城外整编中。外电中的天津及通县的火车已通北平，连张家口的火车也接通了，都证明并非事实。有人说，乡村与城市的关系仍是干柴烈火，只有潮湿的天气，使这一场燃烧不至于爆发。

虽说仍然在围城中，但是六个城门陆续开放了，军队的出入首先开始了，跟着就是城内外物资的交流。城内人亲自体验了这四十几天的围城生活，除了苦难与破坏外，并无所得，但是城外已然经历了一度蜕变，他们获得了新生。华北的沃土里普遍埋下了新种子，跟着春天的来临，就可以看到它们的成长。清华与燕京学生带进城来的消息，也都是他们如何改善生活和抓紧学习。他们所追求的梦境一部分已开始实现了。

过了白石桥的那个"滩头阵地"（如果要对战，这里便是一场大流血的所在），就是农事实验场。那里有三位高级职员的守护，他们为看"老家"，就在这炮火下住了四十几天，使他们的损失到了最小的限度。这些技术家的自我牺牲精神令人无限感动。

再往前，是红色的关帝庙。这里便是解放军的第一道哨岗，过路人要在那里拿出路条，接受检查。人民解放军的衣服是从国民党军队那里"解放了"来的，身上毫无标志，帽顶上也没有帽徽。

"城里的俘虏为什么还不缴械？"

当我们闲谈以后，对方忍不住对我们发问。

"你们从城里来的，你们知道俘虏们什么时候出城？"

一位中共政治工作者拿着前一天到的西郊出售的《北平新报》问道："怎么，你们城里说是和平呢，那不是傅作义投降了吗？你们说他是不是投降？"

他接着说："我们过不了几天就要进城了，人民解放以后，生活就要改善了，你们等着吧。"

这批战斗的行列是整齐而精壮，他们有高度的自尊心。又如这位政治工作者所说："虽然愿意和平，可是这次战争是有意义的阶级斗争。"他们带有攻击性，沿途不挖战壕，不作堡垒，军民像是没有距离地混在一起，却不给人民增加任何困难。他们并不想完全改变原来的面貌，只在墙上"军民一条心，活捉聂荣臻"的标语旁，加上了一条"知识阶级联合起来，打倒欺骗人民的反动政府"。在"剿总"傅作义的布告旁，便是东北野战军司令员林彪的告示，和军管会主委兼市长叶剑英及徐冰[2]的告示，一切都是那么尖锐地对比存在着，这就是现实。

海淀镇成为四通八达的集市。燕京大学的红男绿女，依然如故地在这条街上走过。朝气蓬勃的"清华人"，正在那美丽而完整的校园中出出进进。青龙桥倚着玉泉山，这四十几天来变为包围北平的军政中心，在树丛中有军管会西北分会及文教委员会的标志。人民扯开了愁容，渐渐地开始吸取为他们所能接受的营养，最初本来是旁观，慢慢便也沉入其中而不自觉。一个拾粪的老叟说，乡下人要进北平了。

象征着中国的时局，朝阳门、安定门及西直门在战地的工事间隙中，来往的行人车马挤成了一团。非有高明的指挥官才能减少混乱，使双方顺利通过。但在城门口实在缺乏具有这种技术的人，于是每一处都纠纷层出。

就在双方这种摆开的局面下，国军在城门口为了扫除射界，最低估计也拆掉了一万间房屋，至少有几万人直接或间接地破了产。西直门附近的商店和民房拆得一干二净，到和平来临，原地方要求在一片瓦砾上摆个浮摊也尚未获准。有三十多岁在大路两旁的青杨树被砍得七零八落，一部分变为工事鹿砦，一部分代替了薪炭。沿着万牲园的石墙，满是堡垒，处处都是撤了枪的枪口，像是一个个失了重载的鸟笼。这一道一道的封锁线一直延长到白石桥。那里的茶馆、钓鱼台，都已成为灰烬，桥下也失掉了流动的活水，这便是在国军地界内所看到的一片焦土。少数的军队仍然拿着枪，站在原来的岗位上放哨。

曾为贵胄的留美预备学校的清华一变而为人民的清华了，除了梅校长、陈寅恪、陈福田、刘大中[3]、敦福堂、刘崇鋐[4]及杨武之[5]等南下外，其余照旧过他们的书斋生活。

社会学家吴景超[6]、正统经济学者陈岱孙都在高度赞美解放军的军纪。他们认为这一阶段虽然苦，然颇有些北伐时代的景象，对于未来他们充满了希望。吴景超欣然地说：

"我正在研究资本问题，这是上半年所开的一门功课，当真正的建设时期到来时候，资本问题的研究不是很实用的一个科目吗？"

中共代表钱俊瑞[7]、光未然[8]等一行接收清华之后，在教授会席上，他们宣布学术研究的独立与自由是被尊重的。共产党只反对三种东西：一是帝国主义，二是封建主义，三是官僚资本主义。此处你研究你的唯物论，他处一样也可以研究他的唯心论，但同时各有其被别人批评的自由。这等于一个"定心丸"，又给学者们的研究打了不少的气。

在燕大，因为这是私立学校，不便干涉行政，讲演了几次之后，同样地得到不少好感。

清华教授最高待遇是1000元人民币，20斤玉米面，40斤小米；燕大师生同样被协助解决了粮食及蔬菜问题。当12月19日清华、燕京飞进了几个炸弹以后，送蔬菜的人附了一个条子，那上面写着：

"国民党给你们送来炸弹，我们给你们送来蔬菜。"

新的教育制度正在商讨，目前仍然维持原有的等差制度。教授与工友的待遇相当悬殊。有人觉得工友太苦了，自动给工友每名每月加薪100元人民币，按1∶10折合金圆券，就是1000元。

西郊的活水不断地流。一片阳光下，过了真空地带后，给人的感觉是无比宁静。然而这是前方，而且是新解放的前方。

【注释】

［1］据当时留在通县平津前线司令部的傅作义谈判代表周北峰回忆，当时叶剑英正在通县，周在陶铸的陪同下还曾拜访过叶将军，叶曾亲口对他说："我们过两天也要进北平城。"

［2］徐冰　即邢西萍，河北南官人。时被中共中央任命为北平市副市长。新中国成立后，历任全国政协秘书长、副主席，全国人大常委，中央统战部副部长、部长等职务。

［3］刘大中　江苏武进人。经济学家，时任清华大学教授。1948年底由北平赴美。

［4］刘崇铉　福建福州人。历史学家，时任清华大学教授。1948年底应傅斯年邀请赴台湾，任国立台湾大学教授。

〔5〕杨武之　时任清华大学教授。1948年底离平赴南京。新中国成立后，曾任上海市政协委员，复旦大学数学系教授。其子杨振宁为著名美籍物理学家。

〔6〕吴景超　安徽歙县人。历任金陵大学、清华大学教授。新中国成立后，先后在清华大学、中央财经学院、中国人民大学任教授。

〔7〕钱俊瑞　江苏无锡人。时任华北大学教务长、北平军管会文化接管委员会主任。新中国成立后，历任教育部党组书记、副部长，文化部党组书记、副部长，中苏友好协会秘书长，中国社会科学院经济研究所所长等职务。

〔8〕光未然　即张光年。湖北光化人。时任华北大学文艺学院副主任。新中国成立后，历任中国作协副主席、书记处书记，中国戏剧家协会秘书长等职。

1月26日[1]

城外仍然断断续续地有小纠纷，官方则一律解释为地雷爆炸，有时城内听到分明是机枪声，哪里会有那种样子的地雷？

联合机构成立杳无音信，最耐心的人都有些不耐烦了。内幕消息道：这件事急不得，中共方面说没有良好的准备不进城，国民党方面则没有妥善的安置也不肯出城。国民党《华北日报》天天接到大批的读者投书，大意都是说，我们被×××出卖了。中央社北平分社职工在清算了社长丁履进之后，也开始转发新华社的稿件，登载痛斥他们自己的文章，新闻史上很少有这样转变的奇迹。

一批美籍观察家到北大访问教授们，他们对于中国的事情——特别是这一次北平的和平协定十三条征求意见，一位教授便告诉他们说：

"中国是一个非凡的国家，她从此将要强大起来，让外国朋友感到莫名其妙的也许还有不少的事情。"

外籍朋友们在西郊路上奔波得太勤了，据说曾多次受到中共军方的警告。解放军有正式的文件给燕大的外籍教职员，希望他们没有事情不要在战地的间隙中穿行，以免危险。当我在西郊采访时，便有解放军哨兵在车门外问道：

"你们中间有外国人吗？"

燕大的若干人士也公开希望反美活动在某一种的可能范围内减小，因为美国仍是今后唯一有力量能够协助中国从事建设活动的国家。苏联在国际围攻以后，仍然能用租借方式吸引美德的工业家来投资，给他们一定的期限，到时由国家收回的这种成功方式，我们又为何不能善为运用？中国的生产力不增加，生产关系不改变，生产工具不改善，中国便没有成为现代国家的条件，而革命必然成为长期性，循环不已。

清华教授们因为有了进城的便利，便陆续到城内来。24日，清华、燕大的十二位教授对于毛泽东八项条件的文告表示拥护。

在华北解放区内民主人士发表演说之后，北平市各大学教授三十余人也公布了他们对于时局的意见。大部签名的人也就是16日发表文件要求城内军队出城的人[2]。这个全面和平的书面意见全文如下：

"中国共产党领导的人民革命战争，目的在于推翻反动统治，解放全国人民，创造民主进步的新中国。当此革命战争临近最后胜利之际，全国人民尤应不辞苦难，协助完成此历史性的巨大工作。和平原为人人所企求，但是我们所争取的并非伪装的、阴谋反动的和平，乃是真正的和平，民主进步的和平，基于帝国主义、封建制度以及豪门资本的种种势力，造成多年来全国人民遭受压迫的反动统治，这些势力一日不能彻底铲除，真正的和平就一日不能实现，民主进步的中国也就无从建立。有了这样的认识，我们认为中国共产党、毛泽东先生1月14日所提出的和平条件应当是全国国民所一致拥护的。所以我们主张经由民主党派及民主人士所组成的政治协商会议之召开，严格以八项条件为基础，以求达到推翻反动统治，解放全中国人民及创造民主进步中国之最后目的。"

许德珩领导的九三学社[3]以及各民主党派、文化团体，都要有一篇类似性质的文件发表。这样便可以给此间城内外的某些对立的名词有了统一的解释。城外的居民所谓"解放"与城内进步民主人士的所谓"和平"是异曲同工的一件事。这样便给全国高唱入云的"和平"有了一个正确的含义。

据说美国的报纸上有人在警告上海爱国人士的乐观主义。认为中共的外交政策与苏联一致后，美国在中国的"条约"将被废除，他们自己问道："苏联所能给予中国的是什么呢？""苏联人给予共产党以日军武器，但不能重建中国破坏了的经济，由铁托可以证明。"美国人甚至自负道：

"上海500万居民配给粮食的一半，正由美国经合署以赠予形式供给着。使各大纱厂得以继续开工的棉花，则亦来自经合署方面。中国的航空线，正在用我们的汽油。中国大部分的工业技术知识，是由美国和英国技术人员供给的……中国所需的东西较诸巴尔干所需的总和还多。"

美国政府的某些人是一贯施用这样的压力的。作为独立自主的新中国，中国共产党如何总结国民革命时代的历史经验呢？一条路是继续"藏污纳垢"，一条路是"革命到底"。

【注释】

　　［1］傅作义的谈判代表周北峰偕同平津前线司令部政治部副主任陶铸秘密进入北平城，并到中南海拜会了已宣布和平解放北平的傅作义将军。

　　［2］据查，参加签名的大学教授是：方亮、王心正、王汝弼、王铁崖、芮沐、李光荫、王振懦、胡世华、孟昭威、俞平伯、客肇祖、马坚、徐愈、许德珩、陈兆衡、袁翰青、杨人楩、劳君展、黄国璋、费青、张云波、闻家驷、樊弘、楼邦彦、郑昕、鲁宝重、薛愚、储安平、关祥瑞和严镜清，共三十人。

　　［3］九三学社原名民主科学社，1945年9月3日为纪念反法西斯战争的胜利，遂改定此名，其成员大多是文教界、科技界知识分子。无论是新中国成立前后，该团体一直是与中共密切合作的爱国民主党派。

1月27日

从天津到丰台的客车开驶了，每天两班，每票收人民币140元。于是，天津的消息不断传到了北平，天津的金圆券又像洪水一般地向北平这个大池塘来集中，也可以这么说，这里是全华北的蓄钞池。

在共军到天津以后，由于人民币与金圆券的兑换率的差别[1]，物价平均向20倍飞涨。在共军未进入的北平，由于金圆券大钞的发行，由于恶性通货膨胀的刺激，由于城市与乡村的两种经济体系的不平衡，于是北平的物价从25日以后逐步腾涨，同样到了不可想象的地步。按薪给得报酬的公务员，在春节前夕领到五六百元金圆券的薪金，没有一个不在叹息道：

"天啊！20元一个的烧饼这能买几个呢？"

在天津奔走和平的四名参议员之一的丁作韶回到北平[2]，他说天津至今仍在军事管制时期，市内受炮火损失并不太重，只有军事部分受到炮击，像警备司令部之类。传说陈长捷为了火烧宜兴埠[3]，使万人无家可归，已受到了人民公审。

经济上是同时使用几种不同的钞票，而以人民银行的人民币为主。当中共进入天津的那一天，15日挂牌，兑换金圆券的比例是1:6（学生及贫民为1:3）；20日改为1:8；23日改为1:10。银圆、美钞、黄金也都有一定的价格，同时也有黑市。贸易公司配给面粉，定价每斤为人民币16元，鸡蛋每个8元。在回平路上，丁氏吃了一个窝头，4元；六个水饺，1元。

兑换了十几天后，筹码不够，大数目的金圆券准许到外地去换取物资[4]，也就给了单帮客一个作祟的机会。津丰车上人山人海，大家也只有北平一个终点，于是北平城内的大钞便如水银柱似的飞升起来。

春节期间，恰巧也是一个农村向都市交流的时期，我们发出这样的一个电报：

"四周的共军仍在包围着，北平的四城打开了，整个华北所有的金圆券像都在这里集中了似的，造成经济市场的极度不安。金圆券的范围越来越小，出城门一步，就不能通用。这种泛滥，一方面是由于农村向城市要工业品，一方面也是受了社会改革中的心理作祟，所有集中的资本又分散了，公私商号都倾其所有，分配给同人，像土地重新分割似的，造成库空如洗的局面。多少商业银行库存只有一两万金圆券。各企业单位都抢着早收摊的心理，就是乡村接管城市过程的混乱状态造成的。虽然没有军事上的直接破坏，但其结果还是'洗劫'一空。古城依然，但留下的已是表面的躯壳了。"

军事状态下的小镇市，当然也就增加了战时繁荣。如海淀市街，就分割了北平市内的一部分繁荣。整头的猪和羊，整担的白菜，整桶的香油，整篮的鸡蛋。几个解放军骑兵正轻松地给他们的战马在换马掌。市面流行了三种纸币，一种是人民银行发行的，一种是冀南银行发行的，还有一种是长城银行发行的。这三种券的比值不同，1块人民币折合长城券1000元和冀南券100元。[5]

商人们的货价以长城券为标准。

以金圆券计：1斤猪肉8万元，1斤香油4万元，鸡蛋1个3500元。1块现银折合长城券18万，有人以这钱买了1斤猪肉和26个鸡蛋。在人民银行里，可以用1元兑换10元金圆券，而金圆券在这里却已全不流通了。

有一位熟悉地方情形的人承认天津的接管由于经验不够，并不如理想的完美，尤其是比例太高，一举而不能控制，牵动了全城每个人的经济生活。城市人不太了解新政权的经济政策及金融政策，于是他便加以说明：

"我们一切都是以粮食为本位，纸币是辅助的。譬如说，金圆券不值钱，在解放区内，1斤小米卖7块人民币的比例都到今天也没有变动。这说明吃亏的只是城市的金圆券的持有者，当然越有钱的人所受的损害也越大。自然新政权到来以后，也绝不会允许这种情形延长。"

平津的解放在新的政权的估计中，环境混乱也不能早熟，所以一切都措手不及，各式各样的干部都在加紧训练中。这两个各有二百万人口的大包袱不到一个月中，先后压在肩头上，不能不说在精神与物质方面同为极重的负担。又有一位天津来人说：

"对于工商业大城市的天津，黄敬[6]市长是特别选定的，可是他也不能把精力分散到每一个部门之中。譬如说中盐公司就是长芦盐业的化身，接收人员却并不能理解冬收芒硝的必要，更不认识这时候抓今年春晒的准备工作。这些属于本年北方食盐及久大、永利等公司的原料出售问题，并没有早日触及。"

当然，这很快地被改正了。一般说，生产受到照顾，工业及工人是首先应被照顾的。这次春节，中上级职员发了1200元人民币，此外还配给了一部分粮食。工人的生活有了很显著的改善。黄色工会取消后，新的工会正在纷纷成立中。工人及技术家的关系也开始重新建立起来。

"一个城市的接收，"有一位工业前辈作这样的看法，"在开始的时候，只要能恢复交通及电力就够了。但如长远一点打算，却不能不有一套计划，这就是说，华北及东北要有一个配合与联系的计划，这不是空想的，完全要看实际的需要。

"煤在华北是第一位的产品。大同煤矿的开发，要有外援。井陉有水患问题。开滦煤好且近几年走运，矿本身却老了。门头沟虽然是无烟煤，但因距离北平太近，仍有在大台一带大举开发的必要。至于东北的抚顺、北栗、鹤岗、西安，这些矿的发展，应当各有各的重点。煤是工业的基本，不能没有通盘计划，那样一定要自食其果。"

"我对于天津，"又有一位经济学家说，"工业品的价格目前两倍于农产品的价格，我认为这是一件很危险的事情，而且对于农业生产是有害的。这几年来，通货膨胀有一点可注意的，就是能够刺激粮价，不会谷贱伤农，但也要有更好的配置才对。"

不少工业界人士都异口同声地说：

"华北是一片沃土，任何种子都能在这里萌发长大。种子不合适，不要紧，再换一些更合适的好了。假如他们确有错误的话，我们希望共产党能够承认错误，有接受别人批评的勇气，在相互学习之下，这样一切便自然有了进步。"

新民主主义正在各生产部门中普遍学习。天津的各生产部门已然大部接收完毕，北平也正在准备接收中。各单位分别拟定三个月的预算，从事一个新的年度的开始。

【注释】

[1] 据1948年底至1949年初北平市军管会的有关文件，当时人民币与金圆券的兑换比价，总的原别是：对工人、学生、城市基本群众实行固定比价；对于其他群众则实行不定比价。采取逐渐提高比价的方法，目的是将金圆券尽量向国统区推出。具体做法是：按人民币与金圆券棉粮价格相比，所得实际比价，再将金圆券贬低三分之一。故最初暂定人民币与金圆券的固定兑换比价为1：3.6／元。

[2] 在人民解放军围困天津期间，天津市参议会的代表丁作韶、杨云青、胡景熏、康相九经天津市政府商得陈长捷同意，曾于元月4日和9日

两次出城会见刘亚楼将军，希望和平解放天津。刘亚楼代表解放军表示愿意以和平方式解放天津，同时向丁作韶等代表提出四点要求：（一）解放军为表示宽大和诚意，可暂停向市内炮击7天（从6日至12日），在此限期内守军应无条件投降；（二）守军应自动放下武器，并保证不破坏公私财产、武器弹药及公文案卷；（三）解放军保证一切自动放下武器的国民党官兵及其家属生命财产的安全；（四）如果守军仍欲抵抗到底，则解放军将采取坚决的攻击行动。由于陈长捷决意死守，致使谈判毫无结果。14日解放军发起总攻，15日解放天津市。

丁作韶　河南夏邑人。历任《世界日报》《天津益世报》主笔。

〔3〕宜兴埠，位于天津市北村的村庄。平津战役爆发后，这里曾驻有国民党林伟俦62军一个加强团。12月底，该团仓皇撤往天津市区时，竟然放火焚村，造成村民生命财产的严重损失。

〔4〕据北平市军管会有关文件规定：如有携大额金圆券出境者（50万元以上），须由工商局出具证明，并保证必须换回一定物资，方准出境。

〔5〕根据1949年2月2日由北平市军管会叶剑英主任、谭政副主任联合签署的《北平市军管会关于伪金圆券兑换办法的布告》可知，当时市面通行的货币，是以人民银行发行的人民币为本币，以冀南银行发行的银票（亦称冀钞）和东北银行发行的流通券（亦称东北券）为辅币进行交换的。本币与辅币的比值分别为1元人民币等于100元冀钞，等于1000元东北券。

〔6〕黄敬　本名俞启威，浙江绍兴人。时任天津市委书记兼市长。

1月28日

今天是阴历除夕，谁也不会想到签订了"协定"的古城，枪炮声又响成一片。恰如楚溪春总监所预测的，当真是用真的枪炮轰鸣代替了年关的花炮声响。但是北平的市民们却毫无表情地在过他们的旧年，似乎即便是废弹落在自己的脚边，也有欣赏一番的镇定功夫。他们或许认定：靠了"北平"这两个字，古城便不会遭劫，个人也不会在城内毁灭。万一死了，他们也将死得从容不迫，好像是大限已届，也不逃避。

二十几万军队及其装备已把北平变为一个大火药库。据说在军事协定中指定要在军队集中之前先把弹药集中了，城中各整装待发的部队无不为此烦恼，到了移防前夕，便在无法约束的情况下，士兵们向空中消灭弹药来泄愤。这些流弹造成的火警，使救火车怪叫着通过，市中心一夜之间还有若干起抢劫案。

在东单飞机场周围，白天成了打靶场。公安局后的炮兵阵地上，一批又一批的士兵像示威似的，走一步放一枪，沿着那马道走到前门，没有任何人敢去干涉。一批35军的士兵[1]打不开故宫博物院的宫门，却执枪强登午门，像是眺望皇宫景色。

督察总监楚溪春脱了军装笑道：

"我哪里是什么总监，早已解职了。"

北平陷入了无政府状态，而到处都在谣传着傅作义已然离开中南海总部。有人说是到太原，有人说是去绥远，有人甚至猜到是李宗仁接他去南京了。

从22日协定签订后，最困难的是：部队出城问题始终不能解决。实力派13军石觉说："事前怎么也不和我们谈一谈。"从那一天起，东直门外的枪声日夜未断，西直门外的秩序也是忽紧忽弛。今晨零时起，据说有四个团自由行动，被解放军解决了。

石觉的直属部队第4师在《华北日报》登了启示：

"本部奉命移驻孙河以北地区集结整训，凡本部失散官兵，务于3日内前来本部报到，决予宽恕。如逾期逗留北平市郊，即以散兵游勇论，准由当地人民检举拘送警备司令部严办，希勿自误为要。"

第4师政工处又给律师张北谦一个警告道：

"阁下身为律师，竟知法犯法，弃职潜逃。临行之时一声不响，将公物完全拐逃，使经手人如何交代，且私人借款亦不闻不问，究竟是何居心，限你三天交回，否则依法办理。"

与此同时，据说石觉某部原意集中在天坛机场候机，不料在城外炮火控制下，却无法起飞。94军军长郑挺锋在22日便随着徐永昌南返[2]，将这个部队丢在西直门外。青年军31军曾奉命南调，亦不能如愿。李文的

16军到昨天已然把军部撤离了头发胡同。

傅作义部队慢慢地又集结了有10万之众，不论傅本人在不在北平，到了下午也由第104军安春山部主动维持治安[3]，他们在通衢处贴出布告，上面写着：

"一、北平的善良同胞们，这一个月来业已饱受了惊慌和扰乱，不堪再扰。

"二、我们真正爱国爱民的军人同志们，应该体贴民难，善尽职守，严约部属，在此非常时期，不再有乱打枪及破坏或扰乱行为。

"三、我各军大部队业已陆续开出城外，安抵防地，并受到各地同胞及友军们的热烈招待。

"四、所有在城内暂留的留守人员，应该由各负责人集中居住，枪支收存、外出持证，佩戴符号，免生事端，且便查验。

"五、我相信我们大多数军人都是爱好名誉，能够自治，且能管教部属的，自通告之日起，希望再不出任何扰乱、破坏、有损国家人民的任何行为。这是我们全体同胞及友军一致盼望的。

"六、如再有少数不肖分子，企图假借机会，捏造谣言，制造靡乱，有损同胞及公共任何利益者，本军决予逮捕，依法惩办。

"七、本军受命协助北平警备司令部[4]暂维平市治安，听候联合机构成立后，派人接替。时虽短暂，责有攸归，为了共同利益及平市治安起见，不容坐视，望各自尊。"

军长安春山亲自巡视九城，从事军风纪的整顿。宵禁以后，总有不少的地区临时戒严，这是为捉拿不稳的军人及特务。就在旧历除夕之夜，朝阳门外的13军部队已然遵命撤走，留下的是一片瓦砾。

城内除了红墙砖瓦依旧以外，人民身上在这四十九天内寒热交作，已然失掉了几层油光。市政府职员过不去年，包围了"土豪劣绅会"许惠东的家，迫使将其所保存的"公家"5万银圆提出5000元，发给每人1块。城外的人民更是饱经苦难，一捆柴草下的地雷，随便炸裂，炸死了附近正在晒暖的一家；流弹如雨点，行路人随时便会倒地气绝身亡；在没有电灯的马路上，大汽车盲目奔驰而去，轧死个把人更算不了什么。

这就是一个不平凡的除夕在北平的经历。整天的雾气茫茫，在挤兑银圆的行列中，不知谁抛了一个手榴弹，死了四个人。

【注释】

[1]1948年12月22日，傅作义王牌劲旅第35军（军长郭景云）主力第101师（师长冯梓）、第267师（师长温汉民）在新保安被歼。时35军第262师（师长朱大纯）尚留驻北平城内。傅作义即在此基础上，又补充了几个保安旅的"精锐"，重建35军。新建35军军长为朱大纯，辖第267师（师长刘一平）、第101师（师长梁畔池）、新编第17师（一说第32师，师长唐文佐）。这里讲的35军士兵即是新35军士兵。

[2]据查，徐永昌来北平的时间为1948年12月15日，并于当日返回南京。

[3]第104军（军长安春山）原辖三个师，即第250师（师长王建业）、第258师（师长张景源）、第269师（师长慕新亚），是傅作义三大主力之一（另两大主力为第35军和第105军）。1948年12月，第104军被西调策应第35军由张家口返平，在横岭、白羊城一带被解放军全歼，仅军长安春山等少数官佐潜回北平。以后，傅作义重建104军，仍以安春山为军长，下辖第250师（师长王建业）、第309师（师长赵树桥）、第269师（师长慕新亚）和第311师（师长孙英年）。新建的第104军在解放军进城接收城防前，奉命维持治安，直到元月31日，才完全开赴城外。

[4]此处指的是国民党北平警备司令部，周体仁任司令。依据《关于北平和平解决问题协议》规定：原有警察及看守仓库部队可暂留负责维持城内治安，俟解放军警卫部队入城后逐次接替。隶属于北平市军管会的北平警备司令部正式成立于1949年2月2日，以程子华为司令员兼政治委员，彭明治、昊克华任副司令员，莫文骅任副政委。

1月29日[1]

北方今年冬行春令，这是十年来所未曾有过的奇迹。今年西伯利亚的寒流并未大举南袭，除了11月末及12月初发现短期的较低温度以外，不仅普遍温暖，且降水量亦少。据说目前天花、白喉已在流行。

废历元旦今年真到了该"废"的程度了，多少旧家庭已不能再如往年一样地搬出神主，摆上五供。这一笔费用，今天已然很少有人能够负担得起了。年年都有废止年节送礼的通知，但只有今年收效。

到今天夜里为止，枪声仍然是砰砰作响，间杂着五颜六色的信号弹，虽然没有火树银花，却也是五色斑斓。

五十天来，在这种不安的心情之下，金圆券的浪花越激越高，今天已进入2000元换1块银圆的大关，晚上又回到1550元。全城商号虽然停业，但是繁盛市区却到处成为卖银圆的世界。

面粉每斤90元，玉米面每斤70元。每个烧饼也是由4元而10元，由10元而20元1个（若按法币折算，每个当为6000万元）。

本周的涨风，是创造了有银圆历史以来的新纪录。据《华北日报》商情栏记录称："前个星期六收市价格为：每块银圆折金圆券20元，星期日因中共钞票缺乏，只跌落15元。到了星期一，金圆券大量发出，金融市场内游资作祟，于是逐日上涨。29日值春节，上午开价就冲出了千元大关；下午4小时内连跳6级，已冲出1600元的新关；晚6时收市价格为大头每块1640元，小头每块1400元。一天之内，每块银圆涨达590元，开了空前的记录。上星期六与本星期六的差额为1420元。"

到了今天，供求的情形更急，便如脱缰之马，无法控制。而整个社会游资都随着银圆市价上升。联合机构迟迟不能成立。

没有哪一个机构是金融管制者，安春山部虽然押解了成百的散兵游勇，但却无力干涉到任何一个银圆贩子。

这就是新社会在北平降生之前的催生阵痛。人民到处在咒骂着城内不能实现和平的阻挠者，经济学家则批评南京政府勿再向这里滥发"百元大钞"，否则将拖得整个解放区的供应失了常态。

"人民解放军早一点进城吧，只有他们会给城内带来粮食，带来安定与幸福。"

中共中央对和平工作是在认真地执行着，28日，中共发言人说：

"我们正同北平人民做一件重要的工作，按照八个条件，来和平地解决北平问题。傅作义将军也参加了这件工作……你们已承认了这件工作是做得对的，这工作不但替和平谈判指定了地点，而且并为南京、上海、武汉、西安、太原、归绥、兰州、成都、昆明、长沙、南昌、杭州、福州、广州、台湾、海南岛的和平问题，树立了榜样，因此，这件工作是应当受到赞美的。"

这是对于"协议十三条"的一个正确评价。然而，直到今天，有一方面仍在批评傅作义出卖了他们，却忘记了获得的是七百年文化古城的安全；另一方面则指责这种宽大主义，就是中途的妥协，会背叛了革命的传统。这都是肤浅的看法，都忘掉了人民对于和平的企望。但是，在"转型时期"内的波动延伸又是不可预知的。

从事和平协议奔走的邓宝珊说："一个军人叫他放下枪，并不是件容易的事，就这样已经是难能可贵了。"

进城的中共政委们说："放下枪的，他们愿意再参军，就欢迎他们来；要回家的，给他们旅费和路条，到处都可以招待他们。"

对于已在城市的地主，原则上是不希望他们再返故乡的；对于有组织地放下武器的队伍，是不是也不必让他们一定重返土地，可否作些更积极的生产性工作？自然，这任何一种过程中，也要经过"民主的蜕变"。

局部的和平正在扩大中。南京的"和平"代表团要到北平来了。他们表示："南京的贪官污吏已经逃跑了，剩下的只有善良的百姓。"一批请求北上采访的外籍记者也要跟着前来。

据今天报载，"联合办事处"可能在下月1日成立，由中共方面叶剑英、徐冰、陶铸，戎子和[2]及华北方面的郭宗汾、周北峰，焦实斋[3]组成，由叶剑英、郭宗汾任正副主委。中南海如不改作办公处，那就自然开放，供人民游览。傅作义将把他的办事处迁回西郊"新北平"旧址。封死的复兴门又打开了。12月13日以前，用三天时间把总部搬进城来的人们如今将用同样多的时间，把人员疏散出去。留城的军官们从那一天起也就停止"办公"。

在东单一片废墟中，东长安街牌楼从旧历初三起就开始恢复了。五牌楼只拆了一层砖瓦，恢复起来很容易。但是地基工作要恢复，却也并不是一件容易的事。太庙公园内的弹药库正在迁出。所有这一切无不给人以和平的感觉。

春天不远了，但今年的春天，也真是来迟了。

[1]是日，解放军方面代表与傅作义方面代表在颐和园益寿堂集会，决议遵照《关于北平和平解决问题的协议》，成立联合办事机构。会议决定：北平联合办事处即日成立，工作方式采取集体办公，办公地点设在东交民巷御河桥2号。到会的解放军方面代表主要为叶剑英、陶铸、徐冰、戎子和，傅作义方面代表是郭宗汾、周北峰和焦实斋。

[2]戎子和　山西灵邱人。时任华北人民政府委员兼财政部部长。新中国成立后，任财政部副部长。

[3]焦实斋　河北井陉人。时任北平师范大学教授兼总务长、华北"剿总"副秘书长。1949年随同傅作义起义后，历任政务院参事，国务院法规编纂委员会副主任，第二、三、四届全国政协委员，第五、六届全国政协常委，团结报社社长等职。

1月30日

联合办事处的中共代表已经进城了。也许联合办事处的成立也为期不远了。

有人说解放军进城的时候，要举行入城仪式，除有步、骑、炮及坦克武装外，中间还杂有人民的队伍——清华及燕京两校将各以500人一队的行列集体参加。

在北大的春节联欢大会上，许德珩教授说：

"中国人民已然恢复到主人地位，我们是欢乐的人民。旧年过了，严冬去了，春天快来了。两千年的专制王朝从此结束了。不怕帝国主义的压迫，半殖民地翻身了。洪秀全、孙中山未成功的革命，现在以人民的力量来完成了。两千年的枷锁摆脱了，翻身成为一个新的国家。在新民主主义革命中，农民有田可耕，不受地主的压迫；工人有他的工厂，可以自由做工；商人不受剥削，可以自由经商；学生可以自由研究学问。杜威的哲学，马克思主义都可以自由研究了。这以后就是唯物与唯心竞赛的时期，真理就在前面。

"一个人家有厨房、有卧房、也有茅坑。对房屋要打DDT，对茅坑要掏干净，使蚊子、苍蝇、臭虫绝迹。今后就要敢作敢为，这还是不够，进一步要做能做的一切事……"

扫雷的工作又像炮声似的震撼着大地，但也掩盖不住青年人内心感情的激动。在华北学院内已开过一个关于城市政策的座谈会，论题是：一、革命的与封建的、买办的原则上的区别；二、保护一切私有财产后，守法的工商业者及文化团体之意义；三、关于左倾的危险主义。

清华园有一个学生进城来非常感动地说：

"这一个月来的清华园变化是太大了。使本来看得清楚的人看得更清楚；看不清楚的人看清楚了，起来了；不愿看的也不能不睁开眼睛来看了。动的更动、不动的动了起来，不愿动的，已然很少很少。这一个月所受的'教育'真不小。"

在燕京的学生同样热心于人民解放军服务委员会的工作。未名湖上溜冰的人少了，湖边显得寂静异常。他们与一些文艺战士们在一起。"华北人民文工团"在贝公楼演唱秧歌剧、大合唱和民谣。大合唱表达了人民雄伟的力量。民谣小调说尽了人民的哀乐。这样便促成了"燕大艺工大队"的成立，跑到了石景山三家店及海淀的几次演出，得到了人民的热爱，便也加强了他们进城来宣传的决心。

这一周来北平的大小十家报纸，在这种大形势下都变得进步起来，除重刊毛泽东文告及历届的中共文件以外，所有的论题都在歌唱春天，歌唱新时代的来临。

扫雷的声响像攻城的炮，响得非常可怕，但又非常可爱。这就是时代黎明的礼炮吧！北平人民在这礼炮声中有人照旧到东岳庙烧香，到财神庙祈福，他们默默地也在"复员"了。为了各自的"理想"去奋斗吧！中共对于城市管理做了必需的准备，今后他们双肩上将要压满了问题，但他们是无畏的！

第二辑

抗战中的中国

西兰风霜

在今天成为陕、甘交通唯一大道的西兰公路，我们对它只有爱护一途。西安行营更拨巨款，要把全线都铺上石子，使今后的西兰在雨季不再稀烂，而负起它在西北国防上应有的使命。在这一千三百里的长途上，已在动员每家一人民工，在拾石子，风雨相和、奇寒之下冻结着的路面，有的已在翻修，一位工程师告诉记者："明春冰解，将要正式动工。"

西兰路上，军运频繁，客车稀少，记者得公路局范科长之介绍，得购票乘运油车西上。西安市上，全部汽车，都受统治，新绥汽车公司的长途车子更是全部走上了哈兰段的征途。商车载货，每吨给价75元，但全价常常不能拿到，而途中零件时常损失，每次便要超出所得，幸而司机人多半都能明白这是为了国家尽力，怨言虽有，可是不甚多。加之我们海口受了封锁，零件来源断绝，有些坏车无法修理，只好中途搁车。当记者爬上被指定的这部老旧汽车时，望望顶上一碧如洗的晴空，俯视这匹一九三三年的西洋骆驼，产生出一种不知何日能到兰州的感想——这真是一段漫长而无边际的跋涉。

一、先报告一件喜讯

从西安到咸阳，这一段路身很坏，车辙很深，特别是靠近渭河边际的土道更是毫无路面痕迹，记者走过许多北方的公路，这些路在雨季都成为泄水道，西兰公路到底是北方化的，竟然也不例外。

渭河上有了桥，咸阳古渡的景色消灭了。桥有两个，一个是新建好的铁桥，一个是铁路让给公路的那座很危险的木桥。

土原上有着起起伏伏的巨墓，民族祖先的陵寝下，大片的麦地茸茸地给广垠铺了一层薄毡，黄牛摇摆着尾巴在散步，黑羊白羊，成群结队地啮麦，冬麦不怕吃，明年还会生出新的来。牧童用鞭子打它，奏出了响亮的声响。

咸阳将要成为一个小小的工业区，房屋多已建好，那个新修理的古城头，不断地起着号声，城根下，渭河滩上，到处能看到大批的军马，马势很雄健，牵马的军人也很剽悍。

同车的青海党部卢锦帆委员告诉记者说：这是青海派出来的部队。是马彪的一个骑兵师。自然，这是值得报告的一件喜讯。"回教徒已经参加了抗日的战线"，我们先前听说：宁夏的部队早已向东北部推进。这些骑兵的驭马和游击是值得推荐的。

记者到了西北，知道过去肮脏回汉问题，在"抗战第一"的前提下，业已渐行融化。陕西彭民政厅长曾对记者谈到有几个名词很易误会，实在说：只有回教，并没有回族，除新疆一部分外，多是汉回；既是汉人信奉回教的，回族一词，不容成立。甚至土耳其人意译土耳其一字亦"周"字义。大家都是汉人，只有宗教的差异，毫无问题是应当一致联合起来的。有清以来的演变，多是主政者的有意挑拨。如今全民抗战，回教徒出一分力气是为各方企盼而且应当的。

一个个的骑兵从记者车旁擦过，据说最近的军纪已改好得多了，那种黑化的西北土原上稀见的英武和默罕麦德氏的精神使记者神往了许久……

二、匪患依然可惊

离开西安的时候，朋友便告诉我说：西安的城圈以外的地方，匪患依然可惊，一路上，证实了这个消息。

沿途中，穿行了渭水流域的棉花区，霜下了已好久，许多的棉桃依然在青着，这证明了北方是多么渴望着早熟棉种的推广，无论如何，要在霜降后几天总能清收了残花。今年的抗战，影响了陕棉的销路，冯泽芳博士说："棉花总是有用的。"盼望政府和银行能够从速加以救济。

从咸阳到醴泉，中间有一段路是正在铺着洋灰。值得叹息的是有一段还没干透的路面上，印着很清楚的两列马蹄。醴泉以西有些地方却在改修路面，石子散碎地堆在各地。车子在黄土高地盘旋，干枯、贫瘠，昔日的福地，诞生了中华民族光荣历史的地方，如今是人为的灾荒引来了自然界的灾荒，一年年，把灾区越变越大。十八年大灾以后，各地的痛苦仍然没有复苏。

我们的铁骆驼本来载重已经过量了，可是咸阳车站上又添了几个士兵，硬来爬上峰际，不料在中途后肢便断了，勉强拖到了干县，士兵欣然下车进城，我们则进了没有门的小屋，出入都由窗口，到了夜晚屋顶上也住人，从秫秸缝里向下落马粪。

乾县，到现在为止，是灾区，也是匪区。

十八年时候，匪首王结子坐镇本县，使赈粮难来，灾民大部死亡。匪势最烈时候，是在县城门口公然抢劫。现在城里驻着一个团部，治安虽已好转，但据县内的几位小学教员告诉记者说：表面看来确已较前繁荣，但骨子里四郊残匪，夜夜打枪，闹得十分不安。捐税仍然很重，五十亩地要出到六十元钱，富户（财东）因为吃不消这小县城里的苛杂，于是都逃到西安去住。教员欠薪三个月，"生活简直不了呢"！实际上，还是没有脱离十八年的状态。

到夜晚，运粮到咸阳去卖的车夫，带来了消息，说距县十里的高原上有一所武则天的坟墓，在那里，他们亲眼看到大批土匪在等候车来抢劫客车。我们的车子漏网了，修理了一天，在第二天黎明时，仍不得不惴惴地走上了征途。

黎明时候，山地奇寒，大雾锁着远山，满地上都是一片霜白。过永寿，向邠县进发，旅途上有××师的大部徒手新兵在通过，所以泰岭岭一段险地，也过得很安全。沿着泾河，多数工人在铺着路面，行营的军人在许多地方代理了监工，使工作很是紧张。

到邠县东门，城门紧闭，门外堆挤着大批的人和货。守门军人告诉车夫：城里因为时常不安，所以在本日六点钟起清查户口，任何人都不能通过。我们的铁骆驼只得在城外候一刻，后来开城了，才受了检查，然后进去。

邠县在泾水岸，是陕省西部的一个大城。

三、陕甘边境

邠县的城外，沿着泾水，络绎的有几十里远的果树区，这其中，特别是蛋大的枣子，成为这一带的特产。看到这么大的果树区，使记者顿时回忆到灵宝黄河岸边的大枣林，砀山废黄河边的大梨林，山东半岛的大果林，我们有着这么丰富的名产，我们的战士不应当再羡涎日本士兵吃花旗蜜橘。全国的农业服务员，在后方执行的战士工作，便是扩大各方面的生产，一切不能再等待，一切不能再迟疑。

泾水岸边一段一段的红色工作旗，一堆堆的坟头状小丘，许多人正在砂里掘石子。大路边，石子按方排列起来，像是龙蛇脊椎骨，蔓延无际。工作人，有一些还带着发辫，大半都是留着长长的头发，反穿着光板羊皮在做着四角钱一方的拾石工作。

大道上，更看到有大批的农人在背着锅盔（一种面制厚饼）向四方赶路，这有点中古残余的风趣。交通的便利，是开发西北最有力的工具，交通开发，生活像一条鞭子，会逼得落后的人民奋起。我们相信，如果没有公路，这些背着锅盔赶路的人，一定还是死守在鸦片灯下，喝着小米稀粥，在度过他的一生。各地方，也不会有今日的活气。

称为古战场的长武县，没有停留便向前行，这是陕境西部最靠边界的一县，前面有一个小镇叫窑店，在这里，陕甘边境人为地分界了。

这里使叫卅始看到络绎成行的左公柳，这点枯干了的老绿，成为近于沙漠的秦陇丘陵地带中的一点最可珍贵的颜色。绿色，一路上，只有靠近水的地方才能看到，水统制了中国的农业，水威胁着人类的生活。有水的地方，润泽富庶，朝气；没有水的地方干枯，瘠薄，死气。可惜是今年泾水流域雨水太多，闹得连此地农民最有希望的小米都歉收。外省人是曾赞叹他们的那种用醋浸辣椒伴着小米粥吃的习惯，现在连这点都难得到了。

可是穷虽穷，但吸鸦片烟者听说还很多，这一点很难解说。有人说：这次若不是重修西兰公路，两省的治安将要更不容易维持了。

没有到泾川，先看到的是城内探出来的教堂尖顶，教会势力在西北，真是大到无以复加，这是西北的一个大问题，而另一方面，教士们的刻苦精神也真值得钦佩。

我们在称为平凉第一大镇的白水住了一夜，那里有位甲长告诉我们征募壮丁的困难情形，我们的宣传工作确太差，到现在为止，农民丛中还很少和我们的宣传队接触过。这里，我佩服传教士！

虽然沿途上，也有很新颖的标语，写在黄土墙上，那是"双十二"时候共产党写的，如："拥护国共合作"。

四、六盘山前后

从泾川到平凉，沿着泾水迂回走了一百五十里，这段路上，表现出西兰公路的养路工程奇劣。自然，泾水是北方式的河流，河床常变幻而少固定，但在这段路上，我们竟不能看到有一个良好的桥梁，和一段走着不崎岖颤震的路，高山是坡度太大，平地则完全是高低难行，这也难怪，西兰路上走一九三七式的新车，也不敢保险能够到得终点。

一路上遍地是坏车。六盘山在眼前，伏在车顶上，都不能不替我们的铁骆驼担心和险途心悸。

离平凉五十里到蒿店，入镇口的大门旁有着斑落了的标语，大字是"不分回汉"。出镇时，电线杆上高悬着一个人头，是为杀一儆百用的，给过路的人们看看：政府对于劫车盗匪的严厉。

荒凉的六盘山的四周，没大出产，一亩地只能长出一百斤洋山药蛋（马铃薯），这是人们的普遍过冬食品！

西北一带的丘陵是土的，当地人称作"原"，但六盘山则完全是石头的，人们公认是个"山"。到了三关口，庙宇中的当当钟声令人忆起昔日威风飘飘的杨六郎，古代的西北绝不是今天的凄凉，遗留下来的伟大遗迹也可以告诉我们过去的富丽。西兰路上古迹真是多到使人不可计数。到了六盘山根，粗看并没有什么异状的褐色山峰，近处看，可以看到山阴处浮着亮晶晶的白雪。山顶，温度突降二十度，高出海拔四千四百尺了。

铁骆驼喘着气，一步步地爬上了盘道，电射型的盘道，一重又一重，各色的杂石断层成云片状剥落，特别是绛色的泥板岩最多，铺在地上，粉碎风化为胶泥。有些地方，小泉流水，虽然在太阳底下，可是水流已经结冰，只有在日光下的一层，缓缓地向前飘动着，开拓出来一条小道。山高处，没有树，风太硬，连杂草都长不高。明朝窦文诗说："溽暑有风还透骨，芳春积雪不开花"，正是指这个黄、渭二水的大分水岭而言。

当我们在山顶上抚摸亮晶晶的雪时，下山了，又是长长的盘道……

下了山，长长的一滑下去，先到了隆德，这是一个回人很多的小城；天暮时候到静宁，这又是一个土山坳中小盆地上的县治。明时弃守此地，金人乃得长驱入蜀。地方因遭破坏，穷困而无大生产。

同车来的，路上加了一位公路的工程师，记者先把"道听途说"的许多话去问他。他对于工程时代的黑暗情形同表憎恨，因为他还是一位抱着牺牲精神来西北服务的青年人。我们都感到政府的大量金钱花掉，在下属的重重剥削下只是逼迫民夫做些垫土、平面等工作，而不愿以相当金钱购买平面机、小型压力机等物实事求是，结果做下来的，仅是一堆平整的浮土，一遇雨季，全路崩溃，真是一件大失计。盼望这次修路能够不再走上覆辙。青年的工程师，尤其要彻底肃清这边区的重大黑暗。

夜色里的静宁城内走一转，百余家商店有半数挂着"营业分处"的招牌，在公开卖烟，购者如过江之鲫，每家每日可以卖出三两，每两平均二元五角。这样寒苦的地方，鬼也不会相信每日有四百元变作袅袅的轻烟。

五、一步比一步的穷苦

这一路上，无时不在担心我们这匹铁骆驼要失掉了活动力，终于它病倒在静宁了。在这里候了一天，承路局主事人的好意，使记者得重新购票搭乘他们已受了八天风霜的载客柴油汽车上路。

西北路上，一步比一步的穷苦，每个人都是花了他们的最大的劳力，而得到了最小量的报酬。

翻过祁家大山，看见地壳变动，使旧日的甘陕大路下陷，左公柳被埋了梢，山中间积水成"海"，因为一部地层没落了。来了一个不好的消息，说这部柴油车子只走出六十里，坏了。在界石铺，换乘了一部露天的柴油载货车，大家下来推了半天车，走出了二十里，车轮爬不上那百分之十的大坡，据说又坏了。两部车子的司机似乎早就开好了会议，把客人扔在界石铺，这里不是车站，便相携风驰土摊而去，坏车子也会风驰，若非记者亲见，绝不敢造谣。

一行旅客三十人，面对面地望着走进了那古风犹存的几家小店，这时候，老规矩已不存在，每日价目犹依然是二毛，可是不再送吃一碗面条。

我们一行人在这里候了两天整，刮着西北风，下了不太大的雪。请想想旅客这时候对于公路局的印象吧，大家聚在一起，厮谈无非这一条路的"路谱"。打电报没有电，派人搭车去车站交涉，而来往频繁的军用车又绝对不允乘坐。

客店对面是一所学堂，昨日有太阳，学生都骑在墙头或蹲在屋顶朗诵"子曰，诗云"，今天天阴了，不闻人声，记者进去参观，学生正分布在各墙角下烤火。中间有校长室，上墨书"礼义廉耻"之意义，校长见了外来人，不说话，而学生则纷纷从书堆中找出了《国语》。

这里，是昔日的名匪区，老百姓都惯以此为副业，但现在因驻了一营交通兵，维持尚好。营长因地方熟，剿匪有功，所以提升为团长了。外加有两千拾石子的工人，所以使这个两县交界所谓"两不管"的地方，住下三十个外来人还没有危险。

生活高涨，交通使粮食价贵了。昔日武威城一元可买七十斤锅盔（饼），而今一元买不到七斤。此地的麦价是小麦一元三升，莜麦一元六升，荞麦一元九升，同院住的兵，都是吃荞麦。这里许多人家都有地窖，恐怕是因为灾荒太多，每家总要省吃俭用，存下一年以上的粮食，豪绅以存三十年粮为荣誉。地下水在地下九丈，存粮三年无臭味，真是一个天然的粮库。此地邮政代办所所长告诉记者说："此地饱得很，外面看起来是穷"。虽然，据说，实际上饱的人也不太多。

虽说开发西北的呼声已过去，但建设不可忽视。甘肃当前的农业问题，除了铲除封建式的剥削及水利要有办法外，还要有肥料、抗旱种子、新的农具和真正刻苦的农民（鸦片使西北的农民已经懒了），鸦片的种植，在本省确将绝迹，不是禁的，而是地力已坏，种也不长了。要振兴甘肃的农业，一批测候所，一批土壤研究员就应当首先在这土原丘陵上开始工作了。

甘肃的每个农人都种植不了他自己的土地面积，过去政治的黑暗，更使熟荒加多，我们为扩大粮食生产，这一个天然的粮库，亟应扩充起来！

第三天是一个有暖和太阳的晴天，这候车客人的代表是勉强派出去了。二十余人散布在院子里徘徊。这里虽然是一个贫苦地方，但生活程度之高不亚于大都市。同车的有蒙藏委员会的王彝九先生，他告诉我甘肃河西一带的苦况，"有几县，你有钱也会买不到东西吃"。下午，又和村长讨论到救国公债的合理分配，他们是三百户的村庄，派了六百元。

第四天，宁静站长携同我们的代表带来了一部货车，站长告诉我们说：

"再过半个月，就连货车也坐不成了，路局根本没有车。"我们一群人只得欣然爬上了这匹铁骆驼。

前面又是三百里的丘陵地带，有名的危险区域是华家岭。铁骆驼喘着气爬上又爬下，沉重的苍黄颜色使人起了倦怠。路基还好，坡地都没有铺石，汽车尾部追随着烟幕，络绎着像是一条土龙。

这天的中午很暖，青青的天，犹挂着芽状新月，汽车爬着山腹又转上山梁。高地的积雪在融化，梯田的边际背阴处，都嵌了框，辉映的日光里像是都市窗饰的静洁晶朗的白"年红"。远处荒草堆里有着凌乱的雪堆，像癣疥，又像疮疤，但有些白的癣疤能够移动的那是羊群。为了畜牧，这些荒地应当倡种苜蓿。

黄土，黄土，没有林木。峡地边，角落里也曾看到口口所村落。那土制的房屋遥望如玩具，财东们还有围子，上面有守望台。各处的草垛都像是野生的菌蕈，丛生在墙边。偶然也见到一所崭新的小庙，这又可谓是灵魂的寄托所。汽车夫告诉我，这一段地带在交通路线未定之前，是一眼望不到人烟，现在已经好多了。

一路上邮车，货车，都是胶皮轮，牲口在拖着徐步。汽车一天的路程他们要走四天，落后，落后，随时都在落后。

这个区域里，偶然也可见到一点绿色，那是冬麦的萌芽，当地习惯不种冬麦（因易冻死），每年只收获一次，现在竟也有人敢在向着旧有习惯战斗，向着自然界抗争，这是值得奖励的事。我们如若希望这天然仓库能充实，西北的"一年二熟"的技术，是要加工来研究的。

夜晚，宿在定西县。夜站检查者严厉非常。他除了看到记者所有证件外，还费了两个钟头把记者所有的东西加以检视，连朋友托带的信都拆开。最后，他说："这时候，你们知识分子出门有点麻烦，我说句不好听的话，知识分子里的汉奸太多。"

记者唯唯。

六、通过了最后的障碍

过定西，前面还有一道丘陵地带，称为"车倒岭"，自然环境既劣，同时又是山大王的出没之所。这段路的难爬与祁家大山、华家岭鼎足而三，六盘山是例外，那是石山，不是土岭。

为了避险，一串车子结队而行，其中有一部客车，便是才在前面遇到了抢劫的。土匪只要现钱，不要行李衣物，所以损失还不太大。××部的补充兵，一车车地和我们的车子交错通过，把一路的黄土都扬起来，使每个骑铁骆驼的人，都变为黄土塑像。

三个钟头，下了岭，是盛产甘草的甘草店。此地野生甘草颇多，当地人有的专掘甘草用来易粮。

过甘草店，离兰州还有一百二十里，这一路又是起起伏伏地穿过了多少涧峡和河床。我们这次不再为我们的铁骆驼担心，因为这匹骆驼是新的福特，正当年轻，而驾驭人也还仔细。

最后一重岭过了，看见黄河，人人欢呼。

东关铺一带沿河可以看到沙田，为避免蒸发，地面铺着石子。上面长着小棉花，一群妇女正跪在田里拾花，更向前是枯萎了的烟叶区，是兰州的特产。

五日出发，十四日午到兰，十天里没有得到一点时事消息，精神苦恼不可言状，到此才算释放。对于公路，还是那句话，我们只有爱护一途，我们不要消极地批评，而要设法促起他们向积极建设的途上去。

十一月十五日

153

最近的兰州

一、第一印象

绥远一部沦陷，我们的西北战线展长了，甘肃省已经不是后方，眼看就要变作前线。记者从太原来，到了西北中心的兰州看一看，也许是在前线上看惯了那种紧张的生活，一辆轿车把我拉进了那灰色的城门时，一种寂寞和凄静，压在我的心头，使人不敢相信这就是西北重镇的兰州。

兰州的道路很狭窄，除中山路以外，很难容两部汽车同时通过，据人说：昔日的汽车本就少见，西关一带大路正在翻修，石块大如冰盘，堆积满地，说是为了交通，可是路身依然没有展宽。国难时期，加之又是冬天结冻时期，有没有以巨款翻修这条不急之路的必要，许多人都认为是一个值得讨论的问题。

兰州的商品，一切都靠外方，自交通为军运独占以后，兰州市的生活程度更加提高。市场上一般都在缺货，一切存货都提高了价格出卖了。近年来最习听的呼声是"开发西北"，但事实上仅是把洋货大批的因交通便利而贩运进来，不要说没有建设起重工业，即是连纱布一类的轻工业也是全赖西安运来，棉花及棉织品的税收在十余万以上。兰州，这个古老城市，现在虽披上了一点现代的外衣，这仅可证明了工业社会之侵入农业社会无孔不入。交通改良了，生产手段和生产技术依然故我，于是便造成了今日的畸形。这以后如果交通没法恢复，对于一般人的"享用"一定要成为一个大恐慌。

最重要的还是粮食问题。兰州的粮价飞涨，小麦每百斤由七元涨至十四元。此地的粮食来源全靠北山，靠河西尤其是青海，可是近来这些地方米粮已绝。商人操纵固然是一因，而西北农民本喜好硬币，因受时局影响，使他们每家的屯粮都不出粜了，这样便影响到城市里的一般生计，特别是我们每天都在吃着最贵的饭。省府现已派员去青海购粮来平价，可是黄河目下已将结冰了。将来还有大批人马要驻扎此地，食粮呢？有人说：也许不久会像一八六六年，粮价涨到每斗银价三十余两的现象。

记者到兰州的第二天下午，受到一点意外的刺激。便是有不少学生排着队踏着有棱棱的满街石块在喊抗日口号，一瞥时，便在省府门前解散了。后来，记者到了省府，某职员便叹口气说："这显然是和政府过不去，这种时候，这种现象，实不应有。"到了下一个星期一的纪念周时，贺主席又说明了俞帷的案子，政府是一定要办的，希望大家守纪律。许多朋友告诉我说，学生们的口号本是对俞^的，可是临时改变了。这现象，太分歧了，记者于是相信了到兰后朋友告诉我的第一句话："兰州是一个非常复杂的地方！"

俞帏是建设厅的秘书主任，为了贪污，最大的是军用皮衣合同上每件浮报一元，已扣押在省府近两月，正在侦查中。此外还有省立医院院长韩立民，也是以贪污和妨害风化罪在起诉。贪污案件在各地都是少不了的事情，我们看见了九月十三日政府明令，禁止新县长及特税局长大事应酬和活动，想来这些事情一定有相当数量，所以才劳得省府分心，盼望政府能够迅速交给法院去做，那么民众一定就没有话可说了。

省府贺耀组主席真是全省最辛劳的一个人，他每天破晓就走进办公厅，每件公事都要自己划行，开会，会客，一天直忙到日暮以后，犹不能得到休息。十七日的傍晚，主席允准了记者的谒见，记者便首先向主席为国辛劳致最大敬意。主席身体很康健，态度很诚恳，就记者的问题逐项加以答复，记者晓得贺氏素日注意西北问题，且曾一度出任土耳其大使，所以有些问题都偏重这一方面。最后，对于军事问题也略有谈及。"近来都很好，"主席微笑着说，"回教徒对抗日已负起很重的责任，各方面都决心以物力、财力拥护中央抗日到底。"

关于共产党，他认为"他们说破坏后方抗日统一战线的，是托派，不是共产党。兰州设立了第十八集团军的办公处"。关于公路，他说"甘新公路虽不好，车子是可以通了"。关于军队调防后的防务，"分由保安队及壮丁来维持"。现在"全省的半数以上的县份的壮丁训练，都已开始，到明年三月底，甘省可以动员到三十万人"。省政府现在设有各种训练班，训练县区的下级干部，特别注意的是精神方面，毕业出来，有大批入党。

记者访问了各方面，各方面精神振奋，都能给人以良好的印象。不过，成问题的是民众太消沉，战事开始时期，大家曾经惊慌过一阵，都在预备"逃"，可是逃不是一个办法，经过长期的抗战，已经使民众认识了，现在的生活只是"混"，兰州如此，外县根本得不到新闻的地方，更不必说，而最有力量的青年学生，也因环境的复杂，大半被关在学校里，只有极少数的热情人（不过二十人），牺牲了学业和安全，跑到各县乡村里去宣传"救亡"。一个朋友很感慨地说"到处都有敌人的民众——汉奸——在活动，可是没有我们的民众在活动"，这是实话！

此地汉奸虽无大组织，可是时常有破获。譬如最近妓院中有两名"姑娘"也因之被捕，使常往章台奔走之一部分官吏吃惊不小。

兰州市街上，据说因为大批逃难者的西上，已经增加繁荣不少。但古城风趣仍未失掉。不论雨雪，天一亮，中山市场的摊子便有买卖人，天一黑，十分之九的铺子都上了门板，只有发着红光的电灯在照耀着模糊的影子。兰州市上人口早已超过十万。新开的饭铺子都添上女招待。"饱暖思淫欲，饥寒起盗心"，这两种人已经在冬之兰州市上活动了。

街市风景最可注意者是西瓜在出售，穿着毛皮吃西瓜，一点都不是假话，今年的西瓜价贵，皮毛尤其价高，由于各方面争购和军阀囤积，使市价高过往年一倍，而且日日看涨。政府有意在此地恢复毛织厂，但一切暂时还谈不到。

以烟叶有名的兰州市，水烟已为时代淘汰了。没见到什么地方有人吃水烟，满街上，连中国烟卷都稀少，触目都是英美烟公司的"哈德门"和"前门"。一些×国人到中国来非要买中国卷烟吃不可，这件事，有些人觉得是笑话，有些人却感到深深的痛心。

二、静静的兰州

静静的兰州像一潭死水，轻微的风波，根本不能使他激荡，兰州城的死气也非轻易可以驱除。青海的抗日军过境时，这里曾激起一点浪花，最近的朱副司令长官到来，又唤起了民众的热望，但这也仅仅成为微波，多少人都在为这种沉寂忧心时，敌人的飞机来自长空，在兰州郊野开始了残暴的处女作，这是十二月四日上午十一点的事，兰州今后将要没有安静，我们要一切赶快动员，起来吧，兰州！

兰州可爱处是有着西北风味的河山，朴质、单纯。城墙外围又围绕着一圈裸山，没有树，草也少，庙宇缺少阴郁和庄严，显示着神权已在日趋没落。城外的水是黄河，傍岸有着伟大的灌田水车，河水滚滚流，碎冰压挤着，顺流水突奔，宛如被逐的怪兽在浮沉，上流飘下来牛皮筏，靠了岸，皮筏便冻结在冰凌里，满身毛皮的人，把筏上的土货、鲜红的干枣子、已经退化了的锥栗和核桃，用担子挑上岸去，这些人，都是"不等价的交换"的执行者，他们做着农产品调换工业产品的职务。说到了"人"，更是复杂，街头上的形形色色的通过者，正是甘肃复杂民族的一幅缩影。我们要动员全民抗战，兰州市亟应使全民有了组织，作为全省的一个模式，谁都不能否认的；兰州现在已经成了西北动力的出发点。西北的一切要健全，我们首先要健全这个动力的出发点！

为什么兰州这样的"静静"，主因是没有民众运动。自然我们不否认今天的学生、商人、壮丁，甚至妓女也都在受着组织和训练，可是，这种自上而来的"有计划的"工作，并没有得到预期的结果。记者会见许多位党部的最高领导者，他们对这种现象也并不忽视，他们很勇于自责，认为下级干部由历史的关系，直到今天止，领导力实在薄弱，补救的办法是招集下级干部加以训练，可是这些受到过训练的人，回到下级去工作的结果，依然是"无力"。

贤明的国民党的领导者终于归结于组织的不健全，而人事的摩擦也未能完全免除。我们晓得国民党在最近加强组织的办法，是由选举改为特派员制，使主事人能放手做事，既不必联络党员，又可不必敷衍委员，这种组织法在西北已将逐步实现。这样一来，主要变成一个"人"的问题了。不论如何更变，我们觉得西北的危机日益加深，时间不再等待人，延迟一天便要多增加一分的后悔，负着实施中山遗教的委员们万万不可放任下去，空空地失掉了机会。

兰州市上的政治局面更是黯然无生气，财政厅厅长和建设厅厅长的迟迟其来，以及街头巷口"反贪污"的意识的高涨，都说明了没有开展。贪吏俞帷判了十二年的徒刑，这完全是民意督促的结果。实在还是太轻！

虽然，我们还要向贺主席致敬意，他是太辛劳了，他一天忙到晚，没有休息，只因他缺少几个良好的辅治者，所以辛劳的结果还是看不出什么成绩来。加之贺氏是军人，对于为政的轻重缓急，显然还欠认识，他来到了兰州，在一种芜杂的局面下，第一月就放了二十四个县长，第二批又放了四十余，甘肃一共不过六十七县，这样一来，全体更动了，亲民之官随便更动并不是一件值得颂扬的事。

财政的混乱状态更给人民以口实，于学忠时代本可有盈余，而现在近三月的不敷额已超出二百万。自然，目下的额外开支是太多，可是各处特税局长的贪污案子层出不穷（收款盖章放行，不开票据）是人民认为财政混乱的主因。能够收十缴三，已经可以称为廉吏了。建设方面的糊涂账更是难以算清，城内修路一事，老百姓最爱指出其中的黑幕。不公开的收支，最易令人产生疑问。

甘肃是绅权政治区域，兰州是绅权膨胀的中心。做地方官的人若不给绅士留个小面子，便很难维持着地位。所以，历年来省政府中的大批顾问、咨议都是一种"面子"设计，如今在城内各处走一走，其有省政府徽章而闲步街头者比比皆是，官多如过江之鲫，也难怪小饭馆中的伙计们慢慢地已经不再矜衣冠齐楚者为"老爷"了。

兰州城内的绅士片子很值钱，绅士的家人犯罪不能与庶民同罪，地方官吏知趣些的不必等到"片子"来到，便先从宽发落，失察的也应等到片子来时，"即刻放回"，"手续不必办清"；这样便日行助长了绅士们的威风。如果不这样，以后便不见得"好办事"。各地的小职员，人人肚里都明白这一套花头。

甘肃的军事局面久已呈无领袖状态，朱绍良氏于上月二十六日来兰州，给各方面以很大的激动。飞机场上的欢迎者至为热烈。民众也都耳语相告，以为西北大局或者可以免掉演成为绥远的局面了。

朱氏到来后，告诉记者说，他想自己到各方面去看一看，然后决定初步的调整。现在他已经飞到宁夏去了。

在兰州中央的部队有×师，其中一部可向宁夏开拔。朱氏和记者谈话时曾表示，他二十三年来甘时之局面恶劣甚于今日，昔日尚能安全度过，今日当然更不成为问题。"我做事向来用事实表现，"他说，"不喜欢弄些文字表面。"各方都很希望朱氏不久就能用事实告诉国人。

自从航空停止后，兰州陆续地出现了不少的谣言，虽然据说有一部是汉奸所造，可是一忽见便传遍四城，这也是由于大家苦闷，留心国事使然。这省会没有一个正当的游息处所，连个小公园都没有，逼得一般人，不是沉醉于章台，便是用烟赌来消磨光阴！

最后，我要说一声"烟"，在西北不谈鸦片是盲目。此地因了鸦片的"特货统制"，弄得民怨沸腾。烟民满街都是，鸦片的副产品也满街都是，譬如，白面饼上涂一层黄油，是鸦片烟子油，而烟子饼也可以喂猪。炸弹来了，烟氛中的市民都可奋起了，去吧，静静的兰州！

三、朱绍良会见记

十一月四日，在兰州是一个值得纪念的日子，敌人的飞机开始做处女投弹，使全城的人民感受到了战争的威胁，而浮动起来。

这以后，每天到五泉山的路上满是人，早去晚归，轿车络绎，处处可以看到避难者作活动。警察局长马志超氏感于第一次空袭时，竟然获得嫌疑汉奸八十五人，因而对于以受过训练的保甲长所组成的"防空总团"，这一个一千九百七十人的团体，还有积极整顿的必要，他告诉记者说："我们全市有三百九十八个人力车夫，敌机来时，竟有三百九十个都头缠着白布，他们没知识，不懂得这就是目标。而我们的防卫团员也不晓得去制止。"城外的房价每月从六角涨到六块，粮价也是步步上升，所以，各方面对于后方这样的紊乱都表示关切。

兰州城内，对于民众训练已经很久，但少见功效，也是不可讳言的事。社会训练分普训与期训，前者是中年，后者是选十八岁至二十五岁的少年。普训每天三小时，现已训练到第三期，期训是每日十一小时，本月十二日，第二期就要毕业了。本市里受过训练的人，共在二千人以上。这样一个大数目，如果有组织，对于防空的储水储沙工作的执行，并非不可能。

此外，人力车夫和全市妓女都在受训练，以二百一十小时为期，他（她）们和普通训练不同的一点，即是学科为主，而以术科为辅。事实上，也没有地方给他们做体操。

甘肃省政最近有变化，即是由新来的朱绍良氏代贺耀祖氏为主席，朱氏是在军职外又兼了政治。

八日的午后，记者去五泉山访朱绍良氏。

朱氏首先从宁夏和青海的视察谈起来，他表示满意，记者问他是否宁夏的兵力过于单薄，他说："黄河冰冻之后，再加上十师也是没有用，现在马主席在欢迎宴会上已表示出最大的决心！"他解释了一个消息，证明了外间所传敌军攻凉州（武威）截断我们的国际路线的说法非假，便是敌人有一个混合团徘徊在阿拉善旗的边界，有蒙古人，有日本人，有我们中国人，带了枪支和骆驼，企图到现在还没有判明，但很值得注视。青海方面很好，必要时马主席表示还可以出兵，马步芳师长现在病着，痊愈仍需要相当时候，他已经决定就任八十二军军长，不成问题。就军事情形说，敌人若敢来犯，我们不但满有把握，且可"占一点便宜"。

"敌人的宣传太厉害，"朱氏微笑着说，"其实他们的兵力很单薄，每师不过千余人，五师之众，其实也没有多少人。西北的战争不能和上海比，不会有一寸土之争，一打也许打到眼前来，现在主要的是后方战，但是我们的后方却是太差……"

朱氏便表示宁夏因为靠近战区的边境，比较还要紧张些，越后方越差。这种不紧张，纯是人的问题，因为现在还谈不到政治。记者问如何可使后方积极动员起来？回答是要在上者的不时地督促。

又谈到绥远前线，朱氏表示我军仍在五原，只有马占山一部到了陕北。杂军仍在绥西。他同意马主席不准杂军入境的办法，绥远最近的情况仍然可以不抱悲观，因为各盟旗仍然通电拥护中央。最近冯玉祥要到那边去主持军事。因为西北军在五原誓师，冯氏在当地自然是有威望。

谈到此，省政府有人来问："主席何日就职？"

朱氏这样回答："这次的代理省政，我本来不知道的，所以我手下办文墨的只有两个人，现在根本不足以支配，何时接收，总还得有一个相当时期。"他又说，"请转告各方面不必走，走是心虚的，我不能随便更动人，我根本没有人。"

记者借机便询问朱氏对于当前政治的观察和今后施行的方针。朱氏对于目下省内贪污事件深刻注意，他指出抗战中间一切都将为敌人摧毁，没有什么能成为自己的东西，"贪污者的眼光都太短"。这与人民的教育程度也有关系。主政者的审慎人选，尤为不可忽视的一点。

"我是不愿意说空话的人"，朱氏痛切地说，"一切能兑现的事情尽先来做，不必说空话。"

方才来宾中有马鬃山的代表，从新疆南部退来在报告该部状况。这也是省内当前一个大问题，朱氏说：他对此已有考虑，日内他打算坐汽车赴河西十七县一行，顺便还看看这条甘新公路。

朱绍良这次来西北，全国瞩目，省内的民众企望尤殷。今日的甘肃支离破碎，政治黑暗已达极点，应负的当前的使命又是这样的重大，朱氏驾轻就熟，又来执政，一定能在短期内有以慰各方的渴望。记者把这点意思表达了后，朱氏欣然说："我要努力使后方积极起来，而且要兰州的民众明白：兰州是前方，不是后方！"

"起来吧，前方的兰州！"记者满心兴奋，离开了司令部。

四、国人在兰州

从十月初起，就有×国人来兰州，但给人印象最深的是十一月七日那个纪念苏联革命廿年的盛大宴会。欧亚航机从西安特装来二百瓶啤酒，冷风吹着通红的鼻子，玻璃杯顶浮起洁白的泡沫，五百只手抬高起来，主席贺耀祖先生，本来是主张联×的，这时便欣然地畅论两大国之密切握手，在"万岁"呼声不已中——在革命的怀抱里成长的这五百名战士的眸子里放射出一种感激的光芒。

来到兰州的×国人，都是康健、年青、热情、二十岁左右的人，他们是眼看着他们的祖国一天天地在生长起来。从服饰上便可分别出他们的任务，礼服整齐的是代表；皮大衣、鸭舌帽、满身的青色只露出一张血色的面孔的是飞机师；臃肿的草灰色棉衣裤、皮帽子、厚而长的护膝毡靴的是汽车机师（交通兵），×国人和中国人站在一起，真惭愧，中国人的体格太差了，不要说×国人，即是和本年从额济纳特务机关破获的日本人比，便已经有点逊色了。

　　到最近，飞机师已有一百多，正在教练着中国学生，×国机子是有×国的特色，机作棕黄色，三个推进器或五个推进器的都有，沿着兰州南山根下的平地，成行地放满了这种奇怪的东西。秃山上没有一株树，棕黄的土地上陈列着棕黄的飞鹰，一点也不感觉到刺目。有的机子没有配置枪械弹药，在候着，配置完毕立刻开到前方去。他们多数住在励志社，每天早晨用载重车载出，晚上载回。

　　无数的棕黄色的汽车正在甘新路上像一群搬家的甲虫似的在爬着。库伦到哈密一段最好，再往东，坏了，但路已冻僵，还可以勉强走，最坏的要算是东段的一节，重新翻修的地方，土已经被掘得松浮了，填上二尺土，五吨的车子过去，依然是二尺深的大坑，偶然不慎，陷进坑去，钢板立刻折断，甲虫不能爬了，这群人受尽了千辛万苦地来到兰州后，休息几天，车放下，人回去……

　　我们的车子也都完全被统治起来。每天不断自西向东开，满车都是比金子史贵重的汽油。一些汽车司机回来说，×国司机在路上并没有得到什么好待遇，招待者舞弊吃私，用锅盔（一种面饼）代替了应有的面包。肉也供给得不足。他们佩服×国人，做事的勇敢、热诚和有责任心。没有汽油了，只好停车。如果汽油到时，不论三更半夜，刮风吹雪，立刻便添上油起程赶路，而中国司机们，却都在温暖的热被窝里，贪恋着自己的姘头！"本国人反而不如外国人热心吗？"真值得人来痛心了。

　　×国司机到了兰州，首先看到的是在大路转角处的×文指路牌，那里指出他们的膳宿所在地。兰州虽没有好房子，但比起沿途可说好多，招待处动员了本地所有的西餐厨师，供给他们每日三餐，每餐一汤三菜和面包咖啡。菜是很丰富的，只有这里，中国人才能尽一点东道主的责任。静静的兰州市上，恐怕只有这两个机关忙，一个是负责登记车辆的运输处，另一便是这个招待所。

中午和傍晚，×国人从各个人的工作场所回到街上来，挤满了街。兰州市上恐怕自有史以来，从来没有见到过这么多的异国人，那么狭小的街道上，本来是没有计划到有供给这样大批人马的来往的。

兰州的一般商人态度很不好，他们习惯使用着对待蒙古、番藏人的手段来对待×国人。一个二角钱的化学烟嘴，信口要价竟至五角，还价三角，依然不卖。一双毛袜索价一元五角，给到一元也还不卖。双方是用手谈和笔谈，非常有趣，但商人的狡猾，则实可惩罚。省政府本拟设一个官营的市场或合作社之类的组织，但鉴于目下运输的困难，终于没有敢来尝试。而目前的情况，对于×国人，确感到很大的不便。

为了×国人，省政府本来聘请了不少的特务交际员来做翻译工作，但由于来宾的多，仍是不足支配。后来，凡是兰州市上能写能谈×文的人，都有当一名参议的希望（如××旅社的主人即其一），虽然如此，仍然是不足分配。

这群在大革命后成长的人真能懂得爱"祖国"，在本国当然是非国货不用，到了"外国"，他们也要用"外国"的"本国货"，他们吸烟不吸充斥中上社会的哈德门牌和前门牌，因为那是英美烟公司的侵略商品，仅来吸山西出品的"五台山"及其他，他们开口便向翻译者说，"我们只买你们中国出产的东西"。可叹息的却是翻译者手里正拿着一支袅袅生烟的"大前门"。

兰州市上，到现在围观×国人的时代是已经过了，现在存在着的只是小孩还会追着×国人们笑，×国人莫名其妙地也在笑，笑来笑去，引得旁观者也参加为之大笑。笑，也许是亲善的一种表示吧。希望两个民族永远在笑颜中。

落后的在西北，为了×国人来，也曾刺激得当局要改变一下市民的"落后仪容"，在出入频繁的东门里，小队兵士在作剪发辫的工作，不多时便剪了一小堆，我们更有多少陋习，若能因了外人的刺激而知痛改也算是一大幸了。

十一月廿九日

163

到江西的路上

——从上海到杭州

三月五日的朝雾过后，近月来很难见的太阳开始在大上海辉煌了。日光伴着旅人，坐满了沪杭特别快车的车厢。车开动，从城市到原野，先是展开了那片掩藏在高楼大厦影子里的贫民窟，慢慢地，绿色代替了黑色，田园代替了钢铁，天青青，原野的风携着土壤的肥腐气。别了，十丈红尘的上海！

车窗外，开展着南国的田野：一湾流水，一架小桥，几片葱绿的竹树，几所长屋脊的瓦屋，东是间抽水的茅亭，西是块抽着茎子的菜地，浓藤黄里仅有一点花青，嫩绿描出了所谓天堂之区的春天画面。

从路两旁的农作物的种类上显然地表示着它是如何受了交通的影响。它使靠近的城市更发皇了，地价增高了，农制集约了，大地上是一年年地加种或改种着商品作物了。

沪杭线上的土地利用已然达到最高的程度，多腐殖质的香灰色的土根上，被支配得当然地无余利；即是那茅草丛的田埂上，也都栽着成行的油菜，桑树丛中，不是小麦，便是蚕豆。看到桑树，我便记起三年前也在这条路线上旅行时，因了丝价跌落，激起了农民都在斫伐他的桑树，自然，时过境迁，而今幼年新桑仍然是满布在地边上，特别是嘉善以南，新园子仿佛更多了。这一部种桑树的血泪史，换言之，也就是种植商品作物的血泪史，实在是农业经济学者值得重视的一页。

虽然，交通的便利影响到铁路沿线农村的经济收入之增高，也是一件显见的事。这现象，江南一带，尤为触目，加以天堂之区的固有财富，所以一路上，上上下下的客人都是穿着华丽整齐的衣冠，机器制品遍布了全身。可注目的是，几个枯黑面色的农夫，竟然肯以大量的金钱，换来一堆冠生园的茶余食品，三等车厢里，简直是一幅当地社会的缩影，各种阶层的人们，他们的职业，正可由他们笑容里看得出来。高戴瓜皮帽的小商人和短裤褂，披着油垢外衣的机器匠紧紧挤坐在一起，乡下姑娘无论打扮得多么妖艳，仍然是显出她们的朴质，一个穿着绒衫子的女工，频频地用手抚按着她的卷曲的头发，把眼睛飘来飘去地，一忽儿打量着那手拿念珠，嘴里喁嚅作声的老太婆，一忽儿又斜睨那个惨绿少年的钻石戒指，有个年轻人为了更换报纸而和小贩吵起来。又一位老农人在嘉善买到一批枫泾的丁蹄，大喊着滋味不对，"受骗了"。

交通对于农村副业却是一剂兴奋针，可是主要还得农村方面要有良好的推销组织，否则，相反地正足以根本推翻农村手工业的存在。关于副业和手工业的提倡和奖励，铁路线的四周，应当是首先被郑重着手的地方。

中国，现在一切都是迎头赶上去，铁路自然也不例外。关于铁路线的经济问题，交大研究所据闻已在严密注意，从理论到实施，这实在是个良好的标本区。

火车鸣着长笛，滚滚黑烟与乌鸦齐飞，过笕桥，山亘绵，杭州到了。

一九三七年春在西湖游，蒙蒙细雨，西子湖畔的山和水都模糊起来。

在湖滨漫步中，四面看看，三年不见，西子的新装越发欧化了。以前一个拍天然彩色照片的西人会认为西湖不如北平，因为这里色调太凉，太暗，不出灰绿二色，引不起感官的刺激。到现在，似乎他的意见已可部分取消，我看到许多朱红与鹅黄。

近年来，西湖的建设的确实在不忘时代地走着。到处都在向着整齐和雕琢的路子上跑，而那自然朴质的本色却一天天地淡下去。这以后，也许一个天真秀美的村姑，就由涂抹一点西蒙粉起，舶来品就开始堆积在她的周身了。

环湖的柏油马路日有进展，黄汽车携着满腹的旅客吃进又吐出。白堤像是马路般地伸入湖心，柳枝上已经萌起嫩黄的叶包，苏堤虽然的确在"春晓"，可是这景色却绝非是骚人墨客们所希望看见的了。到灵隐，到虎跑，都已有坦途可达，大大小小的洋房和汽油的臭浊味弥漫中，西子湖已摩登到现代化的尖端。

微雨中，出了一艘小船，在湖心上荡着。

"西湖是大变了"，菜色的舟子叹口气，"自从雷峰塔一倒，只剩了保叔一个，气运是完了……"

还没有到清明，香季还没有开始，又因了雨，湖上就更没有几只船。天幕似乎低垂到了头上，湖风吹得感到寒意，湖水很澄清，加以年年整理，所以把昔日的颓废气息减少了。之后，和舟子闲谈到灵隐寺的罗汉堂的焚毁。"那是要换换新"，他肯定地说，"菩萨嫌金身太老了。"这样说来，西湖的改穿"新装"，倒也应当是当然的事了。

新的建设力量很可钦佩，为了走人力车的方便，连那荒僻的九溪十八涧一带也修成石子路，不幸，这一个地段的风景却大半为这修路所破坏，已然再也不能看到昔日的曲折和清幽，为了这，不禁联想到汽车站路旁的人力车夫们的苦脸，他们哀求着旅客用公共汽车的价格来坐他们的车子，可是乘客总是不愿走上去，而他们却依然呆立在车下，昂着头，犹然在希望乘客们的返来，这批人和风景，是同样地做了时代的牺牲者。

禁止采樵和狩猎的木牌到处可见，主事人对于这一个名胜区的保护可以说是很积极。不过，山民为如何扩大农村副业，也是一个当前严重的问题。（据说有人要利用九溪的水，来开厂制蜡纸是为当局阻止了。）否则，靠山吃饭的山民的生活问题不解决，山林的保护总难完全成功的。

关于取缔浮厝一事，也正在严厉执行。茅家埠一带的成列的小房间（每个房间里放一口棺木）都已拆去顶棚，棺木一定要迁到"公墓"去，到处听到这样的抱怨声，"哪里有钱——从前一年不过花个二三元，迁公墓，只地皮就要六十元钱！……"可是为了公共的卫生，这又是一件不能不办的事体。不久，挂着黄口袋的香客到了，看见这，真不知道他们要起什么感想。

西子的装饰，这富家女儿真是年年变更，可是她的趋势我们可以把握到的，就是力趋现代化，自然，这一趋势中免不掉牺牲者。

三月七日晨发

（原载于《大公报》，1937年3月9日）

"浙赣"的春天

——到江西的路上

　　江西的天气，本来是"春无三日晴"的，清早起来，太阳很好，但到了钱塘江边登船时，细雨纷纷，又把远山和江水纱笼起来。二郎庙的码头站上，成群结队的掮夫在等候着货物，为了三四人同在争夺一个旅客的行李，每次都要自相厮打一番，一直到胜利者用扁担掮起来，才能随着"嗯哼"之声向长堤上走去。

　　江身虽很广阔，江水却不太多。在向江心走的大堤上，足跛了五六分钟，下面都在裸露着滩底，水牛曳着大车，载着高高的土货包，把泥地上画出了纵横的辙纹。车夫赤着腿脚，遥远地便在和那渡头上的舟子打招呼。

　　渡头上参差地排列着不少帆船，这里有不要花钱的钱江义渡船，有索洋一角的特班船，还有许许多多的载货乌篷船，岸上的船夫都在拉客，声音嘈杂，只有特班船里的客人最少，船舱里有条长桌子上，铺着洁白的桌布，上面摆着茶壶和茶杯，有几位绅士正在用那杯子，一口一口地吮着热茶，看着那雾一般的春雨，透过了那伞一般的破竹笠，又落到青布袄的肩头上。

　　船开了，驶到离开渡头后，便用一条粗粗的麻绳系在吐着柴油烟的小汽船尾上，然后拖到对岸去，船头分裂江水成为两片像鱼腹白色的激浪，起而复消。在这时天色微微透了点亮光，遥远地可以看到钱江大桥的桥墩，那轮廓有点像几只雪白的汤圆，在并排地浮在水面。

　　"钱江大桥的完成日期本应当在本年双十节，"一位朋友告诉我，

"可是因为中间的桥墩又出了问题，加以天气不好，对于工作，影响更大，所以到时候能否来得及架上桥架还成问题。"

祝福这项伟大工程的完成，好使沪杭甬和浙赣能早一点接轨，便可以使全班人员移到武汉去做那更伟大的平粤直达的另一架大桥，以增加国防和运输的力量。可是，眼睛接触到满船的搬夫和舟子，当时，又不能不感到一点时代的凄凉了。

下了渡船，又走上长桥，约有十分钟光景才走到浙赣铁路的江边车站。这条新路的顶端，并没有因它的刺激而改变了荒村模样，有一两家饭馆，却还是设立在火车站后的江滨汽车站旁。如果隔江不是杭州，也许这里不会是这样景象。

在车站上，感到不少朝气，人说浙赣路一切都是年青的，这话一点不假，它历史年青，人员年青，车辆年青，甚至那小小的票房，窄窄的铁轨，瘦瘦的枕木，无一不是年青的。虽然年青，可不幼稚，而"旅客本位"的营业方针是可赞美的。

午后两点五十分准时开车，车子开得很慢，窗外面缓缓地望过去是些雾视的云山，烟里的天水，以及从阔叶树过渡到常绿阔叶树的植物，这一区域正是天堂区内的丰饶地，农村稠密，人口繁多，屋宇盖得十分整齐，大半都是两层的小楼，黑黑的瓦块顶下涂着平行的白边，犹如额上的一道帽箍，石块打基，建得十分坚固，大概许是为了南国的潮湿，不能不这样。

车走出两三站路去，三等车上几个似乎是在玉萍线上做测量工作的低级人员，异口同声地在骂着车子走得慢。"三十公里——车开得牛样的，一点钟才走三十公里。"他们一点也不肯遵守路章，有人竟然趴到客座的行李架上，睡起觉来。

雨多的南国，火车路两边，大半取过土的地方都已积水成小池；即便是接近着稻田菜地的地方，也无一处不飘着水。仅就路基两旁看去，简直使人相信这是坐在船舱里，而不是在陆地上。也许就是行道树吧，新栽的柳树已在吐出嫩黄的芽来，在水上摇拂。

浙赣路上的轻轨，或者正可以因此而使养路人工减低了不少辛苦，否则，一部分在"水灾"中的路基，总有一天会因重压而出危险的。在不少的小桥和涵洞边上，时常看到一些工程人员正在经营着另一架桥或洞，不晓得是为了公路还是在为更换重轨的准备。

一直到诸暨过后，路基才较高起来。同时朦胧里的暮色，越来越发得浓起来。常绿的冬青，透红的石楠，悬着念珠的楝树，和满缠着藤本的老杨，慢慢都埋在黑暗中，尤其是远山的松柏、槠栲，更与山色难再分辨，春色在夜里，不再明媚。

夜里，火车过站，站上连油灯也不肯多燃烧几盏。栅栏以外的旅店接客的纸灯笼和火把，起起伏伏，犹如幽冥中的鬼火，有红，有黄。顿起顿灭（雨里的灯笼也是难燃的）。杭州官话这里很难听到，而绍兴土音却加重起来，暗淡的景色，使人意味到中世纪的旅途，人的影子，也是那么古朴。

义乌往下，陆续上车的客人以农人和行脚商人为多；到金华站，人更多，使车中行人路上都塞满了。他们穿着破长衫，一手拿着竹扁担，一手提着雨伞和旱烟的布口袋，用着宁绍一带的土话，谈笑声震车顶。他们都是农村人口过剩下，被压迫得离乡背土，寻找生路的年轻人，他们的生活都寄托在自己的肩膀上，他们似乎都很明了他们的"同乡"在各处的光辉，在征途上，他们表现出很大的自信力。大家争座位，不断地起着纷扰，甚至有个别人叫着"到二等去"！然而，有些人，便始终站了一个长途。

夜静更深，火车轮子响声大了。车厢里的暖气燃得使人发着燥热。我看着每一个人的脸子，每一位脸子都是泛着红色，那位吃铁路饭的低级人员大骂这群人甘心站着，而不肯逼着车长要座位，至为愤愤。他恨车长，因为车长不准他在行李架上睡觉，骂疲了，他睡了，我便合着眼又听一位贩水獭皮的宁波商人谈他捕獭的经验，以及水獭的种类和价格。

"西湖有吗？"一位杭州人突然问。

"有的，少，不好。"他便指出要会"定水""敲石"，才能知道那种动物的所在。寻起来不易，捉起来尤难。夜深了，觉得木椅子也似乎不太硬了，后来便没听他说下去，及至一觉醒来，已然到玉山，那水獭贩子正好下车。他的武器是一把雨伞，一根长管烟袋和一具捕水獭的钓钩。

玉山，是浙赣线上入江西后的第一大站。车误了两个钟头的"点"，

169

至此地已然将近黎明了。车子在此停的时间很久，而且似乎换了车头。车再开后，行驶很速，这以西都是重轨，而且路基也较坚固，正好借此来赶"点"了。

天明后，有雾，白茫茫中依稀能看到砂红的土地和巍立在小山头上的碉堡，像一个很规矩的岗警在孤立。大雾散后，又起了浮云罩着日，依然是不十分光亮，但大地上的景致，已能了然入目了。"江西的确不是浙江！"

一路上，江西的农村环象显然和浙江的农村环象有绝大的差异，这里再也看不到那浙江型的灰色土地，稠密农村，整齐的房屋，和黄绿满田野的油菜、莱菔、蚕豆和冬小麦了，代替的却是起伏的红色小山，没有一点腐殖质的土壤，焚烧后补起来的瓦屋，没有窗子和大门，任那"过堂风"的穿行；原野荒着，一部分土地种着马尾松，田间没有绿，只有泛着红色的泥块，一连过几个车站，做小贩生意的都是女人，触目皆是的是像长城垛口一般的碉堡，大部分已经破敝了。

这种差异，不仅是属于一个"大变乱"过后的影响，而还有两省的"农制"上的差别。江西就是一个著称的产米产木的区域，除了这二者之外，乡人们并不注意到其他，从来也就没有试种新作物的习惯，再加以东境的土质瘠薄，所以更加增这种倾向的深刻化了。

贵溪以西，比较种植油菜和莱菔的田块便慢慢多起来。此地气候较浙北尤为和暖，菜花都开了，东一片黄西一片白地铺得地表很是美丽，但遇到高丘，则仍然种的是马尾松，树龄都不大，大概都是近年来培植的。这一树种的生态，看来似乎颇好。

沿路上，客人上下都很稀少。邓家埠以下就好些，东乡县已有活气，等到了距南昌九十里的温家圳，这是一个临河的大镇，驻此的米商极多，加之去年的丰收，更使地方变得繁荣些，来去的旅客，竟把三节空疏的三等车厢又挤得满满的了。

这时车上十之八九都是江西人的世界了，南昌话又占领了这一个小宇宙。从上海到南昌，这个小圈子不过才千六百华里，可是语言的变异已然不止三变。中国的复杂性，仅此一端，就可概见。

火车在下午三点一刻到南昌站，遥望广大的飞机场上的大楼和旗子都很使人兴奋。站台上很有点秩序，军警对人也较有礼貌。车过汽车总站时，正戒严，一列乐队在郑重地吹奏着接官号，事后才知道是刘峙主任从吉安扫墓返来。这机会，使我看到南昌全城中最优秀的汽车。

等到过环湖路时，忽看到"纪念三八"的大字标语，才后悔自己是在浙赣道上错过了看这妇女节的机会，然而，我却看了浙赣的春天！

三月九日南昌发

（原载于《大公报》，1937年3月16日）

赣东风雨

　　一日夜的大风雨，使南昌的气温骤然降落了二十度光景，十一日晨，寒风凛冽着到公路上汽车站去，虽然着了双层呢衣，仍是不敌料峭的春寒，据说，这是江西今冬以来的第一次大冷天。

　　天依然阴着，没有太阳。供载客用的汽车客车还是燃烧汽油，发动机很容易地被开动了，直向赣闽公路上驶去。这条公路先是和浙赣路并行着走，不时地要交错着绕过铁道。道旁边积着汪洋的两片水，已经和路线平等，而路中心也暴露着被急雨打出嶙峋的石子了。

　　看看铁路的路基，再看看公路的路基，真不免起了太低的感想。过了温家圳以后，车子才蜿蜒地向着南方走去。路身更欠整齐，车身也在做极度的颠簸。

　　这是一辆二十客座的车子，行李和旅客挤得很满，买车票时附发着票号，所以每个人都有了座位。（有时候，为了客多关系，也许另增一辆车子尾追着，前一辆车子里的挤得透不出气的客人，真要对于那后一辆车上的能坐能卧的客人，起着嫉妒的羡慕了。）车子内部装饰极坏，玻璃也残破不全，一阵阵地寒风，锋利地从破窗口透进来，吹得旅人有点战栗。

　　沿路上，大片田地都是浸在水里。偶然地也看到一两块密开着黄花的油菜地，红土层下的绿叶和黄花，看起来十分美丽。这一带的土壤多是赣江流域的冲积层，有的地方因为久耕，土质便已变褐，而瘠薄和久荒的地方，仍然是触目的深红色。有几处土壤剖面，看起来很是深厚，草根子把表土吃得很紧。到临川，最先看到的是一所庄严巍峨的大教堂，车子飞速地直驶进去，又看到不少废垣残壁和新建的整齐的市街。车子过盱江，水色浊黄。旅客来到这里，上下很多，车子要在此地停半个钟头光景，为了汽车夫和长途客人们都在这里吃饭。

在停车时间里，记者信步漫游市街。除了满街的标语外，最可注意的要属此地许多北方人开的饮食店。小生意了，坐在一个馒头铺里，吃着一碗多大葱的粗面条，和店老板谈了一忽，才知道这里能有许多北方人，都因随着大军来剿共的仕官和老兵，贪着此地安家易，于是便娶个女子，开个铺子，预备久住起来，好在这里来往的军队里总少不了北方人，他们也就缺少不了顾客了。

公路从临川向下，就有较多的崎岖。汽车很辛苦地爬过一个红土小山，又是一个红土小山，气柜里煽风很急。路旁上，加有几辆独轮车，车夫用着他那钢铁似的两臂，推着满车的女坐客，挣扎着前行，我看到汽车擦着他的车子驰过后，他直立在汽油氛中，在嘴角上起了一点苦笑。

"看，看，那些送积谷米的，哦！"一位公务员服装的人指着沿途中的一群乡下佬，每人都掮着两箩米在急煎煎地赶路，他憬然有悟地这样说着。可是，他旁边，一个小商人模样的人却说声——"不，那是去集上卖的。"摇着很长的头。

小商人旁边有一个不买票的军服人，他小声自言自语地说："积谷，积谷，真有弊，他妈的，"是山东口音，"越是不够吃的，还得借谷送去积呀……"他用一双红线布满的眼珠子四面望望，没有说下去。

云彩低压开始落着细雨，细雨中，陆续看看不少的年轻人正在做着劳动，服务，挑土，筑堤，整路，很努力地工作着。忽看到一位穿着蓝布长衫的汉子正在鞭打一位十几岁的孩子，那孩子手里拿着一只冷饭袋，满嘴满装着大米粒，星星滴滴地下落着……可惜车子一瞥飞过，既不知前因，又不晓得后文。

南城本是清建昌府治，而今已然是破败不堪。车子停一停，便沿着汝水的西岸又开驶了。细雨如烟又如雾，纱笼着江水青山泛白色，只有赤色土壤更显着透色红。这一段里的公路有好有坏，路身都很狭，勉强能错开两部车子。有几处，茂草已然直到路面上，石头子在路心里跳跃着。

看到河岸上有着零落的橘子树时，便知道是南丰到了。这里是有名南丰蜜橘的出产地。这种橘子形小而味极好，价钱也极高。最近在南昌他们的运销合作社里曾经买到过，是卖到一角五分一斤，到南丰，汽车站在城门外，特意进城去问问，不料也是一角五分，每斤橘子可买到十七到二十个光景。

买了橘子转回来，雨骤然下大了，四面的青山埋在灰色里。

汽车到南丰后，原车便驶回了。到宁都去的人要搬到另一辆运货车里，这辆车子只有几个木窗子，没有玻璃，没有通风。好在外面正在下雨，闭在车子里也不觉得气闷。一部车子里，中间满堆着邮件和布疋，两行木板凳上坐着一个巡警，一个老商人，一个挂着训练会证章的青年，此外，还有几个农民。

忽的有一辆漂亮小汽车飞似的驰过去，一阵烟，远了。

"又是过大官了——"巡警自己低声说着。

"什么小官、大官，"那个挂着训练会证章的青年人大喊，"这年头有钱就是官，我有钱，我也是官！"

汽车夫钻进来，汽车开了，汽车很吃力地爬着一重山，一重岭，爬到不能爬的地方，只好停一停，再穿过山尖。那个青年人抚摸着脸上的几块疤叹口气，"早年，这一带真不知道死了多少人，我们××师的先锋队到了那个桥，就被老百姓杀了，还给用梭镖把头像切韭菜一样地切下来，后来，我们大队到了，追问凶手，问不出，一村九个人，我们捉得来，裹上布涂上油，活活地就烧了，真好玩……"

"什么好玩，"老商人叹口气，"冤死的人是太多了。"

"那我们顾不得了，"那青年人更继续下去……"你看就是这一带死人最多……"

是的，这是广昌的头陂镇。雩山山脉东西横着像一条长墙，汝水和梅江辗转环绕，把赣南七县天然屏障着。战事上这里的牺牲顶大，公路到这里的坡度最险，难怪土色那么鲜红，正表示是喋过不知若许战士的赤血了。

这个青年农民似乎在沉思，一声都不响。一片片的荒田在他们面前飞过去。半人高的枯草！

雨水从汽车篷的接榫处透进来，滴到每个人的头上和衣上，大家于是又陆续咒骂起江南的春雨来，雨水到得太早，天气又冷得奇怪，到底主什么吉凶，这时还没有人敢预测的。

因阴天暗得更早，到石上村，天已然透黑了。

三月十六日石上村发

（原载于《大公报》，1937年3月18日）

赣州一瞥

到了赣州，从西门的码头上了岸，城门虽然很破旧，但走进城门不远，便像发现了一个新天地似的，见到了水门汀制的新市街。这的确不愧是赣南的中心，军事的重镇。

这里，从西门到城中心的一带繁华街市，因了在同一时期动工，所以看来特别整齐，一律都是在店门前筑着遮蔽风雨的游廊，行路人虽然在下雨天也可以不必打伞，炎暑天，这又可成为立体的凉亭。色一律青灰，冷清又不失严肃。

几年前，赣州本不是大城市。它根本和赣南的小城没有什么两样。商铺的门面排在狭窄的路上，人挤着人，永远是一辆辆大车。自从广东军队来到后，广东精神也就跟着到了，于是便有了二十二年改良市政。一块石碑上写得很清楚。这是师长李振球氏的原文：

> 岁壬申，赣围解，余奉檄提师屯戌，既而余军长握奇公巡边，相与论城市山川之形势，公曰：赣，南疆也，踞江西上游，襟带三湘，枢纽二粤，控制八闽，顾道途阻塞，市井湫溢，未称南天重镇，扬子云云。新则袭之，敝则损益之，窃有志于辟公路，利交通，兴市政，臻繁荣，子其治之，以底于成。予唯唯。乃奉兼赣州市政公署主任，历一年余，完成赣庾公路凡二百二十里，阳明，至圣，和平，东郊，百胜，寿量，及公园西北马路凡十余条。向之由庾徂赣，步履三日旅程者，今则乘车三时径达矣。向之处处肩摩者，今则冠盖相望，康庄坦荡矣。且也，市宅卑陋化为崇楼，镇使废廨拓为公园，天一阁卫府东外辟为菜市，灵山庙葺为屠场。赣历秦汉隋唐宋元明清代历有沿

176

革，今则去芜鼎新，蔚然大观焉……（下略）

这样的"大观"的改革成功，的确并非容易。许多的较小店铺竟因着这一改建而有了相当的亏折。可是在当时还可以勉强地维持，因了有这大量的"剿匪"军队的维持。军事结束以后，自将官以至避难的缙绅都在陆续着离开，于是赣州便开始了空前未有的凄凉状态。先是电灯闭火，继之停业纷起，到现在，连星星落落的几辆人力车都难维持生活。且让我们来数一数市面上的各行概况。钱业本是赣州的大企业，自各大银行纷纷开设分行后，已然呈现了疲态。盐业和土布业都还能维持，粮食业和西药业利息优厚，依然很多，木业和荠粉业都受湖南的影响，衡州木材和洋薯粉夺了他的旧销路。糖业出品也不多，最可怜要数金银业，他们本是因了"匪区"逃难的人兑换曾赚过大利的，而现在事过境远，已然一蹶不振，更加以妇女慢慢学习文明，首饰的销路愈来愈小，眼看险期即至。

同时，"剿匪"军事使赣南的交通便利了，这也就是说，各县的买卖货物便不必以赣州为中心了，各县可以分就各县临近的大城去，因为这种关系，赣州的商业中心地位便越发不能保持了。

虽然，赣州还并不能就此贫落下去，如果钨砂能够大量开采，四区的金矿有了正当贸易，赣州将要从商业走到工业的路了，也是正未可知。

目下，全城的建筑以西部中部为最好，南城一带，还存留着施工时期的旧痕迹。在宽阔的马路面上依然存留着昔日狭窄的碎石路，参差不齐的有廊铺子挟着小小的瓦房，土和瓦砾还是堆在门口，红土一经水便变成杏黄色，蜿蜒地涂染着大地。

游息地带自然以城中心的赣州公园为最好，旧日的公园已改为军医院。正当的游息场所在此地最值得提倡，因为过去的都市化，这里本是大赌场、大烟馆、大妓院的集中所，广东化的豪奢与浪费，同时也曾把这里感染到。在目下，虽然表面一切都禁止了，然而在较大点的旅馆和酒楼里，烟和赌仍然视为当然的交际技术，至于"姑娘"则旅社中便有相当的蓄养，以便事后好拆财，而妓捐直到现在还是一项大收入。据说，身价高的每人每月要拿到十元光景。

此地的公园因为是为广东人所经营出来的，所以热带植物很多，譬如加利树、台湾的云树（亦名鸡人椴）、相思树，都不是本地土树种，但也是有相当的栽培，可惜都还没有长大。特别可怪的是有大构树，这一种是北方树种，据说从福建传来的，是利用它的树液（乳汁状）来粘画像用的金纸，公园中就有两株很高大的。南北植物的糅杂并列，实在是一件有趣味的事。

在衰落中的赣州街市上，到处都可以感到繁嚣，难得看见车马，除了偶然地驶过一辆汽车（也是公路处的）外，只有大人物才有一辆黄包车。城并不太小，无论到任何地方，都是要一步一步地走，在路上，你便根本不必分神，那么宽阔的路面上，不必顾虑车马，而人也根本撞不到人的。

当地除机关外，学校也有相当多，每到下午，南门路上可以看到乡师的学生们络绎进城，女子教育比较发达，有省立赣州女子师范，路上很容易见到，那里面的学生，很朴质，穿着黑棉外衣。

文化方面因为历史的关系，自然比较要高些。有三家报纸，有一家通讯社和一家出版社，此外还有图书馆，里面看看还不错，但有趣味的是这里我所爱看的书都是"剑侠之类"。

广东毫洋已在这里应用，但也是票子，一块"花边"，换得十四角毫洋。买东西，普通都是以毫洋计算，物价这里却不太高，譬如"广柑"吧，一只毫洋可以买到两只，约半斤重。

匆匆过赣州，以上只能算是一瞥。

四月一日，赣州

（原载于《大公报》，1937年4月5日）

藻塘微波

公路汽车稳速地驶行着新修整过的路面，这段路正是"京滇"干线之一部，路基上很均匀地铺着适量的红砂，两边的土坡也经过一度修整。这段路上裸露着表土的荒山特别令人触目，若是以名胜地"西山"为中点，那么东南一带最深刻，西北下去才能陆续地见到一点杜鹃之类的植被。

到祥符观下车，转藻塘村，这里已然是赣北风景，高地上已有大量的麦株随风摇曳，但藻塘村，则依然被围在稻畦水纹里，这里是第五农村服务区的所在地。

藻塘村也不是一个纯粹的农村，村人除了农作收入以外，大部还要依赖着做工来维持生活，在其中，是以做漆匠的为多。因此，不保守，成为这种农村的好处，而机警与狡猾，则变为推进工作上的大障碍。这里的服务同人都是这样地做结论：除了交通便利以外，在这样的一个非纯农村区域做农村服务，实在是不必需的。我们的工作对象应当要模质的守本分的农人，而不希望是充满了市侩气的小商人与小工人。

到服务区的路上，有个为风雨淋洒得剥落了的白色标语牌，那"团结民众，共赴国难"八个红字顿时给人以无限的感慨。在江西，农村工作者的口中很少说到这类话。虽然他们事实上是在做着最基本的工作，可是一般地多在忽视了工作与当前现实的严重问题的联系，却也正是一个普通的现象。特别是教育方面，除了课本以外，很少有灵活地运用着现实上各种最生动的题材的，因之，教育便成为农村工作中最易组织而最难见效的一种工作。

据说，此地的教育困难情形推进的只是幼稚教育，但是家长却依然在讨厌上学堂不及上私塾的自由，譬如学生不能够随着家庭工作而迟到或早退，成为最重大的理由，此外，私塾可以教授"珠算"，而学校中没有，这也是现代中国教育设计者的缺欠。至于成人班，"那种教育简直是一种残酷"，一天的辛苦过后，受教育就是分夺他们的休息时间，伤害他们的健康，而教材，尤其不能够引起他们的热情，只有增加他们的抱怨和痛苦。

自然，有意义的教育工作还是受欢迎的，比如在农业指导员作某种农业推广时，便把农民组织起来，会同教育指导员一同来做一次教育训练，"说完了就做"，这样的教育是受欢迎的，而且不必天天夜晚要教育指导员一个个地从家里往学校里拉。若仅仅以"认字"为号召，实在是最大的愚笨。这些问题，因了主任教育指导员赴省和教育指导员下乡的缘故；都没能畅快地谈论一次，更广泛地穷究个结论。

张仁济干事也不在区，但是记者在各方面来探询，因而也明了一点梗概。各区都有各区的特殊性，本区自然也难免。

在服务区没有干事兼区长以前，一般民众对服务区的印象是好的，因为服务区所做的都是一些"不令人相信的"的好事情，一切都不要代价地送上门去，自然也就不会增加什么恶感。可是，干事兼了区长以后，要做的事情就不都是好事情了。这时候，老百姓却并不管什么兼区署不兼区署，于是异口同声地说，"服务区变坏了！"，而同时，区署便影响到服务区的工作的推行，"所以，目下我的工作者都是天天跑到外面去工作，近村一带根本无法推动"。

一个干事兼了区长以后，从好的一方面说，是易于使用政治力量来推行工作；可是从另外一方面来看，那么干事的地位实在是一落千丈。在过去，一个干事的等级是没法规定的，给最高当局的公事也不过用"函"，可是现在，事实判明不过是一个小小区长，任何人都可以给他"训令"的。因而过去有点顾忌服务区的人，现在反而可以看清内幕而加以破坏了。

山于荐举一个主任区员没有为干事所接受，一向不太融洽的上级当局对于服务区的感情是愈来愈行深刻化。中国向例是个"对人"难于"对事"的国家，若是天天在"对人"的圈子里周旋着，可以说是很难来放手做什么事情的。甚至有些人说，在许多案件上，有些判决便是用的"感情"以代"理智"，这里的有罪也许上去就是释放。无论理由如何，总不免夹杂一些"意义"在内，因此不论什么事情都不好办了。

至于当地的土绅——小村落有小村落的领袖——也是有着超农民的"狡猾"，他们更看准了上级当局的脸色，所以便敢随时抗拒着区署的指行命令，如果区丁去招到区署问话，那被招人则会在半途中倒地"撒泼"，然后一纸呈文去控告区署"纵丁殃民"，像这类事情，自从接办区署以来，就不知道会有多少。

仅就"人"一方面而言，张干事是个有宗教热情的宗教家，他的确是在热心地为农村服务工作。虽然有些人说他过分注意小事情，以致忙得自己不可开交，那也仅是属于性格一方面的事。只因"行政工作"则并非是一个人人都能胜任愉快的事情，自兼区政以来，记者在各地所见到的不是区政工作压占了服务工作，便是人事的问题增加了繁杂的纠纷，所以干事兼区长这问题，实在是一个很显著而值得再考虑的问题。

此地的区署距离服务区倒是很近，便在那一里外的祥符观里，那地址便是文昌宫，是由于前教育指导员李毅吴寅木的努力，使神像都有关在木橱里，而把大殿改为民众教育馆的。记者特地走到那里观光，现在似乎是它的"白热"时期已过，到处尘封，壁报依然是二月二十四日的新闻，标语也都在脱落了颜色。又想会晤一下农业指导员，也已经下乡去了，只在农场里见到在做着小麦的地方试验。听说，"鄱阳早"稻类在此地生长成绩也很好，比较着，农业以此成绩为最大。

合作方面，主持人很直率地承认借款的手续太繁杂，和真正的贫农得不到合作的利益。他那里正在成立了训练班，方在上课。这都是些作理事和监事的地方领袖，因为，农民们在这个农忙时期是不会牺牲农事而来这里吃住和上课的。这里以信用合作社为多，借款不过二十元，但还款信用很好，因为没有成立供给部，所以还没有和小商人发生正面冲突过。县政府的合作人员也派有一位在此地助理。

妇女方面有缝纫班的组织，但也限于近村的人；在汽车站上，因了汽车"抛锚"不能走，在一家小茶馆里见到一些无事做的年轻妇女在散步，记者便问茶老板这些妇女何不到服务区去学学缝纫，但，茶老板却出人意外地回答道："没知识他们不收啊！"这回答，和服务区的希望正是"风马牛"。

候着车子，遥望着在稻田中的藻塘村，水光微波，映得房屋有点动摇。筑基在半农业的村镇上，服务工作的推进，在事实上是不可免掉的有微波。

四月十五日南昌发

（原载于《大公报》，天津，1937年4月19日）

渤海之滨

一、海滨上的流亡学生

渤海之滨的烟台，是流亡学生的唯一登岸处。去青岛的虽然也有一部分，但那里并没有什么组织。

记者登陆的那一天，正赶上第六批流亡学生登船到虎头岸去，他们到那里后，转到潍县，再搭胶济火车到济南。在开滦矿局的整洁码头上，拥挤着长长的行列，其中不期而遇地晤到许多朋友，这一列队伍中，有教育界的名人和家属，更发现北平"小报之雄"的实报社长管翼贤氏，穿着一件商人的蓝布衫，也挤着在人群里。这虽是一群乌合的队伍，但行动则井井有条。大家都依次地领了地方上赠送的船票，而跳上舢板。

当那艘火轮消失在水平线下后，记者承总领队的介绍，转到烟台市的最西端，在一所不能开学的小学校里，走访留守办事处的陈希和高元桂两先生，及一部分未走的同学。

暮色笼罩着大地，四野起了炊烟，学校的门房里，一边是校役们饱吃一角钱二斤的对虾和一盆高粱米饭；一边是两位曾经手送过两千多同学到内地去的理科学习者，坦白和快慰地同记者畅谈一月来的苦辛。

"我们这次流亡是一个有计划的行动。"

本来在平津事变的前数日，宋哲元已经和学联负责人谈过，请他们正式活动，并和军队发生联系。事变发生以后，最残酷的是参加南苑战斗部队里的同学，全体牺牲之后，黑夜爬出去的人也微有伤亡。另外一部分人是有组织地徒步迫到保定，不幸中途便遭到屠杀，失踪了多人。一直到天津火车恢复后，学联才决定了分批出发。并在某地且设有秘密办事处，办理招待事宜。

"第一批到烟台的有六十人，第二批四百人，第三批五百人，第四批四百人，第五批二百人，第六批今天走了二百人……自然，每批中并非纯粹是学生，但因为大家都是难民，管吃管住，都是同样的招待。"

烟台的教育界对于流亡群众有可感的热情，军队当局也不时给予援助。每一批群众在办事处登记后，都要编队，再分设宣传、组织、总务、交际各部办事。队有队长，室有室长，出发时另设总领队、大队长和纠察。

主持这次流亡工作的是旧学联，在谈话中，记者发觉，直到现在，新旧学联的中间，依然存着不能放弃的隔膜。北平学联之所以发生分裂，最初问题很单纯，只在一方面对于陕变主张以讨伐来解决；而另一方面则主张用和平方法。我们抛开以后的恶劣演化，其实这两种主张并没有绝对的对立性，"在民族矛盾为第一"的原则下，记者深望裂痕切勿在今后继续蔓延。

"流亡的学生群众到哪里去？"

当前的去处是：回家；去南京，去西安上学；到济南，到山西受训；以及去邹平和济宁两乡建区做研究工作。虽然，大家都在苦闷中，小知识分子群的当前苦闷，是全不愿意"无谓牺牲"的，都希望做一点切实工作。

梁漱溟先生在谈"怎样应付当前的大战"一题的两大困难时说："全国若有一万个身心健全的知识分子，便可克服这两大困难。"（按：此后指使中国本身系统化及有坚强之联络而言）但目下，各方面都在放任着这些"身心健全的知识分子"在彷徨！

二、海滨上的流亡侨民

在烟台，又看到大批从朝鲜返国的侨胞。一路上，风吹雨打，每个面容上都总挂着焦枯。他们多数留着日本式的胡须，穿着日本式的西服，走路时佝偻着，向人都是深深地鞠躬。登岸时，有些人被检查得特别严格，因为他们太像日本人了。

其实，只要是轻便些的东西大概都带回来了，码头上的行李堆积如山，当上船时，日本人只给十分钟的时间，有些来不及上船的行李便掉到海里，多少女人都在神经发狂地喊着她们的散了的孩子。

谈起来，仁川的商人都痛恨商会主席裕丰总号，这个商号与三井有往来，当他们一月前接到撤退侨民的命令时，却一面隐瞒着不发，一面自己拼命收账，迟到最后关头，敌方已经不允许侨民再走，结果才造成了几度空前的紊乱。

烟台的中交二银行门前，人山人海地等候着兑换携来的金票，每元作价九角，每人限三十元。等到换了钱，大家才有回家的路费，奸商更在四处收买，把圆价折到六角，还算是最高额。侨民们唯一的盼望是兑换了早日回家，有的竟然心痛地做成一半对折的交易。

这群人，本是不曾计划着哪一年会重踏故土的，可是现在又回到了家乡，虽然狼狈，还确是有遮不住的高兴。山东人口密度极高，生产不足维持生活，每年总有多少人要离开他们可爱的田土。这个区域的人地关系，Kehetlihe伯爵曾有一段生动的描写：

> "……其乡村生活深深刻予印象中，几于每方寸土地皆有耕种，且慎于施肥，善于耕耘。无论何处之农人，咸艰苦以求生。此平坦土地对于黄种民族之贡献殊大，且为广袤之冢场，以一小块土地，分布若许之丘墓，年增月积，农夫须环碑墓以耕种，世界各国，诚无其他农人，具如此真实而奴于土地之基也。以祖遗田舍为归依，而生死相为轮替，且不离故土一步，宛如人类为于土地，而非土地归人类者，但人口与日俱增，而居留之土地如故，老者死，幼者生，人口增加，彼辈仍不愿离其祖田……"

在灾荒与饥馑的交迫下，使彼辈终不得不离开"祖田"而向外方开拓，一年年，农村金融能有一点活泼，完全是依赖着拓者们在外面汇回来钱地维持着。自从东三省的地图变色后，这一区域内的人，便已受有显然的威胁，而今又是二三千人，二三千人的回乡，仁川、安东，且有三四万人在候船。

本是为生活所排挤出走的人，如今又回到艰苦的祖田上，看一看，墓顶上都已垦种着粮食。回来后，跟着便来了一个问题："今后怎样生活呢？"

三、静静的国防第一线

记者到海滨后，更沿烟潍大道踏入这个三角洲的内陆。虽说每天总有几次敌机从我们头顶上轧轧飞过，可是人心是镇静的，多少在敌舰炮火射程内的区域，农夫们依然在做秋收的工作。

红高粱摇曳着绿弱的身躯，矮矮的晚玉米有如枪支，豆科植物盖遍了原野，小孩子追打着老黄牛，一片哗笑声从一个小饭铺中透出来，四野是平静的，村庄是愉快的，战争的气氛，似乎一点也没有感受到，不会使人感到这是国防第一线。

沿海一带的手工业，如花边、丝绸等是都在不能出口之下停顿了；整个半岛上的水果价格，今年也呈现出稀有的萎疲，著名的苹果，一角可买到十六七个。有后熟性的洋梨也是一角三斤。葡萄由于张裕、光华等厂的停工，最好的玫瑰香也卖不到六分。同样不能输出的是鱼虾等水产：黄鱼落到五分，对虾最大的每斤也不过一角。自从敌舰在口外搜索以后，渔舟便索性不出口，十分之九的渔工都宣告了失业。

平静，这条线上是死水一般的平静，走过去的人虽很满意这"静"的一面。但是，都企望着不久更"有动的展开"！

九月十五日写于济南

（原载于《大公报》，1937年9月18日）

186

西安景象

来到了西安，正赶上欢送抗敌保安队（即壮丁）出发，全部的机关和团体部在陇海站台上列队出现，高高低低的队伍唱起起伏伏的歌声。出发的队伍高举着各界送的猩红战旗，大队背着小包里，踏着慢步，走过了站台边，"坐下"口令之下，大家坐着候车。

记者沿着欢送队伍的行列，从东端踱到西端，看着群众的热烈，的确使人兴奋。可是惭愧，站台的西端上，还有许多受伤的同志匍匐在那里呻吟，他们的血色从衣服中透出来，脸色憔悴得蜡黄，一位守护的川军同志正立在那里发牢骚。事实上，西安的青年很热情，他们的担架队和慰劳队都组织得很好，但因为没有整个地动员起来，使千辛万苦的战士回到医院门口还不得不匍匐在冰凉的水门汀。

"你们看看，"那位川军同志还在说，"这不叫出征的寒心吗？所以，我们总以为最重要的是后方，后方组织好，我们死了也情愿，后方一定能够成功！若是不这样，我又何必放下排长不当来当一名兵，我不去抗日，我哪里会还有心肠？"

我们不必讳言，后方工作似乎还不够。我们要随时实行自我批判，却不可以掩饰起来。欢送鼓舞不是不需要，而实际的表现尤其应重视。一个从前线回来的人，总觉得后方还免不掉有些不必要的摩擦，这不是什么好现象。

过去的陕西，的确可以称为在"水深火热"中过日子，经这几年来的休养，各地已入了正轨，朋友告诉我说，双十二的军事自然给地方上以影响，不然要会更好些。省府当局无论从哪一方面看来都在励精图治，朝气蓬勃，特别是孙主席自己的队伍也在前线，而且有着很大的伤亡，省库的财政虽然奇绌，可是对于因着环境而扩大的支出及抗战的应有设备，无不在努力地做。各方都在希望开展民众运动的声中，省府杜秘书长，也对记者表示同意："非有中央开放民众运动，后方决难健全。"不论从哪一方面看起来，政府的态度是非常贤明的。

只因为潜伏的旧势力太巩固，所以成绩还欠显著，"上方的德意"成了病民的桎梏的事也不稀见。苛捐杂税虽然免了很多，可是摊派却是没有停止。全省虽然有了三千多个合作社，可是高利贷款并未绝迹。壮丁将有大批的离村，这以后，春耕的生产者将成为陕西的一个当前大问题。

记者看着大批壮丁登了车，在壮烈的歌声中，他们抛下了热情的一瞥，意思是，男女欢送员们，后方工作请你们坚决地执行起来，站台上，飘忽着红旗子、黄旗子、蓝旗子、白旗子，旗子迎风招展作响，它们似乎代表群众作答复。

西安别了一年，车站附近的建筑加多了，但是最好的中山大街的马路已有点破坏。据说一月前，马路上还不像样子，因为各处都在做着防空工程，鼓楼的四边的繁华依旧，冬天了，各处都在挂出了腊羊肉，涂着红色像是鲜血。

每一次的变化使西安增加一次繁荣，这繁荣是畸形的发展，并非是由于陕西农村的购买力加强。卢沟桥事件发生以后，西安人口大见增加，难民一项，综计是近两万，但经政府收容的有七千，经过陆续地送出做工（公路、纱厂、仆役）和出走后，现在只余了二千，管理得很好，市街上看来见难民在徘徊。

在街上，最触目的是西安临时大学的学生，是平大、师大和北洋的组合，十一月一日开了学，课却没有上，无论何地都有他们。从那在图书馆里开矿者起，以至于电影院里五六角一场的顾客们，多半都挂着"西安临时大学"一个三角蓝字徽章。

在西安，学生抗战后援会一部分的工作的确很紧张，国难教育已部分实行，他们分批担架救护到乡下去宣传，一辆自行车伴着一个脸红、衣裳满是土的骑车人是很多的，很值得敬佩。当局很注意宣传，民政厅最近也要把"候差"的官吏编队分配到乡下去，同时更注意加强了"保甲组织"。希望不久有一个突飞的跃进。

目下，西安各地都在为伤兵忙，但伤兵一天一天来得超过了预定数十倍，不独没有设备，而且没有地址。民政厅的会客室划成了棉被褥的储藏所，大院子里满是铺板和板凳。在那间满储着被褥的会客室里，偶遇到陕西省的土布运动者刘任夫氏，他以为当这外货不能来的时候，正是我们提倡农村手工业的一个绝好的时期。

西安，现在可以说又是一次繁荣时期来临，各方面的人都来此地集中，各种货物一律上涨，饮食业尤其发达。记者走在大街上，看看北平式的"一条龙"，上海式的菜饭馆和西北的牛羊肉老饭馆并存着，不由得起了多少记忆和痛楚。

十一月四日西安发

（原载于《大公报》，1937年11月7日）

"我们永不屈服"

马头上，车站上，甚至繁华的中山路上，不时地，总能看到成群结队的乡下人在静静地走。这群人永远是沉默的，眼睛里丝毫不因都市的辉煌而射出了光芒。他们的步伐是沉重的，每个人的心头上都像压着一块铅饼。他们的肤色像肩头上的破被一般的污黑，几件地皮色的衣裳便是他们的全部财产，这不是吉卜赛人流浪群，而是在日寇的炮火下直接受到损害的同胞们。

当他们的空虚而又凄楚的心情受到友谊的慰问时，在孩子们的惊讶中，庄严的父母落泪了，咬着牙齿讲了不少血泪故事，这次战争下，他们丧了家，败了产，有的妻离子散，可是，只有"恨"，没有"悔"，中国人是一条心：我们永远不能屈服！

"敌寇万恶录"的新页，最先说话的是一个老妇人，头发秃了半个，她的"抗日意识"最深刻，因为她的儿子被敌寇赶到长江里去"洗澡"，他是鲁港人，鲁港靠长江，每天因抗日嫌疑被逼到江里"洗澡"的总有数十人。

驻扎在那里的是有队骑兵，敌寇专好以马粪来逼人吃，"你——吃——你吃——"他已经学会了几个简单的中国字，也有不会说的，便用手来比样。不肯吃的人，性命也就不能保。

老妇人最初还存有万一的希望，她觉得，儿子已经死掉，不会再起什么风波了，与其逃出去举目无亲，还不如藏在家里苟活。可是当她知道邻居的女儿因创痛致死后，敌寇还要强迫那四十五岁的母亲代替时，也只好再甩一把眼泪，准备离开这世居的鱼米之乡。

"这还不算可恨"，于是有一位难友讲了一个更可怜的故事。敌寇到了任何地方，搜索得十分厉害。他们用手势代语言，要鸡时便用手比作鸡粪，嘴里喊着唉汉唉。再有时用手指比个圆圈，便是要鸡蛋，可是，他们要银圆时也是用手指比个圈。

"你知道，那个王老汉家，误会银圆是鸡蛋，他拿出十个鸡蛋，送到跟前，砰就是一枪，……他到死也还就是个糊涂鬼！"

战地上，敌寇逞凶，我们的同胞不知道有多少都是在糊涂里死去。

我们永不屈服

定远县池河镇被敌人占领了，敌人本不过百多人，他们异想天开，竟把镇内大道的两端用铁丝网封锁起来，另由镇中间打通了一所房子，设监视的岗位，然后命令全镇的老百姓从那里出入，出入时要向岗位鞠躬，可以不被搜检。

镇前有个大石桥，有九个洞，飞机炸去了三个洞，敌寇为了要运输辎重，便命令把全镇的米包运去填桥，结果用米万石，人人切齿，到了夜里，大家齐了心，跳墙出去，把米又照数抬回来，敌人也没有办法。

敌人搜得各处的肥猪五十多头，养在一家大院子里，我们的屠夫夜里进去，一一用闷棍打死，然后分别拉到墙外边由原猪主领回，敌军第二天发现了大大发气，便在街上寻出几个藏猪的人家杀了消气。我们的同胞在启齿之余，毫不畏惧。有一次，一位青年难民说，"我们给敌寇开了一个玩笑"。在前方，敌寇恐怕伪军有异心，每到晚间睡觉时便"缴械"一次，甚至连军服也由日兵看守。他们的营房边上有一所草屋，几个游击队跑了去放了把火，敌军以为我们的便衣队冲进来，于是伪军日寇自相践踏，死伤了二十多个人，才把火救灭。

中国人爱中国人

有一批人很感激地谈着在路上的情形，"到底是中国人爱中国人"。他们从皖北到豫南，从豫南到武汉，路上虽然辛苦，但没有受什么罪。"回想一下老家的情形，哪里还是人的世界？"皖北现在遍地是义军站岗，当他们遇到了难民群众时，时常是取一种保护态度，"喂，东边不能去。""嘿，西面有日本？""别往前走，想送死去？"有一次日寇当前，义军发了更大善心，带着难民找了一条小路才逃出虎口。义军返身回去，不到半个钟头，密集的枪声便响起来了。

为了"答谢"敌寇的残暴，我们民族潜势力已经起来了。自然，一般人只晓得有个红枪会，而红枪会中又分吞符念咒的大刀会和不吞符咒仅仅清水漱口的清水会，这两个会中人都勇敢非常，他们以长矛和大刀与机械化的鬼子战争，毫不犹豫，且常常敢以红缨的长枪刺到战车上的孔眼里。

一路上，各地对于难民有照应，大人每口二角，发粮时每人每日六斤，有几个地方的富绅还有款待："谁叫咱们是中国人呢？"

（原载于《大公报》，1937年11月8日）

蜀行杂笔

一、中国最大的湖沼地带

沿江上驶，首先要通过的是中国最大的湖沼地带。武汉便是这地带的中心，宜昌以下，江水两边，无处不是星罗棋布的湖塘与沼泽。湖北省的东南西一带，完全是被水的势力统治着。

今年，战云弥漫了我们的长江与黄河，西北一带因为黄水迟迟不肯结冰，大有助于我们抗战的准备，而长江的水位，也不似往岁的顿落，给予后方的疏散人口以绝大的便利。黯夜疏星中，记者登民权轮西上，人口拥挤了这一只船的每个空隙，船开时灯光、人影、嘈杂，都被荡漾着的波纹推移着流向东去。

一路上，展开了这幅鄂南冲积平原的泥土画，水劲沙松，由于水利上的问题不能解决，首先便可看到汉阳、金口、樊口等处或几百万或几十万亩的土地等于废地。这种废地在原则上说来和沙漠并无二致，从甘肃西安飞到新疆去，总要有三个半钟头，不见一人，不见一鸟，不见一木。飞机师说："中国真是伟大呀，世界上哪个国家能有飞机出三四个钟头，还看不见一点东西的呢？像欧洲的小国们，飞机一展翅就到了边境了。"瀚海等于泽地，正因为中国太伟大的缘故，结果弄得地不能尽其利，人不能尽其力，湖北虽有千百万亩的良田，而粮食仍然需要湘赣来供给。

鄂南的河床呈蚯蚓式的进行，每一转绕处便挂满了灯笼状的湖沼，而其中，尤以邻省的洞庭湖为大。地理学家称这一带本是古时的大湖，因为渐渐干涸起来，所以乃有今日的沼泽星散状态。这些沼泽变化极大，不正当的沿江人民的解决水利办法，使湖沼不能再作容水工作。旧日人民便知道："渭水一石，其泥数斗，既溉且粪，长我禾黍。"黄河的肥田之功，也颇有史籍可考。最近东平一经河淤，可割麦四百斤至六百斤。湖面既已变为阡陌了，河身的泛滥乃成为当然了。

在船上，记者与航业方面的主事人闲谈长江水利，与封江以后的淤塞问题，他们认为治本的办法是在上流严禁垦山，而行积极造林；治标的办法，是疏浚沿江的大湖泊，使其能尽吞吐的职责，湖南与湖北为了洞庭湖的问题争论最久，他们以为湖南的力争划湖面为阡陌的办法是错误的，如然，则长江以后的泛滥将不亚于黄河，因为河床无疑问的是在日渐增高着。

长江两岸，以有航运的缘故，农村虽极焦头烂额，到处土匪横行，但都市颇有几个，而且有着相当的繁荣。像汉口，久已有名，早日与河南朱仙，江西景德，广东佛山，合称天下四大名镇；江陵有小汉口之称，商业中心，为旧荆州府治；宜昌为棉烟码头，且为四川的总出口处，巴东有小宜昌之称，是入川出川的第一站。在此外，还有几个值得称道的手工业区，像沔阳的纱绢练绸，监利的陶器，秭归的椒茶。而渔捞事业，在这一片沼泽的天光水色中最为发达。

当前的战争最显明的是后方战，特别我们今日是在"抗战"与"建国"一线上并进着，我们要改良农业，更要发展工业，后方增加一分生产，便给前方增加一分力量。对于这片全国最大的湖沼地带，我们为了加强抗战的力量，实在不应当再行忽视，目前汉宜这一段的堤防无论如何不能仍使老朽贪污者把持着渔利，而积极地应做些什么，这也应由建设主管者来规划与实行。当前自然不敢希望出现了美国的那种防塌保土局的科学组织，但总企望能进前一步！

目前，各方面对于"抗战第一"的口号多少有些误解。所谓"抗战第一"，是说全民要牺牲一切来支持抗战的胜利，并不是说一切停顿起来，看着军事部门中人去作战。抗战期间，各行各业各部门的细胞要一齐动员；尽职守，负责任，像军人一样地勇于牺牲。越是平日做不通的事，越要在这个时候来做，前方要打硬仗，后方也要打硬仗，这不能不盼望后方的战士们积极动员了。

二、加强各方面的组织与教育

轮船上，各方走走，到处都在表现出缺乏教育的事情——特别是在大批的难民的妇女群众里，她们下意识地做了不少破坏与浪费的事件。

抗战以来，我们自己不能不承认自己的种种缺陷，"组织，训练，宣传"的不够，连负责民运的邵力子部长也已在新年论文中公开承认了。为了抗日，到处"国民备受荡析离居之苦，并不怨怪，而同仇敌忾之声，反与日俱增"的事情也是真的。不过，政治工作人员并不应以此为满足，感情的刺激消失得很快，时常还要发生反作用。为了避免与纠正这缺点，实在应当随时随地有政治工作人员深入群众中间，加强各方面的组织与教育，在难民群众汇集的轮船里，这群患难过来人尤其需要。训练广大的民众，应当重视各处已形成的集中处所。

仔细观察一下这个难民群中的分子，实在可以代表中国的全部省份，自然，其中要以江浙的人们占最大的比例。这是太平天国以后，天堂的"苏杭区"首次受到的重创，为了纠正江南近年来的浮华，萎靡与浪费，敌人的这次屠刀给我们的刺激很大，使国民知道今后应当怎样来艰苦地做建国工作。人群中，南京的新贵妇女尤其占很大数目，她们的语言，触耳特显，不必看人即可知道，金陵城中不少因地皮发家，以为可以终生保持温饱者，如今也应当觉悟了。船上的小孩子尤其众多，哭闹声日夜震耳，这不独给婴儿的母亲增加不少的讨厌，在战争期内，国家应当在平安地带设立托儿所，来保育各地的幼童与婴儿，一方面增加成员抗战力量，一方面增加抗日后备军。长江下游逃难时期抛婴弃儿的惨状，和敌人掳捕我们的妇孺归国的事实，还不足以刺激当局注意这一问题的实施吗？

船上面的问题很小，当前应当成为组织与教育最大对象的应当是那散住在宜昌岸上的万余候船人。半年来，应当坦白承认我们的城市中，不见民众运动，只有汉奸活动。既然已是受了这么大的教训，对于这些流亡群众便不应再忽视，要使他们得到新的鼓励，不以"难民"资格，而抱新的希望到后方去作复兴运动——最低限度由群众自己便可制裁汉奸的活动了。

在宜昌，记者曾和轮运当局与政府当局的押运员会谈过川江的航运问题，他们以为目前沿途匪多，但以木船组织起来，派兵保护，以每日三四十里的进度推进，也并非不可能，只是目前尚未着手来做。这里，我们觉得船户们的组织与教育，是应当有人更先地来着手来做，不然，又是一贯的压迫与剥削。

川江途中，国民值得感谢的是有民生公司存在；给国家增加了不少的便利和力量。卢作孚氏刻苦，影响着公司的全体，各方面所表现的苦干精神，着实令人钦佩。虽然，记者与航运方面的主事人畅谈之余，感到公司的待遇使有些人根本不足以"养廉"，而公司的规则又颇严格，不容有丝毫轨外行动，这一点，目前公司同人为了更大的希望，为了执行抗战期间的职责，也许不会有什么大问题发生，可是若远瞻到将来，这又未必不是一个值得考虑的问题。

三、日本与鸦片

沿江的大小城镇因了停泊过夜或换船的缘故，（宜昌，万县都要换船）记者都会上岸作一度巡礼。沿途中到处可以发现日本帝国主义与鸦片及其制品的势力。而民众，都是尚逗留在吃"糖衣"的阶级中，尚不时地流露出他们的感激来。

离开了汉口，我们的船最初过夜是停泊在城陵机，这里是一个最大的鱼市场，距离岳阳城只有十余里，交通水陆皆甚方便。可是同路走的业余剧人协会的贺孟斧先生告诉我说，他们月前曾在此地演过剧，值得惊讶的是此地民众对于日本侵略中国的事情尚在丝毫不知。这是全国农村的缩影，主持宣传工作的人员应当惭愧。

到沙市，也曾停留了一下，船上人都走到岸上去参观公园和街市。在岸上，无意会见一位在教会做事的老朋友。他告诉我，长江线上的教会势力相当雄厚。宜昌是有名的"烟码头"，同时也是昔日的敌人根据地。敌人的房产仅仅是封存起来，一点都没有破坏，看守人都不时地以看守主人的房产无缺来表白忠诚。可怜的中国人，到处都被日本的小惠所利用。内蒙古的日本特务机关时常放走一匹马，让蒙古人很容易地追回来，然后给以巨额的奖赏，现在的宜昌人仍是这样。宜昌是师管区所在地，门外告示中，满是关于壮丁的案子，而壮丁中的烟民也比比皆是。

过三峡，在巫山县过夜，这又是鸦片出产地，直到旧年，还卖一元四两，到如今，因为官方收买公卖已经售到每两二元二角。这里虽然不是过年，却已"家家户户点红灯"，上面写着"抗战到底"之类字样，原来是吸烟户头的标志。

万县的毒品已然烈性化，开始是由敌人的兵舰上携来的，后来便在当地制造。地方上的人们吸惯了"白面"，便不情愿再吸那温和的鸦片了。日本帝国主义真是毒辣到极点，他除了用经济文化及武力侵略之外，更进一步的还要用"毒品侵略"。在宜昌城内，敌人还留下一些改装的侨民，万县城内也无独有偶的，有位项氏女，曾作殷汝耕的小老婆，这一家曾因汉奸嫌疑而被捕了。

一路上还停泊过几个不知名的小港口，只要一登岸，黑暗中便有人扯开了长腔殷勤地问道："吃口烟么——吃口烟么？"

这是个很难摆脱的关口。

日本的要消灭我们是有形的，鸦片的要消灭我们是无形的，我们要建国，要复兴，我们不能不打倒这两大敌人！

四、"蜀道"难的新认识

宜都以下是沙滩，宜都以上都是山，见了山经过激流和险滩，才明了历史上习称的"蜀道难"。

谈到三峡，茅盾先生在他的巨著《蚀》一书中，曾有过惊人的描画，那种诗境又文境的描写，只有读者翻开原书去领略它。从宜昌西坝起，经大善坝上溯，便是三峡中的西陵峡口，由此西去，断崖壁立，高峰插云，重岩叠壑，蜿蜒数十里，岩石为水流所风化，表面多成为腐木状况。到秭归县止，称为西陵峡。更前进，过了巴东县，我们乘的那个民主轮的船长，是位入了中国籍的外国人，会打四川官腔和上海土话，一路上谈来非常有趣，这时候，他便在高楼上，大声说道：

"这里是铁棺峡，再有十五分钟就是四川地界了。"培石，是政治划分的川鄂交界线，西行到巫山县，长百余里，都叫巫峡，山岭的起伏不绝，满山上披盖着草绿，落叶乔木与常绿乔木在混生着，另有一番伟大美丽的气象。其中的一巫山十二峰尤其高大，辗转探望，依着各个人的想象而形成了各种拟态。今日过巫峡，已然不能听到"断人肠"的凄厉的猿啼，只有轮船的汽笛不时地做着惨厉的怪叫，将在海啸状的波涛中挣扎前进的小舟哧得四散，顿时，四山齐来响应，谷音随着长嘶，凄厉得未曾有。船在前进中，时觉山穷水尽几无去路，忽然间便转来豁然开朗，另有天地，柳宗元所谓："舟行若穷，忽又无际"，正是良好写照。

瞿塘峡口是滟堆，行舟者常以"堆"的大小来定瞿塘路上的险夷，波涛汹涌，险滩一个接连着一个，浪花被激得高起，一重重地打在甲板上，轮船是开足了马力和大自然搏斗着，五里以后，可以望到荒芜不堪的白帝城，这是昔日刘备托孤之所。更行西驶五里，到夔门，这里有盐井，煮盐白烟冲天，形成一片闹市，山上有石刻"夔门天下雄，机船轻轻过"的字样，是一句新刻成的总评语，正好写在瞿塘峡的终止地。这以下，虽然依然还有山，但已然是小巫见大巫，不足惊人了。

通过了三峡后，想一想古人所谓"蜀道之难难于上青天"的句子虽然夸张，但实非假话。到今日机械文明的进步，却已打破了这句成语，显然的不论任何人，只要能缴得起航运票价便能平安地飞上青天，而搭上了民生快轮，与便可以无阻碍地经过蜀道。我们今天应从另一新的观点来看"蜀道难"，我们要求走过一次蜀道的人要有一点新认识，在这一课艰苦的教训中，认识"绝路逢生"，"置之死地而后生"的古训的现代真意，我们要明了今日蜀道的不难是因为有了"组织"后的结果，我们要尊敬飞机上的机师和轮船上"领江"的手，全体的生命财产是由他们的操纵得以安全，同时，我们却也不能忽视了任何机械上的一只小小螺丝钉，只要缺少一点，立刻使全体发生障碍；由此我们便来推论到当前的抗战局面，全民除了要一致服从领袖，拥护领袖外，还要随时随地地健全自己，锻炼自己，使每一个细胞都能发挥在抗战中应有的责任，不致因了一发而来牵动大局！

通过蜀道，要有这点新认识！

五、开发我们的资源

为了支持前方的抗战，我们应当尽量开发后方的各种资源。——蜀道中，青山绿水，地上面的葱茂已足以证明"天府之国"名不虚传。

近年来，中国是深深地感到了农业国家的悲哀，去年的棉花收成最好，已近二千万担，可是，自己是一筹莫展，只苦了棉农，过去的两大出口品丝与茶，改良，近来已有显著进步，但是落了伍的分子便很难再和他人并驾齐驱了。陈独秀先生出狱后，便和记者谈，"抗日，也就是反抗日本专要我们作农业国，我们也要同作工业国，没有工业，就成了她的附属品。工业发达了，文化也就发达了，生活也就可以慢慢地提高了。"

入蜀途中，记者便随时注意着供给工业化的基础资源，在同时，也对于大灾后的四川的方面，加以相当的留意。朋友告诉我，去年虽有空前的大旱灾，但秋禾还算赶得及来种上，一般灾区的平均收获量是三成，至于粮食价格无大变动，甚至且较往年同时为低，话虽如此说，但苦于找不到正确"指数"来作比较，这里，我们不能不追忆敌人炮火炸的南开大学经济研究所，而与何廉、方显廷诸先生共洒痛楚之泪了。走过夔门时，井盐给我以很大的感触，盐不单是食用品，而且还是工业原料。江西昔日被封锁的时候，食盐缺乏，便给地方一大威胁，记者到那边去旅行时，曾知道他们是用尽了方法在碱缸污池中提取食盐的。更在西南边区的交通不便区域中，为了需盐，女人甚至以卖"性"来做交换，缺盐之后，人体不得正当发育，也极显然。大量的工业用盐更不必说。盐的重要性如此，可是我们当前便将要遇到这一重盐的难关。

我们知道中国的食盐大半是由沿海供给的，每年的产额约在五千万市担，这个数目里，沿海产量要在百分之八十以上。但是内地里除了能自给的产盐区以外，依民国二十二年统计，至少要缺乏一千四百万市担。如今，我们产盐的领海已然被封锁着，我们的来源将成问题，当时的一件要事，且慢谈发展工业，仅是为了民食，也应设法开发与整理四川的井盐事业。

到万县，这是四川桐油的总聚处，全国的桐油聚处是汉口，而四川的出口总聚处便是万县。桐油这一项工业品，近年来曾为我国出口的第一位，总值常在五千万元以上，这笔数字中，有三分之二全系四川出产。到如今，因为出口的生意不易作，价格已由六十元狂跌到二十元以下，农民所受的打击无以复加，四川的农村经济直接受到影响，便是间接地损失抗日力量，这一点，盼望政府的植物油料厂，以及有力的油商如施美公司的李锐先生者赶快想办法找出路。桐油是军事化学上的要物，即便卖不出去，自己的国防工业势必日在扩大中，留给自己用也是好的。在这全民抗战声中，政府和资本家都应当多顾惜一点农民才是。

在雾气弥漫中到重庆，这一路上，除了过丰都时，日光偶一露影外，半个月来无晴天。重庆宛如伦敦市，漫天都是浓得化不开的牛奶色，可是尚不闻有散步散到泰晤士河。这种冬季天气，在四川说来是很正常的，若不如此，来年一定要罹旱灾，前年冬季天高气爽，所以便有去年的大旱。我们并不讨厌这种天气，为了企望今年四川丰收，有大量的粮食来支持我们的抗战！

一月廿一日在重庆写完

（原载于《大公报》，1938年1月25日）

成渝沿线的横剖面

一、"四月"决定"丰收"

去年四川是个丰年，直接地解决了民食问题，间接地坚固了后方的抗战基础。影响之大，毋庸讳言，到目前，本年的春暖已到。全川的春耕正在逐渐地发动中，记者奉社命出发视察，首先沿着成渝沿线九百里的横剖面。勘查各地农情，希望对于尚在未知数的"今年是否丰收"问题，先做一个较近科学的回答。

关于全川农业区域的划分。农业专家各有看法，省建设厅，为了便利农情报告，也曾粗分为五区，总括看来，四川是国内有数的水稻区，当然要以水稻为主体，只是在四周的边际高原上有些林产。丘陵地带有些杂粮棉麻而已。成渝沿线九百里的横断面。实是全川农产区域的一个缩影，东西两端都有高山。壁山以东是所谓"桐油水稻区"；中段丘陵起伏，有小型平原，是"水稻杂粮区"；成都平原十四县，水丰土肥，正是最理想的"水稻区"；对于全川的米产量，具有决定的意义。

四月里出发视察各地农情，也许有人以为时间上不免较早，但是我们不能忽视它，这个月一方面决定冬季物的产量，同时又是夏季作物种植的准备期，继往开来的一个最严重的阶段。在这个月里，不能够缺乏相当分量的雨水，"没有水没有农业"，没有水，冬季作物结实不能够十分饱满，夏季的水稻根本不能插秧——于是"春荒"这个可怕名词，就要出现在农民的面前了。成渝沿线九百里，除了成都平原有极完美的水利，都不担心荒旱外，一路看来还没有什么旱像。油桐正开放着新叶，黄得耀眼的芸豆将要收获了：豌豆、蚕豆、川人的两大佐餐食品，成长得粒粒饱满；

大麦小麦都已绣穗，稻田已在耕，水牛在水里喘气，浓厚的肥料气息在各处洋溢着，下田的农夫们已在流汗了。

"春雨贵如油"，四月里需要适量的雨水，这就是决定一年丰收的最大因子。

二、蜕变中的农村

抗战以后，用人的贡献，非常重大，不仅后方努力在生产，在前方，已有□□①个旅部队在参战，同时，还有一个更大的数目在各地训练着。

兵役在农村实施后，虽然陆续地起了些骚动，但因为我们的农村太老了，这应当是必然的现象。当他们懂得了以后，一定会负起他的责任，农民成为列兵后，腰板挺直，开始知道"国民"与"国家"的关系，开始懂得人生的意义非仅是延续生命。这一点，也就是进步。

村落里，翠竹黄花间，到处的墙上是书写着兵役宣传的标语，"抗战到底"下面，就是一个"当兵去"，有一家门口的春联却写的是"欲救国莫如抗战""要立功还是当兵"，只要是一块光滑的平面上，都涂着热烈而兴奋的口号。这些口号过去仅是一个"口号"，但现阶段，政府已然指定从每季纳粮中扣还善后公债百分之五的办法作为"优待军人家属"的费用，"口号"成了"事实"之后，兵役也许以后就比较容易做了，僻地荒村，到处都有鲜明的国旗迎风招展，令人感到无限的感动。

内江县长谢明霄告诉记者道，他们在废历新年，曾在"赶场"时，向出征军人家属送礼，每家二斤肉，一斤盐，一斤米，大家都欢天喜地，道谢不止。兵役做得好，中国农村跟着大进步，"兵役训练，可以补助行政之不足"，已得了充分的实证，所以说，这次抗战，使农村向进步蜕变，同时也就是奠定了国家走上现代化的基础。

---

① 抗战期间为保密起见，作者用□□处理。后文同。

三、为农民说话

为了支持抗战到胜利，每一个人都在希望着农村平静无事，农产大丰收。去年是个丰收，以后是不是年年都能丰收呢？除了"天时"能决定这问题外，我以为还应当在"地利"与"人和"方面多下准备工夫。

外来人多以两种相反的眼光来看四川的农业生产者，一种是看到遍地青绿，光耀眼前，山间寸土，莫不耕锄，陡峻山坡，亦辟水田，地无旷土，实是当之无愧，于是对于农民的劳动大加赞美：一种是看到了农民除耕田播种外，从不到田中除草，施肥也成为仅有的事，所食米谷，掺杂极多，难以下咽，每亩收获量不足两石，去江浙两湖甚远，乃指出四川农业全赖阴湿与雾罩，人力尽得太少，尤其是和北方的农民比较起来，生活的优越，反而促成了懒惰。其实没有一个农民不希望"丰收"这正是他们的切身利益，我们应当追究"人力未尽，地利未发"的核心原因，我们应当站在农民的立场上来说一点话。

历史上的原因，造成了四川农村的极度贫困。举例说，四川虽然是产米区，可是全川的半数以上的农民还是依靠杂粮度日，"米"反而成为一种奢侈品。一般的缺乏耕畜，缺乏肥料，缺乏农业上必需的资金，税捐未必合理，垦殖无力，荒田日多。以上种种问题，是不容我们忽视的。抗战以后，在光明面看来，农村是在向进步蜕变着，但是也有许多需要政府和人民同力去克服的阻力，譬如上面的这些核心问题不能解决，偶然的"丰收"，也并不能算是什么快慰的事。

四、今年的农情

到了成都，在畸形繁荣的区域的郊外，去访问主持全省农业技术改进工作的农业改进所，赵连芳所长乃与记者畅谈今年的农情，赵所长是全国的稻作改良有名专家，便先从稻的问题谈起。

四川虽是大稻区，但是产量仅占粮食总产量的百分之三十三，换句话说，就是如果四川五千万人每天都在吃米，那么只够四个月的食用，其他八个月必须吃杂粮和红薯，所以，解决四川的粮食增产问题，不要把全力放在稻作的增产上，杂粮也应同样地被注意。

关于稻，首先提起的是再生稻问题。洞庭湖，鄱阳湖，都有很好的再生稻，四川东南部本也旧有，"为了延长利用田地的时期"，赵氏说，"当七月收获后，留茎三尺许，八月使他再生，十月成熟，稻子产生孙子，农人可以多得一季的收获，自然，这中间有许多实际问题应当考虑到"。他已拟有一套计划，除将平面蓄水改为立体外，更旁及贷款、肥料、病虫害等的解决，想由今年推广再生稻时，在川东南同时试作起来。对于仓库不发达，农民丰收后的痛苦，赵氏也很洞悉，"一元半一担谷，农民连本也不够啊！"

棉花问题，也是相当使人焦躁，"但是国家决不允许我们悲观"，所以仍在设法实验中，今年拟推广至十万亩。各种特产也都在注意增产中。

最后谈到了都江堰，赵氏谦称自己不懂水利，可是却感觉到岷江上游的森林未能保护，乃影响到下游的流沙增多，"虽然每年都在淘沙，这仅是一个治标的问题"，这些不断的流沙，会影响到都江堰水利的前途，为了国家百年大计，目前便已应着手整理了。

（原载于《大公报》，1938年4月10日）

庐山之春

——及植物园的访问

庐山之春

伴着春雨，汽车把我们载到了庐山。在莲花洞下了车，拿了入山证，便随着成群的挑贩一齐列队向山腰推进，云雾弥漫着山腰，雾蒙蒙，颇时使人想起了"不识庐山真面目"的感想，模糊的春！

在到老莲花洞的一段泥土上，已被无数的脚印踏得泥泞非凡。这还不是夏天，避暑的人们还没有上山，可是供给者已然多得可惊。有的挑菜，有的挑米，掮着两根铁筋，负着一片木板，各式各样的劳动者，冷雨洗着热汗，都在气呼呼地向前奔路。在前天的新闻纸上，我曾看到有庐山设办登山车的计划，若然，也就像汽车火车夺了洋车，手车的路亦即机械代替了，人工的任何事件都一样，这群筋肉劳动者又是空有力气也换不到饭吃了。江西境内，这种过渡的牺牲者已然是太多太多！

上山的一段路上，庐山很给人以失望。依我忆想，以为像庐山这样有名山，一定是要有点蓊郁的林木可看。实际上，除了不曾童秃外，在灌木裳群中，很少见到有十年以上的大树，牯岭附近为了人为的更大破坏，植物分布情形更劣，裸露的山基上披着星点草皮，简直就是一个赖利头。比较美丽些的要说是杜鹃，此地杜鹃一共有五种，但到处斑斓可见的，只有三种，即红、黄、蓝，也就正可以拿胡适博士的名句'此行应为杜鹃来'聊以自慰而已。

牯岭市内仍在冷清中，但因有些养病人和白俄在长期居留着，所以倒还并不太寂寞，傍晚或清晨，街上也总少不了卖东西的人。此地东西还不是太贵，猪肉一元四斤，鸡蛋一角六个。工人很多，中路上那所称为牯岭最伟大的建筑图书馆旁，一边是雄伟的中央党部，另一边的建筑还没有完工，仍有成众的小工在那里开山取石，搬铁弄土，说是夏天以前还要赶齐，以备中央在暑期移到此地办公避暑。

梅雨时期，山顶山的雨云自然更是连续不断，此身好比在云中，一开窗，满屋都是水气，更有时，眼看着云来，一瞥时，空际便完全被包围了，睁大了眼也看不清五尺以外的景物。云雾晴雨，成为一日中不可少的变化，特别是在黄梅天，连阴十几天并不算是稀奇事。这才是庐山之春！

踏着雨，撑着伞，在云里雾里冲出冲进，慢慢地也在牯岭附近跑了一周。这里名胜古迹已在逐渐欧化，杨松与水门汀的混合物，使人觉得不必到山里来看之感，但听起名字来，却还含有几分雅意。我是在有森林的地方流连着，庐山林场在此地二十余年，仅造了两万亩的林（该场成立于宣统三年），这片造林区域称有四百万株树，但实际已遭有破坏，比较着以林场场址的四周最为整齐。虽然，这多年的实际经验该场已经试验出本山的特殊造林树种，是柳杉、侧柏、花柏，因为这里表土深厚，不必使用什么马尾松之类的过渡树种，这在全江西，要算唯一的地方。

的确，庐山还是一个理想的造林区域，他的表土深厚，没有流失，灌木繁多，盖被很密，原生的森林是方才被斫伐掉，目下即日恢复还是比较容易。所以庐山植物园兼林场主任秦仁昌氏，实在是负着复兴庐山森林植物的责任。

植物园的访问

一个落雨的下午，去访问秦仁昌氏，植物园的所在地很不容易找。走到黄龙寺，很容易发现林场，走到芦林，一个陌生人，却很不容易找到植物园的。

穿过了一片试验场，到了秦氏的办公室内，候了一刻，才见到一位高大的身影自急雨中由园艺场回来。他微笑着和记者握手，这就是东亚羊齿植物的权威秦仁昌氏。"在我们植物园成立的时候，"他回忆地说，"你们报也有一位先生到我们这里来。"

我便问他是不是王芸生先生，他说不错不错。他的桌上堆着文件和试验报告，桌旁便是一架打字机，地上面，则满堆着待整理的臆叶标本。

记者首先贺他自本年三月起兼理林场的工作，似乎更可以放手来做事情了。他说，"是的，我们已定了一个十二年的计划"。首五年是做"门面工作"，凡是入山的地方，牯岭一带，各名胜区，一律都要植树，先把门面整好，给人一个好印象。之后，再做全山造林，现在正添两个分区来育苗。"现在我们有三百工人做植树工作，"秦氏微笑着说："三百工人，就中国各林场里说，也很是一个数目！恐怕都是少有的。"此地林地林场每年经费三万元，秦氏的计划是节减职员的开支，来增添工人，以最少的钱来做最多的工作，譬如植物园，一年不过一万四千元（农业院和静生生物调查所各半）而做的工作是很多的。"这里的工作还是繁殖工作。"他们搜集各方面的名贵植物，特别注意有经济价值的东西，来做繁殖试验，然后再推广。庐山地方很适宜做这项工作，因为三千多英尺高度的山上，北中国和南中国的植物同时都可以生长，他们的种子来源不仅在本山、黄山、太白山，而且与世界各大植物院购买与交换。谈到羊齿植物，秦氏便拿蕨类作例子！"我觉得这里的蕨类最丰富，一部分在山南，越不到山北；一部分是生长在山北，也越不到山南来。"所以，庐山若是加以良好的经营，可以成为中国一切最良好的植物园。一个最优美的标本区。山的南北是生存着南北中国的植物。"早先，熊希龄打算把北平的香山慈幼院捐给我们作植物园，我们勘查了一下，觉得那里太干，缺水，没办法！"虽然这里也不是没有弊病的，譬如春天，四、五月里正是种子发芽时期，可是天天落雨，最易霉烂，但目下已然试出良好方法来补救了。土壤的问题也慢慢有法改进了。繁殖的技术也完备了。冒着雨，又一同出来实地参观，此地的松杉科植物都是利用插条来繁殖，茶花油茶亦然。秦氏解释说，"这完全是一个湿气够不够的问题，湿气够了，就没有不能成活的。"各种扦插，各种分根，这里都有良好的成绩。看到金钱松，便说道木柴，最佳的，可超过东三省的黄松，今后此地预备大量繁殖。又说到赣南的木荷，秦氏又大大赞赏，他说中国的木荷外国人把他比之杭青冈和山毛榉，实在是一种好东西，但在庐山却不多。最后，又扯到造林问题，秦氏又说，"造林不是栽树，我们应当做种种的试验，山腰种什么，山腹种什么，阳面种什么，阴面种什么，土壤、湿度、倾斜等都要注意研究，然后才不至失败。"因之，他也对于中国一律种植马尾松的现象大加感慨。我们走到果园区，他们种植了不少果树，果树旁边，还种植不少日本厚朴。这是日本人的故技，以假乱真，因为厚朴是一种很名贵的药用植物，所以，日本货便也侵入了中国的草药市场，更加对于中国的厚朴加以打击！雨越下越大。环境难多迷雾，人心却极清朗，且行且谈，更知道了植物园的未来工作。在纯粹植物学方面，不久将做一个依照植物分类学的自然栽培：应用方面则有各种性质的分类区，譬如竹林区、药用植物区、食用植物、工艺植物、沼泽植物、山石植物等区。造林方面将对于杉木的造林与材质加以研究，园艺方面则广为栽培国人罕知的名花，植物方面拟于五年内出版"江西树木志"，及"庐山野花志"。在江西，农业院和植物园，就各方面讲来，都不能不认为是国内最高水准技术机关。而且，中国也从来不曾有过，在归途上，记者冥想着并为他们的成功感到兴奋。

归途杂记庐山的牯岭，真是一个世外的桃源，也是一个暑期的勘察假，可是，我们在"租界"区域徘徊之余，若转到山阴背侧，仍然可以看到中国的悲哀影子，就是在那条皇堂的大林路上，也可以看到几所不太调和的草屋。所以一边难一个侍仆一季中可以分到三百元小费的天堂，另一方面也有不可描画的地狱。只是天堂发展得太快，硬把地狱向角落上挤，也就像常绿阔叶树把马尾松挤到山顶上一样，若不加以寻找，那便不大会被看到了。海会、星子一带地方依然在禁止游览。五老峰终日埋在云里雾里，实际也没有加以追寻的必要。牯岭一带兜一个圈子后，便没有重访的勇气。马路在休整，房屋在刷洗，园丁在植树，到处正在为了"夏天"忙着。在归途上，一个警察告诉我，"这里没有戏园，没有电影，天堂看来看去就是野景，如果不为什么而来，住久了也没有什么意思的！"

赣南的剖面

天气又变了！

赣南天气的变化真是利害，三月二十二日的一个奇暖过后，紧随着便是一个奇寒，二十五、二十六两天尤其是酷冷非凡。从瑞金回宁都，一路上就没有看到人影，下车后，走到每个房间里，到处都是燃烧着熊熊的木炭火，而响着一片"奇寒"声。

这里的老百姓从来没有穿棉裤的习惯，天气冷了，便都坐在一只竹编的炭笼上工作着。他们不敢讨论人间的变化，却敢放胆地讨论天气的变化。他们说不只水灾、旱灾，这几年来赣南都曾领教过，连那缺少经验的春寒却也一年比一年地显著了。"菩萨不给做田人吃饱饭哟。"不分南北，农民们的结论都是同样。

连天落雨，云彩低得似乎要压在人头上。雨水把一切都冲淡了，匪区的遗迹到处都已澌灭。拜托友人代找几个共党铸的铜币，竟然也多日不曾寻得。于是又踏着满布青苔的瓦砾堆和积水满街的石子路来到汽车站上，西去雩都观光。

这次车子很知自重，没有装什么夏布或是纸张，但因天冷，发火很迟，大家推了半天车子才走；回回头，遥望那翠微峰已然埋在雨云里，大概雨丝要把那个义民纪念碑的字迹冲得更淡了。

两都之间

自从经过了宁瑞之间那段险途，再遇到车子盘山，一切便看着平常了。赣南一带，若是从飞机上望下去，真是一片起伏的丘陵坡地，小河冲积起小盆地来，零碎地挟在岭峦中间。到雩都的途中，车子便是很吃力地在这片红色岑峦中兜圈子。

沿路上，有多少山都是在惊人地童秃着，然而，这山又并非是不产林木的。这一带，有时还在发生着为造林而破坏了野生林的滑稽剧，为显示造林的成绩，有些地方是指派老百姓到山上掘取野生小树而移植在某一个指定的地方的，结果是，使这些本来可以茂生的小树趋于死灭了。不讲求育苗，而高唱造林的地方，是都会发生这种滑稽的悲剧的。

同车有两个广东商人是到仙霞观区办泽泻和莲子的，他们说，此地泽泻二十元一百斤，莲子四十元一百斤，运回广东区很有大利可赚，如果货好，他们还要买一批香菇，因为这里也是产地。他们两个人，手里都是一柄雨伞和一个白布包，"到这里，"他们说，"只讲车钱就是三十几只花边。"长途奔波，也就是为得钱换钱！

到银坑站，车停着，司机下车去吃饭。我便冒着雨到镇里面去参观。这里是雩都县的产量地方，有许多榨甘蔗的房子在，但因为现在不是时候，所以没有人在工作。里面有一条短短的街，有个猪肉铺子和一家杂货铺兼邮政代办所。有许多房子都是空闲着，似乎在以前驻过兵。

到了仙霞观站，那两个广东商人下了车，转到白水赛去看货。一群儿童把车子包围起来，旋而又大声欢呼着送车子开走。

车子又绕着山，上坡，下坡，及至看到雩都苗圃后不久就看到那个镇压风水的古塔——雩都到了。

雩都一瞥

从西门进了城，经过了一段住宅区，再转入一段小门户混着店铺的小街（这里的房子也有烧毁的，但不多。）。便到了车站站长介绍的雩都第一大旅馆天禄居。天禄居是一所祠堂式的房屋，污黑破敝。

这个旅馆，到后来记者才知道是颇富历史意义的。毛泽东和朱德曾在这里吃茶，这里的厨子就给他们做过酒席。现在主持者是一个六十二岁的老妇人，两个儿子随红军走了，媳妇死了，自己的"花边"——甚至祖先牌位都被抢去了。虽然，她在悲哀之余，仍能以全力支持这个旅馆，频频摇着她那"往事不可回首"的白头。

出了旅店，转个湾子便到了全县唯一的一条最热闹的街市。这里各种店铺，应有尽有，特别是有个广东式的茶楼存在着，更富于南国风味。南门外，是滚滚的贡江。南门里，是旧日的县署。但已经被匪焚毁，二十四年春，由陆军十四师师长霍揆彰改作了中山公园，迎门的两株大榕树，满披着鬓根，实在给人以伟大的印象，里面的花木亭台，已小具规模，一所较大的图书馆，现改作"社会训练部"了。

从公园后面转到县政府去，先看到的是田赋征收处。匪区的土地整理已然先后完毕。过去计算谷租额时，因了小数点注错了两位，雩都县增计了的五十二万二千零八十二石七斗八升三勺是明文取消了，虽然，事实上，雩都一般租税担负是比匪浅增加了。过去是九千两，以三元计，该是二万七千元，加上一倍的附加，总在七万四千以上。现在为了人民纳赋便利计，在各区都设有分柜，以免为了几分银子，而花到几十倍的旅费。

县政府现在是设在一所大房子里，修建已很整齐。县长刘菁如氏，广西人。这位精干的县长以广西人所特有的踏实姿态和记者谈他复兴雩都的计划。"我要十年后每个农家都有一千元的收入。"他说，"我说这话时，有些农民以为那只有种鸦片才行，可是我教给他们栽培油桐和果树。"

在多山的地带里，提倡增植副业林木，的确是一件很易推进及成功的事。县长于是先设苗圃，然后推广，办法是由官厅学校，而至于民众，在今年，他们是以每区一万，每保联三千，每保一千的比例在发油桐的。果树方面，是打算试种：柚、柑、橘、柿、梨、栗，每个农家每种要种五株。油桐每家要有一千株。十年以后，仅只油桐收入每年就可以得到五百元。

更由于去年积谷的困难，又使县长决心改良稻种和增植晚稻。这也是令人想不到的，几重山外的宁都稻作方式已然在雩都失了传。这里的农人一年只种一次早稻，七月里收获后，便任着田野荒芜。因而这个根本粮食不足吃的地方，还谈什么积谷。恰巧公事又迟到十月里才到县，民间大部粮食都要吃完，在发生了几次反抗之后，还是强迫着由"公堂"里硬派出这四万石谷来。于是近年县长便强迫民众试种暹罗稻，鄱阳早，和晚稻北风粘，以图捕救了。

对于当地的农村副业的纸、烟、糖，县长都撺使之复兴。榨糖打算利用机器，昔日黄金时代有五千人在从事的烟条制作（福建称作皮丝）。和有二十万输出的南乡造纸事业，都很值得考虑。

特别可以提出来说的是雩都的纸。雩都的纸以南乡出产最多，全为敬神用的烧纸。过去以运销湖南为大宗，人称为"都纸"。这种纸因为烧成灰后变白色，所以人们以为这可到天堂当作银子用，加以湖南人生小孩子后，都用这种纸来拭污，因而，这笔输出数字也很可惊，目下是衰落了。

地方的出产除了棉花和食盐以外，都能自给。

雩都文风很盛，现在赣南教育界做事的人，多是出身在此地两个有名的中学。这中学是由洪氏昆仲所设立，一名雩水，一名昌村，两个学校是对立的，逐渐便形成了"绅缙"屑中的两派。据说匪来的时候，便是利用这种对立而取得了县城，占据之后，又各个给以击破。到现在已难再恢复。

当地大地主少于宁都，收租一二千石的人并不多，户口，过去本称三十万，现在粗计为二十六万。南乡的一股残匪（据说项英便在里面）经过一年来的痛剿，已经逐渐趋于平静。那么，今后的雩都一定是会向着建设之途走去。

赣川水行

从雩都去赣州，只有一条水程可通。汽车路现在正在开盘石方。水程过去只有民船，现在却有赣南公司的小火轮了，班次不定，约五个小时可到，票价七角，比民船贵两角光景。这天乘客并不多，但民船却因之而停航了。

贡江水面上漂浮着无数的水沫，一块块地，犹如阴沟中的粪便模样，从上流的深山中为瀑流抨击着顺流而下，布满全江。这天天气好，有太阳，船在两山中间回绕，红色满眼，宛如在熔炉中旅行一般。

到处所见，荒山都很多，裸露着赤土，青石。榕树在这一带成为一种最通俗的树种，沿江遍岸都是。

沿江便可以看到那公路的磐石工程，是沿着山腰，蜿蜒前进，下面可以俯视大江。虽然是包工活，但看起来已比民工继军工的成绩优越多多。折湾处的坡度都不是骤起骤落了。这一段江面很阔，加以水涨，又是下水，所以船走得特别迅速。船舱里，几个小官吏在大谈着征工和修路，兴高采烈，颇以能用藤条打人为荣，但当他们似乎还未谈得尽兴的时候，船已到了赣川，道声"再会。"便各自跳上码头。

三月三十一日，赣州

梅雨时节

——赣北一环的水景

　　时候正是插秧预备期。稻田中，一块块的秧畦犹如织成嫩绿色的新毛毡。当作缘肥用的作物都已割倒了，老水牛不惮其烦地正在拖着长齿耙在泥水里踏来踏去。这时候，连那最懒的农人都已经忙着在工作，"梅雨"到了，忙日也就到了。

　　天空中，满布着大潴子的泼墨山水画，终日里，只见雨云冉冉飞腾着。虽然，偶尔也许会有一个晴天，可是接连着便又是没停歇的毛毛雨。梅雨季节虽然不会便利旅人，可是大有裨益于农事。记者因为景湖县路交通断绝，所以只好再踏着泥泞折回南昌去。

　　落雨声中，先到渡头过昌水，这条水南北行地依着景德镇的长街。直到现在，景德镇的瓷器的运输还是完全依赖着这条小河，以二百余里的水程到鄱阳湖后，再转到四面八方区。现在水已突涨，义渡的帆船满载着过客：很吃力地先遵循着河岸绕出好远，然后再沿着水纹转驶到对岸去。

　　在河的南端，窑滓（这包括碎坏，磁托以及各种的废弃物）已堆积成一个很大的护岸，而且已经非常显著地伸长到河心。据说，自从烧磁以来，所有的窑滓都是投在水里让它自然宣泄，因而使河身一年年地增高，给航行增加了不少的困难，今后若是再不设法疏浚，也许暗礁就会多到葬送了这条航路。

　　过河后，约有半里路到汽车站，这天只有赣皖线上能开车，向南的，则在前面一站的乐平县，便被水浸着路基，淹没了桥梁，一切车辆都停驶了。

"恩沾苔野"

因为昨天没有大雨，乐平水退，第二天景德镇便把车票售到黄金埠，他们说"到了那边，再想办法。"从那里到南昌，还要占全程的一半。

这天，天气好，乘客很多，所乘客车是本年公路处新添的十个客车中之一。公路处的车辆，凡是走长途的仍然是用汽油，只有跑省会和短途的班车才使用木炭。新车子是很迅速地翻过一重山又一重山，山大半是童秃的，村落叶很少看见。这一带的人少缘由，除了由于过去共党的盘踞外，土地贫瘠，山多田少，也是一个主因。

乐干境内，地势低洼，沿途有些地方，昨天浸水的痕迹尚依稀可辨。到了该县车站时，正是全县的绅商领袖欢送县长赴京受训，一列队伍，一排银盾，最前面还有一面大红章，上面嵌着四个大字是"恩沾苔野"。县长姓邱，湖南人，穿着草绿的制服，频频向欢送者拱手致谢。听当地人谈，去年到省受训，县长因病未能参加，今年改派到南京去，而县长也正因着前几天发生了匪杀路警的血案的近因，以及民风强悍，行政不易的远因而很愿意加以摆脱。这次的新县长也来送，他和邱县长是在南昌某医院的同事。

记者忽然忆起前几天曾和朋友谈农村服务区的干事兼区长问题时，有人便说就办事有力些讲，兼区长倒不如兼县长为佳，可是，县政府的复杂和人才的难选，是否每一个干事都能负起这责任，也很是一个问题，而且作区长与县长易起意见，那么，做了县长也更难免与民政厅不生意见。所以，看了"恩沾苔野"四个大字，这里面的辛酸，真不能不令人起了无穷的感喟。

在乐平停了个很长久的时间，然后邱县长走上车子，和司机坐在一起，手里帽子一挥，这时候鼓号齐鸣，车子毫不留恋地直向前途驶去，而鼓号声音也在这时戛然而止。

京贵路上

一路上，陆续不断看见的是零落的土方，白长的营帐和一组一组的工人。这联络皖赣的京贵铁路工程，正在加紧的推行中，所以"铁道部"三字成为一个叫得最响的名字，在景德镇里，只要看到一个陌生人，他们就会疑为是铁道部的，而成群结队的工人也给地方上增加了老大的购买力。

在许多营幕旁边，已然看到有人在筑草栅和小贩摊，这里面也有一群移动的小商人群，专在做着投机的生意。不过，这群工人大半都是北方人，他们是非常的不熟悉此地生活，特别是对于饮食更不习惯，他们口口声声地说"这里水太硬"。他们吃不服的时候就是泻肚。在小店里，一个老兵曾告诉我说——

"你看，这河边，这一片墙，这是吃不惯这里水死掉弟兄的尸骨。"

记者曾会到过不少小工，他们都习说着满口的国语，他们的工头都是北方人，所以用工也是选自乡土。不仅这里，在南平段，也几乎全部都是，有些工头，竟是远迢迢地从东北的吉长、吉黑等路回来的，他们都在宣传着所谓"满洲国"的苛酷。

车驶到乐安河畔，有渡船载汽车过河，水势因上游落雨关系，也极浩大，待稳后，乃由公路处的柴油船拖到对岸去。汽油船上，有一个路工正在读谈着开山机器的伟大，我们这辆车的司机也变接上去，他们异口同声地谈修路应当是这样，否则像公路处，每年养路费不知花多少，而成绩依然糟糕的。爬上岸，车子又沿着冲积层的土壤向前推进，这里的土色已不太红，除了山地，都有水挡来的别处土壤。

黄金埠的水

到万年，车站对着城门，万年县长在站上候着乐平县长，他们一同走进站里谈了一忽。这里县城也拆掉，看起来很是坚固。听说此地盛产甘蔗，便就小贩手中买了一些尝试一下，糖分也不十分充足。江西各处的甘

215

蔗价格都很低，这要被认作是一种普遍性的水果，每六七节的一段，只要三分钱光景。关于甘蔗的品质改良，农业院正在引用外种做着试验。

车站上的通告牌上，也在写着不能通行直达快车的原因，上写：黄金埠的果子亭地方全被水浸，因此停驶。车上人纷纷在焦急地探寻站长，答复是要到黄金埠去看情形，水退到什么情形，此地还不十分知道。公路电话最难听，一个听筒里有数种以上的声音。

从万年开车以后，不多时便入了水乡，车路两旁除了有因被浸而表土塌陷外，两旁也慢慢看到了的是一片汪洋。这片水多半是从余江里溢出来的，大地上泛着草纸的白色，圲段、作物、埂界，一起都消失，所余的仅是一丛丛得嫩柳轻拂着波纹。这时候，可以说，每一围小山中间的小盆地，都变成了一个个的大水塘。水静静地停滞着，也看不到有人面对着它叹息。

此地的水是年年要发的，老百姓早已有了充足的经验，他们的房屋都建筑在高处，他们可以借几网鱼，如果到插秧时候再不退去，那么就是"灾"的开始了。

快到黄金埠站，水围了村庄，水位达到了临岸住户的门限，小青蛙可以自由在屋里外活动。公路的站长坐着小船来接，这里本来应当又要过一次河的，但过河地方已然不是旧处，这地方，已然宛如东方的威尼斯，水在周游着街巷。

一行人被车载到车站旁，司机吃饭，站长打电话，大家团团围着站长室在听消息。

酷热及骤雨

最后的决定是先买票子到珀玗，中间的一段水路要客人下车去走，北面车子达水北，南面车子达水南，两方的客人相互蹚过去换车。

中间这段水路有半里之遥，虽然成为一个大水塘，但沿着这水塘的边际田埂上却可以绕过去，一般客人便都在抱怨最初测量时，何以任他这样降低，而且这个"京滇干线"，本是应特别加工的地方，更不可随着水的意思自来自去。这转移路上，最可怜的是那些蹚着田埂走已属危险，而且又携着行李，记者扶着一个老女人过河，回来便失掉了自己的座位。

到了对岸，珀玕的站长却也压着车子跟来，经过一度混乱过后，才又向前驶去。这天天气太好了，停着车子人便开始感到燥热，无疑的是在蕴蓄着一场暴风雨。

珀玕站，是公路联络浙赣与浙皖的中心，有车库，油库，汽车每走到此地总要饱餐一顿再走到别处去；我们这辆车子当然也不例外。此地又搭上几个客人，于是原车直向南昌开行。停车半点钟内，同车人都在流汗。

这一路车行很快，所经过的，低地都是沟满壕平，应当积水的地方都已在积存着适当量的水。秧田一块块地呈现着最悦目的色调，靠南昌附近，许多黄牛也都下了水田，它们虽然热，却从来不会把全身都埋在水里的。

到南昌已然是近下午五时，满街上的人都在换穿着单薄衣服，白颜色竟然上市，小餐馆的露台上已设了咖啡室，记者离开时候法国梧桐还未萌芽，现在却已然开了叶子，这里，是顿时展露了初夏的风姿。

可是，就在这天入暮后，顿时起了大风，落下急雨，环湖马路都与湖水平行，一瞥时，气温骤然降落，雨，于是又连绵。

南浔水影

从南昌在沿南浔铁路作赣北兴，南浔路程虽短，但各方面的表现都有朝气，特别对于新生活的标语和办法悬示尤多。三等客车很整洁，座位也很舒适。每个客人上了车，都能找到座位。

北上后，开车不久就可看到路轨浸在汪洋的水里，在水里，依然可以望到昔日护卫省会的铅丝网。一路上，低地都在积着水，一重红色山冈过去便是一片白茫茫的水，仅就四面望望，宛如是坐在船只里进行着。

到乐化，这里有农业院设立的果园，该院对于经济利益最大的果树事业极为注意，但以目下方在开办，各种实验还没有得到什么结果，赣北的果树比较着还是以桃子为有希望。南昌附近有个看桃花的"三村"，在那里，是只开花而不结果的。但就生态说，朋友们多认为有希望。

荒山滑过眼前的依然很多，这里有些山贫瘠连杜鹃都不能生长，有一些地方则只有黄的而没有红的，分布的面积也是很稀疏。虽然，有几处却可看到很好苦楮树，深绿的旧叶子的边沿上，却在生出一种浅青色的新叶，遥望着，很像神像头顶上，由舍利子而照射出来的一轮佛焰。铁路路基旁造林则大半是种的柳树，水地上种柳树，繁茂当然毫无问题。

到涂家埠车站下了车，为了到淳湖村的农村服务区去参观。涂家埠临着修水河畔，是水修县的一个大镇。这里镇上有一条繁华的市街和几所很伟观的楼房。木业，粮业及棉业支撑着这个市场的繁荣。随着各方往来的客贩，妓女也很占着一个相当数量。

本来，这个市场是在所谓江西四大名镇之一的吴城镇，自从南浔铁路筑成，于是商业便从潘阳湖边而移到近铁路的涂家埠来了。沿着河岸有木建的高楼在制竹绳，是预备用来系结木排的。

从车站到服务区，是折回涂家埠，经过三下渡，再渡了修水，一共要走五里路光景。一路上，到处都是水和软泥。

"水"和"绅士"

水和绅士威胁着这个农村服务区，于是淳湖区便成为全部服务区中生活与工作最艰苦的一个。

邱干事为了要公去省会了。在傍晚时候，陆续地会到了各位指导员，他们很热烈地欢迎外方陌生人的到来，在煤油灯的惨黄光焰下，我们谈了一个很长时间的话。

水给予服务区的影响是太大了，自然，它给予当地民众的迫害更是不轻。每年总要闹两次水，旧历三月和六月是最高潮。过去五年中就一共闹了七次水。二十四年的大水不但把新建的区址全部冲毁，而且农场上也屯起厚砂，去年虽然水势较轻，但人也是得抛掉工作而躲在高楼上。直到今年，前数日，水势又把村子包围了，幸而天晴了，才又慢慢地退去。总之，在此地若是连下两天雨，便会造成水灾。

听说，这个区域在过去本是个湖，后来积成大地，但四周是为修水所环绕着，大堤称为九曲图，四面仅能用围堤来阻止水的侵入。一旦堤破，立刻便是泽国。虽然每年都在把围堤筑高，可是事实上河身也是在一年年地增高着。

水的威胁是有定期的，但本村绅士的威胁则是无定期的。水，可以用人力预先防备，但人，则是防不胜防。普通农村工作者在乡村中不可避免的，是要和当地士绅来接触，于是前路便有两条，一条是妥协和投降，一条便是威胁和反抗。自然，乡村里绝不会各个是"有土皆豪"，"无绅不劣"，可是，上层利益与下级利益冲突时候总是很多的，农村工作者若是农民，因而也就不得不站在反士绅的一方面。

就在几天以前，保曰训练班里的一名学员因了在涂家埠看戏，又起了一件纠纷，这很可利用来作为说明的资料。据说是一个在实验区受训练的保长去到某戏园听戏，因了购票而起了争端，虽然后来保长允许购买半票，但依然遭受了毒打，而同时，对方更自己捣毁了商会（戏子居住地）诬说是保长的暴行。事后便由县长亲自下来查勘，而惊人的判决是戏子等人无罪。这样一来，全体保长动了公愤，而民众也更觉得不平，实验区的各指导员公认为这样的事实发生，将影响到以后的工作无法推进。

这不平的事件何以会这样了结，原因是县府也是不敢得罪绅士。淳湖村里有大王先生与二王先生，前者是把握着涂家埠街面上的大权，后者是把握着农村土地的大权。据说王家每天平均各项收入是国币三十元。戏院的一切收入，当然是与绅士有关，因而使这个糊涂官司有了这样的结果。

因而，他们便在抱怨兼理区政，如果不，便不会发生这样的麻烦。在这件事之外，譬如教育方面被迫使用庸员，民间琐事的骚扰也是很多。

在农业方面，这里有为"水"所逼着做的垦荒事业。水灾时候，会移了二十余户村民，到南山里垦植荒山，合作社贷款给农民买耕牛、种子、农具，大家合作来生产。去年试种的番薯，成绩很好，今年打算增植马铃薯。垦民中有一个比较聪明的人，他除了作资金的垦田外，还佃了邻近的稻田来种，一户人居然收了二三十石谷。过去，还在山上设有织布工厂，但目下已完全停顿，那位"纺织教师"也就改为一位"工人"的名目。

在没有办法中间，农菜组只能把种子给农民，怕起来误会，根本谈不到什么组织民众。教育组也只有在努力不得收获的情形中过日子，合作比较为贫民所需要，可是赤贫者仍然得不到救济，医药工作最易推动，但是民众也有民众的不信任，除非是别的医生束了手，才肯跑到医院里来。

"水"和"绅士"阻碍了一切工作的进展。目下是，这方面说上层昏庸，那方面说下级幼稚。

九江途中

从涂家埠去九江，车开行不远便看到永修棉场的大字，全场是汪洋水区中的一块高地，上面畦陇规划得十分整齐可观。此地本是江西的棉区，最近试验，以脱字棉为号，目下正在推广。

在这一带，一切作物都是这样，水使它难得年年丰收，可是，如果能有一次丰收，也可足够两年的使用。主要的作物是棉花、稻子、小麦和芝麻，虽说此地是宜棉区域，但也是比较的，这里，我们是不会看到像华北平原上那种雄健姿态。一块云彩来了，田上又是落着雨，雨丝打着塘水，有如油星飞溅，向浔阳，这一路上，不知见到了多少水塘，星罗棋布，只要是低地，便不可避免地积满了黄水。

未到终点，就有许多旅店中人冒雨登车，探询旅客们是否搭船，他们是不惮其烦地逐一请教，那雨帽上的水珠是一滴滴地向着地上流，他们的口涎几乎要喷到坐客脸上，若是遇到孤身女客，则甚至硬把旅馆卡片插在行李边，强迫去住他的店。

到九江，车站的繁嚣，确有大码头气象。骤然落了急雨，因而上下车客都拥挤在一起，旅馆的接客人更多了，穿梭似的追逐着，使每一个客人都得不到片刻的安宁。雨稍停，出站门时，洋车夫的抢夺行李，又恨不得要把客人分了尸。所谓"码头"地带的革新，的确并非是一件容易的事。

这里市面虽然建筑得很整齐，但，不景气也是在各方充斥着。据说，九江的繁荣期已然过去，目前，安庆是在夺取了它的地位。因为安庆商人看利没有九江商人重，所以多半都到那里批货了。九江也是水乡，甘棠湖里水势汪洋，自旧城到码头，一路都是踏着泥泞。长江滚滚流，水色泛黄，下游也是正在涨水。

户口的森林

雨依然落着，又搭船到湖口。湖口是古战场，是海军驻在地。未抵岸，首先触目的是石缝山的洪杨时代小宫殿，那是在山顶上特筑的一所小城，现在驻有海军陆战队。

湖口城不大，精华只在那条三里长的长街上，到处走来走去之间水兵，目下，只有水兵维持这当地商业的繁荣。

记者特地到南门外林场访问汪子瑞氏，湖口林场在江西省内说起来是比较知名。这里的第一期林地施业已然完成，目前所做的只有保育和修整。出城不远便折入山，迎目便是满披马尾松的青山，中间划着一条条的防火线。

老实说，在江西目下还很难看到这么一片七千余市亩的成林，汪主任从日本回来便在接受整顿着，他来修开山路，布置景物，闲伐及捕植，希望此地能成为一个可观的森林公园。

在那里，记者详听着他的造林意见，并参观了苗圃。他也是在非难着马尾松的无用，在景德镇，还可作为薪炭柴，而此地，则毫无用途，运输出去也要很费脚力。他在更新着一部分成林，所用树种是侧柏。此外，还谈到桐油问题。他说："我正在作着一个漆树的分根实验。"因为，目下种桐显然是一个危机，倒不如植漆更为有益，汪氏是把漆根本寄给他各地的学生，种植在各地去试验，不久，就可以得到一个相当的结论，在苗圃里我看到他种的漆树，一年生苗也有四尺高。

湖口一带是个造林的好地方，鄱阳湖的湿气能给当地以适当的雨量，可惜的只是土壤太薄。烧山在这里也很厉害，但是因了"在上坟以前，我们看着易成火灾的地方，就先替他把草割掉"，所以近来也就不成大问题，虽然，松毛虫却很猖狂，防止法，只有减少种松一途。

又会到扶风社的杨先生，我们谈了多时关于走马乡实验区的近况，这也是属于江西农村改进社的一个实验区，理论和方法是和万家埠取一致的态度。杨先生告诉记者，他们比较成功的是卫生工作，而教育，因能"在夜间提着马灯送上门"，所以也有良好成效。杨先生是个喜好朋友的人，在狂雨中他又陪我上船，盛意真实可感。湖口一带，景物绮丽，民风朴质，若是加以经营，很有成为沿江胜地的可能。

一段险路

自湖口到景德镇的一段路，治安有问题，通车终无讯。在车站上，听人这样讲："人多了，也可以开车，不过中途要走二十里旱路，因为张家湾被人毁了两个桥。"

他们又在回答着另一个客人的问："走，当然可以，只要你没有财政，他们是不伤害老百姓的，他们恨的不过是县政府……收税的，和有财政的人……"所以这一段路，除了梅雨，还有风雨！

四月二十五日，九江

重庆

——世界与中国的名城

一、重庆这个山城

重庆，不论在地面，在天空，都是容易辨认的地方，他是世界与中国的名城。

嘉陵与扬子两江的汇流处，地形像一个鹅头突出，又像一片树叶在水面漂浮着，这里是昔日巴子古国都，又是二十六年十一月二十日变为代替南京地位的重庆特别市。诗曰："片叶浮沉巴子国，双江襟带浮图关"，巴子国的纪念巨墓还保留在七星岗上，浮图关改名复兴关，那里成为训练理想人格的温室。这个山城，不仅是个号称小上海的工商业汇聚区，同时也是一个军事重镇。谁能把握着这个镇会，便可以东下荆楚，西窥成都，南走滇黔，北通汉中。

冬去春来的重庆，抗战中间，天空从未改变过颜色，一面是漫天茫茫的牛乳似的白雾，一面是到处飞扬的污秽的煤烟，大地上的暖带景气倒是很醉人的，特别是四郊，重叠罗列着名门的园林，国花丛丛，比肩盛开，陪衬着蜡梅和山茶，在嫩黄和艳红的辉映下，越发显得寒梅的高洁。若不是战时，暂且静静地坐在山岩上，伴着寒梅，看着湛蓝的长流水，这才能理会到未成为都市以前的重庆的身影。

在未代替南京的地位的时候，重庆已经是五十万人口的大城。到了抗战第八年，这里的人口突破百万，柳桂失陷，来者激增，据估计人口已超过一百二十万了。一个山城的人口竟超过了西康全省，各方面的人民带来了各地的风俗习惯，再加上盟军从四面八方而来，重庆的色调越来越复杂了，从最进步的到最落后的，无不存在。重庆，是全中国最进步的地方；同时也是全中国最落伍的地方。

四郊的工厂已建立了不少，但农民的积习仍然顽固地保留着，代表这种浓厚的风习的是春节。这个农历日子未到之前，每年照例是沐浴理发逐日加价，茶食店中货积如山，满街都是熙熙攘攘的闲人，行人中，有许多奇怪的送礼者，他们高举着托盘，盘里是一尾鲜鱼、一对煺了毛的乌鸡和半个烤得蜡黄的猪头，这份礼物，八年以来，价值未涨到一千倍，因为这也是从土壤里间接生出来的农产品，娱乐场所和商店，这八年来正走到一条曲线的两端，又在大吹大擂地做广告，在吸收现金筹码，来渡过这紧缩的难关。今年的爆竹特别响，不知道是为了过年，还是为了欢送知识青年从军。

重庆的商家每年一次不约而同的节市，那就是春节的一周间。那些阳历年贴到门上的春联，到这时才以残破不全的姿态，出现在光天化日之下。街上到处都是人，挤不动的人，不知道都是从哪里来，准备到哪里去的。公共汽车在一九四二年的流线式车中间挤着吼着，慢慢地爬，富有历史意味的皮顶黄铜栏杆的四人大轿已在不知不觉中淘汰了，但到四郊，仍有竹轿式的滑竿在赶生意。居留在这种雾罩下的人，不论被人抬的和抬人的人，在面孔上同样现出一种欠康健的菜色。

二、"江左"非"偏安"

每个重庆人对于已故的林主席都有极深刻的印象，因为林主席到了重庆之后，告诉大小文武官吏说：集中后方力量来坚固前方抗战，又说国都虽然远到江左，但不可偏安，词严义正，人心振奋。林主席的轻车简从的精神，同是向官僚主义来抗战的，他洞悉历史上的项羽、孙吴、东晋、隋炀帝、南唐、南宋、南明，都是偏安于江左而致灭亡的，把握着这个历史教训，领导着开拓重庆的新局面。

二十七年一月，国民政府改建的大礼堂落成之后，首先到渝的苏联大使便在这里递呈国书，中苏邦交的亲密度，刺激着更高昂的抗战情绪。跟着便是二十九日晨，在这新建的大礼堂内，召见重庆市的绅商、农工、教育、新闻及各界代表。林主席提出了川省一大问题，他对于地大物博的川境内"路有饿殍，民皆菜色"，感慨万端，深致系念。这是民隐公开暴露在光天化日之下的时候，使无数在迷雾中的穷苦人民感到空前未有的温暖。

四川真是一个复杂的省份，重庆当然会给人更多的感慨，不只目前，过去亦然。大诗人杜甫留在人间的诗共有一千一百三十五篇，有一千零十九篇是四十岁后的作品，这中间，有七百一十二强。这些诗篇到今天仍有他的新鲜意味。黄炎培氏川游的结论是博得了各方人士的无限同情的，那就是：物质富，精神美，人民生活惨。在车水马龙的都市里，怎能不考虑到与农村成为最强烈的对照呢？一切的税捐都出自农民，土地税收，农民失业，土地越贵，荒地越多，人口越多，消费越大，而生产者越少。工业都市是听不到农民的声音的。重庆既然成了一个官衙集中所，大街小巷，到处都挤满了机关！特别是中央机关。这里虽然每个机关在大门口是不挂虎头牌的，但由于满街都是悬挂证章的人，可以说明这里是官吏最多的地方。据可靠估计，中央机关的大小官员有十五万人，地方机关也至少有五万人，连同眷属，可能超过四十万人。（今天假定全市是一百二十万人的话，那么有三分之一是属于官吏及其家属，这么一个可怕的数字！）这么多的官都是要做事的，于是大官管小官，小官管警察，管人民，重重的管制已成为全国的模范，不过若是"兼官"或"兼商"，在这里便是入了最快活的"乐园"，因为在这里可以得到护身符。本来面团团的人更加肥胖起来了，本来有菜色的人却变为土色了。

两江的水长流，花开花落年年有，抗战第六年，重庆人看着林故主席葬在化龙桥的重庆的红土里。"江左"不可"偏安"的声音也随着消失了。

三、疲劳轰炸下

从武汉陷落以后，二十八年五月的血仇起，重庆成为敌人轰炸的目标，重庆这山城开始受难。每天都有几百颗烧夷弹，从敌机上掉下来，撒遍了市中心。大重庆变了样子，这些罪恶的种子却长成了更大的愤怒，历史上少有这样的前例。

每一次都是这样的，浓黑的烟，随着火焰的猖獗，漫浸着山城的上空，半个天染上了黑色，使太阳变了颜色。市民从防空洞里拖出了疲倦的身体，匆忙地分向着几十处起烟的地方飞奔。路人彼此之间特别友爱起来，互相询问着，安慰着，表示出由衷的关切。这正是在苦难中苗长的伟大的感情。

警报时候，出城的和进城的使七星岗上显得特别凌乱，更加上受灾的人群挤塞着马路的两边，箱子、衣被和日用必需品堆满了一地。但在这种凌乱里，找不出悲哀哭泣，没有绝望的声音。人被锻炼成冰一般的冷静，只有咬紧了牙根，倔强地承受着。生在中国的人民已经知道该用怎样的感情来承受这灾难。

火起来了，洪亮的火舌在浓烟中吐出来，无情地在吞食着大地上的一切。不多时，千百间房屋在大火的煎熬下，只显出了焦黑的残缺肢体，火苗依然在周围跳跃，而且像是彼此在呼应着。大重庆的精华，天梁子、左营街、开朝街、石灰市、武库街，这些地方的炫人眼目的大商店，如今都被火神吞食着，成了恶魔的祭品。

个人的活动到群体的活动，人人心目中唯一的念头是怎样救火。全市的消防器具都拿出来应用，各处都飞溅着水花，唧桶里喷出来数丈高的水蛇，而水蛇并未能压抑住火舌的乱卷，火箭的纷飞。地面上水落下来积成一条条的小河流，焦臭的气息，在空气中作无垠的散布。一条街又一条街地烧过去，古罗马城内也曾有过一次大火，那次的罪恶也没有在重庆表演出来的那样狠毒。

夜里，月亮又被火烤炙着。火里有爆炸物，像战鼓似的打击着人心。在广场上，在废墟旁，人们暂时安息了，孩子依偎着大人，一声也不敢响。在梦中，每个人都梦到又一次的大轰炸。第二天，果然又是一次大轰炸，又是一次大燃烧……

重庆人怎样来反抗，这可以写成一部新的希腊神话式的诗篇，或是一部东方式的新山海经。重庆人创造出山城的防空洞，重庆市民的心理上有了更大的保障。

在山城，渐渐地普遍到每个角落，周围几乎十里内，每天可以听到开凿山洞的爆烈声音。这像炸弹似的，惊天动地的声音，听惯了也不再使人心悸，却相反地使人心泰然，知道我们的防空洞数目在陆续增加。马路边随时都会断绝交通，工人扬着旗说："危险，危险，打炮了！"

过路人听着泰然，他们是那样地听话，能守着秩序走开。这石洞内，石工A已经把砂岩凿了一个鼠穴似的小洞，钻头打到石头上，火星四溅，他的双臂被震得发酸，空气不流通的石洞里蒸腾着汗臭和炭气。石工B把官颁的火药分别搓成绳子一般的纸卷，作为爆炸引线，跟着又用纯熟的手法，在洞里装好了引线，他挥一挥手，打洞的同伴匆匆忙忙地跑出洞来。他自己也急忙忙地跑出洞来，火线着了火，像蛇一般地蜿蜒到了要爆炸的地方，于是"轰……轰……轰……"

当炭气的浓烟还在洞口外吐的时候，石工C、D等便进去搬运石头。大块的石头，敲碎了拖出去，洞里面则要敲碎那些参差的石钟乳，又要仰着头，一锤一斧地把它铲平。万一落下来的不是碎片而是整体，那么，这位石工便有了安息的石棺。

四十多万人容身的防空洞就在双手的击锤之下完成。凿石头在石工眼里像剥笋，但石头到底不是笋，例外的时候便是流血的时候。在包工制度之下，除了石头工B是技师外，其余不是雇工便是学徒，这群人大半是在嘉陵江流域的石炭坑里过生活的，各有各的群落，各有各的帮规，各有各的迷信与道德，各有各的悲哀与享乐……在不声不响中完成了工作，他们没有幸受过谁的慰劳，唯有时而流血的份儿，肚皮都从未吃饱过。

轰炸依然进行着。到了抗战第四年的八月，敌人开始了"疲劳轰炸"，那就是集中了一千架飞机，不分昼夜，不分晴雨地向重庆倾泻着铜铁与火药。

八月里，我们的稻子熟了，广大的土地上，我们的农夫依然在割他们的金黄壳。

"不怕轰炸吗？""怕啥子！龟儿子的飞机能有老鸦多？""敌机到了头顶还跑？""跑啥子！老鸦拉屎哪次掉到人头顶上？"四十万人的防空洞里装得满满的人，在那次大惨案过后，大隧道里新添了通风机，除了紧急的时候停电以外，黑暗中也还是凉风习习。胆小的，吃着防空的干粮，胆子大的回家去烧饭，甚至在洞内睡一觉。

"第八次警报过了，还有吗？""据说，还有四批在起飞……"
"挂不完的信号啊……""没有受不了的罪啊……"

在这时季里，防空当局和人民紧紧地握手来打发艰辛的日子。在消极的抵抗下，七千米的高空，一架飞机也会叫我们发一次警报。敌机用完了炸重庆的炸弹，还送来一些不爆炸的石头。兵工厂进了防空洞，学校撤到郊野去，小村镇的居民惊讶地看着这些不速之客，炸弹炸开了中国的文化圈，炸弹也炸开了中国人的眼睛，在战争中认识了现代化的武器——高射炮、探照灯、曳光灯、信号枪……

大重庆在蜕变着，一年比一年地长大，新街市伸张到农村里去，每当雾季离开山城，便是重庆的商业和市民疏散的时候。从七星岗到磁器口，沿着公路，竟成了一条联系三十里的长街，车、马、人造成山村间空前的繁荣，翻土、采石、架木，两列长蛇的房屋，由辛勤的蚂蚁们建筑起来了。

山城的周围起了亘古未有的大变化，多少的田亩换了地主，多少的农夫变为工人，多少的荒郊起了房舍，这些房舍也许今天建起来，明天就被炸掉。人们是像蚂蚁一般的工作，不管他们的目的，只看这种建设的精神，不仅敌人为之惊讶，连我们自己也感到不可思议。

如果说两江合抱的石峡，地形像一个鹅头，那么，在轰炸中长成起来的三十里长街，就是长长的鹅头，这条大动脉横贯过去的五个市镇中心。在其中，如今有华丽的崇楼，有最高的学府，有扩大中的工业区，有菌覃式的商店和大片的茅棚，里面住着苍蝇一般的人口。

敌人在轰炸，我们也在轰炸，敌人的轰炸给我们破坏，我们的轰炸则是建设。黄色炸药TNT在敌人手里造成惨剧，但在我们手里则给市民以保障。我们人手创造的防空洞，使敌机像蜻蜓撼石一般的，没法撼动这个山坡。

也许是由于愚昧，中华民族在抗战中所表现的是忍耐、勇敢、乐观的精神，不论所遇到的是怎样的意外的困难，但他们脸上的表情总是那么幽默而可爱。一方面是非常的奢侈、淫靡和享乐，同时，另一方面的老百姓却到了"穿在身上，吃到口里"便无余物的境地。到处都可看到发眉霜白的老头子挟破凉席，满面皱褶的老妇人摇着破蒲扇，他们贡献出全部的儿子到前方，自己却失了依靠。这老的一代仍然在勇敢地活下去，他们挣扎，他们苦熬，和下一代同样地熬到死亡，脸上还挂着笑。

轰炸上几年，生长出三十里的一条长街。这条长街上的机关、学校、工厂和人民，都在不知不觉中度过了一波又一波的灾难。他们会相顾笑着说："你看，我不是仍然在活着？我们不是都在活着？"

四、"陪都"的"战志"

重庆正名为陪都，在二十九年重庆被敌人炸成一片瓦砾之后，二十九年十月中旬，我曾为陪都的战志歌唱过。

"这海拔高度二百四十公尺的，周围过去仅有十二万方亩的山城，由于三年抗战的结果，他不仅成为历史上的永远不会磨灭的陪都，而且已经形成为世界政治中的一个挺拔的高峰。

"四方仰望着重庆，实在已逐渐成为中国的心脏与脑髓，堪为中国的政治、经济、文化的中心地带。陪都是一个巨大的电池，如果指挥得法，他可能吸引着四万万五千万人民的思想、感情与意志，将他有强力的电波，指挥着全国，两年来的大轰炸，好像是有意给陪都一个试验。肉眼看不出的潜力，习俗中找不出的坚毅，都在全世界的隆重赞叹声中，走上了命定的光荣之途。重庆带上了伟大的花冠。

"中国的潜力是不可测的，重庆的潜力也是不可测的。过去，外来人看到重庆，那种小上海式的奢靡，都说这里并不像一个能够吃苦的抗战首都，到今天，外来的人又在表示惋惜，说重庆城一片废墟，这种凄凉，在前方也并不多见。伟大的重庆代表着独特的中国作风，他在默默地忍受着一切的灾难。现代化的武器虽然可以摧毁气候、沙漠、海洋、山岳四大天险，却摧毁不了在死中求生的决心与意志。（只要是战斗的地方，都是如此。）

"登临南山，还瞻重庆落日，气象万千，正足以说明中国抗战司令员的伟大。那时，双江襟带中的山城，在苍茫中，呈现出万古长青的姿色，日影赤红，江水金黄，敌国的颓丧，我方的高扬。那一片片的瓦砾场，在山城上，像一些微小的瘢疤，不久定会连根脱落，完整如新。又可以比做破敝的蜂房，上有多少辛勤工蜂，正在锐意修补。陪都不久就会重建，重庆在轰炸中新生。人民的回答将是像漫天大火燃烧起来的无比炽热的战志。

"长期抗战使中国起了多少想不到的变化，重庆也非例外，为了抵抗几年来的烧炸，城市扩大到乡村，从过去的十二万方亩扩张到周围四十五万方亩，增加了四倍弱，辽远的东温泉、西温泉，也和南温泉、北温泉一样的变为市内公园。这些水光山色，模仿创造，重庆将不弱于古老的伦敦，新兴的纽约，古典的罗马，繁华的巴黎，整洁的柏林，小巧的东京。在重庆长大的人，或将不认识重庆。

"正名陪都，是和三年前重申抗战到底的决心，同一目的，这抗战的首城代表着中国在最艰难时期从事创造的大创作，要切实，戒浮泛，要增强我们的社会组织与政治效能，要征服一切困难来建立国防工业，要切实施行启蒙的教育，要革除漠视学术与研究的态度，要创造出一种切实朴质的新风气，使这个名城名副其实的内外一新，不是模仿，而是一种创造。"

重庆，取得陪都的地位以后，便是抗战的灯塔，要发出空前未有的光辉。要使战争中的人民相信，世界从无如中国这样能够克服困难的泱泱大国；更要使外人相信，世界从无如重庆这样永远充满着澎湃的战志的名城。

今天看来，这是过了时的歌颂了。

五、重庆这个灯塔

重庆，这个中国战时的首都，世界注意的名城，已逐渐变成东亚的灯塔，弱小民族的希望，劳苦人民的解放，全世界的和平，都寄托在他的进步与走向光明。

这个首都，在抗战中，爬上了东亚政治的最高峰，开罗会议是到了荣誉的顶点。一年，两年，三年，如今已经是第八年头了，国际人士到来的，一天比一天多起来，重庆的国际性一分一分地更加浓，国际对于中国的了解一刻比一刻增多，这时候，一切批评的对象，便都集中在中国的代表者——重庆。

今日重庆最显著的就是新建筑的层出不穷，"无论什么地方，只要有一个没有出租的小山顶，泥水匠便会盖出一批新房子来。"这说明什么呢？"这不是说明过分拥挤的首都，永远没有足够的地方给千万难民居住，这不过说明政府有无数的骈枝机关。"一位外国朋友描写重庆道："勤苦的建筑工人仍然用着可怕的声音打破黎明的沉静，挑水夫仍然担着两个水桶排队站在自来水龙头旁边，骨瘦如柴的黄包车夫仍然在拥挤的街道上奔跑，喊着要人让路，茅屋里的孩子站在窗外唱'我的家，在东北松花江上……'政府官员坐在光亮的汽车里，通过人力车杂沓的街道，让他们通过以后，喘息的行人又合拢来，然后继续高声叫卖他们的货物，继续挑起他们的重担，像过去几百年一样。"

一连串的紧张，在八年来，使重庆已然表现出疲劳的姿态，"重庆是在一种懒散的惰性中过活"了，而"渲染的乐观"尤其使人疲劳。战事、物价是连环地在直接或间接刺激着每个人的生命，有一点好消息"便像接到一次缓刑宣告"，恢复了习惯的或高度的表面镇静。

当联合国家的军队朝着柏林前进，美国的海陆军朝着日本前进的时候，当重庆——中国的代表者——必须迎头赶上，用军事配合盟军的军事，用政治配合盟军的政治的时候，我们这种"疲劳"已经是落伍了，何况还有比"疲劳"更加损害康健的事情，一件件都在纸包火中，透露出来，传播到全世界……

全世界的盟国的希望，是看中国灯塔在东亚高峰上辉煌，是希望八年来苦斗的军民战志更加高扬，使这个"弱大民族"在血泊中翻身，负起了历史所给予的任务，蒋委员长成为中国的同时是世界的和平的伟大的领袖人物……

重庆，在轰炸中成长，又在宴乐中疲倦了。看见过过去的人，并不相信这现象能够如此继续下去。中国的人民到了必要时，一定会表现出崭新的力、热和光来。

三十二年十一月二十四日，东京二次被炸日。

（原载于《中学生杂志》，1943年12月5日）

到长春的路上

一

东北的小组终于在四月八日从南北两路出发了。

政府方面说这是一个"调整"的小组，中共方面说，这是一个"调处"的小组，地方的军事当局说，这仅是一个来"调查"的小组，不论大家的看法怎样不同，但由这个小组的出发，就说明了东北当前的严重性。

第二十八小组是由两个骑兵军官和一个步兵军官所领导。政府组长王照堃中将，是一位骑兵副军长，共方组长耿飚，是陆军少将，美方的柯里，又是一位骑兵上校，曾在云南协助训练国军，他身材细长，是一位英国绅士型的美国人，坐在吉普车上，可是手中拿着一根马鞭子。

向北出发的一组是用三部卡车，三部吉普所组成，各自拽着拖车，满载行李及用具，美组长领队的吉普车为前导，驾驶员也是美国人，他们所用的领路人是地图。八日上午十时从万福麟的公馆出发，大路上临时戒严，但这一列汽车队却好像有意要告诉人们在出发似的，竟在城内兜了一个圈子，才向北开去。

这一天刮起了大风，这是春耕时候常见的蒙古季候风，南方的暖气流将送走寒流，让东北黑土草原上的冰解冻，草萌芽，虫鸟出动。农夫们尚未在自己的土地上耕锄，成群结队地驾着大车在做运输商人。这一列铁马儿把那些双套的牲口吓得乱作一团，埋在漫天的尘雾里。

九一八的发生地北大营前：枯柳、破房；十四层的巨塔下的纪念物已被人运去作了胜利品，这样一个富于爆炸性的火药库里竟没有一个兵，一群老鸦啄着残秫秸在唱着挽歌。更前进，九一八兵工厂内每个烟囱都已不冒烟，每个厂房内都没有完整的机器，"东亚第二大兵工厂"八个月来已成为历史的名字，车子一再走错了路，大队转了个身，在大风中休息五分钟。

柯里上校摇着马鞭子驶车去探路去了，一位好酒的红脸胖子便从口袋中掏出一瓶伏特加对嘴喝起来，管机件的这时便检查各车的轮胎，那位在奉天旅馆工作了八年的厨子加藤，这时也在重新布置一下为美国人预备的炊具。所有的中国人完全不动声色，就像不是在自己的土地上旅行一样，我猜不出几个外籍记者的心情，是否与到了伊朗、希腊或南斯拉夫一样，或者也许是好奇地在非洲或沙漠地带作探险旅行。

正面的公路变成泥塘，这列汽车队便横穿九一八兵工厂，到了东门，大路在封锁着，外面还围有电网。美国人便开始用大斧子劈开了封门的木板，剪开了电网，要转着弯子绕上大路。正好这时，一列大车载过来二〇七师青年军的搜索兵，他们问这些车辆在做什么，并且报告：

"四十里内外有二百多名土八路正在活动，我们便捉了一个破坏道路的土八路。"

"好极了，"政府代表说，"带过来，咱们问问他。"

"我不要看什么，"美方柯里向双方说，"我们当前只要解决这一个问题，就是赶路。"

土八路是用一根麻绳反系着双臂，灰上衣，黄棉裤，一个不到二十岁的小伙子，他被踢带打地拖过来，又拖了下去。

"你们知道前面的桥的确破坏了吗？"

搜索兵告诉他们，前面邵家子河有个桥坏了，柯里不相信，他看到那些大车辆满载着粮食仍能往来如常，而且轮子上没有泥迹，便找了一些车夫，要翻译替他这样地问。

"大车可以过得去，水不深，可是泥底子。"对方这样回答。

"你们赞成吗？"柯里看着两方的组长说，"如果可以走，我们还是向前面走。"

大风吼得更狂了，但是两位组长都表示愿意，不过柯里到这时却表现出战略上的细心来，他又决定自己再摇着马鞭子作二次视察式的探险，如果有可能通过再让大队出发。

一个钟头中，在我们面前不知道通过了多少用双套大骡子的大车，高大的人，高大的牲口和高大的车辆，这是东北富有的总说明。如今虽然有那么多的动力机械，但在关内从没有见过这么多的牲口，而每个牲口又都长得那么饱满。

柯里失望地回来了，他的小领子一耸道："这当然不是我们希望的，那河身是泥，大卡车不能通过。"

去的人，身上都有泥浆，显然是做了一次试验。国共双方代表又同意了。美国记者便很细心地去问中共代表道："这桥被破坏，你们事先不知道吗？"回答是"不知道"。又用同样的句子问政府代表，所得的回答也是一样的。他便很认真地记录下来，但满脸都充满了怀疑。

这被破坏处，约在距城十六里。下午三时又到了出发地点。这时候，政府组长戴的黑眼镜上，中共组长的黄眼镜上，美国组长的蓝眼镜上，各自布满了厚厚的一层东北的沃土，他们已有了收获。

二

四月九日，改乘火车到开原。

中长铁路曾有一小时在双轨上卧行七十列车的经验，但今天，虽然军运繁忙，但数字上定是一落千丈，而且因破坏与修补，已由双轨变为单轨。这一百八十华里，共走了四个多钟头。

离开了黄姑屯那一片窝棚式的工人住宅区后，广大的田野上最令人注意的，便无过于那网架凌云的高压输电线了，每个小镇上都有一个变压所，电气普遍，但受益者并不属于殖民地的纯良老百姓，还是为了那群吸血者。到今天，十四年没有停过电的地方，却长时间停起电来了。

这天所经过的，是辽河两岸的最肥沃的土地，从浑河到清河，铁岭县古称银州，开原县古称金州，都是翻起土来油汪汪的所在。大地上的冰正在溶化，秫秸根拔出来作燃料，小粪堆子正像棋子般地走动着。大风吹得柳树榆树乱摇摆，新的绿叶儿正星星点点地透出春意来。再过两个月，地面上将不再是一片荒凉，而是到处都有青纱帐了。

铁道正在用武力严重戒备着。新一军配着红鹰式肩章，穿着美式黄绿色反领毛衣和皮鞋，在每一个桥边和每一个碉堡里戒备着。成群的老百姓正在增修新碉堡，压道车来回在巡视，修装电话线的工人临时在路边要求停车，让他们上来，每个出事地点，车子便走得特别慢，而警卫也就特别多起来。

政府小组组长王照堃，这个并不拿马鞭子的骑兵军官，在铁岭时说道：

"我十六年没有回家了，我的老家是法库，距这里只有六十里。"

"我是跟着何柱国将军带着军队出去的，回来可是一个人了。"他对中共的朋友说，"我们是骑兵，离开东北以后就没有见过那么好的牲口。我们东北的富庶，你们外面没有见到过吧？"至此他又转过脸来对美国组长说："将来我们东北要建设得和你们美国一样。"

有人问他十六年没回来，今天看看有何感想，他说：

"洋楼盖得比过去多了，乡村里可都空啦！"

他也承认日本人作了多少建设的工作，但是每餐饭配给六两粮食（十两为一斤），"往日喂马的红高粱今天人都吃得津津有味了"。

火车在每个小站都停了十多分钟，乘客中还有大量的日本男女匆匆地来和去。铁岭以北新城子到新台子之间的大桥五天以前方才修好，开原的共军一周前才退去，慢慢地接近了前方，所谈的也便慢慢集中于军事了。

这一批从西南到东北的新一军部队，做梦也不会想到在东北来流血吧，最有名的李鸿上校，今天已做了师长，他曾三次在黑土上陷入重围。新一军正在向前方增援，他们有全副武装，有苹果红的笑脸，有知识分子型的头脑，并享有全中国部队最大的供给。当他们看到我们这列车中有不少美国人时，便都在欣笑叫道：

"美国人也来了，美国人也来了。"

美国人运了这三部大卡车和三部小吉普车赶到前方，并不是为了参加战争，而是为了播种和平。这面前的部队已在开始学习美国人怎样在奴役机械，他们作运输和指挥的车辆也是成批地在火车上起运，新的武器及山炮也在露了面。由于这些优点，这部队是对科学有了认识，因此也便加重对美国人在心头上的优越感。他们正在遇到国外所没有的困难时期，恰好这时，那些曾经并肩作战的人毕竟来了。他们深信美国人要有点办法。

到了开原车站，虽然那劫余的车站上没有一张欢迎或是反对的标语，但这些人来的消息立刻便在武装的队伍中传播开了，他们都私语道："那是三人小组来了，你们可知道哪一个是共产党代表？你猜他们二十里外的部队会不会来看他们？"

一列兵车带着这消息开到前一站去，一列兵车从前方开回来，载来过去是用飞机运送的，如今是用牛车拖来的伤兵。"什么？"他们问道，"那三人小组又是什么？"跟着便又被呻吟声埋没了。在这声中，小组总算到了不和平的地带。

开原城是在十八华里以外的地方，这里的车站区域是为日本人所特设的租界区，我们没有到的那一天，军部迁到昌图去，师部刚搬入，就在夜中起了火，唐师长被四个卫兵从楼上救下去，只剩了一身衣服，转瞬之间，这座最高的大楼已变成了空架子。

晚上七点起戒严，枪声中到处都伴有大声吆喝。前方在一百里外，但这里却没有后方。前面三十里外马仲河桥坏了，火车只能到那里，后面的铁路也一次又一次被破坏着。

四月十一日

（1946年3月—4月）

沈阳的春天

沈阳印象

沈阳是一个动乱的复杂且充满了火药气的，三个月来，沈阳三易手，从日本的决战基地到苏联红军的解放区；十四日彭璧生带了五十随员把前线指挥所设在沈阳，协助在嘉陵江称为河神的董文琦从事接收。沈阳从日本手中留下一片大和式的租界。苏联人接收不少战利品，沈阳从此失掉拥有东亚第二兵工厂资格。留下的是"奉天驿"车站前的一座红军纪念碑，上面顶着一个老虎坦克；远东银行及大和旅馆门上有两大张斯大林彩色绘像，六家秋林洋行开工的工厂顶上插着红旗。中国人接收以后，天天晚上在枪声中戒严，老百姓以满心希望寄托于新来的光复者，但地方的秩序，一时很难恢复，有形的垃圾和无形的垃圾正在逐日增多。这垃圾从小街爬到大道，从广场的花台爬满了整个的千代田公园。

坐在日本忠灵塔下的一个中国乞丐悠然地在看满是积云的云天，我问他这四边的铁钢杆是否也是被苏军拆去的，他说："不，那是日本人自己拆去炼钢的，他们不要自己的祖宗了，我早就断定他们要亡国了。"这乞丐是个老者，他却有很深的自信。

沈阳的一切都不是正常的，有一种商店最发达即饮食店，有一种生意最兴隆，即旧货拍卖。最美丽的招贴是"美女五十名召请"，目的不是妓馆就是招待。间杂着的是"正则华语学校招生"及中苏友好协会教授俄文。全城的时钟没有一处不在停摆，即使一架四面钟上，四面的停顿时间也有所不同，机械化离这个城已远了，马车正兴时，马粪满街，涂得马路上都是历史倒退的印子，日本人穿起了中国小棉袄，男子也背着小孩子漫步。穿军衣的却是商人，大学教授在卖肉。最华贵的日本女人在小摊子边与三轮车夫送风情，一些伪满的烂小票子和新的红军票还是这里的交易必需品，主宰了一切。在一改再改名称的大街上，（如最热闹的浪速通改为斯大林路，又改为中山路。）走着中、苏、美、日、韩各种国籍的人。春日里没有春天，从满街的垃圾中踏出一条路，摆起小摊子。最神气的是美国人、苏联人，最颓丧的却还不是日本人，他们在租界上仍然握着经济权，一心一意地在为生活而奋斗，从中还找不出一个乞丐来。胜利以后，失了业的二十万工人，当卖空一切之后，他们和不幸的农民一样地感到春荒。

军人也是最神气的，东北保安司令部的臂章是一面国旗飘在东北九省土地上，那警备部五十一名首先进入者，每人更佩着一枚勋章。二〇七师的雄狮符号，伞兵的美丽装备，新一军新六军的英雄标志，纷纷出现街头，最近更要增加一种三环相连的新式臂章，那是军事调处执行部的来临，开始使东北问题的争论不要用战争而是放在桌上来讨论，在充满了爆炸性的烟火气中，只有这一种军人像救世军一样，名为军人而不需要战争。

在四个古塔和喇嘛经声包围中的沈阳旧城，据一位幼小在这里长大的中年开始流亡的游子说，简直和十四年前没有改变，但实际上，已很少有人不会日语，而日人到现在还有民族优越感，不肯学习中文。日本文化或者没有生根，但中国人却更穷苦了。这一次长期的侵略战争，有一大半是由中国资源来负担着，从"满洲国中学校"出身的青年，对这一段现代史非常生疏，新考上一家大旅馆的管理职务的女生，她倚在柜台边上问我："你就从北平来，北平不是北京吗？离我们有好远，那里还有皇帝没有了？"

自然，东北是复杂的，如果每个青年都是中毒者，这长期间没有停止的抗日运动便没有方法来解释了。老年人和中年人，多半还有很强的正义感，当伪军代替了国军飞来时，沈阳人曾经失望过。当摇身一变的伪官来代表接收时，有些机关人员便说："你是从关里来的吗？"

苏联撤离了沈阳，共军过了浑河，十几万军队在这片辽中平原上正驰骋时，沈阳由于熊式辉主任以下的人员到达，自然更增加了重要性。彭璧生将军说，沈阳市治安要看外围辽阳、本溪、铁岭及抚顺的接收顺利与否。现在除本溪一地均已接防治安，实已固若金汤。沈阳是否将代锦州为供应各军的基地，彭说可能。自然，谁都理解，大军正在战争中向长春进驻，由南向北。

沈阳的四月，是迟到的春天，除了老街没有一株阔叶树，在没有任何的花草萌芽的花坛里，满是积水的街上，水流成河。日本清道夫敲出冰来，放在街头冰凌似的在溶化。孩子穿着大兵皮鞋，妇女穿着木屐，声音很响，打在正在破坏中的又像在记录仇恨似的心头发悸。

沈阳戒严的一天，没有水，没有正当的商业，光复以后的正常秩序就是这样。

盛会一瞥

熊式辉、杜聿明邀请到东北来的执行小组三方面，四日晚在中苏联谊社举行了一个盛大的集会，虽然两位主人都因公未能出席，但由到会者美、苏、政府、中共四方面人士的握手言欢，说明了这是东北的一个空前局面。侍役、舞女、奏乐者都由日人充任。昔日的主人，一变而为"阶下囚"。更说明了时代的趋势，堪称是十四年来的空前突变。

彭璧生警备副司令代表主人致辞道："熊主任因公在锦，杜长官因病留平，不能亲到，对诸位百忙中前来，表示感谢。东北这十四年来水深火热，苏联撤兵后，国军要切实收回主权，此后接收工作繁多，百废待兴，希诸位有所指教。"

大家干一杯后，音乐开始，在大礼堂红底白字的统一和平民主建设新中国的横幅下，一群日本艺人开始吹奏快乐的舞曲。这次吃的是中国菜，正中一席，白鲁德将军居中，左边是共方饶漱石，右边是政府代表吴能定。

海参的大菜上过了后，马歇尔元帅的随员执行处长白鲁德以哑喉咙致辞："我的喉咙不好，因为我的中国朋友告诉我说，你说话太多了。"跟着以执行组长地位说明执行部是蒋委员长与毛泽东签订的一个特殊组织，在历史上是史无前例的。双方本是老对头，如能获得协议，必有第三者出面。我不能不说明我们所处的地位是困难的，我们不能说谁对谁错，我们的工作仅是计划，使中国人来完成。东北是一个最困难的区域。我与政府方面的各位负责人，熊主任见面，我更与中共方面负责人饶漱石见面，我们在做长时期的谈话。自然中国已经过一个长时期的战争，我们美国也经过长期内战，也有这经验。我们要的和平，是要在桌子上谈论的，但这战争已不能由中国自行解决，也就是中国内战不能自行终止。中国不能和平，世界将受影响。我庆幸能与各精选的各小组代表在一起工作，自己不能够解决的，再送到高级的部门中求解决。现在为诸位康健干一杯。"

一位日本歌手跟着唱起来，没有人注意他唱些什么，但喉咙中总有些不响亮，一位幼小的在沈阳的朋友说："日本人不会想到也有今天。战争，战争结果便是灭亡。"

吴能定代表政府小组致辞，谓此次与离别十四年多的东北父老见面及美方代表和中共代表欢聚一堂，十分兴奋。首先我们感佩美方代表，其次感佩中共代表，他们都是爱好和平，我们要建设富强康乐的新中国。

饶漱石致辞，首称不堪回忆的是十四年来，东北同胞在日本帝国主义下所受的痛苦。他说："今天能到此地，首先感谢最大的盟邦苏联，伟大的红军，但我们在红军撤退后，军事上存在了冲突。中国政府代表，美国代表及中共代表今天能与其他地方一样的处理停止冲突问题，这不能不感谢我们的伟大盟邦美国，我应当对他们表示感谢。中国东北同胞被日本帝国主义蹂躏了十四年，但人民是不屈的，如政府的李杜将军，还有人民的领袖杨靖宇、赵尚志，一方面是国民党的将军，一方面是共产党的将军，他们都从事于抗日。我们今天胜利了，有任何不同的主张，必须按政治方式解决。沈阳街上有标语，说我们要和平，我们反抗战争。今日晚与白鲁德将军到林彪将军司令部去，我看到上万的群众说，我们要和平，要民主，要统一，要建设。其目的是一样的，我对于中国的前途，不能不与其他地方一样，表示非常的乐观，并有非常的信心。蒋主席与我们毛主席签订了停止冲突命令，政协会议有了决定，这些如能施行到东北来，必能解决问题。我以中共小组资格，希望在东北共产党与国民党的同志能按上述意见去做，一定能有收获。和平若不能实现，我们对不住中国人民，对不住死难同胞。请为中国人干一杯。"

东北保安司令部政治部主任余纪忠说："杜鲁门总统说，第二次世界大战是由日本占领中国东北，是因为东北脱离中国。今日聚于一堂，是时代的趋势，是十四年来，政府相忍为国的表示。今日中国对内求和平团结，对外求敦睦邻邦。东北表面复杂其实很简单。中国自苏俄手中接东北，是主权的交接，而非党派的商谈。问一问东北人民，他们面上的笑容会告诉你许多事实的真相。对诸位有两点要求：（一）帮助中国接收土地；（二）主权接收以后，建设统一民主的中国。为统一民主，保障东亚及世界和平而干杯！"

音乐声又起，政治气息在跳舞声中慢慢冲淡下来。入夜的寒风在吹打着窗户，间或飘下几点小雨点。七点钟起戒严了，口令声、流弹声，到处在响。除了那个大舞池之外，沈阳虽然已是春天，但还没有春天的温暖。

困难正在开始

沈阳有两个大建筑作为招待调处执行部人员用，一个是飘有红旗的大和旅馆，一个是门口有四强旗帜及四大领袖画像的苏联联谊社，现由政治部接办，改名为东北饭店。前者为美方人士住所，后者的七层大厦作为招待政府及中共人员使用。美新闻科长布瑞田说："这样，可以给他们双方以认识的机会。"并做了一个会心的微笑。他知道困难正在开始。

在三月的和平之声，仅有的便是东北执行小组的选派，巨型机七架二十九日飞到了多云的沈阳上空，载来美方代表及政府小组的一部分，还有六部军用车及电讯器材。四月二日中共小组代表以三架飞机载来了五十人，经过"迫离"的误会，没有驶返北平。第一个到锦转沈的白鲁德将军，喉咙哑了一星期，政府小组的主干还没有赶到，虽然五日熊式辉带着一线曙光来到了，但他却称病，并没有和熊氏见面。执行部天天坐卡车出发到南北两路去视察，但迟延到一周时候，白鲁德请假返平就医的那天，钮先铭副参谋长偕政府四小组长才算赶到沈阳，如何调处，六日有了竟夜的讨论，但无结论。没有全盘决定，显然不能出发。（记者按：现已有两小组出发。）

东北饭店因此便成全城注意的中心，车马的烦嚣有时竟超过熊主任的公馆。这里一条横街两端都有松坊，一面挂的标语是"世界和平万岁"，一面是"中华民国万岁"。在警备森严的步哨盘查下，成群结队的人民到这两块标语之下瞻望，希望能够在车马的乱动中获得一些什么，然而已等了一星期了。报纸上边日日都说小组即可出发，但事实上，政府小组主持人选的迟到，蒋主席在参政会关于东北问题的报告，以及或大或小的行动不得自由问题，都好像这几天的天气似的，春天的晨雾，偶然透出一点阳光，便又被遮盖着，甚至三人小组来沈的消息都正式见诸官报，而结果还未能证实。美方新闻组长布瑞田又说："我不能告诉你，他们什么时候能来，因为我没有消息。"他也决定八日返平。等到他们来时再回沈阳。

中共代表五十人到达的那一天，飞机场因检查人数而起的纠纷到现在还未解决，中共的抗议内容，是要求保障人员的安全与自由，工作交通的便利及道歉。美方跟着第二天虽然发表肇事缘由，由于一位伞兵队长名为史迪威的不明手续并已面向中共道歉了，但中共方面对此不做如是单纯的理解。一位中共少将在餐厅对于用餐手续大发雷霆，他说："要是给我们自由，我们要出去吃饭，我们不要吃这种招待饭的。"大家同在烦闷中，就在那一晚另一位政府小组代表也在用餐时大骂："你们有什么可吃的都拿来好了，我一个人负责，这样的饮食饿得头昏眼花了。"当时膳食立即有了改进，但工作的不能展开，则仍然难填心理上的空虚。

白鲁德将军飞访林彪的消息是第一等的刺激新闻，跟着便又知道中共有铁道，有城市，有生产组织，而且短期内准备欢迎中外记者团前往视察。他们对于"主权"的接收，是作如是的解释："国民党只要自己接收，不要民众接收。"林彪的参谋长伍修权这次则随着白鲁德的飞机到了这里，对于全盘的局势有了报告。政府方面说："停止冲突是可以的，只要执行小组协助推进国军接收。"在第一次新闻记者招待席上，有人便巧妙地问道，沈阳的报纸上只有"匪"没有共，请问究竟是共还是"匪"？美方答道，这件事在没有调查以前不能奉告，但他却奉劝记者们两句话："中国报纸希望多登载事实，那样对中国和平才有望，如若违背事实，则只有造成冲突空气，增加调处上的困难。"

调处部成立以来，遇到的最困难的区域有两处，一是广东，一是山西，而国共双方到今天已都承认东北调处要比前两处更为麻烦。东北今日的现象绝不是一月十三日下午十二时以前正向收缩的局面，而熊式辉主任到沈二十四小时内即得决定的预约券也未能兑现。东北不会像广东，也不可能像山西，东北总是东北，哪一方面也不要求特殊化，但东北自有东北的特殊处。小组在军事三人小组对于大原则决定之前，局部的停止冲突，是不可能，而且也不会得到协议的。代表执行部的三环，没有力量能使他们联在一起。

站在沈阳街头上，坐在美军给我们的吉普车上在各处走，看一看在这次战争中翻身起来的苏联，看一看在这次战争中没落的日本，再想一想在夹缝中翻身的中国人，要怎样来求今后的自处，是战争呢，还是和平呢？

战争与和平的歧路中，杜鲁门的名句："第二次世界大战是由于日本帝国主义占领东北，是由于东北脱离中国。"在这里被人一再提起了。但中国对东北的现况也应有一个新认识，使东北能永为中国所有，不至于由东北再引起世界第三次大战。每天徘徊在"世界和平万岁""中华民国万岁"下的人们，不能永远在那里静观了，希望越大的人常常会得到更大的失望，东北人民的大希望不应该拖成大失望。

火药库

不管我们自己承认与否，美国记者是以"内乱的温床"称呼东北的。美国人对东北调处的主观的认识也是这样：到实地去看，要小组立刻出发阻止火药库的爆发。

沈阳的气氛就是整个东北的气氛。沈阳是个火药城，城东及城北兵工厂在东亚占到第二位。记者团在凭吊那拆得空洞洞的北大营之后，在那水泥钢骨的大建筑物看一看四周已少人迹。但那更北端烟囱林立，那就是十四年来新建立的九一八兵工厂。——四十里的面积，拟有四十年建设计划，用四小时才能巡视一周的大兵工厂。

一个从张作霖所建的旧兵工厂里调来的警卫告诉我们说，日本员工尚有八千多人，仍保有武装住在这里。当老毛子兵到这里来时，打过三次仗才攻入厂内，后来两次缴日军的械又起冲突。如今日本人仍然保存着一部分枪支，用来保护他们自己。

在这个大兵工厂内绕一周，所看到的的确已破烂不堪，整个火药库变为了垃圾堆。没有一个汽车有轮子，没有一个厂内的动力机不被拆毁，特别是从旧兵工厂及美德等国订购的良好机器，已全部失踪了，有一小部分已然用木板装好箱正安置在一架起重机下，等候起运。巨大的厂房有的整个炸毁，有的鼓风机倒在一边。苏联人是以战利品来处理这些工厂的。主管人现正要派人清点遗留的废料，就算是想要恢复，也并不是一个短时间的事。大烟囱暂时停止冒烟了。

那些日本人仍在有秩序中生活着，宿舍部分每个房门外还挂着洁白的衣裳，只知粮食已在缺乏，并曾向中国官方来接洽过。有人问那看门人，是不是连运转机器的日人陪同那些精致的械器一起被"接收"了呢？他说，他不知道确实的姓名，但听说有些日人已离开了，并给家属留下一些钱。今天的清理机器责任听说不久就又轮到他们头上。在兵工厂区以外铁路以西的四百八十九工厂又是一个大工业区，在户口册上登记的有十五万二千工人，其中日本人占三万二千。这个大工业区又是伪满特别制定的，为了"大东亚战争"，他们把全国三分之一的电力都消耗在这整个区域内，自然，全沈阳的大小工厂共有四千以上，每一个工厂都毫无疑问地支持着日本军阀的侵略。有若干工厂整理后即可开工。

警备司令部在这区域看管了三十个厂，东北兴业公司在这里接收了二十个厂，军政部在这里也接收了不少厂。今日能开工的还有苏联的秋林洋行在这里的六个单位，即一家金属冶炼厂、两家啤酒厂、纸、烟及瓶厂各一。那家金属冶炼厂的烟囱是全区最高的，而据闻每月有纯金两吨的产量，因此便特别受人注意。其实在参观时，才知道主要是炼铜，其他都是副产。该厂已十室九空，据一家完整的协和机器厂的看守人谈，连夜里都有人来挖开墙洞，想偷东西。那可能都是原来的工人。日本人没有这胆子。

沈阳大工业区中现存有多少工人不可知，有人说失业的数目是二十万人，有说三十万人，总之，是一个很大的数字。这些人在混乱的时候发了些小财，譬如那时一桶颜料只卖五元钱，至今则值五万元之类。坐吃山空已八个月了，谁也不知道复工在哪一天。据说有大批工人离开了沈阳，有人说是过了浑河，究竟到哪里去了，至今还是一个谜。

每一个区域都有破坏，但恢复并非不可能，兵工厂空了，但火药还埋藏在那里。日本人有些不甘心地在说："过二十年我们还会回来的。"日本人自然是第三次世界大战的最大希望者，他们还想翻身。至于我们用什么方式来接收这一堆逐日正在加深的垃圾呢？官管呢？民管呢？这些问题在没有接收之前也许还谈不到，但看到满街"欢迎接收的东北大员"的标语，来主持接收的人不能不增加了心理上的沉重感吧。

　　用一个例子来说明今天局面的转变，没有比国际善后救济总署东北分署占用了日本神社更恰当了。世界和平的救济机关要用麦粉、衣服及实物来代替天照大神的施惠了，这虽仅是对于日本人的一个讽刺书，同时也是对于全世界用武力来做豪赌的人们的一个大嘲笑。

　　以东北的资源、人力，建起一个征服世界的兵工厂的黩武者之梦是幻灭了。制造兵器的机关如今怎样来转化为和平服务呢？这其中是若干的债务要清偿，但清偿的方式应当是和平方式而不是用武力。

　　执行小组到东北来的任务，与其说是为了中国，不如说是为了世界和平。看到东北工业区的一切侵略性的设施，这个力量是应善为处理。东北的战争，的确到了应调处的时候了。

（七日）

（原载于《大公报》，天津，1946年4月6日—9日）

第三辑

战火中的工商业

浙江，过去的天堂

一、浙江的地位

浙江的水在全国的水系中独成一个系统，浙江的人在全国的名人录中也是独占鳌头，尤其是"上有天堂，下有苏杭"，当到处有如地狱的时候，这是每一个中国人都羡慕的好地方。

虽然如此，浙江却不是什么资源丰饶的地方。曾世英氏最近估计，浙江的面积只有101.061平方公里，是全国省份中最小的省区，但人口据内政市估计却有20331737人，每平方公里的人口密度是194人，占全国的第三位，第一位和第二位是江苏和安徽。除了长江三角洲外，土地并不十分肥沃，在十个主要产米省份里的地位是倒数第三，23488市亩生产7119万担，仅能超过福建和云南。浙东虽然有四分之三是山地，但林木的葱郁比不上福建。矿产除了海盐而外，没有太多的重工业资源，足以建立轻工业以外的大企业。

浙江能有今日的卓立的地位，因为他一向是"东南文化重心"，是"人才的温室"。从地理上看，南有雁荡，西负仙霞，环有天目、天台、普陀等山，水系又独成系统，是历史上偏安与四塞的王国。"浙江通志"一开篇便是"浙为东南文化重心，周末以还秉华纂述，……宋室南渡，临安尤紧宗社之重，自时厥后，文物肇兴……"以杭州为首郡，出现了那么多的名宦和循吏，在这人才的温室内，用高度的农业文化成果，为全国培育出数不清的幕府人才，使浙江籍贯与宦途有了最密切的联系。

浙江又是通海的地方，在西洋人未到中国以前，倭寇便常在浙闽窜扰。对外贸易已经有了八百多年的历史，宋太宗游和元年（西历九九〇年）史家笔下便有设置市舶司的记载。这么长时间的洋务训练，再加上文化的遗传，使半山半海的宁波属七县人，能够应时势需要，肩起新兴工商金融事业的重任。当鸦片战争以后，上海的新国际贸易市场代替了广州的旧国际贸易市场的时候，在人生舞台上的山西商帮落伍了，广东商帮腐化了，那么，既有山西商帮的谨慎与勤俭，又有广东商帮的果敢与决断的浙江宁绍商帮创造了近百年的历史，似乎是注定的而并不是什么奇怪的事。

清末以至今日，浙江宁波属人士的开拓上海以及在上海生根的经过，我会仔细研究宁波同乡会及四明公所的内涵，这些故事将来要在"上海"一文中详加叙述。这里仅能简单指出浙江虽然在人们心目中是"天堂"，不与其他沿海的苦地方并列，但浙江的物资并不过丰。这"天堂"是用浙江人的人力创造出来的。过去的仕途，今日的工商金融，从最高的主持人到最低的工役，他们都是用同一的认真精神在处理他们的工作，向长江，向黄河，向珠江，或官或商的足迹踏遍了天下，每个团体都是坚强的，团结的，互助的，于是在每个为他们所开拓出来的部门中，都各自获得了应当得到的地位和荣誉。

这个省份对于中国处于领导的地位、不论在政治、经济或文化方面。唯其有多方面的配合——有机的配合，使每个单位的事业更为飞黄腾达，每个家族更为愉快康乐。若是没有这次抗战，多少领导者的建设濒海地区的迷梦还不会警觉，他们只想到本身，没有想到全中国。

二、浙东与浙西

民国二十六年十二月，浙江省政府做战争中最后一次改组，黄绍春主席是在南京杭州陷落之后就职的，省府迁到鑫华，想要规复杭州。敌人方面是政治战，经济战，最后仍是武装进攻。萧山、绍兴、宁波相继沦陷，三十一年三月下旬又失掉了金华。省政府迁到更东的山地中。敌人跟着逼近，省府后来又一度迁到省边界。浙江人眼中的浙西与浙东是这样的：浙东是山地，除了宁波、绍兴外，冈峦起伏。浙西多半是平原，除了靠近安徽边境的天日山脉。当省府迁到浙西的时候，在全省经济重心的浙东山地设有行署，主持一切。本来以为敌人不易深入的地方，这七八年来，到处都已受到空前未有的蹂躏。

从太湖下行，在钱塘江北的大山是东西天目山，这一带丛山几乎可以从太湖接联上鄱阳湖。浙江省除了浙西杭、嘉、湖三府外，多半是山地，这些山地在抗战中间都成为反攻干部的训练所，文弱的浙江人千千万万的变为荷戈的武夫，愿以血肉贡献给祖国。

天目山是肥沃田地中的高山，周围是丝茶稻棉的区域。满山的杉木排列得整整齐齐，像是上操的兵士。山村、水塘、凉亭、板桥、老树，正是一幅江南风景的素描。在其中的，不是高僧的静室或道士的云楼，而是军事根据地，同时也是经济游击战的江南司令署。

山，是中国的保姆，是各种游击队能够生存的地方，但也有最大的遗憾，就是粮食不能自给自足。在平时，天目山一带的米是要从芜湖或者青弋江一带输入的，自从暴敌占据了芜湖，此路便已不通，而由龙游、建德运来的粮草异常迟缓，乃使大军和各级的干部都感到空前的困难。作为"鱼米之乡"的邻人，却还在手拿着金碗讨饭吃。

东西天目山在呼应着，设法在加强军政的力量，在加紧经济战，在肃清"姨太太列车"的拥有者。多少次失败的经验没有摧毁反而加增了工作者的勇气，他们都在面对着现实抗争。

至于浙东一片山地，更不能没有若干必要的设备，省府到了东部的边界，一再喊出的口号是："建设浙东，规复浙西！"

从农田水利和乡村工业，双管齐下的建设浙东。但是每一次战役的破坏，使若干建设都渺无踪迹。伍廷易厅长说："敌人扰乱法制，掠夺物资，抬高物价，破坏经济的阴谋，变本加厉，浙东首当其冲，所受毒害最大，危机最迫。"浙政近五年来（二十七—三十一年）建设的支出是3,002,020,560元，其中工矿投资值900万元，有电厂、铁工厂、纺纱厂、化学厂等，农业改进经费为20余万元，工业实验经费百余万元，其余如交通、合作、统制都有设施，使苦寒的山村内地，因为抗战也披上了现代化的外衣，牧牛郎都受新式的教育。各地的畸形繁荣都在增进，当金华还是吐纳港时，产生了不少暴发户，直到最近仍然没有良好的纠正。这与深山中的战斗者群，恰成深刻的对比。

《东南日报》主笔钱谷风氏在《遥望浙东》的题目下大声疾呼：

"记者遥望浙东，感触甚深。往年杭富沦陷，浙东人士熙熙以乐，萧绍鄞温一时骤形繁荣，其后沦陷，金兰又畸形繁荣，今金兰沦陷，据闻建德、龙游、龙泉又为畸形市场，岂'歌舞不休，杭州可作防州乎？'人心陷溺，实为根本病痛……"

三、静静的海滨

一个大规模的垦殖公司要在台州属的海滨设立，一个调查团在那里视察了不少时光。

浙东沿海是最接近敌伪的地带，从民国二十九年起，北起宁波，南迄平阳，年年都要受到敌人的窜扰，但沿海的广大农村是平静的，从乐清北上就是一片平野，温岭更是一片金黄的稻区，"温州靠平阳"，这真是一个山脚下的"鱼米之乡"。

靠近海滨，田地都是海泥涨成，居民以渔业为主，最外面的不能种植，里面是盐田，再内可种棉花杂粮，围垄里面才是水稻。这些地方一年可种稻、豆、麦三熟。再向上便是梯田，就只能种一季晚稻。再上是山地，可种豆麻和甘。

人多，地少，每家平均不能到五亩。佃农在临海平均百分之六十以上，而丰饶的平阳却到了百分之八十。因为文化程度较高，农民很能利用他们的土地，由于经济作物的价格飞涨，也曾一度得到厚利。不过到了去年，因为经济作物的竞种，交通运输的不便，以及加工的不完备，却形成了生产过剩。如烟叶，在濒海增种了二三倍，甘蔗在沿海八县都增加了一倍面积，可是去年冬天，苧叶每担从五千元跌到一千五百元，苧麻每担从七千元跌到三千元，绿麻每担从二千元跌到八百元，棉花每担从万元跌到几千元，新糖上市，涨势停在每担一千八百元上。

"市价不够成本，"一位调查员说："农民又无力囤积不卖，自然，这个打击是不小的。而获利者是什么人，我也不必解释了。"

在乐清、瑞安、三门、天台，产生了许多新地主。他们大半是商人，由于正当的或不正当的手段，在温州、天台或其他地方获得厚利，便不问田价竞购土地。有些是军人，在三门接近敌区的地方，趁着地价下跌，出资抢购。还有一种人是佃农，他们用战前押出去的原价收回来自种。这种情形，天台最普遍，青田也有。因为那两县买卖田地的契是活的，并不卖绝，照法律规定，不满三十年的可以随时收回，可是过去每石押租二十元（合每亩六十元），而现在平常每亩都值八千元，于是双方的纠纷就免不了。天台法院三十二年规定，民四年押出的田地，加三十倍可赎，民二十年押出的，加二十倍，战前的加十倍，战事起了以后的加五倍。平均估计，天台上等田价值一万五千元，但以一千二百元便可以赎回。一些专吃土地又是"活契"的小业主，现在变得衣食不足了，一些贫苦佃农却则为自耕农了。不过多数也只过一过手，为了生活，新的自耕农又把所有权出售给特权阶层，再去作别人的佃户。

"农民生活有没有好转呢？"

一般的答案是否定的。自己有田的，今年田赋附加合起来，每亩要八十斤谷，还有每亩的地主积谷要三斗，征购要一斗八升，此外再要加征属优待谷，乡公粮，各县驻军副食的摊派（据天台调查，全县每月折款为二百万元，以五万户平均计算，每产每月要缴纳四十元），又乡公所经费也由民间摊款，在青田按亩收五斤到十五斤的谷，此外，还有劳役代金，山地收益捐等。这些海滨的农民对于"出钱出力"的标语也可告无愧了。

"负担还是其次，主要的是濒海的农产价格始终在工业产品价格之下，使农民的收支不能平衡。大致粮价较战前涨了一百五十倍，而工业却涨了四百倍以上。农民没有购买力，生活也就无法提高了。"

自然这也不仅是浙江一个地方的情形。

四、浙江的上海——温州

上海沦陷后，浙江境内出现了不少新的上海。从旧上海到宁波的船，只要高悬一个"虞"字便可通行。在冒险家的乐园里，有钱有力者便更占了优越的地位，以"四明"精神从事于新的市场的开拓。

到今天，新开排遣出来的码头又都相继沦陷了，硕果仅存的唯一通海口岸便是温州（即永嘉）。

"温州也不行了"，多少进进出出的人传说都是这样一句话。

三十二年的温州商业，一般地说来，可以说是不景气的，不像前几年，客家办货只怕买不到似的，你拉我扯地把货抢走了。物价逐步地从捎客口中高抬起来，囤户把货堆在乡间，装成没事人似的，等待着更高的价钱。现在可不同了，物价波动太大，银根又紧，利率愈涨愈高，越想脱手越脱不了手，于是想出了各式各样的大减价，到处贴满了"买一送一"的触目惊心的广告，西乐队伴着人声大吹大擂，这情形正像不景气时代的上海，谁会相信这是抗战第八年来的温州。

一位大进出口商——建中公司的主持人说起多少濒海的故事，说起多少资敌的辛酸——其中可以最新的木材的故事为代表。

敌寇需要木材做什么？在去年年底，上海的敌寇下令伪市政府，限期交出大量民夫，日夜赶修飞机场，今年年初，又在定海修筑飞机场，因此上海所有木材被强迫征用了，连营造厂也无例外，上海成为没有木材的市场。

一个更大的需要，则为了军事运输，使敌寇不得不一面抢夺我濒海地带的帆船应急，一面为抵补被潜艇和飞机炸沉的船只，在新加坡、香港、汕头、厦门设立造船厂，大批建造平底船，因此，搜括我们民间的木材也成为当务之急。

为了达到这个目的，敌寇布置了一毒辣的阴谋。去年九月，迫令伪组织把上海的花纱布封存起来，估计共有七十多万件，在其中，三十万件运回日本，十八万件运到华北，还有三十万件仍存在上海，这就是用来攫取我国木材的资本。

在开始交换的时候，敌寇规定只要把一丈四尺长，四时以上梢口直径的杉木一千株运到上海，可以向"万和"等商号换取二十支棉纱五件，蓝白布各二百五十疋，但到了去年十一月底，敌寇看到从温州等地运来的木材越来越多了，就把标准提高到口径六时，凡是不合标准的就不能调换纱布。于是上海存着大量不合尺寸的木材，无法出售，到后来还是由伪组织廉价收去。

到了今年一月，办法又改变了，规定必须用一丈四尺长，六时梢口直径的真杉或柳杉一千七百五十五株，才能调换蓝白布五百疋，并且要枝干挺直，皮色黄白的，否则就不够格。最近听说又改变了标准，长度照旧，口径加到八时了。

木材除福建的以外，浙江的产自仙霞岭、括苍山一带，由瓯江顺流而下，结集在温州西门外，为出口的重心。南屏纸业，波动不大。南北货业，去年入冬以后未见起色。山货一蹶不振，价亦下跌。茶叶因无销路，仍呈冬眠状态。

进口商品最大的是纱布与颜料。去年中秋，因敌人收购政策的影响，受了很大的打击。敌人收购存纱，表面说是万元，实则只有五千，还有五千是"胜利公债"。于是张江布大量自上海逃往温州，使涨到十四万关口的纱布狂跌到八万，使一般生意人犹如哑巴吃黄连，说不出苦来，更使棉织工业也无法存在。

其他商业，如卷烟、火柴，受专卖影响，使外烟能乘机倾销。来往客商，自从沈家门到洞头通航后，商业向洞头七里转移。米业冬旱歉收，最贵涨到百元十一斤，囤米者获利不少。各种限价物品的黑市，多超过原价一倍以上。

温州——"小上海"为什么不行了呢？一般人的推测是：

（一）因国际政局动荡的影响，使暴日加紧搜掠，影响到内地市面。

（二）开放黄金的消息，刺激甚大。上海到温州不能直接通航，货物进出波折太多，经商者减少利润。

（三）内在原因为利率过高，票息自万元五百元涨到一千五百元的关口，银行限制放款，周转不灵。尤其是购买力的降低，使各店不能不用"大减价"的办法来刺激。

如果整个局面不好转，抗战不早得胜利，这下坡路是走不完的。

"浙江的上海"是悲哀的！

五、战火中的工业

浙江的轻工业本来是发达的。至于重工业，如浙江铁工厂在这七八年中也会为抗战尽了相当力量。虽然几次迁移，已经失掉原有的规模，但也不能忘掉这一段史迹。

七八年来，这个铁工厂每每在军事转进之前奔走，现在迁到一个地图上没有名字的小镇上。随着这个现代工业而来的，是现代化的设备加在这个天赋的山清水秀的土地上。

这个铁工厂在东南战区是首屈一指的制造及修理军火的工厂。他如农工生产机械，也多向该厂定制。厂长黄祝民氏，广东开平人，美国留学生，他带着参观者参观他的工厂和分厂，为着适应环境，各厂必需取不可少的分散。

沿着一条山涧弯弯的跑进去，在峭壁下，是一幢幢整齐的厂房，机声沉重而有节奏响着，工人都坚强而紧张。一块块的钢件，随着机器的转动，挖着，车着，刨着，铣着。最后在装配间里，一挺光泽耀目的轻机枪完成了，跟着就拿到后面山坡上试放。厂长说：

"这个分厂每月出货××挺，三年以来，已经武装了×师军队了。"

又到一个炼药和装配炸弹的工厂，隐藏在古老的村房中间。在陈列室里，看到各种火药和效能的比较。黄主席发明的枪榴弹，火力等于小型迫击炮。黄厂长说：

"这里最感困难的是高级火药无法购得，所以我们在研究高级火药的制炼，在不久的将来，也许有相当的成就。"

又是一个抗战的分厂设在一所庙宇里，出品全部都是农工机器，如纺纱机、织布机、榨油机、烘茶机……各式的工具机都在转动，各型的机件在装配，这又是一个生产机械的博览会。黄厂长说：

"我们除了新造之外，特别注意修理旧的器械废的器械，化无用为有用。这样可以节省材料，减少原料缺乏的困难。"

当抗战开始，上海失守，杭州沦陷，有一批抢运的机器搁在钱塘江南岸，风吹雨打，眼看着便要生锈，变为无用了。黄厂长奉命来设一个铁工厂，他只召集了十六个工人，有一半是生手，便把这堆机器一架又一架的修理好了。跟着政府迁建委员会又抢出一批机器和原有的工人，二者配合起来，便成为我们看到的工厂了。黄厂长说：

"我们自己训练技工，……我们自己设法寻找原料，利用一切可以利用的交通工具，到战区前方去抢购，更发明代用品，在团结一致的原则下克服一切的困难。"

他们在荒村中设了合作社、粮食管委会、公余社、医疗所、运动场、图书馆、剧团和训练班。厂长爱护全厂同人如手足。有一次，这山村中断了食粮，外面去采购的没有赶回。厂长命令把所有的食粮分给员工和家属，最后把他自己的存粮也一并献出，作公平的分配。结果，各厂职员工人一体忍耐着饥饿来上工，而效率却有增无减，如此便把难关渡过了。当时本来有人献计道：

"我们如果停发家属食粮，可以多维持一二十天。"

"不可以的，"厂长这样地回答。"他们到这里来完全是为了工厂，为了抗战，他们的家属也都是我为他们接来的，我应当要负责任。他们在这地方人生生疏，比我们更难找到粮食，如果到一粒谷子都没有的时候，我们大家同时不吃好了。"

这位领导人是在用这种精神感动他的部下，使他们为抗战增加生产，同时也增加了他们对他的敬爱。

对于员工的情绪，也是充分把握着的。

"当那次敌人渡江的时候，厂内同人发起了献金和献枪运动，同时还捐献巨款给前方拼命的将士和后方流离的难民。这运动立刻轰动了全省，而且影响了整个战区。每一次献金，我们都是热烈响应，所捐的数额总不比别人少。"

敌人千方百计来破坏这个机构，用飞机，用汉奸，用一切的诡计，最后不得不用武力加以摧毁。但是这群战斗的工人们化整为零，机器的单位更加分散，使工业生产者也像游击队一样的个别作战，只要一口气存在，决不停止。

我不敢说浙东山地的每个工厂都能这样的战斗，但由于这个铁工厂的存在，对于工业战士却是一种鼓励。

六、明日的浙江

历史上四塞的浙江，在近百年海通以后，本已四通八达，谁知抗战已来，又恢复了过去的四塞模样了。至少，在山地的政府是这样的。

全省的重要道路都破坏了。铁路最近才分段恢复。人行路和公路先从浙闽大道来改善，这条路是浙江和内地联系的唯一咽喉路线。

我也是从这条路线进入浙江到温州的。从浦城到江山，全程二百四十华里，这闽浙大道上，汽车少到可怜的程度，物资的往来靠着"铁肩"的老百姓。这批生长在江山的乡下人，没有浙江人的文弱，他们把土货运来运去，成年以血肉之躯和风霜战斗，但收入不足维持一家的食用，还要靠着老小家人做土地的奴隶来糊口。这也与商人和那种一掷千金的战时暴发户成为强烈的对照。

在浙江，敌人窜扰的结果使他的真面目对人民暴露了。最荒僻的地方见到过鬼子，因为敌人在三十一年曾冲到仙霞岭脚下的保安。这一路上到处都是愤怒的谈话，人民的声音中，找不出"世家子弟"的那种悠闲味。

黄绍雄主席最近也是从这条道上到后方来，我看到他公开发表的谈话：

"今年浙省为适应环境需要，特将卫生与教育列为施政中心，并由地方合筹四五千万元，充实鼠疫经费，积极防治与扑灭。以云和为例，全市二万余人中，死于鼠疫者仅九十余人，且其中八十余人为未经注射之平民，公务员死者不过五人。足见死亡率已减少至百分之十以下，而防治之收效亦达百分之九十有余。现全省国民教育极普及，中等教育尤为发达，学校大感缺乏，故本年特积极推动兴学运动。据报，温岭县有赵、姜、叶三家，已闻风合办中学一所。现浙省一般物价均甚平稳，普通米仅售五元一斤。近年推广抗旱抗风运动，并改良稻种，成绩甚佳，助益粮食增产匪浅。现民食确能自给自足；过去须向江苏购粮，今并可供应军需食米一万担。工业之生产成品，亦大有进步。关于军队之副食费，浙省倡行年余以来，并颇著成效。不仅军队方面深感疾病、逃亡、死亡之数字已大为减少，而一般老百姓之乐愿输将，其情绪之热烈，恐亦远过于内地。"

这是浙省最近的施政姿态，战时主席在战时也在推进着平时的大计。从濒海到内地，从沃野到山林，从文弱到茁壮，从无为而治到积极推动，浙江在战争中蜕变着。

未来的浙江是怎么样呢？荒凉山地生活改变了，象山湾一定要成为未来海军根据地，东方大港是在浙江还是在江苏，也是关系"省运"的必争的事。到了处处都建成地上天堂的时候，浙江也就是并不特殊的地区了。

三十三年五月十一日写

广西，山水人物

在一本旧历史书上，记载着一位佚名的英国人在描写俄国的神秘道：

俄罗斯包括各种不同的时代，男男女女的心中有第四世纪，第十五世纪和十八世纪各种不同的思想，有时有些人渴望以二十世纪最新的政治和社会的秘方，来医治人类的病症。

各时代的人民，肩并趾磨共为舞会的舞伴，假如有想知道盎格鲁撒克逊时代的农奴状况，与其到图书馆去检查，不如直接去和俄国人民谈话，可以得到更真确的知识。

行政的惰性或迟钝，使不好的法律和好的法律都一样的僵化了。把自由卖给这个人，把宗教宽容卖给那个人，无论有罪和无罪，都可以用金钱贿赂而免刑。俄国非正教徒经过二百年的压迫不能消减，因为警察和教士心愿放松他们，为了某种报酬。

亚洲的国家多少有些亚洲的特色，不禁想到了我们自己。我们不能不联想到一些类似的事实，如古老的中国是怎样发展的？抗战中的中国有了哪些进步？在他国人士的眼中有多少不能了解的谜，像上面英国人论俄国人一样。

且不必说全中国，即便是俗称山水甲天下的广西省，我在最近的一次旅行中也看出了他和过去有了很大的变化。抗战以前没有铁路的省份，抗战起了之后却变为有铁路最多的省份了，这些铁路是广西的人民协助工程当局以每日一公里的速度来完成的。百分之五十以上是边民，这些边民也出了兵工钱粮，同样在为抗战努力。

用最简单的几笔淡墨很难描画出广西省的形象。这是一个战前有模范省称呼的省份，直到今年省主席还在呼吁改善政治风气。九九县和一市，分为八个专员区，虽然在暖带的气温下，但是地瘠民贫，生产物品不能满足人民的需要。最南方是十万大山，北部却绵亘着五岭山脉，中间丘陵起伏。国难日深时，广西的抗战呼声便最高。"八一三"后，广西健儿立即到了最前线。二十九年，敌人偷窜入十万大山，践踏着桂南的土地，使桂省自安静的后方一变而为战争的最前线。在广西首次使用了机械化部队，昆仑关的大歼灭战后，暴日终于驱逐出桂境。广西省是第一个恢复了全境完整的省区。

我虽不曾走遍了广西全省，但是也踏遍了新式交通所能达到的地方。都市是一个时代的产物，披着完全现代的外衣。但边村又是另一个时代的产物，封建制度还滞留着。在这二十一万九千平方公里上住着一千四百万人口，其中百分之八十是农民。同样的，都是农民，各个区城又有各个区城的特殊色彩。

广西所以被称为模范省的原因，是因为经过了十年的努力，使一个兵匪混乱的地方一变而为和平建设的地方。北伐结束了，二十三年时李宗仁、白崇禧、黄旭初三位主持人决定了"广西建设纲领"，制成了"省施政计划纲要"，在自卫自治自给的三大原则下，谋广西的建设和中国的复兴。到今天，广西是出兵众多的省份之一，又是民选村长普遍实施者，在三十二年地方行政会议上，更喊出了加紧推行地方自治的口号，在政治的改进中，自然也同时存在着若干应当克服的缺点，自上而下的政治，能够直达基层，为了新政，当然得加增民间的负担，也难免有抹不完的血与泪。主政者的头发也斑白了。

去年一千五百个中国工程师学会的会员，在他们的第十二届年会上，取得了姊妹学会机械、土工、电机、化工、纺织、水利、市政、卫生八个单位的同意，认定广西应为未来重要轻工业区，如果动力问题能够有良好的解决，那么，一代金龟子和象鼻虫，春夏之交，满坑满谷。农民向政府缴了巨额田赋，同时更向病虫缴纳更多的田赋。据一个估计说，中国每年此项额外田赋至少为二十万万元，此项银圆连成一线可达五三五九零英里，较扬子江长十五倍，上下相叠，共高一八八零万英尺，比太平洋最深处超过五八七倍。正是种瓜不能得瓜，种豆不能得豆，所得者为一场大梦，两手空空。

贫穷使农民必向自然界来刮地皮，于是树木斫尽，山变为秃山，地表无草，土地流失。有人在梧州西江估计每年输出沙量为八百万万斤，地表五市寸之土，八十七年内即可全部冲尽。

没有土地，哪有水源？没有水源，又怎能有农业？

没有农业，又怎能有民食？又怎能供给工业原料？又怎能利用特种作物以平衡对外贸易的出入额？

马保之博士主持下得农学实验场和推广繁殖站，五年努力的结果，把新农业推到了广西，而且已经相互生根。马保之是君武氏的长公子，在广西，人与事都能得到特别的便利，他所得到的这点成绩并非容易，今后的问题是如何献给人民使用。

在水稻方面，从五千多品系中选出了马房籼和月湖籼。在小麦方面，近十年的实验有了纯系桂二五六六号。在玉米方面，最优良的杂交粮，丰产超过了当地百分之五十。抗病的小麦，抗病的落花生，抗病的烟草，丰富产量的甘蔗，都已送到市面上。

新发现方面，在杀虫剂方面有豆薯种子，有毛鱼藤，有波尔多液新用途，有十字花科害虫，甘蔗棉蚜，稻苞虫的防除方法，有德国饲料作物引种的成功，有木薯安全食用法，有沙田柚储藏法，有精毅损耗防止法。

向土地方面下功夫，已有了成就，有耕作的治虫法，有土壤肥力速测法，有主要作物适当施肥法，由分离法得到最优良的豆科根瘤菌，用以改良土壤，增强土中的固氮能力。

对于树木注意在油桐，如优良三年桐品种的获得，千年桐的无性繁殖，桐树果实的化学研究，以及榨油取蜡的全国最优的乌桕品种"中农大颗柏"的繁殖，这些，但是富源，自用或出口，有助于农民经济的发展。

自从中国化学工程师学会证实了彭光钦的发现，利用大鹿角和薛荔的种子以取得植物性橡胶，极合工业应用后，这件事已成为工业界与农业界最有兴味的问题。今后是一面由工业家研究制造，一面由农学家设法大量培植，使野生物品变为工业作物。从这两种新植物的新利用，可以说明虽然素称贫瘠的广西，尚潜伏着许多的富源。

农业中国的农业应为工业而生产。为人工生产一定水进的食品，为工业生产标准化的原料。为个人生产优美的作物成品。未来工业化的十四万公里铁路，三千六百万公里电讯线路，五千万间房屋所需用的木，二十七万麻纺锭所需的麻，一千万纱纺锭所需的棉，一万六千五百台毛机所用的毛，二十四万台缫丝机所用的丝——实在都在农业的肩膀上。

新工业区——炮火中的成长

谁也知道广西本是一个边远省份，当过去的工业偏重沿海的时候，广西正是落后的一片区域。真正的工业的开始，是在二十年后军事上得统一和政治上要建设的时候，那时候的政治中心在南宁，交通便利的地方有梧州和柳州，大部分工厂便在梧州，少数在南宁。

"我也不能解释为什么要办这些工厂，"一位十年前的建设执政者对我这样说，"大概是在省单位的自给自足的原则下，有时候也就不免贪多，忘记了自己的原料不够。以致造成后来的种种困难。"

广西的进步是由政治而经济，由经济而文化的，从民团的成功到经济与文化的建设，那位主政者也会对我坦白承认，最没有见到成就的是工业建设。

农业社会自有他的可爱花朵，那是历史上有名的手工艺品。民国二十年前后创办的新工厂中间、公营的有硫酸厂、酒精厂、南宁制革厂、宝阳瓷器厂、南宁染织厂、广西桐油厂、广西印刷厂、富贺钟三县民生工厂及各土布厂等二十多个单位，直到桂南战事发生，大半南部的工厂辗转迁厂到了桂林和柳州，这就是三十年九月成立的广西企业公司的前身。到今天，建设厅的事业都由企业公司经营，这个特殊的抗战时代的产物，自办合办及投资的事业共有三十三个单位，内属于工业的有十七单位，矿业二单位，农业五单位，商业六单位，投资者有省股，有民股，有金融界的贷款，共达五千万元，百分之五十已经拨付贷放，而工贷又占总数百分之八十。就中百分之四十是投到水泥厂。

在省营业里，投资最多至今尚未完成的是水泥厂，这个厂花钱虽多，但无疑的战后可以存在。机械厂是二十五年迁到柳州的，制造工具机，原料及资金同感困难。酒精厂在产糖区以桔水炼酒精，用二十一年购入的机器，经过三次迁厂也到了柳州，去年九月才正式出货。制革厂制糖厂和未完成的麻纺厂都能利用本省特产，前途有望。纸烟厂出货以来，最能赚钱。相反的，陶器厂，炼铁厂，以至面粉厂，全感到原料缺乏。印刷厂设备最新，但不能发挥最大的力量。另外还有几个合办的大厂，如与资委会合办的八步化工厂，企望最殷，希望能电解食盐。与大中华火柴公司新华银行合办的广西火柴公司，与中华职教社合办的中华铁工厂，与广西银行合办的广西纺织厂，与湖南宝华玻璃厂合办的桂林玻璃厂，其中有半数尚未出货，但也都有希望。

陈雄董事长给广西企业公司带来一个良好的作风，就是一方面扩充自己本来迁桂迁柳的旧厂，一方面外来的资金与技术合作。企业公司到战后的地位不敢预料，但大部分当可以存在，因为他虽然不如国营工厂的条件优越，但是所得的便利尚超过于民营工厂甚多。

假如把工业只分为公营及民营两种，公营包括省营不过二十家，但资本额占到百分之八十，其中省营在国营事业中所占的比例又是很小。因为国营电工厂，机器厂，发电厂，每个单位的资金都将超过万万元，总的资本额由于币值的不稳定，无法确定，但可以断言在全桂二百多家工厂中间，民营工厂单位最多，而资金最少。假如一场暴风雨来临，恐怕民营工厂首先牺牲，就像手工工业在机器工业之下牺牲一样。

在目前的状况下，不论公营和民营，同样都在感到困难。业务虽有重复，却没有大的冲突，因为需要远过于生产，只是原料资金工具人才的缺失都使再生产发生困难。

只有战事结束时候是最大的淘汰时候，目前对工业成品是只问有无，不问价格的。战后不需要的成品，战后就会自然淘汰了。

矿业的一大发现

广西的矿产正在空前未有的危机中。战争以来，一年又一年，由于价格的差额逐渐增大，生产者不能继续生产，矿工四散逃亡。若想恢复旧日的繁荣，非等到中国自己的重工业能够建立和收购价格居高的时候不可。

矿产本身指出广西仅是重要的轻工业区，虽然火成岩给桂省携来了锡、钨、钼、铋，但是为数并不太丰，锡不如云南，钨不如江西。距离火成岩较远的地方，则有金、银、铝、锌，更远的戚族则有锑和汞。煤铁的重心只在湘赣交界，就全国说，则东北优于西南，西南质不精而量又少，所以广西不够重工业区的条件。

虽然，广西也不必为自己的资源薄弱而悲哀。中央研究院地质研究所正在对火成岩侵入的分布区域，作更精确的调查，南延宗氏在富贺钟区的锡钨矿层内便发现了铀，这是一种有放射性的稀有金属矿物，本身除有工业上做合金，医药上制铀盐，化学上提为颜料或胶片储价值之外，即用通过氯化钡的方法可以提镭质，计含铀百分之六十的矿物五千公斤中，仅能提取镭质一公斤（全世界现有的镭共三十克）。

翁文灏部长非常珍重这种发现，他称为这是工程师年会的一个重大收获。

发现人南延宗是二十年方自中大地质系毕业的年轻人，他在福建、云南等地工作时候都有所表现，当今年在富贺钟三县的锡矿区调查时，获得黄色、红色及黑色各种粉末，回来由吴磊伯加以分析，证明确有铀矿，又在锡管处暗室照相，也发现确有放射性。虽然这矿已证明其存在，但储量究有若干，尚待工程上得实探。

由于铀的发现，一般地质矿冶工作者相信，中国的广大土地上还证明大有可为，若干本以为不会存在的稀有金属也许会陆续被找寻出来，但这全仗各工作者的努力，他们的努力为国防工业解决了最严重的原料问题。

广西的锡产在各矿中比较丰富，在英荷属东印度，南美玻利维亚，中国云南的顺序下，广西列于第四位。产地本富贺钟三县为最多，近又在恭城、全县、平乐发现新区，多半为砂锡，从明末一直开采到现在，仍然不见减少，而南丹、河池且有脉锡存在，需要机器的开采。其他如钨、金、煤的勘探，也许会改变过去的一般估计。

锡的加工处所一在云南，一在广西，后者除了生产本分之九九以上的标准纯锡之外，锡业管理处选炼厂同时制造承轴合金与焊锡，有助于战时工业的发展。

承轴合金是锡铜铅锑的合金，视用途而决定原料的比例。为了机器的转轴与其他部分因相互运动而发生摩擦，不得不用承轴合金希望得一金属的承衬摩擦面，要不变形，不破裂，既柔韧而又有受范性。这种材料战前完全仰赖外国，战时来源断绝，工业家不得不要求自给自足，设法为自己的工业取得不可少的满足。

焊锡大概分为两类，即是锡铅合金与银铅合金，前者用于低温，后者用于高温。该厂利用纯锡，制造锡铅合金，一般熔点均低，对其金属表面，有特殊的强附着力，焊拢之后，对于原金属物亦无影响，全为美国标准，正在推广中。

当这矿产物最不景气的时代，广西矿业主管者正好借机作通盘的整理，不只再抱定"收砂主意"，而要积极地研究地质，改进矿业经营，培养专门人才，为未来的生产而努力。

白煤——农工矿的动力

农业国家大的一大矛盾，就是一方面极度贫穷，一方面又极度浪费。在长期抗战进入艰苦阶段的今天，对于人力和物力都不能做最合理的运用。那么，农业上不可少的水利，工业上不可少的水力，对于开发资源不可少的水电，在缺乏交通和良矿的西南，利用白煤发电，不能不说是一个重要课题。

广西省的农业要水，以免除"一月不雨，旱象立见，一雨十日，狂潦泛滥"的威胁。广西省的工业需要水力，用水力发电，造成全省的电气网，用来发动各轻工业的机器，同时作局部重工业的建设。

资源委员会和华北水利委员会在广西的交通中心做了长时间的工作，利用柳江在柳州城外三十六公里处的环形河水，建设完成，可以得到九万八千余马力的电度。柳江水电如果开发了，不仅可以解决了工业上的动力问题，同时还可解决其他问题。

首先是交通要大为便利起来，三十六公里的航道改了渠道之后，由八小时上水和三小时小水改为半小时至一小时的驶达。其次，柳江两岸，有高于水面二十公尺以上的荒地，可以因了水位的增高而得引水灌溉，其不能灌溉的区域，亦得利用廉价的电力来吸水，立得良田数十万亩。第三，柳州以上，至少有一百公里的航道，得经改善，可以终年行驶电船，促进沿河各地的开发。第四，湘桂黔桂两线，均感煤的缺乏，若利用了水电，不仅解决了煤慌的问题，同时也可促进沿线的小工业。这样，乃确定了西南公路中心，水陆运输中心，广西发电网中心和国际贸易线上的柳州，为西南一最大的工业巨城。

主管这个计划的是一位矮胖的工程师徐世大，他是华北水利委员会的负责人，他说这个工作已进入于第二期，在若干比较同实验的结论，已证实三比较线及七渠道线中间，以第一壩址及七渠道线为能兼顾水陆交通的联系及工商都市的发展。今后的研究重心应在：（一）区域地址的详细调查，（二）都市及商埠的预为规划，（三）河床漏水问题的研究，（四）闸门式样的选择，（五）电厂及其他建筑物的详细设计，（六）施工诸项准备工作，（七）水文的继续观测。徐氏更这样说，"如果积极的工作，这一些第二步的工作，也可望在一年至两年内得到相当的结果，那时环境变好，就可正式开工"。

电机工程师许应期在工程师学会讨论会上正式宣布水电建设计划，他指出电力应配合各方需要而建设，逐渐达到电气网的目的。广西有电气事业的市镇共有十三处，电容量共为一万零九百九十四瓦，预计可能大量用电的都市为桂林、柳州、梧州、邕宁等，计划十年后建立发电容量为十八万五千九百瓦，许氏至此加以解释，怕别人指摘他这计划太大，他说：

"在'中国之命运'里指出我国应增加电容量六百一十万瓦，加已有的十一万瓦，共为六百二十万瓦。这次对于广西的预拟的计划中，仅占总数的百分之三，不能说是太多。……"

许工程师也指出广西水利丰富，凡可应用之处就应当尽量利用。柳江鸡喇区可以发电，龙江区也可以发电。利用这个中心电力可以完成各大都市间的电气网。在桂林、柳州、梧州和筛邕宁得网内，就是本省的精华所在地。

发电厂的费用，估计每一千瓦的建造费为美金一百元，其余各较小电厂为美金一百二十元，柳州水力发电厂每千瓦为一百九十元，建厂及输电设备在一年内共需美金三千三百万元。

每个广西人平均要负担三十美元，才能完成广西电气化。

战时做些什么？

工业化是有条件的，没有适当的地位，丰富的资源，和交通的安全与便利，决不能达到希望。

假如说，学术界认为广西将为一个重要的轻工业区，而地方当局也决心要把广西建设为一个重要轻工业区的话，那么，化工事业将为轻工业中间最有希望的事业。在省的工业建设史上，民国二十三年以前可称为第一期，在这个时期内，先后完成的工业是印刷、电力、火柴、酒精、硫酸、制革、织染及自来水等，其中大部分是属于化学工业的。

化学工业表现得最清楚，没有大工业，没有小工业，没有酸、碱、盐等基本工业的建立，一般小化学工业将失掉了稳固的基础，母与子的有利关系也便不能够建立。这些基本工业要等特大电力的完成。滨海的省份不患没有盐，但八步的电厂若想电解食盐，也不是一蹴可就。碱的问题暂时只有让土法来解决。硫酸的原料药靠广东，二十一年建立完成的硫酸厂，日出六十六度的硫酸七吨至十吨，终因受外货的倾销及敌机轰炸而停工，化工学会就资源上看，这个工厂并没有恢复的必要，因为生产成本太高。

在民生工业方面，衣与食的工业的建立都是非常重要的，但广西产棉的希望不高，产麦也是近期农业上推广冬耕的结果，有希望的工业是造纸、皮革、麻织、炼油及一些化工事业。

原料不能供应需要是一个大的问题。例如广西面粉厂，因为本省额产量不丰，不能不到湘省去购办，而产地却又有农粮出口限制，在困难下，平均一年仅能开工半年，有时或更多些。广西棉花也是靠湖南，除了中央与地方合办的广西纺织机械厂以外，企业公司主要办得广西纺织厂也就要开工。当谈到面粉与棉花的不足时，姚文林主任却这样说：

"纺织和面粉不同，前者是不受任何限制的，因为纺织非要跟着市场走不可，而运输过程，从棉花变为纱又变为布，重要方面也都不成为问题。"

农业与工业要有配合，工业与矿业要有配合，农业与矿业要有配合，联系与配合，才能使生产成为一个有效的机体。比如同安有连走两小时不绝的竹林，但没有一个机器造纸厂，广西麻产为数不少，但没有很好的加工，正式研究到最近才开始。植物油生产，广西桐油占全国第三位，为避免大量走私起见，应当改制油漆及可塑物，茶油及蓖麻子油可为机器的滑润油：特别是芳香油类如桂油、茴香油、樟油、有加剂油及松香的加工，提高了成品及价格。制糖有希望，但甘蔗太瘦，非引种印度新种不可。目前桔水甚至糖精全用作酒精，将来还是要回到制糖的正路上。制革工业将来一定发达，但受鞣料的影响也很大，五倍子仅能解决一种问题，植物性的鞣料还要扩大研究的范围。肥料问题对于广西的农业关系最大，但是没有较大的肥料厂，目前仅有一二骨粉厂，不能满足土壤的饥渴。

以上大半都是化学工业的问题，从农业加工，林业加工到矿产加工，这片化工的广大园地里，应当是广西工业的用武之所。在一般工业中间，比较还是化工设备较易，而盈利也较速。抗战以来，最获成功的企业还是要推化工企业。

虽然，还是那句旧话，没有大工业，没有小工业，没有重工业，没有轻工业。广西省不能样样自给自足，但决定广西工业的前途的，全要看柳州鸡喇的水力发电厂能否提前完成。动力决定一切。

山水广西未来的远景

广西要从农业过渡到工业，要在最短期内，完成了政治建设，经济建设和文化建设。

农事试验厂马保之博士描写未来的广西农业，在科学与农业配合之下的远景，则为：

"广西植物生产，苟能作为有计划之进行，三十年后，必有美丽灿烂之景象，呈现于吾人眼帘之前。万山竞翠，林木蓊郁，沃野千里，农作畅茂，农业机械，触目皆是，农田形状，井然有序，改良作物，遍布穷壤，良疏佳果，不暇计名。水利兴，旱潦不为患，防治精，病虫不足虑。前后相较，将判若霄壤。"

农业工作者能够单独完成这件工作吗？不可能的，"农业机械，触目皆是"，没有工矿事业的开发，不会有这样的成果，而广西能否达到这样远景，全在这一个世纪的人类的努力。

翻阅历史来看，广西古称百越之地，为多种小民族混居的处所。但自秦汉以降，即在汉族的管理下以至于今。"汉四蛮六"的说法，到现在仍然存在。由于种种的不便利，且经同化的结果，多少边民都已改为汉姓，并编在汉家的户口里。

广西四边的边民在最近三百年间同化得尤其厉害。明初的史书上还有四十一种的记载，但经过"三年一大征，两年一小征"的结果，到民国以来，已只有苗儒侗僮等为主，但为数仍然不少。在这个区域里，充满了封建故事和残酷的记录。这些古代的主人在大地上移徙，还在说：

"官有万兵，我有万山，兵来我去，兵去我还。"

在每一个封建的小圈子里，还是"官为世官，仆为世仆"，土官就在千千万万的奴隶生产中，享受他们的成果。在边地做官的汉人描写起土官来，有时还用了"一怒百里天为寒"的句子。奴隶们生产不足食用，常常"父食其子，妻食其夫"，大批的儿童售来售去，"杀婴儿前，恒使婴儿饱食，儿死身僵，口角犹流乳浆"。一位专门研究边民问题的人在他的一篇文章中说：

"边民内受土司、土豪、土匪的惨痛压迫，外受种族上、经济上及政治上的不平等，为人间最不合理的情况。"

边民为了自存，不得不佃了汉人的土地，一面耕种，一面代为种植杉树，当时讲好的条件是对分，但到后来，没有一家那佃方的一半部落到主人手中的，等到树木养大成林，原来手植者便不能不弃地而去，又为另一位主人种植别一片树林。今日四边还有森林，习俗还有"死在柳州"的企望，这功绩是边民的。

边民自己中间也有奴役的行为，这一族被那一族打败了，这一族便逃到另一豪族，拥为峒主，自称峒丁。等到这位土官死的时候，那土官生前所喜欢的年轻精悍的奴隶且要为主人殉葬。剥削的极度甚至到了生命的贡献，而在边地还习以为常。

假如"汉四蛮六"是真的话，在广西的施政者便不能多顾及一点边民，使他们也能逐渐离开中古的封建黑暗，进步到人的地位，努力从事于工业化的促进。完成工业化，要为多数人设想。

美国机械工程师学会长伊登氏对十二届工程师年会讲演到："中国工程师要为中国加速机械，不要加速劳工。"这就是说中国的劳苦生产者太苦了，不能再过度的役使他们。

广西应当如此，全中国也应当如此。

广东，革命家的摇篮

一、百年前后

最堪忆，那些辰光，

我们这些宝贝船，

飘向孟买，

飘向加尔各答……

我们把甜酒鸦片

成堆成堆地，

卖给那些不信上帝的异教国家，

接着，

我们的教便去超度那些孽障！

在最近的一本书上看见了这首诗，便想起了首先和外国人接触的广东——特别是广州，更想起百年以来的大变化，鸦片战争时候的对手已经成为我们的盟友，而新的仇敌除了侵占我土地外并正挟着毒酒和鸦片向内地来走私，中英美为了同样的利益在联手打退日寇，这帮人回首百年，从广东想到中国，好不感慨。

自从鸦片战争以来，首先受到影响的就是广州和广东的繁荣。一八三九年九月四日，也就是清朝道光十九年七月二十七日，英人义律乘后任密号驶入九龙湾，因为要求当地代购食品不逞，于是向九龙炮台开了炮。一场鸦片战争就因此开端，一直到一八四二年八月十四日和议才告成功，而五口通商的结果，照就使广州失掉了独占对外贸易的黄金时代，同时失掉了珠江口外的香港。

也就像是近百年史上中国的命运似的，一年不如一年。一八五一年太平军起义，隔绝了两广的交通下切断了对内的运输线，后来太平军攻入佛山，焚毁了这个棉织业的中心，更杜绝洋棉洋纱的入口：由于广东人民的努力向国外发展，由于香港的经营开港，由于一八五六年亚罗船事件使广州外人官署及住宅被洗劫，由于一八五七年底起广州被英法联军占了两年，由于一条新的交通线的完成，于是香港渐渐地代替了广州的优越地位。

正因为临海通陆，交通太方便了的缘故，广东濒海各地一向是大走私区，除了渔盐之富而外，那时候有多少人是以经营鸦片起家的。无边的海，蛛网似的河流，到处都是犯法者的逍遥之所。一八五零年香港出版的《Chinese Repository》上就说：

"这个国度里似乎没有别的事情比走私更调度得好些，也没有别的生意比走私更加条理井然而有系统的。"

然而这不是中国人的责任。广东同胞以经商著名，同时也以信用著名，正值而坦白的外国人也就早已看到了其间的症结。一八五八年的《North China Herald》①十月九日有一篇文章道：

"中西最早的商务纪录，充满了外国冒险家那种目无法纪的行为所造成的恶果，这些冒险家们远离他们自己政府的管辖，行为不法，罪恶昭彰，致令全体外人的名字都被人深恶痛疾。"

没有比用外国人自己的话来说明这种责任再适当的了。中国商人的丧心败德的事也就相继而起，不能认为意外。表面上纸醉金迷的第一等大都市，同时也就是第一流藏污纳垢的集中地，在其中，一方面是荒淫与无耻，一方面是严肃的工作。

近百年史的终结期，日本人也踏上这历史上大贸易中心的口岸。一九三八年，这是抗战的第二年，敌人打通了津浦线及平汉线，沿江到汉口，同时并想打通粤汉线，所以又占了华南重镇的广州。这以后，各种关系演变牵制，到了一九四一年十二月八日太平洋战争爆发，香港跟着沦

---

① 又名《华北先驱周报》或《先锋报》。上海第一家英文报刊。

陷：这以后，国际上的矛盾才算告一段落，但这件百年公案，却并未因为不平等条约的废除而告一段落。珠江口外这片土地只有留到战事终结时做最后的解决。

战争中间，从华南来的人，没有人不对那些特殊区域的特殊现象感到烦闷；当我翻开中国近代史料时，我便明白种因的由来，而且可怕的走私，可怕的奢侈，也并不是从最近开始，最近也许又是加些分量的重演，来暴露侵略者的真正面目。

广东在近百年史上是如此的多幻变，人民饱受痛苦，土地新受蹂躏，唯其如此，所以广东才能成为近代中国革命家的摇篮。

二、革命家的摇篮

谁能够数得清广东的革命家自国父以下有多少人呢，至少我是数不清的，因为到处都是负重责的粤籍同胞，粤式国语已成为国内最流行的官话。但是，我想换个标的来推窟，为什么广东的革命家有这么多？

中宣部部长梁寒操氏谈到这个问题，他认为历代的革命官吏的被流放，和忠勇不屈的人的向南迁徙，使这百越之地繁荣起来，而这些人也就先末带来了革命性。

广西与广东是不可分的，云浮山脉虽然横隔到南路濒海，可是被一条西江中断而把两省连接起来；西江下游肥美三角洲更是广东无比的沃壤，比起粤北山国来有天渊之别。这个省区内三千八百万人口，平均每方公里五十三人，但实际的稠密区域却在沿海。

又一位广东朋友谈起广东人的性格是山国海民兼备的性格。山国民性剽悍顽强，勤朴单纯，富刚正之气而有保守性；濒海之民，聪俊活泼，敏捷豪通，富冒险精神而有改革性；各有利弊，但全由于历史及地理的条件所造成。

我更想多考察一点原因，我在广东旅行时候，便想多根据参考文件并采访一些人文方面的资料，是不是宗族的对立——或者说是对封建制度造成一些革命家呢？是不是过分的豪富和过分的贫困也容易产生革命家呢？是不是文化水准的普及和对外接触最早也算是产生革命家的一个原因呢？

据各地方的朋友告诉我，抗战对于宗族间的械斗倒是一大洗刷，在打国仗的时候，勇于私斗实在不易得到敌人以外的人们的同情。不过各地的报纸有些还是一族一姓所办，大半也就只为一族一姓说话，到某时对白情急，于是对打一通，在所难免。不过近来这些小报已经严肃起来，粉色的黄色的新闻在数量上大为减少，这不能不说是进步了。

在我的记忆中和朋友的指示下，如果要实现原定的计划，必须去逐个拜访一些宗族。如若不是中内沦陷，便可晋谒"翠亭村"，瞻仰"孙府"，到环山的大埔去访问邹海滨，罗卓英，吴奇伟的故乡，或是到反攻根据地的西江流域的高要县，看看七星丛下的余汉谋，梁寒操的故乡山水，据说那里超过了东江的罗浮和北江的丹霞。自然，有数不清的要人，也有数不清的家乡，不论五岭东或西，都是产生人物的所在。（那是数不清的姓名！）

如果可能，我想更进一步认识豪富者的生活，有如潮、兴、梅等地钜帮的生活实况、台山、开平、新会、恩平等四邑及"不识沙坪不是商"的鹤山沙坪一带的走私及私枭的生活。台下有一个私枭李某正法，遗资千万，枪支四散。四邑中还有一位官商不分的大人物，新筑七层大厦，以收容七位新宠。有一妾每日吸鸦片一两，每两的价格即达两千余元。估计每日每人的生活费二万余元。因为一条洋纱，几罐煤油的价格就够他们挥霍几天，而他们的存货已也不知其数。这群失掉灵魂的人一切全听别人的指引，本人不敢自作主张。输出的商货是钨砂、粮米、青麻、桐油，输入的则是鸦片、奢侈品、赌具、烟纸等，比较有用的是纱和汽车零件。一票大生意总有二三百万元的送礼费，这样才能使官商不分，军商不分，大家一同到混水里过生活。

就是在最偏僻的山坳里也找得出多少新式的大厦，那也就不必奇怪濒海的华侨发家者那么喜欢建造高大房屋。普宁有个吓人的地方大厦，有新、中、旧三寨，每寨都有房屋四十余座。一片山，一片寨，看得人眼花缭乱。方氏有妻妾十三人，儿子有二十位，如今家道中落，房子由族人及客人分居。这所大厦的主人也并不是什么了不起的大官，方耀字照轩，曾任逊清水师提督，出师援越，得到大捷，也是一位民族英雄。退隐之后，兴建大厦，那时即新寨一所，建筑费是十七万两，折为今日银价至少非几千万不办。这样的人物在广东并不认为稀奇。

自从海口被敌人封锁以后，缺粮的广东就隐在饥饿中，人民成千的死亡，相继的倒下去。同时在敌侵占区内，强迫种烟，贩卖入口，澳门的人肉市场里公开出卖人肉，代替猪肉，而大茶楼的早点肉包中会吃出小儿的手指头（这消息普见广东及重庆报纸），这种古书上的奇闻到今天却成为漠不关心的小事。我们的社会真是在激变，有人说，我们的人心是在一天比一天的麻木。但他可曾想到这些使人麻木的原因吗？

自然，有若干现象是战时的，暂时的，但有若干的事情，不能够解释为战时的或暂时的现象，这是历史的遗产和地理的限制的产品。山国的保守性与海滨的进取心同样在一个人的血管中奔流，必然地要产生许多不可思议的矛盾，而这些矛盾还是在一天继一天的发展中。这么纷纭的现实，固可迷人的眼睛，但同时也可解释为正是社会发展的道路。

畸形的，多变的，矛盾的社会，乐者自乐，悲者自悲，这又是使广东成为艰苦卓绝的革命家的摇篮的一大原因。

三、饥饿的土地

我深信广东的土地是饥饿的，就像广东的广大同胞是饥饿的一样。

农业家认为广东可以成为未来中国"农业上的温室"，天时地利都是以使暖带的或是热带的生物成长。我承认这个远见，但我却相信那一定是在土地不再感觉饥饿的时候，特别是广大的人民不再感到饥饿的时候。天时地利，固然重要，尤其不可缺的是人和。

当我踏进粤北的时候，正是太阳黑子作祟，使东南各省半年来就没有下过好雨。大地亦红的，干燥得呈现栗壳色，干涸的武江，本是汉马援将军远征交趾时认为"鸟飞不渡"的地方，但目前已然赤着两足使可踏着白得耀眼的荒砂过去了。

表面上，一条铁路的通过，给每个封建色彩十分浓厚的山镇里带来了机械文明：而这次抗战中间的人民与文化大迁移，使最荒僻的角落，也会成为时代的宠儿。且让我们随便就几个地方来谈谈实际情形吧。

譬如说，目前有全粤最大的工厂与学府的坪石镇。五千多户居民倒有五分之四是战事起后迁起来的，一半是大学生，一半是中学生，还有几百个教授和小学生。这里的山民，因早晨有雾，起得很晚，傍晚雾起，不到五点钟，又都睡觉了。三家银行，六家酒店，十家书店的对象都不是山民。中山大学在这里已经三年，对于地方的影响不及那两个福音堂。农民抬着泥神求雨，从市镇到乡村，又从乡村到市镇，当瘟疫流行的时候，驱鬼的锣鼓又是喧天震地地响着。各人在做各人的事，谁都不知道什么时候能够携起手来。农村的生产倒是能解决了全民族的饥饿，到了他们自己在饥饿时候，吃他们生产的人却只袖手旁观，或者出一点不能用的主意。

虽然，粤北的粮价却没有像粤东粤南一样的跳跃，这除了因为有湖南粮库的余粮经常来接济外，人为的调节也不能说没有关系。一条粤汉线的铁路运输能力更是超过了一切。广东濒海的粮食问题是一个走私问题，各方面的接济尽多，而走私的方法也越多。再加上越是余粮的县份负担的粮额特别多，有了仓储但又限于种种命令，不能交给地方自由救急，所以成了这样的现象。"仓有余粮，野不饿殍。"官方从不承认饿死几万人的事实，但我听地方人言之凿凿。没有生产的人，增产又从何说起？

自从省政府迁到粤北的曲江以来，开发北部乃成为一时的口号。荒凉的北部山地与明媚的濒海沃野是不能对比的，这里虽然没有那么多的人口，但饥饿的土地却不曾有那么丰饶的生产，足以支持那个密度。话虽如此说，垦殖之风在北部却因此盛行起来，许多私人开辟了农场。农场主人大多是有钱有势的，他们以垦荒种植的美名，开辟了许多无钱而有主的荒地，常常以极少数的代价或毫无条件的获得一片广原。然后雇用几名外乡来的难民，以每日一餐青菜饭及每月一百元的工资，把荒地变为熟田，开始种植能够得利的植物，并畜养各种牲畜。

省营广东实业公司资本不过二千万元，但是办的事业有八大工厂和八大农场，这八大农场分布在全粤，特别是在粤北一带，全为利用官荒。粤成、粤隆、粤丰、粤北农场各有四千亩土地，后者是个林场，包括大小龙山的天然林木，前者则在种植木薯、甘薯、马铃薯、水稻、早稻、芋头、花生、油桐等。工余农场以种植蔬菜及杂粮为主，供应各工厂员工及市面需要。我曾到乳源县参观粤隆农场，梁九皋场长说，由于天旱，稻作只收了两成。

"由于资金周围困难，"陆宗骐总经理对我说，"我们的生产事业自然不能如意开展。不过为了怕别人说我们与民争利，所以人民能做的小工业我们一概不做，譬如烟草之类。"

广东实业公司的工厂中间没有一个卷烟厂，这是大可赞美的事，而最能获利的事业，并不由省府经营，在各省中也是例外。因陆总话使我想要多明了一些烟草种植情形，我到了广东的最大产烟区域——南雄。这里的美好土地不种粮食，都长满了黄金色的烟叶。

南雄真是一个烟叶之城，烟行、烟柱和堆栈要占到全城商户的十分之八，银行有中、中、交、农和省行五家，每日的汇兑要超过百万。七八月新烟上市之后，各地的烟商都到这里来坐庄，付出花花绿绿的钞票，等着各地的"土货"到来。（当地另一特产为竹纸。）

一个壮健的运夫，从三十里外，挑七八十斤烟叶到城里来，只能取得四十元的工资。在往返八十里的途中，除了不能节省的午膳和茶水开支外，剩下的拿到家庭里，怎样能养活那嗷嗷待哺的一群？

一些老弱女工和童工们，把一张张的烟叶撕开再叠好，一百斤才能得到六十元。试问轻如鸿毛的烟叶，一天能撕多少斤呢？技术最熟练的，每天也只能赚得二三十元的工资。否则只不过十元八元，仅仅够买茶水。

种烟叶是要相当本钱的，尤其要大量的人工。自耕农的生活好一点，但多数的贫农每年都要借债租地来经营，而他们借债的利息和租地的地租，高到岂有此理的地步。三十二年度，债主们放出一百元的债，收到利烟三斤，地主租出可产百斤烟的地，只要收回三十斤的租。按照目前五六十元一斤的烟叶来看，借债和租地者的负担太重了，他们长年累月的血汗，完全灌溉到债主和地主们的身上去了。为了还不清这累年的债务，他们要世世代代地把烟叶种植下去……

广东农业特产特多，如丝，如桐汕，如甘蔗制粮，每一种生产的结果，差不多都要肥了老板和苦了生产者的。每一件驰名全国的产品，它本身却沾有多少血与泪。

人脱离不了饥饿，土地也就脱离不了饥饿。什么时候才是合理的饱食的时候呢？

革命家就是在这里主观与客观的需求下，从革命家的摇篮里走出来了。

四、从广州到曲江

广东有一条绵亘的海岸线。省疆据估计东西一千六百余里，而南北仅六百余里。一个行脚人不能走遍全省，且让我辈就两个省会及其四周来做一点概略报告吧。

广州来人说，白云山的森林已经由幼苗成为大树，黄花岗和荔枝林的风景无恙，都市的畸形繁华亦如平时，不过多少有心人自从盟机连接着来轰炸以后，知道收复广州为期不远。土地转移的契纸已经在同时准备两份，一份向当地伪政府登记，一份另向曲江的省政府方面申报备案，这是一点动态，说明了整个趋势。

除了短兵相接的地方之外，一般的战时空气都不够浓厚。第一线上，除国军和游击队外，尚有政警队、自卫队、突击队、别动队、税警队、水雷队、物资运护队、武装谍报队、敌后经济破坏队、战地国民兵，五花八门。等到大反攻的日子到来，由谁来统一指挥，倒是个值得考虑的问题。敌后的民众大半变为带枪的人，虽说当前盐、鱼、桑没有价格，但也只能靠着祖传下来的养鱼、种蔗、榨糖、纺纱来维持生活。而优秀的地方官更是腰里挂着县印和人民一起在乡下游击。一九零八年完成的广九铁路的员工的一部分，也参加了人民的部队而成为领导者。

有一天，盟国的军事计划中间也许要为中国重新打开几个通海口，那么广州可能是首先恢复自由的一地。这个百年前就是沟通海外贸易最方便的地方，到今天仍然可能是海疆最便利的地方，因为一切的条件她都具备。如果战后香港也能重光，那么广州的地位更会一日千里。假如不能，广州这商业口岸的前沿，仍然有些悲观。十年以前，汇丰、有利及渣打三银行的纸币充斥于广州市面的现象，不是不可能重演的。

今日的省会曲江比起广州来，自然是小巫之见大巫。虽然，曲江的建筑和市容，比起其他的战时省会来还要算是天之骄子。到底是濒海的山国里，虽然简陋，但没有多少土气。这个粤北首城，抗战以来，人口已自二万增到二十二万人，三十二年中枢正式通过成立韶关市，发表中大教授萧冠英工程师为市长，要做一些公用事业的建设。

这个粤北首城给人的特别印象，有些像三捷的长沙城似的，成为一个军事堡垒，条条大街有战壕，有铁门，轰炸过的街市就如经过白刃战的废墟。因为过去的空袭太可怕了，每天清晨有一班疏散火车到五里亭，把公务员疏散到那里办公，并使人民向郊外避难。一直到下午二时才算过了警报时间，让人民回来。这时候，邮局开门，银行开门，商店开门，一直继续到深夜。

雄伟的韶关市区是设在两江包围的三角洲上，除了没有山，地形颇似重庆。东岸及西岸的疏建区，各有一些新街。西郊以估衣店为多，中有著名的西郊及西线两个足容千人的茶馆；东郊虽然比较荒凉，但因为是火车站的所在地，也有一个容纳千人的文苑大茶馆。去年一月五日及十月四日两次大轰炸，使市民深深知警，不能不离开城内那个可容千人的乐群茶馆而到郊外去饮食与清谈。

入夜以后，灯光昏黄，小城的电力负荷不了新增加的电灯泡，一天比一天的暗淡。街头却热闹起来，飘散着樟油香、示香和一种焦柘的香气，当地人对于这种香气也很不满意，各种不同的"平民食堂"里，挤满了各式的客人，虽然曲江的食客不会有广州那样豪奢，但从各食堂常因不"平民"而受处分，可见一掷万金者，也不是没有人在。这里的人很少想到半年不下雨了，东路有千万饥民，而南路还有些地方在患"谷贱伤农"。为了祈雨，禁宰耕牛，这与不准售猪肉的重庆恰成对照。

战时空气却也掩不没那些妙舞情歌，以及各大宅院中的花天酒地，不过严禁咖啡与可可，这一点却做到了，连对盟邦人也无例外。可见政治的力量的强大与否，只要看主持人是否能够以身作则。华南的空袭几乎是每天都有的，只要是空袭频仍，这种战时空气，不论曲江或是韶关市，今后该不会有特大的变化。省方且想使曲江为永久的省会。

战时当然不是平时，战争的影响，一般说来，是百物腾贵了，交通更困难了，外汇断绝了，税收更重了，贫贵的悬殊更显著了。虽然，有些地方的教育却比战前更为发达，而量兴质的进步却又大大不成比例。在吃茶的风气之下，有些学生也都在茶馆里玩茶花（兼营私娼的女招待），因而有"玩共花第一，国英第二"的潮语。学生的增多，大多为了逃避现役，那么，有这一类的轨外行动，也就不足为奇。

从广州到曲江并不十分困难，只要有良民证，打针纸，再有过鬼门关的现钞，便可通过一些困难。出澳门时却特别加上粮食纸和检粪纸。葡萄牙人对于澳门也很开心，认为这块租来的土地早晚为了"睦邦"是要交还的。

顺便一提那法属广州湾。这也是怪事，一六六一年，有一支法国商船在南海遇到飓风，被吹入广州湾，他们这群人在雷州半岛住了六个月，偷着测绘地图。到了光绪二十四年时，法国的野心已想到了远东，便在均势的要求之下，强行租借了广州湾。这里由于抗战，转运物资，也曾在二十八年时候一度繁荣过，终因为事过境迁，再加上法国对日寇的屈服，中国外交部已经宣布了任何协定都属无效。

中国最南国境琼崖岛上，至今不屈，济南队高竖青天白日满地红旗，这是广东精神，也是中国精神。

五、侨胞之声

一位中山县的侨胞写信给桂林《大公报》，说出无限隐痛。
照录如下：

编辑先生：

　　读贵报二月三日社《外汇汇率应否变动》一文，不觉有感。按中山县华侨眷属，二十七年收美金五元，在香港可兑港币十五元，港币十五元可兑法币一百元：若收英金一镑，亦可兑港币十五元，即亦可得法币一百元，当时物价，以米计，一元法币可买十斤，以肉计，一元法币可买两斤半。今日美金五元，连补助百分之百，只得二百元，英镑每镑连补助百分之百，尚不及一百六十元。然今日沦陷区内之侨眷，一元只买得五钱米，百二十元始买得一斤肉。抑且从美国寄一千元法币到重庆，由重庆转来韶关，得九百多元，由韶广东省银行电汇澳门，在澳收得七百元，澳门所收之钞票为中国银行红色钞票，简称"红中"，此等钞票，在沦陷区中只通用六成，是即六七四十二，侨胞从美国寄一千元（美金五十元）回家，家中老少只收得四百二十元

（最高额）。四百二十元只买得十三斤米，若五口之家，这十三斤米，两天便吃完了！还有柴米油盐菜呢！故前不多时，贵报登的"中山灾情"一文，说侨眷饿死之众，实在是的的确确的事实。侨胞在美国五十元美金可供一月费用，但将五十元美金寄回家，买不到二十斤米，即使月入千元美金，尽付回家。亦难以赡养妻儿！吾愿政府对于侨汇补助一项，实有再增之必要，过去侨胞之热心爱护祖国，举凡革命，赈灾，抗战……无不踊跃捐施，今日侨眷转辗呻吟于饥饿线上，政府不从侨汇上有以助之，岂得谓平？且侨胞之洞悉国内物价及生活情况者尚少，苟知之，宁愿家里买一件破衫、旧蚝，也胜过汇寄一千元回家。贤明之政府当局，未翻有见及此否。

郑沃林五日寄

这个意见，同样也是广东省官方的意见。对此我听了不少的说法，他们都想使今后的建设与侨汇发生关系。

"救济侨胞，"一位直接负责人这么说，"应当从提高汇率折合数上着手。不然，再来个几千万赈款，也是没有大用。因为侨汇每年约合战前币值一万万五千万，今天的币值比过去要差多少呢，能不能再照旧价给法币呢？这不必多解释了。"

自然"老天饿不死瞎家雀"，广东的人口这几年又在开始移动了。

广东与福建的侨胞从古代就为着祖国在海外开拓，流血又流汗，而成绩却写到外人的账本上。便外国人有时也曾说出他们衷心的感谢。如前海峡殖民地总督瑞天咸氏便这么说过：

"马来亚的维持端赖锡矿的收入，但首先开掘锡矿的便是华侨。由他们继续劳力的结果，世界用锡半数都由半岛供给。他们的才能和劳力造成今日马来亚半岛的繁荣……英政府当日经营半岛时，着手开辟公路及其他公共工程，都成于华人之手。至于开矿事业，全由华人为前导。他们投蛮荒，冒万死，伐森林，辟道路，常常有所牺牲。英政府收入十分之九，皆由华人之手……"南洋一带的侨汇随着马来亚的沦陷，差不多全部断绝。但是可爱的侨胞们历尽千辛万苦，仍然把他们的辛劳钱汇回国内。中央银行去年到了海滨，努力正经营着侨汇。据有人在四邑一带的统计，三十二年度汇回国内的侨汇尚值四万四千万元，其中以美国寄回的占百分之九十七，其余还有零星小款从澳洲，从伦敦，从印度寄回。收款地点以台山占三分之二，其余地点为开干、恩平、鹤山、新会、中山等地。当款子送到沦陷区内的侨眷家中时，每百元可由送者收取五元茶钱，侨眷对此也没有什么不同意。

目前的苦况可能随着抗战而告终结，问题是今后的侨汇是否仍然就这样消耗掉？为什么不利用这笔巨金从事有计划地建设？翁文灏部长指出今后华侨与祖国的关系有五：（一）平衡入超，增强本国资金力量；（二）促进国外贸易，发展国内工业；（三）加强本国生产力及运输力。迅速完成国家经济建设；（四）发扬祖国精神，提高国家地位；（五）裨益当地建设，有助世界和平。如此，则历史上元明两代扬威海上的壮举，不是没有重演的可能，今后且因华侨的艰辛奋斗，愈可发扬光大。

中国从不如英国那样自豪，说中国国旗无落日，但中国人踏遍了全世界，中国的国旗事实上也是没有落日的——只是国家的力量没有紧跟着华侨的足迹去踏遍全球。

湖南，世界知名的省份

湖南省，由于长沙连续着三次大捷，使他的名字传遍了全世界，去年年底的常德会议，湖南省更是代表着一个英勇的符号。

每一次会议的终结，这个战区的司令长官兼省主席薛岳将军总是这么告诉他的士兵和民众，用着一种高度自信的声音说：

"准备着——敌人退了，他可还是要来的，检讨这次的缺点，准备着下一次，永远要打大胜仗。"

湖南北部已有四次胜利的记录，我去了三次，就有三次当面听他这么说的。这位身材短小但是精干的广东将军，四十几岁头发已然斑白，在做现在的职务前，走过南洋群岛，做过基层的军事干部，而且在对内作战的时候，也跑过二万里的长征。

首都转进到重庆以后，二十八年秋的第一次长沙大捷是薛岳将军和关麟征将军合作制胜的，我听关将军——有人管他叫关夫子——亲口对我说这次胜利的原因是："（一）统帅的英明果断，知己知彼，指挥若定。（二）各军没有败战心理，当撤退时，步伐不乱，旋又奉令进攻，士气极旺。（三）湖南人民对于军队协助的良好，为空气所未有。"这也就是说长官士兵民众结合在一起，才能得到这么优越的战果。这不是偶然的，这以后也绝不是偶然的。

三十年秋的第二次长沙大捷，在反攻中，四川将军杨森率部做了极成功的侧击，杨森是一位年老而精神不老的老军人，亲身下操，注意纪律，他的成功当非偶然。过了三个月，又有三十一年一月的第三次长沙大捷，这一次，李玉堂军长及预备部队背城作战，苦战得胜，盟国军官的指挥大炮发射，更成奇迹。到了三十二年秋，准备着迎敌的九战区整个部队又有表演——王耀武将军及其五十七师的英名又传播到全世界，盟国空军配合也是空前的。

湖南境内的每一次战争都是有国际意义的，在敌人方面都是配合着一套完整的计划的，我们打退了他，使世界的报纸不能不用大字写着，中国军战志永在，日本军不敢染指铁路，日本军退出中国的谷仓，日军也在赞美华军的英勇，许多观光的盟国武官郑重声明鲍尔文的胡说。（鲍氏曾写文说中国兵无战斗力，中国只是一个地理学上的名词。）

不屑说，每一次的战争对于湖南的土地人民和资源都是极大的破坏和蹂躏，如果湖南没有丰饶的资源，战斗性的人民和不屈不挠的战志，这些先天和后天，主观或客观的条件，是无由获得四次——甚至永远的大捷的。

湖南省名震世界，但是连年湖南的牺牲是惨痛的。自然，谁也不会忘记，等待胜利来临会向敌人去索取代价的。

"我决不离开此地一步，"薛主席在最前方督战时说，"我也许会死了，我就是死了，抗战也不会完的。"

这是广东将军的湖南精神。忠勇的士兵，爱国的民众，广大而丰饶的土地上，也就弥漫着这种精神。

湖南资源

在东南的各省中，湖南真也可说是一个"天府"，进入湖南地带，景象便跟着变了，广西的枯瘠，江西的荒凉，湖北的苟涩，都一扫而空。只见那油油旺旺的土地，胖胖大大的山峰，结结实实的人民，这都是资源丰饶区域的特点。田野中夏天满是水稻，冬天则是麦豆，成群的牛羊猪正在大地上跑，无数的小孩子在叫，人拥着人，到处都是洋溢着一片活气。地主们正在新盖坟园和庄宅，穷苦的人家还能悬着几串烟袋和几块熏烟的腊肉。

湖南是未来中国的重工业区，一步步地踏着那透红的沃壤，掩不住我内心的兴奋。看到这地表上的丰饶生产，地下面的无穷宝藏，再加上吃苦耐劳的习惯和教育水准已经相当提高的人民，在战时，可以一而再，再而三的打退敌人，在战后，也势必有成为重工业区的条件。在全国中间比较起来，湖南仅仅决于四川，经济部长翁文灏在他的"湖南经济建设"一篇文章中间，特别提出湖南经济地位的重要和她已有建设的成就。

"湖南天赋甚厚，农矿资源，多为他省所不及，以言矿业，则出口矿产如钨、锑、锡、汞，兼而有之。冶炼金属矿中，铁矿甚丰，可供开发。铅、锌原为我国不能自足之矿，但湘省蕴藏则特多，且其采炼厂矿，均已具有规模，煤矿产量亦富，足供湘、桂、粤、汉及本省各工业区之需，金矿如遇必要亦可增产。以言工业，则电力、机械、电器、硫酸等重工业，俱已粗具基础，大可继续扩展。同时全省红薯、大麦、棉花、苧麻、桐、茶、竹、木等农产，均甚丰饶，对酒精、纺织、植物油、制茶、造纸等工业，更及利于其发展。"

这个抗战前卫，西南门户的大省不仅在政治及军事上占有非常地位，在经济上确也是得天独厚，湘、资、沅、澧四条水道，流域所及，交通方便，物产丰富，气候良好，土地肥沃，这里是全国最大的产米区域，平均每年一万石。歉收也有八千万石，可以输出的，至少为三百万石。棉花在濒湖四县共有十六万担，全省共产三十余万担。红茶和黑茶年产四五十万担。桐油至少也有四十万担。其中米谷、棉花、桐油、茶叶大都是出省或出口的物资。矿产全省共有三十一种之多，据湖南地质调查所估计，铁有三百兆吨，煤有六百兆吨，锑有三十万吨，水银（汞）有百余万吨，凡是国防所需要的矿藏，莫不应有尽有。

"建设的对象，"建设厅余籍传厅长对我这么说，"是二十万零五千六百五十九万八千公亩的土地，是二万二千八百八十三万三千公亩的耕地，是六万九千一百三十三公顷的矿区。如果我们能在农业上有进步，稻、棉、茶、桐当然不仅止于能够自给。矿产如此的丰富，如果能积极开发，哪怕重工业的基础不能建立！"

余厅长在任已有十年之久，他是全国的"十年厅长"中间有成就的一个。在这十年来，他主持的工业建设分为六大部分：其一，燃料工业，有酒精厂和新设立的炼油厂；其二，机械工业，有湖南机械厂及电工器材厂等；其三，电力工业，有衡阳及耒阳两个电力厂；其四，矿冶工业，有炼铅、炼锌两厂；其五，纤维工业，有湖南第一纺织厂及造纸厂就耒阳、永顺、南岳、浏阳、桃源、安化、东安七个手工造纸厂；其六，一般民主工业，如火柴厂、砖茶厂、度量衡制造厂。上述各工矿业一共有三十个单位。少数的厂还在扩充。多数是不能维持原状了。

中央的资源委员会和民营工业家，战争中拥挤在这块上好的园地，都到这里来有所发展。除了省营的工矿业中二十二个单位在三十二年十一月划归湖南实业公司，开始做官商合办的商业化经营外，其他的各业也不能作重新地编排，因为虽然是有资源，有人力，但是在整个不景气袭来的时候，没有一个角落能够成为例外的。

"财政政策与工业政策不能调和的结果，不单不能养鸡取卵，反而要杀鸡取卵了。"

商业的湖南

铁路线蜈蚣似的爬行着湖南的红色土地，网状的河流连接着最大的内湖，吞吐着旅客和商品，除了盐以外，湖南没有什么不能自给的原料，虽然湘北有大量的膏盐矿，但那膏盐的质与量始终不能供应人民的需要。

战争在濒湖进行，长沙的繁荣向后转移，乃使湘潭成为"小南京"，衡阳成为"小上海"，这两地的差别只在前者是地主造成的繁荣，而后者乃是买办和商人的世界，多少畸形的发展，有时还要超过了黄金时代的南京和上海。这是钞票满天飞的世界，虽然生产事业陷入最困难的阶段，但是另外的一种新兴阶层仍然在过着最奢侈的生活。

衡阳是成为一个贯通而又集聚商品的湖沼。粤汉路和湘桂路敞开了运输的大门，通浙赣两省的公路上，后一辆车咬着前一辆车的尾巴行驶着，浙闽的民船和小火轮也在昼夜吞吐着走私的货物。投机商人就在这个大湖上驶着顺风的船，在二十八年到三十年这一个全盛期内，二百多块贸易公司的招牌挂在油漆的亮亮的门墙上。二十多家银行拿着十多亿的巨款贷给这些商场上的角逐者，一些没有本钱，又不能以自给的岗位向银行贷款的人们，则寻找着小路，从"康米星"和"加帽子"的利得之阶，跨上财富之岸，每次战争和谣言都会波动了行情和市面，使投机商人的腰包日益肥硕。

抗战中间起起伏伏，不知新兴了多少富翁，但同时也有不少冤鬼沉在投机的湖底，这一部新兴的财主史，不是短文所能写完。正规商人破产了，客家商人在口袋内装着钞票，图章和提货单走遍天下。自然还有些土财主比起客家商人更靠得住，他们知道投机过于危险，便以余资从事不动产的购置，土地不比流动的商品，它是进可以攻而退可以守的。当那些曾经显赫一时的投机商人们相继的崩溃了，那些牢稳的以地产为基础的土商人，他们的财产仍然在上涨，当投机商人们叹息如今生意不比前两年的时候，那些身兼数职的土老儿还能悠然地玩着他们的不倒翁。

由于来来往往的人多，旅馆和饭店比战前增多了几倍，最华丽最高尚的单位也还是最近才创设的。这群老板们用着自建大厦，那因避空袭而搬下乡的学校，是最好的处所，而且都是第一等的建筑。譬如学前街的私立成章中学的广大校舍，成为万国商场，万国饭店，国际招待所和蜀腴菜馆，白云酒家。含章女中变成了瓮中酒家，省立五中变成了国民公寓，新民中学变成雁峰商场，道南中学变为新亚招待所，民生戏院，三星池……

"校舍变为商店，是对于文化的一大讽刺。"

不仅"小上海"似的衡阳，不论哪里的一个新兴的城市，今年也不比前两年了，可以说投机生意的黄金时代已被南太平洋的炮火轰走。商货的缺乏，银根的吃紧，银行贷款的限制，政府的限价，专卖制度的推行，以及湖南粮食公司和八种必需品公司的创办……这一件又一件的致命条件，投机商人赶到无路可走，在目前，囤积的货品出卖了，就是有现款也买不进大宗的现货，有见识的商人，已经向着办工厂一条路上打主意，虽然工业在商业之前就已显出了不景气……

衡阳的商品之湖干涸了，这不过是一个例，说明了这类没有源头的死湖，不论大小，早晚都有干涸的一日。

工业中心

资源是决定建立工业的一个主要条件。资源决定了湖南的中心，要成为全国重工业中心，就是因为有维斯法冷的烟煤矿，孟哲斯特和利物浦能成为英国的工业中心，就是因为有英格兰中部的烟煤矿，皮次堡能成为美国钢铁事业的中心，也就是因为有阿拉伯刺轻山西部的烟煤矿。煤除了供给原动力之外，在冶金方面还有还原剂的作用。有了烟煤炼焦，才有动力工业和冶金工业，才有连环式的有依靠性的各种基本工业的产生。

湖南有六百兆吨煤，可能炼焦的占半数以上。湖南有三百兆吨铁，不足时可以依赖便利的交通，取给于邻省。其他金属也大半具备。再加上稻、棉、油、木各种农业资源，可以使湖南以这些"工业之舟"来发展重工业所必需的电气工业、采矿工业、冶金工业、机械工业、水泥工业，及日常生活所必需的如纺织工业、化学工业、造纸工业、火柴工业、锯木工业及制茶工业之类。

每个工业区都有每个工业去的条件，根据长期的经验，一般认为未来的工业区最重要的是安全，资源与工业的妥善配合，及水陆交通的便利。各方面的专家已有了长期的研讨，主管的人也早已从事准备。当这飞机的续航力一天强似一天的时候，湖南虽在腹地，但仍不免在敌机自沿海起飞的轰炸半径范围以内，一般认为今后的工业应取分散主义，除了注意一切合乎建立工业的条件以外，对于空袭掩护上，也应加以充分注意。自然，今后应当建立强大的空军，以积极的防空代替消极的防空。

湖南地质调查所田奇隽所长根据他的经验，依照各种资源分布的情形和可能供给的最大限量，认为湖南的工业区应当分为一个主要区和三个次要区，未来的主要区可以设在湘潭株洲以至板塘铺一带，次要区则可以在湘中、湘南和湘西各选立一处。从各方面看来，湘中自宜设在涟水沿岸与湘黔铁路附近的娄底、杨家摊或桥头河一带；在湘南，宜设在湘江沿岸的松柏以至冷水滩一带：在湘西，宜设在沅江沿岸的辰谿以至沅陵一带。这主要工业区和次要的辅助区，因地因时因人作互相配合的有计划发展。

"我们主张把湖南的主要工业区设在湘潭一带的理由至少有三个，譬如就地位上说，这里不仅在湖南，就是在全国看来也很适中。就交通方面说，这里的水路交通非常便利，前临湘江，四季都可通航，后靠粤汉铁路，并有浙赣及湘黔两大铁路在株洲接轨，随时可供运输。就原料方面说，工业上需要最多的莫如焦煤和铁砂，焦煤这一带不仅可取之于湘潭的谭家山和云湖，并可利用浙赣铁路取之于萍乡的高坑，这三处煤矿的煤质都很优良，可采量至少也共有四十兆公吨之多，如果只能作冶金炼焦之用，不准作为燃料，那就绝无缺乏之虞，铁矿可以从茶陵、攸县和萍乡上株岭的铁矿采取，约共六兆公吨，未免太少，但我们可以取之于湖北的大冶鄂城，那里有上等铁砂不下四十兆公吨，此外还可以拿宁乡铁矿作万一的准备。"

这个国防工业区，在抗战没有结束之前，应当即刻进行的事情为改进土法冶铁，扩大机械工业，扩大纺织工业，改进冶铅冶锌工业，振兴已有的火柴工业和玻璃工业，扩大造纸工业，建立各区的水泥、电池、锯木工业，以备战事结束时的需求。

建立这么大的工业区，莫说战时，即便是平时也是不易着手的。但我们怎能"坐待胜利"呢？一位建设的主持人已经在那里叹息了。

"现在，"他说，"有盟友帮助我们打仗，难道将来非有盟友帮助我们不能过日子？难道这次中国没有重工业的亏还不够？如果我们没有内战，能把国防建设提早几年开始，抗战的局面也许和现在不同一些吧。"

各区巡礼

战时湖南工业的分布是个不合理的分布，战时湖南矿业也没有能从地下发挥出最大的力量。给他们一句最好的赞辞，就是地上和地下都在那里艰苦奋斗。

按照田奇镌氏的战后工业区的分划，我在战时开始做各工业区的参观。有些地方，也许目前是一片荒凉而将来是烟囱林立，也许目前已是烟囱林立，而将来局势转移，难免变为一片荒凉。在这几个区域里，株洲一带应当是钢铁国防工业区，湘中是一个以炼锑合金为中小的工业区，湘南有一个一炼铅锌合金为中心的工业区，湘西有一个以炼铜合金为中心的工业区，自然，其中应以株洲为中心区域。

株洲，今天是静静地睡在粤汉铁路边，环绕着飞舞的是黑龙（煤焦）与白龙（膏盐）。"小南京"的湘潭的任何角落里，都能找出弹痕片片，可以想见轰炸的猛烈。战时不是平时，随时在晴空中出现着翱翔的敌机。

株洲车站前前后后的废路基，就足以说明当年的盛况。一位五十多岁的装卸夫已不堪回首的感慨调子叙述旧日的情形，"你看啊，房子还是这么顶大顶大的，可是空空的了。"除了公家定好的地皮在长着茂草以外，一度传说这里的土地买卖的交易很盛。据地方人士说，这还是些空气作用，真正的时机还没有成熟，有一些待沽的土地倒是有人来问过价，可是因为战局吃紧，便没有下文，（自然宋子文先生、孔庸之先生、孙哲生先生过去的土地仍然保存着，）这话也许是可靠的，总会有一天"黄金时代"悄悄地就来到了。

湘南区域是个理想的工业区，目前已有相当发达。抗战以来，这个工业区方才开始建立，内迁的工厂带着不褪的海水气息，在这里重趋荣滋。十三年前小小的军政部第三被服厂看着这些后起之秀亭亭玉立，好不欢喜，就连他自己的附属纺织工厂在抗战中一蹉而为第三纺织厂，每月能生产十二磅细官布八千余尺。连年来，一再的轰炸，也没有吓退这群傻气的工业家，反而"物以类聚"，水运的便利吸引了不少新厂。

湖南最老的省营机械厂带着最新的机械迁到这里，分为三厂。新设的水泥厂，抗战中建立，抗战中完成，而且出货了。中国工程师学会本届荣誉奖章的获得者支秉渊的新中工程公司就在此地。上海新民机械厂，他以独资经营，由胡厥文氏迁到此地。冶金工业有民生炼铁厂。轻工业有永明纺织厂、日新电池厂、建兴工程器材厂、丰华染织厂、麻袋厂等。

湘南还有一段短短的铁路，这铁路的两端，一边是炼铅厂，一边是炼锌厂，抗战中迁到这里来，虽然经过大轰炸，仍然在那里工作。今天的问题还不在产品的销路，而是原料要待新的勘察。水口山，四十年来这里是世界知名的矿山，但由于二千多工人的长期工作，矿苗已然开掘殆尽。

湖南东部还有一个新区，那就是衡阳，在战争中间，两条河岸也成为新工厂区。一边是有市政府主持开发的城北新工业区，到最近修路的工作还没有完成，一条工业大道正在坟丛中迈进。不到两年，这个区域的若干土地都已为各方的工业家领用，他们因为等着最好的机会，建厂的工作没有积极展开。那一边沿河多的是机器工业，是由铁道哺育起来的，武汉退下的工人，在这里买了存货，开始建厂。有一家工厂的主持人，当设厂时，他的身边只剩了四角钱，而现在却可以一输十万——虽然他们所办的机器工业，今天说起来，却还是各种工业中间最困难的。

湘中的人们不仅是全中国最优秀的分子，即在湖南也是首屈一指的勤俭百姓。男耕女耕，克勤克俭，才造成了不少的小康之家。这里的田地作的特别集约，而手工的细纱亚于机纱。一般人民的生活水准降低，就连锡矿山上的采锑工人的生活，比较起来，也是更为困苦。从前清光绪二十二年起到现在，除了第一次欧战时候的畸形繁荣造成了不少富商外，越到近来越是清苦，因为锑在国际上已经没有销路，而国内的新销路——改制颜料及其他代用品，则尚待开拓。

有两种不同的人住在一个矿山里，一种是富足的少数公司冶炼厂的老板股东山绅，一种是贫困的成百千的矿工：居于这两种人之间的联络者是包工头和市面商人。矿工中间，属于采矿的有土工、石工、捡石工；属于炼矿的则有踩风工、炉工，除此之外，还有洗沙工、排沙工、转运工，极盛时代到过一万人，中有不少童工和女工，像牛马一样的一天做到晚还不够吃饱肚皮。资源委员会锑管处在这里设厂，为锑开拓新路。

在抗战中间变化最大的莫过于湘西了，这本是一个披着神秘外衣的区域，但在抗战中，多少工厂为了安全从湖滨沿着水路到这里来。辰谿和沅陵的五金铁器工厂也就有了六十七家，从事于翻砂、车工、锥工、锻工，大半却在从事于小型纺织机械的制造。目前湘西已成为一个棉纺织工业的中心。湖南的最大纺织工厂也迁到这里来，民营纺织业的纱锭合计起来也达三千锭。

湘西的产铜区域是在澧水流域，地质学者初度勘查，认为是水成矿状，蕴藏量大，一片荒原，但在目前可采者却很少，在当前，这个铜合金区还没有影子。几个国营的新电厂正在这里建造。湘西的资源在万山中，新的资源外面还不十分晓得，总有一天这里会有很大的发展。

治安、资源和交通，都是发展所不可缺的条件。湖南虽然是大后方，今天的交通比较便利的地方，但去工业化所需要的交通条件还是很远很远。

不能抛锚

今时是多么艰难的岁月啊！不仅走在路上，汽车抛锚，火车误点，每个城市的工业的停摆，商业的不景气，也是抛锚，而行政上的脱节，也是抛锚现象之一。这么多的抛锚现象如何得了，抛锚是不动，而今时我们所要求的是一切都要"动"！

湖南的企业作风由于湖南实业公司的成立而一变，这二十二个由省建设厅划归实业公司的单位，有许多主持人是我的朋友，他们都说没有现金周转，而实业公司的商股一时也收不齐，怕不免有相当时间的停顿了。

"过去，"他们说，"我们还有建设厅，虽然他负不起全责；而今天，建设厅卸了担子，而号称六万万元的公司又负不起这个担子来。工矿事业并不是一种送来送去的礼物——"

本来生产事业在二十九年以前，是有一度的繁荣的，这个短时期的愉快转瞬过去，跟着物价工价的上涨，便给工矿主持人带来了苦眉愁脸，除了少数幸运儿之外，不论公营或民营，原料及资金莫不同感困难。在"以商养工"的实际情形下，大家都承认了"生产不如减产"。

支秉渊先生在困难中仍然微笑着，他说：

"我们这种重工业，政府不来订货，能有什么办法！民生工业的机械，我们好久都不工作了。工业界的困难只有程度上的差别，没有基本的差别。当瘟疫到来时，基础好的可能病少些，但是谁也不能保证不生病。"

周锦水，是中南区的有名电器厂的主持人，他也在这么说：

"做到哪一天就是哪一天。政府对民营又调又整，结果也不济事。今天是工业要通盘筹划的时候了，不论军政部、交通部、经济部和人民的工矿事业都要拿到一起来调整，重新编排，我们人民能够做的东西，请政府就不要重复的做——"

在东南八省中间，除了纺织业有最后的景气之外，我就只看到这两家工厂在添造新厂房，而这两家的主持人，又都是做着这么不乐观的结论。

虽然政府允许了"工贷"，余建设厅厅长表示了"负责"，但是杯水车薪和纸片空文，谁都晓得不能推之使"动"，那么眼前的状态，不免还是一个"拖"。政治上在拖，经济上也只有拖，这样的现象并不足怪。

以湖南的资源和地位，任何经建事业没有不能存在的理由，何况是目前这点微小的数目，我们相信，在"拖"的时间内，总有一些单位能够并不"抛锚"，历尽艰苦以达到胜利之秋的。

工业的湖南

为什么我们这么爱谈工业？

因为一个现代化的国家不能没有国防工业，而工业是不嫌多而恨少的。这次抗战，中国已经吃了没有工业的亏，难道战后中国还要继续以"农业"来抵抗"工业"吗？

工业化这个愿景中，包括了农业的工业化与机械化。我们绝对承认，没有农业，没有这广大奇特的中国农村社会，不会把抗战支持到今天的，但是我们今后要建国，要强大，要立足于世界，便不能不从"农业中国"过渡到"工业中国"。

湖南，今天，是农业的湖南，明天湖南，不能不奠基在农业的湖南之上。因为丰饶的湖南资源不仅仅丰于农业，同样也丰于工业。

一千个县长中间有一千个声音都在这么说："我们的老百姓真是天字第一号的老百姓。"

湖南若不能从农业到工业，那问题不在于"天字第一号的老百姓"本身，也不在于资源。

万山丛中的西昌

——续西康踏入记

万山丛中的西昌，抗战以后，已成为时代的宠儿，正在一步步地向繁荣之途迈进。二十四年四月，据称为"乱人"所焚掉的四千余户，正在陆续复兴，一条西街，多是崭新的木料，若干堆栈，全告客满，这里已成为新西南交通大道一重要支点。

堆栈里的新闻

西昌少有客栈，旅客到达后，希望与杂货同居在堆栈里，也都成为难事。在堆栈里，洋货从云南进来，调换了药材及牛羊皮等土货输出，正是一种剪刀式的交换：但是仔细研究起来，近百年来堆栈里虽然无甚变化，但是骨子里却在"新陈代谢"，商业资本的发展史上，却有无限的血与泪。

关于堆栈里的新闻，只能从清代谈起，那时候陕帮最有力量。陕西人不仅文化上有地位，经济上的力量更是雄厚。宁属缺乏棉花，他们的营业主要是贩运所谓"光布"，输出土货，同时并在经营高利贷；后来，法国的滇缅路告成了，洋纱开始从南路打进来，于是经济大权，转移到云南帮的手里。民国四年，据说是西昌织布事业最发达的一年。云南帮更将云南茶运进来，统治并且改良了缫丝事业，同时又在做着一般的汇兑：外来的力量，结果刺激得本地人醒觉了，丝厂慢慢地都由本地人在主持，有名的韩、汪、高三家，各有五十万左右的资本，他们又在经营着当地盛产的鸦

293

片。自然，我们也要特别声明一下，这些商人，并不十分单纯，他们的兴衰，多少和政治上有些联系。若干丝厂，因为桑老蚕劣，水色不佳，目前大半中落了。

到了抗战以后，宁属被重视起来，特别是划归了新建省的西康，乃使四川的边区，顿变为新省的首城。若干银行进来了，这些新式的金融集团，集中在这万山丛中的古城里，不论从理论上抑或是实际上，当然要使西昌的商业转入一新时期。

虽然这些新的力量已走进来，但目前他们还没有走到正轨上。"业务没有办法"声中，他们只有唯一的营业——经营鸦片，因为事实上，目前只有鸦片的利益最为优厚。宁属的若干商货，还看不在现代金融企业的眼里，于是，在若干有军事力量的堆栈里，便在洋货土货之外，还存贮着不少这种宝货。

不过，事实上已然看到这些本地工业家要没落，试举一例：此地的手工织布工厂的工人们，都在夜里工作，因为他们是瘾客，清晨睡觉，而且要烧烟。堆栈的小伙计，也都能看清他们的前程快要到绝路了。

西昌的灵魂

山丛里的西昌，从民国七年张文澜独立起，直到二十七年止，可以说是只有破坏，没有建设。宁属的统治者，虽然一变再变，但是表面上只见富庶逐渐在消失，山上树少了，坝子荒芜了，街上的灯笼没有人再点得起，昔日的古朴，几乎完全没有了。自从西康建省，行辕入宁起，我们将认为这是一个新的分水岭——划出时代的新纪元。

委员长行辕到宁属，确与地方以极大的激动。记者到了西昌，正为行辕正式办公三周日，张笃伦主任，乃畅谈大政方针，申论行辕之设立，完全为了建设与开发以供给抗战的必需资源。

"我们目前用全力去作的一件事，就是在半年内完成公路交通。"这条公路，是为将来建筑铁路准备路基，一切都在郑重进行。交通部的总工程司，不久即可到宁。行辕认为如要完成这条路，一定要征用夷工，所以现在筹办一个修路的夷人干部训练班，将各地的夷支首领，召集来受训。

过去的治边人才羊仁安，和现在的靖边司令郑秀廷，都将被任用。

"我们要在这次工程中，给夷人以初步的军政训练，使他们不仅一定能拿到工资，而且受到了国民的初步训练，进一步的和睦汉夷的感情。"

关于夷务，张主任也在郑重的表示，他反对仅在军事上作功夫，而主张要在文化和经济上提高他们的地位，使能与汉人得到真正的平等。只是关于夷务和垦务，是由省府主办，而由行辕加以协助。

"刘主席到宁属后，我们将要对于宁属开发资源的具体办法，加以仔细的商讨。也许国防委员会再派一个大考察团来考查和鉴探，以确定各种矿产的真价值。"

最后，张氏更表示民众对于中央有热望，中央也决定少说话，多做事："我这次进来，便只和夷人约定两件事，一件是修路，一件是禁烟。"对于汉人，更希望各能特别自爱。

行辕到了宁属以后

行辕到了宁属以后，一切都在激变中。

过去，宁属是被人忘掉了，政府和企业家，都不曾留意到要在真正的后方来建设我们的国防根据地。古老，落后，特别是官吏腐化，造成一片黑暗世界。直到现在，某某方面，仍在包嫖赌，运鸦片，固持门罗主义。我们连几天到饭馆中去吃不到饭，因为厨子为大人们办酒席，一群戏子召到后，招摇过市，队伍主持一切。军队发饷九折，二等兵六元，一连要吃十二个空额。这群人竟敢公然在纪念周上讲："运××出去，官每天发一元，士兵每天发三角。"在各方面的深自检点中，依然有这么多的恶习存在，但据当地人讲："已经比过去好多了。"

虽然，只有光明才能照到黑暗，无垠的荒沙中，野玫瑰却在盛开，给路人以无限的安慰。剥开了丑恶面，我们又像奇迹似的看到了一般民众的热情。

四五月本是农忙时，可是在"军事第一"的口号下，民众开始为国家服工役，周游县长对于这次征工，办得比较公平。按照"有钱出钱，有力出力"的原则，他说，"无钱者更出力"。一切都按照战时军事编制，每保按四个标准抽工：（一）寡孤独不抽；（二）两兄弟出一个丁；（三）劳动力多者按比例抽；（四）有钱者无限制。"有一个马姓的回民，自愿送到三十个丁。每个人平均服务十天，每人空着手来，不要他们花一文钱。"

"中国不会亡，老百姓太使人感动"。最落后的农民，成为最前进的爱国者。一声命令下，每个人抛掉农事，欢欢喜喜地来做工了，"没有一个人迟到，没有一个人逃走，没有一个人抱怨，尤其是没有老少女人来凑数。"三百多位夷工，因为少受团体训练，效率较低，但他们要争气，白天作完了，月亮下又去赶工。"我们用工夫，是为提高他们的地位，凡是中国人，都在为国家尽一份力，这次成了功，以后修路再不会成问题。"结果看来，夷工的精神已令人敬佩。

抗战唤起古老的心

动员委员会的工作，渐能不仅"自上而下"地推动了，现在正以工役为中心的由各界作大规模的慰劳组织。樟木青、锅盖梁、双龙场的小学生们，自动去作工，使农民大兴奋。五月一日，西昌举行国民精神总动员大会，张主任对于他们特别提出来加以奖励。"每个小学生，拿到一个肉包子"。将来将增到一万名民工的工役，正渴望着"精神总动员"。街头上，逐渐已有大批青年学生走出校门来做救国宣传，这些现象，过去绝未有过。

还有一个令人兴奋的消息，就是边远如西昌，也有不少抗战军人，他们的家属，且已得到了优待。过去，四川的军人，一向重用宁属人，因为他们大都诚朴可靠，而作战又极勇敢。我在礼州镇的一个小茶馆中吃茶，茶肆主人有五个儿子，其中有两个便正在前方抗战。他背诵前方的战事经过，如背熟书，他从儿子的来信中，知道淞沪大战及退守，知道大战台儿庄，知道山西决定战事。又从地方上一百多位出征者家属的口中，能够使他随便举出抗战领袖的姓名，和必胜的理由。这一百多位战士，活生生地刺激着这古老地方的人心，正是抗战使中国进步的一个证明。

在目前，激变中最显著的事件，是辅币零钞的缺少和物价的奇涨。农产品增值，固然是有利农民，但过高了却引起了社会的不安。至于零星筹码的缺乏，一方面是由于禁止钢洋（云南造，成分稍差的银币）的行使，一方面是由于小钞普遍散布在农村购买鸦片，再加上商人的操纵，于是市面上五元国币不能行使，若调换小票，十元只能拿到九元。在一般的通货膨胀下，如何降低物价，活动金融，安定人心，正是行辕应当协同省政府努力来解决的一大事件。只有这样，才是对于民众热情的一种有力的答谢。

将实现的计划

未来国防重工业区的西昌，目前除了以全力从事交通外，尚有若干待实现的计划。

四月的最后一天，我看到在"夷卡"（亦名边民感化所）中的七十余户夷俘，被送到大小麻柳一带去垦殖，每人发给二十元，他们将成为官商合办的复兴公司的"农奴"。这一个垦殖区，本是朱霁青氏去岁勘定，想在那里实现一个合理社会组织的地方。但是省政府现已争先去办，他们表示，以后一切由公司处理。最近汤恩伯总司令的将士遗族及家属，也希望到那一地带去安居，他们希望不要按照"国营荒地承垦条例规定"来办理，对于抗战将士的家属及遗族，"应当将保证金及地价一律减免"。宁属有许多熟荒，的确应有大量人口进入从事垦殖。

说到垦殖，我们不能不想到能够决定农业的水利了。

宁属虽然丰产食粮，可是由于森林的破坏，现在已大大感到恐慌。"现在只感到冬旱一年比一年延长，不受河流灌溉者，都荒了。"周游县长遥指一下安宁河，我想起了一路上裸露着的河床，石子像是布满了的白骨。西昌近郊有个"邛海"，周围三十里，是内湖，多年不疏浚的结果，所得只有"水害"，而没有"水利"。"山水下来，近河的土地，极易被淹"，省立棉场的主持人这样说，"去年从西昌到德昌两岸，都浸水，我们的棉花成为水稻。"

于是，整理水利，已成为不久必要实现的计划之一。行辕决定协助地方改良从册庙到漫水湾的水利，这条山河完成后，可以灌溉"良田二十八万亩，熟荒二十二万亩，生荒五万亩，如果种稻，可以增加五十七万箩"。这条小河，还可以发七十匹马力的电，供西昌应用。全部用费，掘估计仅为二十五万元，从这计划上，我们显然可以看出水利是如何决定农业，而宁属的富力，由此可得一个概念。

另外，各方面还想对于"夷卡"作根本的改良。行辕的曲木藏尧和县政府的张嘉言，都正从事于这一艰巨的工作。

当那批俘夷未走之前，记者曾到里面参观。这个为夷人特设的监狱里，有三种罪人，一种是犯了法律的"夷犯"，一种是被俘来的战利品，另一种便是投降以后输流来做抵押品的"质夷"。他们在"夷卡"里的生活，是非人间的，每天除了两顿饭外，便是数万苍蝇随着他们乱飞。此地的"大汉族主义"特别发达，地方有力者的优待少数民族的办法，由"夷卡"内看得最为显明。

行辕到了以后，对于这种处理大不同意，目前是除了名称已换为"边民感化所"外，本质上则毫未改变。我们希望短期内即行实现"夷卡"为一教育机关，使读书声代替了苍蝇的嗡嗡。

怎样以"平等"待"边民"，宁属问题都应以此作出发点。

（原载于《大公报》，重庆，1943年6月8日—9日）

西康途中

——雅安在新势力中滋长着荣经的铁需要积极开发

一、雅安观感

走进了西康的大门，第一个"首善之区"是雅安。建省以后，雅安繁荣起来，铺面刷新，马路翻修，旅客云集，物价飞涨，形成二十年在内战、苛杂、流通券压榨下前所未有的新局面。这次抗战，使昔日四川的边区，变为今日西康的首城。

虽然，雅安城内还表现出多少落后的事实，不过村姑已穿上舶来的新装，新势力正在封建营垒中滋长着。首先令人触目的一万三千人的小城中，已有七家银行，（中央、中农、四川、西康、重庆、美丰、川康）这些银行的主持人，虽然都在表示很少有业务可作，可是平静的池水，已为投入的巨石激起了无垠的波纹和浪花。

在目前，省政府和银行团计划组织大仓库，统制贸易，于是过去支持着雅属繁荣的盐茶布三大帮起了恐慌，中国茶叶公司的来到，乃使古老引岸制下的茶商，有了"边茶公司"的组织。一切必需品，都有人来投资垄断，譬如烟煤，去年百斤不过一元四角，今年已为二元五角，新势力到来，乃是旧势力能像过去那样的散漫着过活。要竞争，就要有组织，不然，在"大的代替了小的"之余，一定是"新的代替旧的"。跃进中的西康，难逃这一历史上的公例。

雅州，是西康的门户，雅属，是西康的前卫，地形上，军事上，都具有此种意义。□□□军副军长陈□□氏，是驻节雅州，督练军队，维持治安的负责者。

记者到雅，分谒当地军事行政长官，并访问缙绅各界。陈□□副军长特与记者作长谈，申述刘自干主席治康大计，至为详尽。可以公开者，如为解决建省之中下级干部，刻在□□特开一规模极大的训练班，学员系从各县知识分子中选拔，可望有二千人之多。刘主席在开学以后，并将亲临上课。川康交通，尚有若干线急待完成，春忙过后，自嘉定沿大渡河至西昌一线的公路，即可开工，这样宁属富源，就可以开发了。陈氏谈时，兴奋而诚恳，更表示绝对"遵从委座指挥"。

踏入康境，感到各方情况都在蓬勃上长，有朝气。遗憾固不可免，乃是过渡时期中的应有现象，虽然为了禁烟，金矿，或许还有微嫌对立的地方，但在经济上，中央与地方，是绝对统一了。从这一基点，我们认为西康建省，前途远大，一定有贡献于抗战。

二、荥经的铁

雅荥途中，道经半属硗确之地，农产不足以当地食用，雅属的粮食产地是洪雅，但是"老天饿不死无眼雀，"荥经境内，都有傲人的铁与煤。进荥经，要经过东门外的铁索桥，这些铁索，就是本地产品的优越成绩。根据战时新闻规定，报刊不得公开披露驻军番号、首长姓名。编者注。四川的矿产，概括而言，金属矿在四川西南，并非金属矿在中部。在今天，这雅宁两处铁矿区及大渡河流域的铜铅矿区，大半划归了西康。全川大概有五十余个县土法产铁，产额三千吨。经营的是煤铁混生的菱铁矿，于是小矿经营者，就以当地产的煤，炼当地产的铁，造成了全国土法冶炼最优越的成绩。矿冶专家们认为菱铁矿不久将尽，国营大矿，应当积极着手建立起来，"目前钢铁时代，建国一刻离不开钢铁！"

我们在抗战中建国，计划应当是永久的，而作法是现实的，就现有的人力财力，一步步地作去。我们要强调宁属建立重工业区，但同时也不能忽视了前卫地带中间，许多小矿床的开发。目前的□□褐铁矿，为了救急，正是要积极从事开发的对象。（自然，雅属中的各矿，同是开发对象。）

神话中的□□，好像整个是铁铸的，其实不然。春天沟有所谓大矿山。齐家河有所谓小矿山，大矿山的铁矿露头处在海拔三千尺的山顶，有开源等厂在取铁，俗称百斤矿可得七十斤铁，平均为百分之五十。过去认为有两层，假定深有五百公尺，长为一百公尺，储蓄量大约在五百万公吨左右；小矿山距离前山十公里，矿床大致同前，储藏量估计为一百万公吨。这些估计，经过去年四川地质调查所常兆宁，杨敬之两地质专家使用电器仪表的考勘，认为有不对的地方，应加修正。他们的报告，即将正式发表。

关于铁的真相，四川地质调查所长李庚阳氏曾这样说过，"□□褐铁矿是水成的。那里的大矿山，小矿山，过去都以为全山是铁，但经过我们再度详细考察，认为一共也不过五十万吨。前者含铁百分之四十七，后者含铁为百分之二十八，铁质不十分好……"

地质家的工作，第一步是填补了地图的空白，第二步是作精详的测量和勘察。在荒瘠的山野中，记者每一忆及地质学者近年来的无畏精神，不禁肃然起敬。诸葛孔明时代，就在使用□□的土铁，而它的真正评价，我们直到现在才有了确定。

铁以外，荣河流域的无烟煤；花尖子、斑鸠井一带的有烟煤；戴黄沟、山溪林的铜，也都有开发价值，先决问题是交通。

对于□□的铁，西康省政府非常注意。全省铁矿管理处，不啻是为此地铁商而设。叶建设厅长谈，希望本年能产足六十万斤，设法使铁厂能够常年开炉，逐步改良。建设厅并向资源委员会贷款十五万元，以百五十元一吨的价格，收买一千吨，使当地七家铁商定期交货。这契约开春就签订了。

到最近，双方因为价格问题，起了相当的纠纷。从雅安到荣经，在缙绅口中听了不少关于铁的话。我们觉得，为了"有铁少流血"，增产是必要的原则，商人不应当太重利，说什么为了成本，"增产不如少产"：而政府方面，也应顾及商艰和实际的痛苦，随时将价格与以必要的提高，以免商人认为"小价买进，大价卖出"，在发"国难财"。国难这样严重，相信这一点"谅解"会成立的。

抗战到今天，我们对铁万分需要。我们要第一增产，第二增产，第三还是增产。达到增产的目的，应当解决了若干条件，首要的一点，是应当将"奸商"与"发国难财的官吏"同例看待。

三、大相岭内外

一群群背子和滑竿夫，在荥经县的城隍庙里烧香磕头，乞求前途好运道以后，便成群结队地向披着雪顶的大相岭进发。

沿途中，无时不在遇到伛偻着脊椎骨的背子和隆起紫红色肩肉的滑竿夫，他们踏平了大相岭内外的路，成为川康交通的主要运输者。这群人，大都有一肚皮的痛苦，半数以上都无家可归，当他们失去了千百年来祖传的土地以后，便把他们的肩头劳力所获，一切都献给□□。□□对于他们的用途，恰当于欧战时的运输牲畜的注射吗啡了，他们总是低着头，不敢昂然地望太阳，像是永远没有抬头的日子似的。

建省以后的西康，大相岭内再也阻挡不住外力的侵入。雅安城有十一家滑竿铺，家家感到缺人。雅宁途中，从每夫九元涨到十六元，运费已达到这个"世外桃源"里从未有过的高价，可是没有一个人感到满足，他们却咒骂物价腾贵，怨恨"自足自给"的封锁区之被打破，不时乃以报复心理来榨取旅客囊中的金钱，来满足他们神经上的刺激，或是欺压忠厚的农民，以为笑乐。

向大相岭进发，农村的景象一步比一步地更加古老，如果沿途没有那现代产物的电线杆太触目，那就宛如翻读中古史上的插图。表面看来，他们固不需要外面供给，但事实上，他们却已不能拒绝为现代的农民。荥经的钱粮每两正税一元七角，而附加却为正税的七倍，多半人都不会知道他们已对抗战经济负起直接责任。在这大时代里，农民真是最值得同情的。农民今天在自己的田里或是租来的田里工作，明天当人家的雇工，后天就许做起背子来，搬运旅客或为城里的商店运输商品。

农民研光了山上的树，耙光了岩上的土，捐税压得他们不能再过活，只好泥封上大门。老的棠梨树在静静的空院中，怒放着白花，候着他的主人的到来；那位没有盖被的边民跟上，一群群的乞丐大声喊着："给我两百钱吧，营长！"这群为社会所遗弃的人们，心目中最高权威者是营长。

走上大雪山（大相岭的俗称），在茫茫白雾中踏着坚冰前进。山并不是什么理想中的高与险，但是海拔三千米以上的高峰上，呼吸艰难，寒气逼人，耀眼的雪光，使人感到这个山峦无愧成为旅途天险。晨六时出发，历小关山，大关山，蛮坡子，草鞋坪等，到下午二时才达到峰顶。翻山处，有一个石砌的碉堡，屹然雄踞，下面完全为云气缭绕着。

这条西康境内的唯一大道上，尚欠平静，我在那最高的碉堡内，看到一具无头死尸，不像路毙，而像是路劫，尸没有腐，但也没有人去过问他。寒风有声的透过堡上枪眼，似为这无主孤魂呜咽。

从三千米的高峰巅下降，好像不能自信已然走了这么许多的路。神话里的山神是时常要发威的，但现在却少了，也许是山神已深深感到大相岭内外的农民，神力已无法阻止，而悲哀地放手了吧！

四、三个农业地带

从三千米高山下降，一直到大渡河滨，这段坡地上面建立起了昔日汉夷分界的汉源县。县内有三个主要市镇，分列在不同的坡度上，这便是海拔一千五百米的清溪，海拔一千二百米的汉源，海拔八百米的富林。这三个中心点，在气候影响下，乃形成三个不同的农业地带。

下降到清溪时，云层仍然在依依地随着。清溪是建在三面是山一面长城包围的坡地上。它的周围袒露着令人吃惊的黄土，重叠峰起，有如黄河两岸的沙洲。张汶县长说："每当起风时候，满天黄色，家家闭起门来，一天就这样的过去，任何事情都不能进行。"这里的昼夜，温度相差很大，空气流动交替的变迁尤巨，乃造成这罕有的狂风。

这荒漠里仅能种些玉蜀黍，而特产则是梨，大路边，梨树与枇杷树在混生，说明了这里绝不是北方。去年歉收平均六成，水利的重要，使每个人都感觉到，政府虽然也曾有过万元的水利贷款，可是比起村镇门口摊款的名单来，杯水车薪，无济于事。县中人希望政府能够大规模地贷款救农，只有政府贷款，才能免掉一般商业银行家从作"国外贸易"改作"国内贸易"的流弊，而使农民得到真正实惠。

因为去年当地歉收，农民的食粮大成问题，乃使旅途仍不能平静。汉源街上，记者亲见枪毙一匪，唐家坝里又看到捕去三人。汉源街由于办理保训合一训练班，有九百学员的集中，造成了当地的空前繁荣，省政当局有意使此地成为未来西康文化的中心。目前这里还是一个交通中心，从雅属来，要越过大相岭，从宁属来，要越过飞越岭，三方面的路程相差不多。

保训合一训练班，应当认为是西康建省后的大事之一，刘文辉主席定二十日后亲来主持。政令的改进，需要下级干部，该班组成主要的目的，即为执行这一任务。主持人王靖宇氏对记者谈："本班分为两期，每期九百人，包括汉、藏、猓三族。三月毕业，分派充任本县保长校长等职务。经费约十六万，预计对每名藏人用款八十元，每猓人用款六十元，汉人用款四十元，以示政府优待边民的意思。"镇外正在建盖容千人的大讲堂，三千人运动的操场，各种通告，使用三种文字。记者到班参观时，正为入堂之前日，各方学员络绎而来，不同服装，不同语言，不同文字，顿时令人生中国伟大之深感，而想到解决少数民族问题之切要。

汉源周围，小麦将黄熟，仙人掌伏在墙头，油桐花开遍山野，又形成另一农业地带。沿途，小庙，大宗祠极多。农家偏重养猪，成为通例，唐家坝以下，群蝇乱飞，与云层中的雪顶比较之下，气候的差异可知。

一路环山前进，山峦上，不独谈不到森林，即树木也是不多，流沙河中，砾石耀目。行经的道路，不是河床，就是山沟，雨季来时，交通立刻便会断绝。这种交通，的确能牢固了"自给自足"的程度。盆地中，有稻田已在准备秧田了。

富林是大渡河滨的重镇，水旱码头，向西昌进发途中的最富庶区域。入镇后，富林不见森林，唯闻竹战声浪震耳，封建中心仅有的娱乐就是赌与烟。一路上看到了许多好儿童，聪明强健，真是中国新的一代；但是富林小学教员却叹息道："社会是太腐化了，学校无论如何不能比过家庭，多少小孩子，从小便腐化起来。"

前宁属司令羊仁安是镇上唯一大户，羊氏是近四十年来办理夷务的中心人物。到镇时，恰因羊氏为了修路事到成都，未得晤谈，殊属遗憾。镇上有羊氏老宅与新宅，据谈每日都是宾客云集。

这里虽然比较富庶，但一般人民仍是食用杂粮。米价高涨，每斗自元半涨到四元，为从来所未有，幸赖宁属还不时运到作接济。而今年的天气仍是"干"。

由这农业地带的映象，我们深深感到这是全国的农业缩影，建省后的西康，要从正面认识和解决这些现实的课题。

汉夷关系最恶劣的时期，在民六至民十。那时候，中心西昌也是恐慌万分，因为每天夷人都要到城里来拉人，乃使东门永远封锁着。到了民国十六年，以邓秀廷为中心的治夷机关建立了以后，取消看哨，取消贼粮，并送昭觉县长回城。军威之后，继之以德，汉夷关系，于是又在逐渐向融洽方面走，而多少夷人部落，也都慢慢发生汉化了。

佃户万家

"四十八甲"，是一个正在汉化中的夷人部落。在西昌，遥望东门外的一片联山，那里便是"四十八甲。"最近的区域，距离县城不过十五里。最大的群落，是靠近礼州坝子周围，在昭觉高地边沿上的一群峰峦。据说，那里现在有一万多户人口，像棋盘似的分布着。政府的户籍册上，已经登录了他们的名字，并按当地的实际情形，编成为四十八个"甲"。每天，西昌城的市街满是汉夷贸易的对手，大半是这群居民。这群山国里面的土著们，所缺乏的是盐和布。

今日"四十八甲"的统治者是孙子文副旅长，他是邓秀廷司令的一位副手。不公开的消息说，他也是夷人，只是现已完全汉化。这是一位极精神的中年人，有两撇仁丹式的胡，一所宁一慈善堂，他自己便住在里面。

我到那所慈善堂里去拜会他。堂门内挂着"无息借贷"的牌子，和劝种牛痘的标语，用汉夷两种文字印刷，指出牛痘的重要。本来，夷人不晓得什么叫作天花，小孩子落地后，用牛粪洗污，以为可以消毒，所以生长以后，绝对不能居留在气候过暖的地方，否则即便是老翁，也要重发天花。孙副旅长注意到这个有关全旅生命的大问题，并且强迫地执行，实在是他的一种远见。

一位新领袖

走进了孙副旅长的客厅，那里他正为一群夷人团团地包围着，一个马扎子摆在中央，孙子文在那流汗的天气却披着皮衣。那群蹲坐在地上的客人退出以后，孙氏立即向我解释道，他前天去大小麻柳时候，过邛海吹了风，现正在发疟。大小麻柳，将来要使其成为一个最大的垦荒区。为了和邓秀廷司令不冲突，他总是处理些与军旅不生关系的事情。

问起关于"四十八甲"的组织经过，他便作了个简单谈话：

"四十八甲那片地方，"他说，"清朝时候，本是我家的产业，那时候，这万多户人家，本是我家佃户，从来没有黑夷来管辖。后来，为了反对黑夷的管辖，这万多户白夷才都请求政府保护，遵照保甲的编制，成为现在的样子。……"

于是，孙氏又成了他们的统治者。从反抗黑夷到"四十八甲"，聪明的夷人，也许会想到这是从另一个统治者转到这一个统治者的治下吧。他们的精神与物资，一切又交给了这新长官。孙副旅长不仅主持大政，还要处理每一家的家政。一部落里的族长，同时兼为家长，这乃使他每天要花费极大的时间来接待佃户，为他们解决一些偷鸡摸狗的小事情，感到了不胜的厌倦。

孙氏又讲述他治理"四十八甲"的方针及他对于汉夷关系的看法。他认为多少冲突，都起自"金钱往来"。用银钱请来的通司，最易造成是非，希图厚利。目前夷人方面的缺点，是"没有以文字教子孙"，而仅把文字用在经典上，不能全普遍。文化水准极低，再加上汉夷的言语未能互通，于是一切"纠纷"自此开始了。

"军事上有了办法以后"，他说，"威要，德也要。夷人真是穷得很，我们一定要设法来帮他们的忙。你到四十八甲去，我们办了一个乌龟堂小学，你要看看吗？"

最后，我握着他的有骨棱的黑手告辞，告诉他，一定要去参观那所新创办的夷人小学。

会见这位"四十八甲"的新领袖，给人最深的印象，他是一位创造事业的人才，虽然他有"佃户万家，"但他并没有就此起家。他的蓝布军服，说明了他的简单，这点简单获得了无限热诚，并牢固了他在夷人间的统治地位。

乌龟堂小学

"乌龟堂小学，并不是第一个夷人小学，同时，学生的数目也很少……"领路者这样说。

在路上，我们便感到光光的山峦，正显示出汉夷之间的鸿沟。乌龟堂的房屋远远地可以看到，但是沿径登山，仍需半天时光。夷人为了戒备汉人的进攻，自上向下斫树，汉人为了小利，自下向上斫，结果是一片童濯，成为两族间的天然防线。百年来造成的防线，又要百年来消灭。

山阴面，永远生着铲不尽的杂草，一群夷童正在那里放牧。县督学李万方先生指给我看："这些也是边民小学里的学生。……"

在夷民地带里，建立现代化的边民小学，时间并不太久。民国二十六年时，四川省府曾首立盐源、盐边、晃宁三个边小。后来，又在昭觉县设立短期小学。夷人中受过汉化教育的，也在创设私立学校，如岭光电和曲木藏尧。前者现在任汉源保训合一训练班的教官，为西康造就建省的夷民下级干部；后者现任西昌行辕的副官长，正在筹划如何训练一批作为"开发之钥"的大公路的夷人监工。他们这些成就，都时常被引用着来激励边民接受"汉化"的教育。

乌龟堂是童荒群山中间的一段小斜坡，疏疏落落地十几家茅草砌的小村落，山上的表土是红色，房屋则是黄色。如果有特点，便是那房屋角上的十几株鸡脚叶子的大麻，长长大大的好像是小树一般，造成了仅有的一点阴凉。如到有风时，叶子便点点头，小牧童不准牛羊去啃它。鸡脚叶下的夷童，宛如南非椰子树下的土人姿态。他们的眼睛忽然盯住满头大汗的远客有些好奇。在小学校的石砌围墙外，老师已然领着他的全体学生，在短墙端上欢迎。那群小英雄，个个披着好纱制的扎儿毡，里面穿着铜纽扣的短衣，赤着永不穿脚的两足，脸子都洗得很干净，个个都有两只极端秀丽的眼睛，显示出他们智能的高超。有一孩子最特别，他穿着绿色小军服。

当我们按着名单，送给他们一些礼物时，发觉有些人并没有留在校里。多数夷家，认为受教育乃是"支学差"，和其他流差一般地令他们感到痛苦，一个家庭失掉一个小孩子，事实上的确像是失掉一只手。每逢遇到机会，一个小孩子离开学校，便不能再回来。

使人感动的事

"真是一些成绩都没有啊！……"

踏着满脚的羊粪，金老师把我们带到教室里去。那里面最触目的，便是几排新凳子，使习惯于坐地的夷童，乃不能不把脚伸直了。黑板上很显明地写着："我是中国人，你是中国人，我们都是中国人。"墙壁的装饰，则是一列小小的洗面毛巾。后半个房间地上，有一口大锅，里面有焦黄的锅巴，群蝇围着乱飞。锅旁则是教师的床，床下堆着几张席子，到夜间，扯出来，给全体学生在地上睡觉。这虽是一所小茅棚，但却是教室，膳堂和寝室的混合体。

"功课的进行，也是十分困难……"

汉化的教育进行起来，显然地是有许多困难。首先是夷民并没有受教育；经济贫困，无力受教育：生活异样，语文隔阂在教育，这些条件造成教师的苦恼。虽然他受着优薪的待遇，但也不过比起六元五角一月的乡小教师们增加一倍罢了。他要和这群小孩子们生活在一起，吃大米，吃包壳，吃着盐巴犹如黄金贵的咸菜汤。

我们开始认识这一群学生。那个穿绿色小军服的名叫炕知，是从五十三里外的立色落来的小学生。他家是该地的富户，家有牛四，马一，羊二十，荞子四石。但和他同来的另一个小孩子，服装最破，名叫那切，家中只有荞子一石。年岁最大的是把子过的呼呼日，十九岁。年岁最小的是本村的哈哈夫，只有九岁。另外，我又晓得了一串怪名字，如侧呷猓八的木呷，吉虎迭莫的说故，特不故里的使达，脚磨的阿雨……这些地名和大名，恍如到了另一个国家里。

虽然只受了两个月的教育，他们已然都能认识蒋委员长像，每甲的甲长都挂着委员长的纪念章。他们曾念"我们都是中国人"。他们知道"夷家抢汉家","汉家打夷家"及"打冤家",都是不对的行为。他们还知道中国正在打日本。当被问他们将来志愿做什么时,一致的回答的——

"如果我们学会了汉话!——我们愿意当兵!"

这答复太使人感动。我却不敢爱抚地拍拍他们的头,因为他们剃的罗圈头上,特别地留了一束长发,那叫"天菩萨",任何时机不准碰一下。从这群淳朴幼童的回答上,无疑地显示出来希望的光芒,等到夷民的文化程度提高了,他们定能对于国家有贡献,只是现在正如督学李万方所说的一句话:"我们教育上却有多少问题还等待着解决。"

"中国人化"

某考察团在昭觉县内考察,一位懂得夷话的朋友探询部落为什么不肯输诚。他们的回答却出乎探询者的意料之外。他们说:"我们没有那么多的牛羊、荞子、洋芋,献给×司令"。由于"输诚"必须"献实",许多贫苦的部落,根本没有这种供应的力量。

怀着这种心情,我踏入这个汉化中的夷人部落——"四十八甲"。

夷族本是公认为最顽强的民族,正因为这种顽强,才能使他们成为西昌界各县境内八个小民族中的强有力者,拥有全数四分之三的人口。虽然,他们却是一个极落后的民族,完全是家族社会,没有政治的统一的组织。除了越嶲和两盐还有土司管辖外,其余则是氏族团结起来"打冤家"。社会尊崇以孔武有力,善战能劫为中心。黑夷和白夷(即娃子)之间,除不同席,不通婚外,并没有其他界线,而且时常以主从关系,互相提携。也许他们过去曾以"母姓为中心",但最近,经济权已转移到男子手中了。这说明了"不变"中的"变化"。

踏入"四十八甲"的村落里,看到男女同样地在集体工作,只有年岁过老者在编筐制篮,做些小工业。偶然遇到几个男人在家里抱孩子。西昌这个城市给他们不少影响,使他们的收入已有相当增加。这使他们自动接受汉化,譬如,不睡地而改为睡床,衣服改用了洋布,懂得了每天洗脸,甚而和汉人学会了吸鸦片。……

"四十八甲"的人们，却并不对于这"甲"发生兴味。相反的，他们又却对于邻居的婚姻，感到十分兴味。如果我是一个民俗研究者，我一定要候到今冬罗米家和牛牛家的小主人结婚的时候去观礼。不做奴隶的人们，已经没有参加这个盛典的机会。

两家黑夷的结亲，可以产生一个新的小部落。米罗家的老黑夷，已成为郑司令的参议，他的儿子只有十三岁。女方牛牛家是东山的大支，女儿已以十九岁。习惯的，在配亲之前若干年，男女家各给他们的娃子三升粮，十年以后结婚，就要归还三斗。陪嫁的猪羊牛，同样地在繁殖着。结婚时候，男家还陪嫁若干男娃子，女家也要陪嫁同样数目的女娃子。主人和他的奴隶们同时结婚，这群奴隶就在伺候着新主人，于是一所新的门户建立起来了。在这种大场面中，宗教领袖"比母"将有一番戏剧化的表演，最能刺激着夷人们的视听，每个娃子的一生中，并非很容易的遇到。有些人时常在设法使他的本身革命，可是用之过激，反而促成了反动。

由于这一件事，使人起了敏锐的感觉。在汉化中的夷人，部落恐怕要有一个极大的数目，可是汉人除了使夷人献宝以外，究竟给了夷人些什么？同样地，又可以反问，夷人究竟能从汉人这里学到什么？汉化的结果，时常是不能学得了汉人的道德及优点，反而学会了全套的贪狠狡诈。

治理夷人，应当因势利导，顺其性为治的原则。要尊重他固有的社会文化、宗教信仰、风俗习尚。先就他原有的生活，加以合理的改善，而不一定要"完全从我"；提高他们的生活享受，而不提高他们的生活费用：应当有适合夷性的组织制度，而不一定是实施保甲制度。教育夷人，首先要顺着他们心理上的愿望，使其对于政府发生好感。这样才可以不至于使夷人总像对垒似的住在山头上，甚至降夷、熟夷还曾被命令在天黑以前出境。根本上的南北极，又如何能够谈到交融呢？

中国国内不可讳言地存在着少数民族问题，夷民问题，仅是少数民族中的少数民族。谈化夷，应当是开化、进化、现代化或中国人化，而不一定是汉化。基本问题，还是需要确定一个边疆经济政策，确定实施方案。

（原载于《大公报》，重庆，1943年6月10日—13日）

北方风雪画

一、不能不再拖下去

"三十五年一月一日车马改向右走"，从左转到右转走，有人预料这会造成一个有时间性的紊乱。北方经济的复员已有四个月了，但步骤上，似仍未脱离"时间性的紊乱时期"。

每个交通警察指挥着千百车辆像大军团似的行进，本不费事，不幸因为原则的更易，乃使主持人为了难，这里是一辆汽车，那里是一辆三轮车；这里走拉煤的大车，那里又是找生意的人力车，中间还在夹杂着高头大马和忍辱负重的骆驼。有的向东，有的向西，有的已然知道改向右走，有的却仍在顺左直撞。照北方的口语说，这叫差了盘。大家纠缠为一团，谁也不肯让谁，各人讲各人的理由。交通警察的手嘴并用，也不能够解释，他陷入了车马人的洪流里，无法执行职权，也不知道怎样才能打开这局面。

也许交通上的未来表现未必如此紊乱，但在待恢复的生产事业上今天所表现出来的却正是如此。大大小小的工矿单位有的像汽车，有的像马车，有的像半改良的三轮车，有的却还在人力车阶段，这些事业分别把握在不同的接收机关手中，谁也不愿仅做到接收而不接管。在这种各不相让的状态下，走路人等不及了，大声在催促道："快走，快走！"旁观者也不能漠视了，也在大声催促道："快走，快走！"后来负总责的指挥官员也不能不走出来大骂一顿，然后催促道："快给我走动开，别再在这儿差了盘！"

事实却是最雄辩的，一切的粉饰却不能掩盖现实。不从基本政策上来寻觅对策，只作局部的改良是没有用处的。快走的催促并不错，但是原在差盘中的车马人为了快走却把原来的扭缠更加紧，更加混乱得不堪。谁有权能打每个坐车人的屁股，谁有权能叫每个开车人的掉头，当然，他们没有这么大的罪过，而且根本也不是他们的罪过。

理论跟着事实也被提供出来，先有全国性与地方性的争论，后有政治民主与经济民主的阐释与要求。有人说："全世界都已走上了计划经济的阶段，只有我们这种落后的国家还在争什么国营与民营"；有人说"没有地方人民的血汗累积，敌人赤手空拳也不会有这许多成就"；有些折中派却在这么说道："中央与地方之外，还应当增加民间的资本与技术，大家联合起来打强心针，把这些已死的生产事业重新救活！"

行政院特设了处理局，分区专为执行这种事后的清理工作，在上海区三个月内就要结束，但河北平津区却等于没有开始。当这大差盘的局面下，蒋主席到了北方，他用手令想要打开这局面"各机关所接收之生产事业，暂由原接机关设法运用，继续开工"。这就是说，接收的机关，可以变为接管的机关，向右走的固然不错，但已向左走的是否应当转回头来，交通警察今后以什么原则继续指挥交通？自然"矛盾引导着一切前进"，让时间来慢慢打开僵局吧？

一切混乱的原因在于没有一个良好的政策，特别是经济政策尤其彷徨不定。大计自然不可轻易决定，但已定的也决不可任意更改，教育上的先甄审改为一面甄审一面补习，交通事业上的加价而又减价，最近且要再恢复加价，再加上这次经济上的"接收与接管"的明争暗斗，这不是属于任何人的错误，而是到了总的政策负责任。

华中的局面得到多少人的批评，华南方面又何尝不如此，华北的局面今天已然如此，东北的接收局面如果不有大果断与大决策，会不会再来一次重演呢。

各方面的接收人员只为了他本身事业已然够劳瘁了，属于人的苛责，除了私生活以外，他们没有责任。他们应当要求中枢给国家前进的远景，画出一幅最明确的图画，然后对于各部门在这图画中的位置有了通盘了解，给他放手做事的机会，决不应每日用"等因奉此"来拖下去，事实上决拖不下去的。

二、饥寒与爆炸

河北人天性爽直，张继、鹿钟麟二位宣慰使到河北来也就说了不少爽直话。十二月二十五日民族复兴节前的扩大纪念周上，张继氏引用了阎锡山的话，"太原脚底下有炸弹"，他说"北平比想象中的好，脚底下的炸弹不会爆炸"。鹿钟麟承认国军对不起北方百姓，才使其受到这么大的蹂躏，"我们应以笑容对待百姓，才能得到他们的爱戴"。

北方有三件大事，到年底总算大致做到，一件是十万敌军缴械，从十一月八日起办理；一件是捉拿汉奸，十二月五日夜开始；一件是处理伪军，多多少少也做到了，号称五十七万之众结果收编了不到十个团。其中，最受人注意的就是捕奸问题，直到今天仍在讳莫如深，除了捉到一八〇名以外，其余概非官报，抢先发表者，据说还要听候处分。只因天上飞下来的人却把敌伪奸三个字天天在嘴边喊个不停，却深深刺激了在收复区过了八年的人民的神经。有些人把一个意见告诉了宣慰大员道："除了奸就是伪，我们都变成假人了？"

张继氏表示听了这句话，比"盼中央，望中央，中央来了民遭殃"和"五子登科论"更为痛心。"七七事起，政府无力守土护民，遂使土地沦陷，一般民众当然需要在此生活，除甘为敌走狗之一小部汉奸外，一般百姓，仍为中华民国的国民。本人只问奸不奸，不问伪不伪！"（见二十五日中央社讯）人民也许因此安一下心，但对于如何惩奸，张氏则从未谈及具体方案。

忠奸不两立，按照目前的办法却不足以奖忠。大汉奸不独未上断头台，却在大受优待，捕奸名单到今天也没有发表，有人说公开之后若是办得不公平，一定会受国人的指摘，不如索性秘密到底。特别是尚有枪杆在握的大小头目，当这个内战的时候，还梦想效命疆场。尤其是原来为非作歹的地上人员，一跃而为地下人员，换件衣服又在大摇大摆出来逢迎上司，欺压百姓，他已是来捕汉奸的人，谁敢碰他？

敌军缴械了，有些军官却复员为平市人民；汉奸捉拿了，一件轰轰烈烈的大事却不早些处置；日伪军处理了，有罪的头目怎样处置，也尚未判

313

明。这三件事若不能彻底执行，那么八年血战死伤五千万同胞的代价又为了什么——？

冰雪载途的北方，特别是几个中心城市，在冬天里有惊人的贫困，一位西南联大教授到这里走了一天之后，他便断然地下结论道：

"北方已经不是过去的北方了，这是敌人控制下的殖民地形态，广大的人民都是贫困的，所得的收入不足维持生活，表面上，中产人家的一些房屋没有变化，大半人的衣服还没有破烂，但每个家庭里的饮食却已粗糙不堪了。只有统治者和汉奸们却在过着那超人的生活。极少数人的格外奢侈和最大多数人的贫困，这不是殖民地式还是什么？"

蒋夫人是最敏感的，虽然在北平她只住了一周。英文《北平时事日报》女记者写道："蒋夫人把考察贫穷作为其个人的使命，她觉得这些贫穷人的问题是很严重的。"救济北方的贫困是一个社会问题，应当是国策的一部。敌军缴械，汉奸惩治，伪军处理与贫困救济，是一串不可分割而有连环性的措施，不解决前三者，殖民地的外衣不可能解脱，没有后者，民众不能复苏。

在饥寒交迫的北方冬天，人民的确没有太多的活力，临时大学捉去了六个学生，不也一样是没有反应吗？"北平比想象中的好，脚底下的炸弹不会爆炸"了。自然，仅用笑容是不够的，人民要生活，人民要实物，人民要衣食的温暖。

三、幸而是后来的

有许多的接收人员私自庆幸：我幸而是后来的。但如总的政策没有改变，后来也并不是什么可以庆幸的事，先来的人有先来的幸运，后来的人仍然有后来的烦恼。

接收这一笔大烂账，我们自己越算越不清，但敌人手里有一本财簿是很清楚的，因为他们知道战债是要赔偿的，点滴物资到中国手里也是不肯轻轻放过的，他们要把它折合为赔款的一部分，我们越不精细，对方越会表示钦敬，最后的吃亏者乃是国家而不是个人。

早日以为接收的对象是物资，现在知道有些分明是物资却因为数过巨而不肯接收，任它货弃于地"风雨剥蚀莠民攫取"。这岂不又是一大怪事。

圣诞节这一天，上帝有意下点雪再冷一点来点缀这胜利后的第一佳节。《华北日报》上刊出了这样一件新闻，令人疑心到像是在梦中，由圣诞老人带来的礼物："天津发现巨大粮库。尚无负责机关接管。此仓原系日本军粮库，周围十余里，中并有一顷大小之晒粮场，计四处，其中贮有各种食粮及棉花，约四五十万吨，乃华北第一大粮仓。此货场自日本投降后，即无人负责，存粮经风吹雨蚀，损坏极多。附近农民乘机前来窃取，每日损失百余石，近虽有一部美军前来协同看管，但人数极少，无济于事，不慎又失火二次，第一次损棉花八百包，第二次损失棉花四百包，小米一车，棉花一车……

"此项存粮在东站外大王庄早经铁路方面呈报接收当局亦有数个机关派人前去查看，唯因积粮过多，无人敢负责任，以致始终未被应接收之机关接收……似此巨大粮库，可供平津两市居民半年以上之用……"

下雪虽非落面粉，但这消息却等于天上掉下馅饼来。圣诞节绝非愚人节，谁都在怀疑这个消息的可靠性。交通部，粮食部，到粮田管理处都对我摇头，说这么大的事怎能一点都不知道，若是连这一点小事，都要去向美军证实，实在对不住那些在圣诞狂欢的盟友，让这个"谜"永远在人们心目中发酵吧。

华北原不是一个贫困的区域，敌人为了养鸡取蛋政策，为农业，为工业都贴下巨额的资本，到目前为止，一百亿元的棉花在地上无人收，有一百万吨煤在地下埋着。机器的轮子如果旋转，一天的生产是六亿元。这些生产原是为了敌人自己使用的，如今应当要变为改善我们民生的原料，不应当再被漠视了。

农民与知识分子是新中国建国的基础，这两个广大集团的向背能够决定政治上的一切。接收人员的口号近来有些改变，多少人都说"我们不要接收物资，而是要来接收人心"。这人心，更具体点说，是属于农民的，知识分子的，而不应是曾经卖身，投靠一变而为同志的财阀、军阀、学阀以及地主、商人、官僚三位一体的群落……

有人曾在戏言，举世的情形都是一样"军人要复员，而军官不肯复员"，这样乃造成了第三次世界大战。但是一位有地位的军官道，军官肯不肯复员，乃是主观上的问题，而客观上还要看人间是否最大多数仍在受着饥与寒。

如果说今天是要步入建国大时代，那么，这一切的一切都是不能再拖下去了。向左转走，向右转走，都可以有成绩，怕的在有左有右的大差盘，而执鞭者还要把这混乱催促加速一些。

（三十四年圣诞节写成）

（原载于《大公报》，天津，1945年12月30日）

到处偏枯谁独肥？

偏枯！偏枯！不公平的经济制度之下，不仅偏枯了华北兵站要塞，而且也偏枯了腹心的经济基地，谁是得利者？那位北平市参议会议长，前市党部主委许惠东坦然指出："瘦了华北，而肥的却是上海的豪门资本家！"上海的豪门资本家却仍然也在被"戡乱"中了。

素以沉寂被牵着鼻子走的北方在烽火连天声中，不仅中产者不能生存下去，连那"北方的豪门资本家"也不能再独立下去，于是乃有河北平津三位参议会议长及工业协会理事长李烛尘，天津市商会主席兼河北省银行总经理姬奠川，进出口贸易协会代表墨农，在一月十四日一齐飞到京沪去，向那些大老官们去讲理。河北临参会议长，前国民党党部主委刘瑶章这么说："他们要修正他们忽视北方的观念，这个观念一变，一切也就好办了。"天津市临参会议长，前市党部主委时子周代表工商界说："如果没有生产贷款六百亿，天津的铺子要倒一半。"

北方怎么在受牵割，使不说话的人也说起话来呢？说来话长，在外汇统治的比例配额中，北方只占全额的千分之四十，北方向外国订购生产机械，却只有千分之三十五配额，不足要向上海商人去买，甚至于北方的吃的米麦，都要由上海豪门来代订，这利润由中间人获得，而北方出口的这一点点外汇也要交给中央银行，按官价折合法币，北方出进口人请求用以物易物的连锁制度，中央也不答应。北方有大宗的货品腐烂下去不能输出，但北方的军队日多，军费日多，这些游资在北方无法作祟，同时也缺乏对象，只有到了北平就逃到上海去，上海的"既得利益者"，为了本身的利益，也就毅然实施经济断流，停止申汇，国家银行不作工商贷款，让这块烂肉烂下去，不再影响到上海的安全，但是黑市汇水高到一万元要二千五百元时候，法币却仍然坐船或飞机到上海去，十二月份内即逃走了七千亿，中央银行的四十吨飞机每天要运一飞机来，也不能救济当地的头寸缺乏。

北平市参议会议长许惠东提议道：挽救目前的经济危机治本治标并行：（一）要发展华北的工业，有煤有铁的军火基地，日本人要把这里作成哺乳他们发展制造工业来征服全世界的乳腺，可是我们接收之后，无一不破坏，无一不停顿，比较好的要算是纺织工业，但是原棉供应，上海占百分之六十，其余青岛，天津，沈阳等地占百分之三十，人造丝的原料配额，天津也占百分之六，自从生产贷款停止以后，每一不能解决的问题没有能赶上通货膨胀的周转资金，越是想要努力生产，则所受的顾累便也越大，倒闭之后，再要恢复，也就难上加难了。（二）积极建设塘沽新塘，在国际强迫拆毁的大沽炮台之畔，日本人以八年努力想完成一个新式的吞吐港，把日本人的轻工业输入，把华北的煤铁及化学原料，从这个乳头上输出，使一万吨以上的大轮船能靠岸，目前是三千吨的轮船想要入天津就得候潮，我们今天的工作是要把长约五公里的南北防坡堤继续完成，长约十三公里的航道努力加深，建造码头，船坞及运输工业。（三）取消盐业托拉斯化的中国盐业公司。主管人在上海坐享其利，农奴式的盐民在长芦区生产，一船其利运到上海，坐享四五百亿的利润，北方的生产者却连果腹都不易得到，中央取消了引岸制度，却惨了新的托拉斯，这也是最不公道的事。（四）扶植特种工业，如北平的地毯、珐琅料器、雕漆、编织、补活、刺绣，在民国初年，花边业即养十万人，每年出口为千万万金，如果能恢复过去的黄金时代，则蒋主席核准的一千亿元救济手工业也不能算多，也值不得别人的反对。（五）奖励进出口贸易，施行联锁制度，以减少天津对国外为出超，对上海为入超的畸形局面，要去争外汇中，繁荣地方经济，必然要实行联锁制度以物易物。（六）开放工商业贷款，使正当商人受害不浅，人心浮动，军事更受了影响，为了怕商人冒取，可以严格执行，但不能因噎废食。（七）即能开放申汇，审慎处理，不要适得其反，窒息至死。（八）以煤易粮等作交换，不应再受任何限制及组织，美国配给的救济物资，尤其应当先给吃面的北方，至于改钱庄为银号，都是徒增滋骚之举，"那里会有银子""不如改为票号"。这是令人惨笑的尾声。

"在以上数端之中，北方人认为外国制度方面，联锁制度不易作到，但是华北输入限额可能增为百分之二十，因为二十五年时天津口岸进口占全国百分之十一，胜利以后，地方生产事业增加，所需外汇，当然也要增加，开滦煤炭，每吨可能增加特别费一百万元，作为'戡乱动员'之用。此外至于粮食，生产贷款及开放申汇，想必都不成为问题。中央也是会自己替自己找台阶来下的。"

不只北方的偏苦，对于腹地的湖南及四川，也有同样的偏苦，这是令人想不到的，当毛泽东宣言"三十六年渡黄河，三十七年渡长江"的时候，白崇禧在十二月十九日到了长沙，听到参议员的一片牢骚声，其中彭绍香说道："湖南人尽了义务，也希望能享受相当的权利，可是现在权利义务之间，显然不平，现在的湖南，是武不封疆，文不入阁，工不设厂，矿不投资，征不减额，役不援征，中央并没有重视湖南。"于是白部长答道："我到武汉的时候，许多人以为白某来了有办法，这次到湖南来，赵议长也说我有办法，其实，我白某并非三头六臂，我有什么办法？我的办法就在大家身上，要是大家起来，小而言之，保身家性命，人而言之，保乡卫国，都有办法。"他最后说，湖南人一定有办法，湖南人不仅自卫，他更希望湖南人作剿匪戡乱的总后备队。

此外，四川也是一样地失掉了安定，川盐不能下行，失业工人二十万，三十六年应还的战时征借提款三千余亿，始终未能缴还，而地方人士还对于此款确有一些空中楼阁的幻想，等到大绅士答应中央，以此款作为大巴山国防工事费时，小绅士却不甘心，便起了种种的扰乱，通南巴起于前，而川西坝子的农民又吃大亏于后，这种野火蔓延，很容易与大巴山的烽火连接起来。

北方人原只以为只有自己受偏枯，现在却知道除了上海豪门以外，无不受偏枯所谓层层有不平，人人有烦闷，这就是今天中国各地的写照。

（原载于《中美周报》第273期，1948年1月11日）

黑暗与独占

三月一日是冀北电力公司两周年纪念日，他们希望在这一天修复已毁的机器，让光明冲散黑暗。

一片漆黑

北平"灯节"，一片漆黑。六号机重修不久，五号机的变压器又坏了。发电本来可到五万瓩以上的北平石景山发电所，这一年来，始终徘徊在二万瓩边沿，到灯节之夕，竟发不到一万瓩了，于是让一轮凄清的明月代替了发电机。

胜利以来，在电力一方面说，比战前的八十三万瓩多出了一倍，主要的是增加在东北、台湾和华北。然而实际生产的数量与可能生产的数量之间有了一个很大的差距。不只东北与华北，到处都在感到黑暗日增，对于光明的呼唤，从沿海到内地，已然连成一片。造成黑暗的原因，是全国性的，这倒并不只北方独有的"偏枯"，而是从沿海到内地，不论国营公营或民营的电业中，到处都存在着这样一个苦闷：越来越黑了。

南京电厂如今是民营的电厂，一样地在分区停电，光明有时从不光顾到贫民区。北平的民意机关正要求改国营为民营或公营，而那里却一度要求改为公营。现有的发电量二万瓩，新增了两个二千瓩电机，无济于事。计划中增加一个五万瓩的，到哪一天运到装好还不可知。

上海的十六万瓩电机，只能发动到十二万瓩，因为是上海，只在白天停而晚上不停，只停工业区，不停商业区。中美联合公司因为没有电大伤脑筋，用柴油代煤，总算开动了上数。这时期不仅中国人弄不灵，外国人在这样大环境下也是不灵。

广州电厂本是比较好的电厂，战前五万四千瓩电机先后发出二万五千瓩电力。新订了一个一万五千瓩的新电机，不久可以运来。广州一样也是感到煤荒，也曾分区停电，后来使用台湾煤，但台煤发挥力占百分之四十，勉强应用，成本增高，大大感到不经济。

福州电力公司十天中也有七八天停电，据说原因是煤炭缺乏及机件太旧，非要全部更换不可，而这又怎么可能。

昆明有民营耀龙公司水电三千瓩，再加上国营昆湖电厂的六千瓩，配合得很好，这就是因为外来人差不多走光，而工业也都停顿，用电需要大为减少的缘故。

贵阳只有五百瓩电力，当然不够，希望修文水电厂完成，送一千瓩过去，但完成不知道在哪一年。

重庆现有四千五百瓩发电机两部，不足应付。嘉陵江畔设新厂的计划随着胜利而消失。长寿龙溪河的水电，希望增加到二千瓩时，再送到重庆来。

成都电量只有三千瓩，感到很大的困难。近来也想把灌县的水电二千瓩连接起来应用。

西安现有二千瓩电力，勉强足用。为了军事需要，现在想增设五千瓩电机一部。

汉口既济厂又是民营的，发电一万瓩，先是缺煤，后又不够应用。工业界正抗议，希望能够改善。

武昌有两架五百瓩电机。大冶铁厂有三架三千瓩的，为了造成工业中心，打算再增加三个三千瓩同时供应武昌一部需要。

西昌、天水、汉中，都在使用自制的二百瓩水力发电机，维持现状，长江南北有些小工业因为没有电力，也无法发展。

最残酷的要算东北，十几万瓩的电力剩了两三千瓩，供应沈阳一隅。华北的情况，各地一样，济南青岛，都在煤田边沿，但不能经常发电，平津唐三地，此好彼坏，电力网已成破碎自顾不暇。平绥线上，电力且被冰封，成为空前艰苦局面。

接收以来的苦果，电力就是其中最大的一个，复员就是复原，人力与技术都没有充分时间来消化这些硕大的产业，于是处处都是问题了。

长蛇寸寸断

电力是重工业的基本设施。三十五年三月起，资源委员会接收了敌伪的"华北电业"改为"冀北电力公司"，还有一个"冀南电力公司"，始终未能设立。国家对电气是以独占的姿态，负起了这个北方最大电力网的经营。他们自己这么坦白地说道：

"冀北电力公司拥有平津唐三个分公司，五个发电所，三百多公里的干电干线，四千余位从业员工，自己标榜为平津唐'电力网'，人家恭维为电业'老大哥'。其实呢，最大的发电所设备有五万三千瓩，实力只有四万，最小的设备，仅有七千，实力却不到五千，和先进国家的电业比较，成就渺乎其小。平津唐现有的输电干线用的电压是七万七千伏，等于普通电灯用的三百五十倍，导线的粗细和手指相仿。输送目前的电流，还可以应付。将来发电集中，这一组干线，自然会感觉舱位太小。所以和中心发电所同时进行的，有十三万二千伏的另一线路。"

一个健全的电力网，经常是线路纵横。东路的线吹断，改用西路；南路的线打毁，改用北路。这样方才真正发挥了电力网的威力，同时才不至于有今天的扶起东来西又倒的现象。平津唐电力联络，仅靠着长而且孤的一条干线，与其叫做网，不如称之为电力蛇。于是被斫掉一根电杆，或是打碎一个瓷瓶，这条蛇便被闹得头尾不能相顾。

从唐山到天津的高压线，三十五年已被破坏了十次以上，随坏随修。三十六年二月十一日下午八时二十分，是第一次最大的破坏，"开头是八百公尺，其后继续破坏到了三千七百多公尺，拿北平城内的距离来比较，就等于从永定门到前门的距离。不仅破坏，而且新运去的材料及二十四根（十个人才能抬动一根）的木杆，全部被劫到一公里外，装大车而去。这三公里由公司员工抢修，竟于三天之内，全部修竣"。

三月十六日又有一次大破坏，"规模比上次更大，破坏电杆达二百三十多根，全长十五公里。以北平城内的距离而言，约等于永定门至安定门的两倍。这种木杆，不是本地所产，每根都值数十万元。最严重的是电线。这是一二〇平方公里的铝线，中心还夹有强力网线，绝非国内所能制造，即在国外订购，一时亦到不了。只能拼拼凑凑，先求其通电。又动员了天津、塘沽、汉沽和唐山的全体保线员工，十五公里的破坏于十一天内完工"。

五月二十日是第三次大破坏，这次又是二百三十八根木杆。冀电公司本不想续修，但因平津两地雷电甚严，乃不能不在六月六日以疲倦的员工拽了不整齐的材料做第三度大抢修。不料九日在途中连人带杆都被共军掳去，十八日抢修中心汉沽机电站的变压器和油开关又同时被炸毁，线路的工作只能暂时停止。所谓津唐高压线自此便中断了。

唐山电厂发电一万六千瓩，可送两千六百瓩给汉沽的天津化学公司及塘沽新港。有时还可再多送一点给缺电的天津。这样一来，全部停顿，缺电的天津还要分出一部来供应塘沽及汉沽，而天津所缺的又要从北平取得补偿，于是平津电厂的负荷越来越大，因此天津分公司一二号机及北平分公司五六号机先后都损坏，造成平津空前未有的大黑暗。

冀北公司在这二年中，总经理已换了郭克悌、张家祉及鲍国宝三任。鲍在三十五年十一月四日到平就总经理职之前，他的前任后来愤而辞职的余昌菊经理曾这样说：

"只有政治局面安定，技术家才能放开手来做事。"

津平电荒

冀北电力公司开始遭遇到中国电业史上从来不曾接触到的一些新问题。由于中国电器制造的不发达，由于电业管理的经验不够丰富，当用惯了几百瓩的电机忽而转为万瓩的时候，所以"装置一部新机器不会遇到的困难，便重重叠叠地出现了"。

日本明治维新以来，几千年来产生了日本电力、东京电灯、东邦电力、宇治川电力及大同电力五大系统；在电器制造方面也有了与西门子合作的富士电机，与德国AG合作的日立电机，与美西屋合作的三菱电机，与奇异合作的芝浦电机四大生产基柱。日本军阀打了前锋之后，这些资本家集团便携手前来从事于经济性的侵略，以这些本钱才能支持帝国主义的发展，且能有充分力量来吸收及榨取当地资源来巩固军事与经济侵略的桥头堡。

当"华北电业"成立的时候，日本的资本及技术挟有整个的一套办法，以排山倒海的姿态前来。到我们接收并成立"冀北电力"的时候，既无政策，又少累积的经验，只是支离破碎以每个人的作风代表了国家的路线。这种方式最初还不觉得，郭克悌总经理且能在三十五年七月，赖有从东北调来的于运海工程师的细心策划，居然把三菱公司最大的出品，东亚的唯一大机器，由日本技术家已完成了三分之二的第六号，二万五千瓩电机的运转出来，发到了二万瓩以上的电力，使用门头沟无烟煤的煤粉机跟着也装置完成，且与其他锅炉接成一片了。

但这样供电的好景不长，三十六年旧历年底，津唐高压线在二月十一日晚二十时四十分被破坏时，这六号机的总开关也就在共军攻入通县的时候，忽然跳开，从此便成为"不治之症"，这个辐流式汽轮发电机轴封外的钢质盖板，被称为"汽封盘"的，已然找不到了踪迹。我们的工业能力是不能制造这类特种钢的，但也不能不试制，一方面又通过麦帅总部向三菱订货。不幸的是六号机未修好的时候，六月二十三日，那是旧历五月的端午节，西门子厂出品，一万五千瓩的五号发电机又坏了，过去生过病的"转子"部分忽然出了毛病，只好又卸下来修理，汽轮机的轴瓦也重新浇制。石景山厂内好像同时停着两口黑漆棺材，好不怕人，好不吓人。

当北平五号机在双十节修好的时候，鲍总经理正在为他到任之前，坏在天津的第一号第二号两机不能发电而焦急。一号机是三十五年九月十五日坏的，另一个是翌年二月二十八日坏的。等到美国无磁性钢线来到，全都恢复，他说：

"我们由此明白了有磁性钢线的问题，缠绕的方法，干燥及绝缘，我们的工程师在修理中都留下很详细的报告。第三发电厂旧机器上缺少的轮叶，也到瑞士去配新的了。"

至于五号机修理，对于"转子"有了经验，装置机器的平衡，也有了新的认识。六号机在十二月中一度试机，自制的"汽封盘"不能忍耐一分钟三千转的高速度，又停车修理。二月九日，是阴历年关，再次试车，这一周比较好，又停车检查，定二十七日继续发电。同时在东北万分紧张中，也把从抚顺新订的特种钢材运到北平，日本订的新汽封盘也可望在六月中运到。

四百万市民的忍受黑暗的代价，增加了电机工程师的修理经验，我们的电工厂在抗战前与瑞士勃郎比厂合作，仅仅造过蒸汽发电机二千瓩的两部，一部装在泸州，一部装在昆湖。在平津面对着这几万瓩大机器发生故障时，几乎连拆卸的能力都不充分。工程师也只有在黑暗中去找寻道路，鲍国宝说：

"电动机是一种专门的学问，我不相信工匠能够管理得比工程师更好，在机械方面，运用工具的方法，也许他们更熟一点，可是理论方面及仪器使用，离开工程师是不行的。"

遥望着光明

电机工业是一种新兴的专门的工业，精细得如天平上的砝码，敏感到如人体的神经。一个几十万锭子的纱厂，有千百锭子中断了，也显不出停顿，一个几十万人的炭坑，有几十煤车出了事，也不会影响到全部生产。只有电力工厂，一根头发细的钢绳断了，整个的运转就会停顿，全城的光明立刻便转向黑暗。

到处都在诅咒黑暗，电业的独占问题便也被引起了讨论，民营的区域里希望国营，国营的区域内在希望改由民营。一个区域内能不能够存在着两种不同方式的经营呢，据一位国营电业负责人答道：

"电业先天就是独占的事业，不论民营或国营，一个单位里面绝不可能并存着两种不同系统的电线。从纯经济观点来看，一万瓩电机需要一百万美金，平均一度电的设备费需要一百四十美金。普通投资一百元下去一年可得二百元，而电业的投资则是投下四百元，一年只能得一百元。

"电业应当国营或是民营，直到现在，在美国也还是一种争论。T.V.A的电业家认为非国营不可，没有便宜的电力哪能产生今日的原子弹，不仅价钱低，而且普及，并影响到水力和航运。可是私人电厂便说了，国家只要你们三厘利息，而民营要背到六厘到八厘。国营的可以免税，但国营的说，我们也有特别捐款。

"英国的电业很乱，周波和电压的差别很大。为了纠正混乱，一九二六年成立了中央电力局，制定了新的标准。日本在战前也成立了日本发送电公司，作统一的管理。目前有这么一种趋势，为了资源分配得当，不靠营业，需要作公共经营，而且发电与输电必须统一起来，但美国仍是例外。

　　"中国的用电程度比起任何一国来都不如，若比起国土面积来，电机也不能算很乱，但比不上任何一个其他小国家。我们要用欧洲的周波，不要一一〇，而要二〇〇，因为欧洲机器多。在电压一方面兼走欧美的路。电机制造我们与美国西屋公司合作，打算先从一千瓩到三千瓩小型的作起，从制造中获取经验。

　　"电业的发展实当是鸡生蛋呢，还是蛋生鸡呢？按各国的经历，多半是从制造电机上下手的，苏联且不必说，日本的水轮机做得就很好，在台湾就可看出来。汽轮机及发电机都能发足额数，锅炉则由于经验不够，比较差一点。中国自制电机，第一步还是装配，我们自造的几个锅炉看来不错，可是汽包的钢板是舶来的，里面的钢管也是外来的，除了这两种主要的材料之外，属于我们自己造的也就很有限了。"

　　从商业眼光上看，电业制造的进步应有一定的历程。过去上海有个新通机器洋行，他们有一个原则，就是他们虽然贩卖洋货，但在中国机器厂能够作的零件及零活，全在本国订制，这样一方面价钱便宜（这是战前的话），另一方面借此来训练自己的工程师和工人。从最简单的，慢慢过渡到最复杂的，从零件的慢慢过渡到整个的。工业进步的历程是渐进的，不能跑也不能跳。资委会到后来能够自己设厂制造电机，这一点启蒙的工作，也不无帮助。由装置、管理到制造，都是不可少的步骤。

　　目前是一个大冻结的时代。物价逼人欲死，去年此时，电灯每度是五十一元，今年则为一万三千元。去年塞外，冬天经常是零下十五度。冀北公司下花园电厂的一千四百瓩发电机，当停机修理，十五分钟之后就全部冻结，锅炉上的水管是露天装置，不用火烤，随时失灵，喷水池中的水，喷出即冻，结为冰山。物价愈膨胀，人心越冷酷，拖在冻结的时光里，在一片黑漆中，摸索明天的光明。

二月二十五日寄

326

手工艺"玉碎"记

玉 碎

万里轮十一日在渤海湾内触礁了。大家都在关心一个人的消息——北平古玩商中的翡翠大王铁百万铁宝亭和他六箱子要带到上海南京去出售的宝物。五十年前，廊房二条德源兴是做外国生意的巨商。今天铁二爷的祖父那时就得到百万的绰号，随时有被绑票的可能。儿子这一代更善经营，主要为了对付外国人的需要。铁宝亭的三弟又在北京饭店内办了一个古董摊。

珍宝玉器的黄金时代不在北方了，冒险家必须要去另找乐园。"一人有庆"的皇帝不能再饲养一批宫廷手工艺家，而有购买力的外国人也都陆续离去，今年六十四岁有极好眼力的铁宝亭，也不能不想收了北平的一部分摊子，到上海去求出路。

在同行眼内的这一个"翡翠虫"的行动事前是非常秘密的。他想南京及上海的国大立委们有钱之后，也许对于古玩有一些购买力。于是就把几世的宝物装了六大箱子，上了万里轮，在四百余旅客中不动声色地想到了目的地再作道理。哪知道，连他自己和那些宝物都遇了险，也许连人带宝物都是安全的，可是这个希望及一团热情也都触礁了，那所遭遇的是一个大幻灭。

在珠宝玉器行中，北平的玉器是最有名的，而这位公会的总务组长又是以玉器及翡翠为主的收藏家。也许是宝物已玉碎，也许是希望的玉碎。可以说的是这六大箱子玉器及古玩的损失，会比福民公司以三十万美元购得和十余万美元修好这条船的价值，却不知道要高多少倍。一条轮船有了金钱还可重造，但某一些宝物即使有了更多的金钱，也不易找到重份。

北平的玉器手工业本是一个历史的产物，手工艺人都像玉一样地在时代中凿与磨，而成为社会上的玩具了。这些原本不能继续的生产，幸赖有些商人的剥削与提倡并施才能有气无力地拖下去。专门做"头水"的铁二爷的损失，是一个绝大的刺激，会使玉器手工业无法延续。

由一个行业的玉碎，也就象征了整个手工艺的玉碎了。

艺人与摆设

过去最高贵而今天最冷落的玉器手工业，有地位的只有三家，一是济兴成，由老掌柜高济川亲自主持；一是魁盛德，由年轻力壮的张自魁主持，前者注重玉的器皿，后者特长人物。新起的一家，叫李玉山，他的特长是做飞鸟。其实只有济兴成贷得一亿元。高老掌柜是河北通县人，到过新疆和田无人之地采过玉的。他说："我们这一行今天殖民地不提倡，明天就星散了。就是在敌伪时期，我们是仅有的一家作坊，从一百六十号人，剩了十几号人。我是工人出身，我为了给这种手工艺留下一线之路。"

近来日子过得太艰难，这两年比敌伪时代的日子还要难过。手工艺人从没有人来注意了。日本人曾在北平设个山中商会，他们会运大批古玩到欧美去，现在早已倒闭了。美军的合作社PX从这里买，运到那里卖，全球只有一个价。为什么我们自己不能有"山中商会"？我们为什么不能有PX到外国去设立？高济川老掌柜是工人出身。他的"件头"曾经畅销到日本及法国，如今这两国都没有了购买力。至于本国内地，那就太有限了。

"在这种生活程度之下，就是自己住之外，在拿一百万一个月的工人，家庭又怎么能活？吃不饱也饿不死的情形，只有把一天的活拖成十天做，最近十年来，已成为一种习惯。严格不可能，而且也不能散了让他们走，没有了他们，就没处再去找新人。于是只有额外加一点加工费，促使他们个别地打起精神来。有家的，有办法的，也都改业了，会用手的越来越少了，能够用眼和用脑子的，为数更不多，这一行不能维持着人才，谁还肯来找这碗苦饭吃。"

魁盛德玉局主人张自魁是河北束鹿人，他非常豪爽地说："我今年四十五岁了，我是十六岁学徒的，可以说做了二十年了。不过在沦陷时期，我就把一百多号人的羊肉胡同的买卖停了。我是工联会的理事，长城民众抗战自卫会调查组长。我最注意团结性社会性，日本人一来，我就关了，新民会叫我出来，我始终没有理他们。胜利以后，明知道是困难，我仍然把字号又恢复了，一直到现在，虽然不能扩大，但也只能维持下去。"

张自魁与长胡子的高济川恰成对照，他有多肉的脸，精力绝伦。他自信这些国粹是能够站得住的，外国不容易模仿得了。伦敦大学的一个英人给他们的工作程序拍了电影，他又接受了美国顾客的希望使玉器金石化。他创造出自然而美丽的男女肉体，同样是督导着他的工人，用三个月至年余的长时间来"磨"出（不是用刀子刻出）每一件艺术品，等待着好时候到来。

这都是与世界无争与人无害的技艺，最大的成就是为人间增加几件案头的陈列品，使人能从中只看到真善美，感到和平与安静。而大环境却不能放过他们，厄运一样会使他们无法生存。法币不值钱，卖一件便买不回原料来，每个艺人都有在毁灭的边缘上徘徊的感觉。一个工人认为他自己和他手中的活都是社会上的"多余之物"，他愤愤道："什么艺术，只有窝头第一。一天一个人二斤小米面，三万元，材料六七万元，再加上利润，哪样也是不能少的。可是谁能一天赚个几十万来？"

玉——财富的标志

子女玉帛，都是财富的代名词。玉，历史上的财富的标志。

"古代战争时候，曾以鼎为赔偿的代价，铜器就等于钱，用途既然广，当比现在更有价值。中古时代替钱行使的又有玉，议和时也用双圭，贵重的东西被称为价值连城。汉朝用玉开始，到宋朝集大成。清乾隆时又特别喜欢，庚子以后，清宫的宝藏被运到外国，这以后又引起国外的注意。欧战前后到九一八，中国玉器业也有一个相当繁荣的对外输出阶段，用目前的话说，就是也曾换过不少外汇。"

玉器手工业材料不自给的，主要有三种，一种是各种颜色的玉，一种是舶来的翡翠，一种是湖北阳产的松石。制造的区域，一是北平产，历史最久，一是大路货，在苏州制造，但与宫廷艺术相通，一是广东货，以翡翠为主，用一种特别的手艺切成纸片状嵌在各种物体上。在生产工具的使用上，北平到现在还用脚踏的磨轮，一次只能打一个眼，而广东很早的时候就能同时打三十个钻眼了。

"我们用的材料都来自很远的地方。广东的翡翠来自缅甸，那收赎和开山的都是云南人，所以又称为云南玉，运到香港再转广州，这两地便成为大本营，当地喜欢零碎东西，因为比成件的容易脱手而且赚钱。北平却以玉工为主。玉有几种，一种叫楂子，在山上采，一种叫玉子，在河里采，一种叫山流水，埋在干河里。大部分全是从新疆和田来的，只有次货从关外岫岩运来。做珊瑚珠的珊瑚是从台湾运来的。湖北的松石做人物，也是近三十年的事。"

今天玉器的做工，他们认为只要死一个艺人就失了一样特长，因为古代不计成本，可以慢慢地磨，而今天不成了，时间必要缩短。磨细的金刚砂过去用德国产的，今天用美国产的，也曾用过日本造的，其中以日本产的品质最坏。中国河北获鹿县也有一些出产，使用的却不多。平北有一种红砂，无可奈何时也可作代用品。

"一块顽石从锐眼鉴定有没有玉的时候起，要经历割、凿、磨、打眼、书写等阶段，有眼睛的人，就可以隔着一重石皮知道里面玉的成色，才敢花钱来买。然后，因为脑子不同，有人可做四件，有人就只能做成两件，同一体积，而且做四件人并不比做成两件的小。这种设计是专门的技术，就算都一样了，而做出来的样式又大有不同。男人喜欢件头，女人喜欢首饰，应当各投其好。做法中又有匠心。"

当玉业黄金时代，玉器行在赶外馆及里馆，外馆是专为外蒙古的，设在安定门大街，有名的沈家，在其中发了大财，富连成科班的经费就是沈家所出。到外蒙古独立以后，中蒙的交易便一天少似一天。里馆则是做些珊瑚生意，成套的"件头"有了大销路。做的人穷苦，但玉的收藏者，却也成为财富的指针。

"十年前我们还在做玉树，那盆景的材料是从各方面拼凑起来，花蕊是珠子，到如今连材料都缺乏，和人一样地走上了绝路。"

"我曾经跑过一次新疆，就是为了找材料。"

在高老掌柜的记忆中，庚子时期所做的只是零碎小件，光绪三十二年以后，玉器的"件头"才兴起，民国以来，又创造出不少新"件头"，玉器乃从小摆设一跃而列入古玩之林。

"我本是瑞兴斋的徒弟，我们的老同伴，只剩了三个人，一位姓李的九十岁，一位姓齐的，也有七十岁了。宣统元年，我和富德润号的常兴元两个人骑马到和田去。当地的玉山，按着山主的姓，其中产白玉的一个大山叫作戚家山，产有名的戚家货。

"当时载澜王爷已充军到了新疆，颇有点势力。和田县知事朱凤楼后来曾升到财政厅厅长。为了争夺宝山，那时刘家和戚家正在打官司，结果新省袁道台却让和他有关的魏时臣在接着开山，出的石头很好，袁道台也让我去打，我因带的钱不够，就由乌什到俄国境内搭火车，绕到西伯利亚回来了。魏时臣和戚春甫因为都是关内的天津人，为了讲义气，后来魏家就把矿山图又让给戚家，他的儿子少甫、孙子炳南也都回到天津来。矿图传到他的侄子，这个侄子在新疆因为有财有势，处世不恰，便被暗杀了。此后一说矿图失落，一说是仍在戚家姑爷手中。

"采矿真不是一件容易的事，上下都是笔直的几十里，来回七八天，没有矿图，没有准备，就不能有成就。而且当地的里头也是念旧的，不是熟人，有了矿图，他也不肯带路。到最近没有人前往了，只有在当地收玉的，也没有采玉的人了。有一位同懋公姓孙的束鹿人，每隔几年去一次，用些商货和药品来换当地的存货，而且还是一口价，他要多少条就是多少条，因为除了他就没有第二条来源的路。没有材料便没有路了。"

高济川因为自己到过新疆，所以便受同业的尊敬。他感到材料的恐慌一天比一天严重了。芙蓉石、玛瑙、翡翠和象牙都禁止输入，可是这些都是在"再加工"之后，又可以输出赚外汇的，特别开恩的只是一种美产老虎石，做成戒指而后再行输出，政府对这一种却允许入口。他们在想："莫非是为了中英商约不能签订的缘故，还是学美国不彻底？照美国的办法，入口的原料只有减税，因为自己的工业可以利用，对于外来的成品倒是需要加重关税壁垒的。"

台湾光复了，台湾最大可供应的原料是红白珊瑚。在今天，珊瑚珠子还有他的销路。可是在采购的过程中又常受到阻碍，高家的高利宾先生在台北办了一批，到基隆便被扣了，说是琉球货，要征百分之二十五的税。他们想反问一声：

"怎么你承认琉球应当割给日本吗？"

琉球土人采珊瑚是有名的，可是他们不敢说，只好纳税希望运出了事。不只输入原料如此，成品输出也是同样受到打击。"外销的商品是可以不纳税的，可是别人非叫你上税不可，你又有什么办法？还不是老老实实照办！"商人只是希望息事宁人，只好把负担转嫁到消费者身上去。

历史与剥削

手工艺是保守的独立的纯手工的个人艺术，其中穿插着若干神话，涂上不少迷彩。玉器业近代史上的兴隆，实与满族官吏不许置产的禁例有关，有钱的旗人，多半收藏珠宝传世，代替了货币，而官吏的品级，也多用玉制品，像朝珠、顶戴、翎管、帽花、卡扣、褡裢、扇坠、烟壶，以及妇女用的玉簪、耳挖、耳钳、手镯、戒指，都以玉制为最高贵。

乾隆皇帝喜欢玉器，在中南海紫光阁壁上有御题产玉史略。乾隆五十九年才在琉璃厂沙土园建立玉器行长春会馆。慈禧太后垂帘听政的时候，网罗珠玉，风行一时。这时才成立了行会。光绪十九年，皇帝大婚及太后大寿，才又重修长春会馆。那里，有润古斋经理陈玉春承办大典宝座，发了一笔大财，捐银五百两，作为重建的经费。陈后来又以会长资格到过美国的展览会。

玉器行的祖师传为邱祖，这位元朝开国宰相道人曾劝元世祖收刀戒杀，终于成了大事，于是在他死后，就在平郊白云观中羽化处为他盖了一所邱祖殿。神话中传说邱祖能够捏玉如面，成为任何想做的形状，所以便被玉器行尊为祖师。每年阴历正月十九日是他的诞辰，七月二十四日是邱祖仙逝的日子。但高家父子对于此事毫无信念，他们就摆出神权并不能控制所有手工艺人的道理。

"我们回教人，只信一个神。我们只知道有这么一个传说，但我们从不向他们跪拜，失掉我们自己的信仰。我们的工人们，他们也自有其信仰，我们不加干涉。自然邱祖的艺术的良好，那是另一件事。"

就是在一个祖师的薄鹿之上，玉器手工业与玉器商人的斗争却从未因为是一个高贵的产品而有终止。这斗争表现在长春会馆的保管上，玉器手工艺人反对商人在那里占据着。据张自魁说："我们那时设了一个保管委员会，但是这个问题，一直没有解决，日本兵就打到北平来了，一切便又只好停顿了。"

在一片散沙似的家庭玉器工业中，多半正为春节而休工，他们认为没有主要的顾主，没有可使用的原料，今年春节过了，能不能长期开工都还是谜，玉器商人向他们贷款贷宝物，同时并教他们怎样做，结果手艺工人苟活下来，在有钱多吃一口，没钱就暂忍几天的情况下，人只有更现实起来，神不能对他们有帮忙，对邱祖的感情也就越来越淡漠了。

像高济川的济兴成、张自魁的魁盛德和李玉山新成立的字号，都是由于他们自己创立了一派，不仅不受到别人的剥削，而且可以有权选择为他们推销的商人，他们自己成了小小的事业领袖，与洋商往来，可是在作坊之内却仍在保存着古传的师傅徒弟的封建体系。社会上也只有那么一点胃口，允许他们慢慢地工作。——纯粹手工的工作，越慢越精致，越可以得高代价。

封建关系中也还存在着高级的厚道，当问到一件艺术品若中途损坏时，是否那工人要受罚，回答是："不，从来不，他做坏了，他比我们却更要伤心。"这就是纪律。

艺人及其事业

在玉器业的历史有没有不是神话的杰出人物，据他们回答道，每件成名的"件头"上向例不留作者名的。社会上只知道收藏家，从没有人注意到制造者。仅有的一个例外就是乾隆年间的刻玉大师陆子冈，他一反前例，竟在每件手制的玉器上都留下自己的名字。

"他那里是用玉做牌子管子，种类很多，他选择材料很慎重，只要有一点毛病就不肯做，而且从割到磨，决不用第二人帮助。他的工作很细，一件东西做几年的都有，所以大为乾隆所赏识。但是皇帝却不喜欢他在每件成品上留下他的名字，便以欺君罪赐死，这把好手，从此就没有了下落……"

又有人说他做的乃是一个玉器，为乾隆每天所使用，皇帝曾下过禁令，不许他署名，可是有一天，乾隆在小小龙头的上头顶角发现了他的名字，于是在一怒之下赐其自尽。不论那个是否事实，玉业人物史上，只有过这么一个人是有名字的，而这人却遭受到这样一种不平常的遭遇。谈到这点真令人感到无限悲哀，一个艺人的一生，就是寂寞地伴着那小小的脚踏车床，一点一点地用金刚砂造成所希望的形式，到成后，这心血不仅不属于他自己，而且也从不希望被人知道他的名字，这不是创造家，而是奴隶一般的赎罪者。

张自魁又提出一个名字来，也是乾隆时代专做玉制人物的手工艺人刘三阳，这人却坚持不署名制度，所以便得到善终。他是玉器史上的人物正宗，传给徒弟夏文忠，夏曾在北平开一个珊瑚行，做一些零碎器皿走外馆，但却把真本事传给了张文奎。他不喜做静物，他说："一切有气的，我都能做。"他在一面仿古，一面创造新的形式。

每个年轻人学这一行手艺需要四年零一节的光阴，有没有成就全在于自己的用心，常言道，"师父领进门，修行在个人"，玉不琢不成器，要成器，全在设计者的匠心。他们相信今天的创造是前无古人的，因为在创造过程中，经过了多少修改，一切都筑基在顾主的需要上，变化着不同的式样。

然而在战争中，这一切传统的努力都等于零。玉本是一种最坚硬的物品，而这一种手工艺人又是一种最有忍耐性的艺人，可是到今天似乎到了"玉碎"的光景，玉渐渐没有了，有的是自然的，有的是人为的，艺人在忧患煎熬中被折磨光了，这个沉重的日子怎么再过下去。玉，这是坚硬的小摆设，其他小手工艺又何尝不是这样！

为了皇帝一个人的手工业世纪过去了，为了洋人及一些收藏家的世纪也好像走到了绝路，好彷徨的时代啊，将到"玉碎"的手工艺人正在找寻他们新的服务对象，于是便在声磨之余，不能不有其苦闷了。

（廿日寄）

（原载于《大公报》，天津，1949年2月23日）

在艰苦中复兴——参观矿冶研究所

在矿冶研究所，朱玉仓所长首先报告道：

"本所是去年三月成立的，实际工作到八月才开始。为了后方资源的开发，便开始着手调查和研究我国的矿冶事业，随时将改进的意见与研究的结果，供给工矿厂家作参考。希望在这抗战建国的大时代中，能够辅助矿冶事业的开展，并能奠定了矿冶工程学术的基础……"

致敬专家团，祝福矿冶所，愿事业一天比一天增长发皇，成为开发矿冶资源的仓库和先驱者！

一、在困难中奠定了基础

抗战第九个月矿冶研究所从湖南到××，六月里，在××建立起所址来。这地方本是两层房屋的民众会场，不仅工业设备条件毫无，而且四壁尘灰，雀巢鼠穴。满目都是，尤其是房子建在半山中，化验室又指定在下层，窗子吻着地面，外面的水极易流入室中，所以除了室内的修葺粉刷外，还得在室内填挖水沟，宣泄积水，这些布置上的困难，全在意料之外。

建设真是一件最艰辛的事情，为了支持抗战，无论任何艰辛，我们仍然要树立起已被摧残了工业基础，一路上，我们看到了新的工业犹如雨后春笋在聚起，一所竹棚，一间茅屋，但里面却装备最近代的机器，火汗交流，都为国家作生产。这一幕伟大动人的新场面，完全是更生中国必经的阶段。

这里，本是一小镇，既没有煤气的供给，又没有水电的便利，化验工作几乎完全不能够进行，但是每一件事"穷则变，变则通"，万难中，借着竹筒导引山泉，便解决了化验给水的困难，以煤油及气油灯焰，解决了烘焙蒸煎的问题。至于一切其他化验必需的设备，像蒸馏水、避毒橱、蒸发炉及水池的砌筑，暂时谈不到工作效率的高低，完全是要自行筹划和制造。一月后，终于把一所土制的现代矿冶化验室建设起来了。

请不要藐视这所化验室吧，这是矿冶事业的灵魂所在地。朝南小房一间，光线最充足，灰尘最微少，那里便是天秤室。里面放置了一两个天秤台，放着大秤四架。分样室因为缺乏电力，磨碎机不能应用，以手磨机代替。就地取材，还添了一个石球。还有毒气室，是用来蒸发各种烟雾和含毒的气质，自制的一个烘炉，全用耐火砖砌成，中放铁盘内放干砂，以代替沙盘，炉上装着避毒橱，毒气烟雾可由橱顶烟囱冒出，电解室和试金室因限于房屋，附在化验室中。化验室也不太大，仅有两个化验桌，两个滴定台，一个化煤桌，自来水从窗口上通进来。那边是竹筒引来的山泉。这里虽然物质与环境两不便，但是工作人员因了能够克服困难，反而兴奋非凡。

到处都是洋溢着建国的精神，令人相信最后的胜利一定是属于我们。二十年后，中国的重工业一定屹立起来，灿烂辉煌，光彩万丈，到那时，盼望他们还能重读我们这段建设史绩的缩影：敌人在破坏了我们仅有的设备以后，我们怎样以两手来创造工具，发挥光大，使中国在万般困难中而奠定了工业基础，走上复兴之路！

在困难中来创造更新中国，"没有悲哀，只有欢笑！"

二、开发中的动力与资源

谈到了工作的概况，"我们的工作以××各省的矿产为主体，因了经费及设备的限制，多是就原有的土法才选冶炼，而加以技术的改良，所用设备，都以周内能自制者为原则。对于一燃料的开发及利用，二抗战需要的矿冶原料，三有关国外贸易及金融的矿产。首先作调查，继之研究中间的问题，求解决办法，对于本所不能独立举办的，也在设法和有关的矿冶工厂来合作……"

开首谈起燃料来，朱所长对于××的煤田很是乐观，最近调查，储量至少在百万万吨以上，以全国每年销量三千万吨计，尚可供四百年之用，即使全数工厂内迁，燃料之供给，在最近百年内，也不成问题，"但是四用的煤田分为二叠侏罗尔纪，二叠纪煤仓虽厚，开采亦易，但是含硫质及灰分太高，不适于冶炼冶金用的煤焦，侏罗纪煤较佳，但黏着性不够。当这铜铁厂内迁时，这真是一个大严重问题。"矿研所现正研究增产，侏罗纪开采方法及洗煤炼焦等问题，其中一部分已有解决办法。

关于抗战需要的矿冶原料，首先提到的是冶铁，冯副委员长会在各地大大赞美×中铁多，但这都是白目铁，不合铸件的用途。××的菱铁矿多与侏罗纪煤田共生，托不最广，所以土法炼铁炉处处可见，当这生铁来路将断绝时，正是从事改良，免除外户的机会。中国产铁，东北占百分之七二，但××也占有全产量的六分之一，我们要以这六分之一的铁矿作收复百分之七二的东北铁矿的根据地！

又说到铜，××的铜月出三十吨，可以用三百年，但是××铜矿是硫化物，所以应用浮油选矿法，分别冶炼，并可以由硫化铁制硫酸附产品，以求经济。此外，对于云南××的铜，也加以研究及改良；有对于××硫黄的提炼已有改进，以新法可以增加百分之二十五的收回率。水口山的铅锌矿的浮油试验，获有相当成功，工业上及兵工上最重要的锌的重蒸滤试验，已达到百分之九九点八五，更成功！贵州土法炼汞有望生产，现已作改进的设计了。

当这些冶炼事业正在积极进行的时候，一个更基本的耐火材料问题也在研究中。本来这些材料完全是舶来品，但现在却非就地取材，适应急需。如果没有耐火砖，冶炼事业根本无从谈起。目前旧的用尽了，新的便只有用自己的材料作补充。

最使人乐观的，莫如有关国外贸易的矿产都在设法增产及改进中。譬如坚钢所必需的钨因为含砒很高，超过市场规定甚大，故不能善价出售。该所会作烘烧试验，已可将砒质减低到了"市场规格"以下；至于锑，也是因为含砒过高，不能得到善价。但是锑，是猛烈炸弹的元素，又是保护海底电线的要件，各国不能不买的。

三、中国要走在世界的前头

一路上，巡视这片工业新区域。

好大的地下宝藏的开发，奠定了中国重工业的基础。这开发，要从西南筑成根据地起，逐步向东南东北作开发，只有全部失地的收复，才能拥有完成中国整个工业化的条件。

中国工业的缺点，抗战使他全盘暴露了。由于一偏在都市，二制造部门的紊乱，所以一部分是在炮火中毁坏了，而存在的也不能够适应抗战时的环境，未尽最大的力量。这痛苦，政府比人民感到得更为沉痛，所以政府不仅帮同迁移，参加资本，而且也以国家力量相当地划分了工业的集中区，并设立了调整的机关，以便达到监管的目的。战时，真是中国民族工业复兴的一个好机会，我们的民族资本家要知道：当前固然是有多少艰辛困难，但其中却缺少一位百年来最熟悉的老朋友：列强的政治势力和经济实力！

"让我们再过二十年——"引导我参观的一位专家和我握手道别，很自信地对着这片煤烟笼罩着的茅棚说了半句话。

景德镇的恐慌

——赣北半记

十六日由南昌出发，本拟沿着京滇周览团的来路，先从赣皖线到景德镇，在转西北由县路到湖口，然后过九江，登庐山，留永修看棉花，最后仍折回南昌，而成为一个圆周。不料到景德镇后，湖口县路因了匪水交加，交通断绝，回南昌的归途，也因了水阻停车一日，不得已，只好先写完这一篇"赣北半记"发表。朋友余心悟先生给以招待。谨此致谢。

一、陶瓷业的恐慌

不到景德镇，远远地就望到了浓烟，看到烟，就令人想到瓷业。但记者对于陶瓷工业纯然是外行人，而这里所要谈的仅是关于造成浓烟的木材问题。

一般人论起景德镇的陶瓷内在问题来，总不外乎是附近原料逐渐缺乏，徒弟制度使出品不能精良运输包装欠研究诸问题，而关系燃烧的百万以上的松柴问题，事实上也应该当侪于以上的最严重问题之列的，可是目下还令人缺少重视者。

当地的窑户反对陶业管理局的解决燃料办法，他们不主张用煤，他们说烧煤使瓷器色黑，实际上，他们也是在缺乏烧煤的技术。而现下煤的运输成本也很大，也是问题。由于习惯使用松柴。因而使附近一带成了童山，眼前只有从安徽祁门一带运来供用着。这种柴以老树为佳，因为内含松脂多，所以火力强烈，但照这样燃烧下去，由于柴荒，价格的逐渐加高是可断言的。

烧一次窑用的柴是一笔惊人的数目。一个窑厂的全部工人连小工在内也不过是十余人。每烧一个窑，除伙食外，工资不过二十八元余，但松柴，每次平均要烧到七百担（二十四小时内）每担平均价格最高五角六分，最低四角八分，每次全熟的窑开出的瓷品，可得瓷价约四百元。计算一下，就可以知道柴在陶瓷事业上的地位。因之也难怪每年有百万元的松柴和十七万元的毛柴费的支用，是这么一个惊人的数字了。

为了松柴问题，记者特访景德镇林场主任邹则荣氏，邹氏非常富于学者风度，除详论各种问题外，立刻就约记者同去看山。一条昌水把林区划为两半，河东区，河西区都各设有苗圃，两区内的造林面积约有一万市亩。该场成立以来，不过十年，所以林木没有起来。虽然，已可看到一片片黑压压地马尾松林，分布在各山头了。

邹氏首先很庆幸地说，这里的松毛虫从未成过大灾，而本区内又有很大的薪炭用途，所以马尾松造林在这里并无问题。每年大概要有一百万苗上山，除松以外，还有泡桐、樟、桦等树种。

这里的山因为荒废已久，杜鹃和野蔷薇都不多见，偶然地也遇到一些野山楂和野白日红等灌木，杂生在荒草里，有些地方烧山的结果。这里，显然正是一个种植不成问题，而保护成为大问题的地带。

在山上，邹氏又告诉记者，这里因为人口众多，每年为防有意或无意地放火烧山，真使两个森林警察疲于奔命。所谓无意的烧山，便是在清明等节日，因焚化纸钱，而引起来的火灾，而有意的，则为了山烧后可以来斫树。因为此地为珍重马尾松的原因，而定有一条公律，就是在树木未死之前，不准随便斫伐。

这个林场的经费，一共有七千四百元光景，其中试验费占二千四百元，职员共有五人。成立以来，因了中间匪患关系，履加停顿，现在虽然极力要扩大进行，但当前的问题便是感到经费不足。邹主任指指南面的一列山——

"这十五万市亩的南山是一个最有希望的造林区，我们现在就要着手进行的。这个山的造林成功，燃烧问题就已解决大半了。"

陶瓷业的燃料问题不能有科学化的整理，那么，这件事永远是要陷于恐慌之中的！

二、里村服务区的恐慌

离了景德镇，四里处先到马鞍山，这里有几株老大的重阳木，遥望起来和樟树一般，所以土名字叫做"野樟"。这也是当地最有希望的树种，很难得的能够侥幸存遗到目下。

入寨门，到里村，这是近镇的唯一大村，京贵（到贵溪与浙赣路联）铁路的车站便要设在这里，大群的小工正在这里开山，无疑的这里将因铁路而成一条长街，他夺了镇里的商业，又出寨门，才到了有服务区的上里村。

到服务区，会到盛干事，他是方才卸下了"区长"的职务，以劳疲的神色与记者作彻底的长谈。这个服务区本来设在临川的第一服务区，为了与鹏溪实验区重复，所以才移到这里的，从去年十月到现在，不过仅是六个月的时间。

"地方不安静，"盛干事很郑重地说着，"我们服务区的工作便很困难，影响到大家不能随便在四面跑。"

从"里村"到区署所在地"湘湖街"，有二十里路之远，干事兼了区长，往来之间感到极大的困难，更加以小匪萌动，非有军事人才不足以统率，因而，便把第六区的翁区长调来接了服务区干事的兼职，盛干事也可借此再行专一了他的服务职责。

里村是在浮梁县的第二区，这一区内的东、北、南三面都有相当的不安。特别自从乐平县的护路警队被杀之后，行动更是趋于积极，行路人在这一带走路已然成为一件危险的事情。在镇上，记者便听说，他们已有三百支枪，还有一面很显明的旗子，若是拿来和方志敏崛起时的两杆半枪（三支枪内有一支是半能用的）作比较，这已然是一个不可忽视的问题。听说，边区剿匪司令部是限在五月以前肃清，而事实上也成问题，特别是仅在清查户口一方面下手，因为保甲长吓得不敢在家，恐怕将来希望极微。

唯有安静，才能有工作，唯有农民，才能有农村服务，可惜这两个条件在里村方面还都成问题。前一个上面已经说过，而后一个，很显然地，里村又不是一个纯粹农村。

这里人，因了景德镇的影响，已经把"作田"看作为一个傻事，推推车子，斫斫柴的代价，每日总有四五角，事实上已超过作田的收入数倍。对于一些非农民的老百姓，谈起了农事改良便无异于在浮沙上筑塔。

我们的谈话中也曾论到理论与事实的分野，有些计划都是事实上难做到的事，负责人员便不能不为这问题而在苦恼着。譬如说：计划中要各保都设一个卫生员，这本是好事情，但是没有钱怎样来设训练呢，这便成为负责工作者的当前的困难了。"我们的计划是太多了"，这是总叹息，"不顾下级干事的事实"。

虽然，在这短短的六个月中，服务区也曾做了不少应当做的事情，譬如产婆训练，便使农村妇女和婴儿可在那把污秽的剪刀下少做多少屈死鬼，而可赞美的是产婆们居然有勇气来接受，有一次曾兴致勃勃地，大雨天，撑着伞去镇里参观医院，因而引起了不少人的惊叹。

集团结婚，这里也曾办过。我们都觉得在城市里讲"集团"是一种时髦，而唯有在乡村中，才能表现出节减得真意义。有趣是利用医院的纱布染了粉红作头纱，真是开头纱代用品的新纪录！

盛干事又很热诚地表示这力量的不足使多方面的农村工作难以见出成绩。粉饰的成绩不算成绩，外行人看得出的成绩不是成绩，农村工作真是一件最难的工作。

目下这件难的工作又遇到难题，服务人员，不单不能深入乡村，反而有时向镇上避风。这不是一个容易解决的问题。服务遇到恐惊！

三、景德镇的恐慌

景德镇外表说起来没有恐慌，专员公署和县政府都已移设在这里，京贵铁路将要经过这里，而目下，铁路人员成了当地最大的主顾，旧日所谓"不约而集者数千人"，这现象也正可为今日镇上的描画。

可是，内在的恐慌已然存在着。因为：景德镇太腐败太原始了。

街上面现在正是大兴土木，拆房屋，让街道，随着来的无疑是洋货的侵入，中国目下的新兴商埠，多数是在为着洋货开辟市场，我们对付这问题的办法，只有用我们的陶瓷来货抵货。我们也要舶出去找新市场。

事实上，我们的陶瓷虽有长的历史，但它的成绩是否能够抵抗外货呢。这，由本月十四日新开幕的陶瓷陈列馆里便给我们以解答，我们的陶器和别国的陶器陈列在一起，只有用"黯然失色"来表示，虽然我们的瓷有抵抗高温等种种优点，但在外观的第一点上失败了，这正是本地瓷业内在的一个大问题：因为此地的瓷土根本不好！我们销路的扩大真是不敢预企。

自汉以降，多少年来的"保守"，在改进上必然地也会发生问题。这由于没有放手做事的陶器管理局，还不能得到谅解便可看出来，改进之后，多数人的失业又是一个"社会问题"。

至于目下的"恐慌"：土匪怕铁路，杀路警，烧桥梁，放谣言——十九日夜，铁路人员全部渡河回镇，临时戒严，检查旅店，形式非常严重——这都是小事，小问题，唯有瓷业的本身问题不能解决才是大问题。

景德镇的瓷业不能进步，景德镇的表面繁荣是没有用的，京贵铁路也许不但不能把货物多向外方运，反而把外方的货物大量运进来。那么——景德镇依然是恐慌的！

四月二十日南昌发

第四辑

那些不能忘却的纪念

伟大的伴送

——十·廿二送鲁迅先生安葬

太阳在头顶上闪，人的心阴着。

一片黑暗，人有点昏眩。

却没有一些偷懒地，大群的青年和孩子老早地在殡仪馆门前伫候了，还夹杂了一些腾着年轻的火焰的老少年。大伙放下了工作，放下了书本，为了和这位陌生或熟稔的老朋友的友谊——不，最大的是尊敬。

不愿意匆匆地别离，人群重又涌入灵堂，虽然有的是早两天已致过敬礼，但年轻人是那么动感情，对那玻璃面底下安息了的面影不能忘记，多少只脚在巡礼中要停歇，低下头把泪水收住，忍不住地仍旧淌了下来。

时间哪里容情啊！

人在指挥中走到草场上和门外，行列展长了，挽联花圈在草地上躺着，迅速找到了主人。歌声在草地上扬起来，大伙儿自己教唱，有几个嗓子在战栗。

自行车队、纠察队、救护队……还有捕房外加的马队也来"保护"了。队伍向前面出发，这平日并不算大热闹的街道麇集了人，是的，他们有些茫然，送丧的是那么多青年，童子军队的脚踏车很快地驶过。这里飘的不是纸钱，是一张鲁迅先生的传略；在队伍前面领头的不是什么"回避""肃静"的大牌子，而是白底黑字的挽联。印刷品在向每个车辆和行人分送。

"哀悼鲁迅先生……他是我们民族的灵魂，他是新时代的号声……"用《打回老家去》的调子的哀悼歌不断地在队伍中发出，有一截是歌咏队，歌声时常压住了前面的哀乐。在前面的时常回望，一幅鲁迅先生的白竹布上的画像在闪动，那后面是柩车，缓缓地开着，喇叭声嘟嘟地刺着送葬者的心灵。

太阳在深秋应该是温暖，但今天有点感到燥热，每人脸上是一层油，有的揉着泪。在心头呢，只有阴冷和凄愁。

"剩下的路要大伙继续走，青年人联合起来的巨臂将冲破一切艰苦……"望着前面的路，人们记起了这是送鲁迅先生去"安息"的，像将要失掉什么似的勾起恋念，"路"还远着，要迈过多少阻挠与艰险……记起了鲁迅先生的遗志，肩胛上觉得有个担子压上来。大家不自觉地把手臂挽得更紧，失了父母的孩子不是会更亲热的吗？

人们臂上的黑纱在奔跑中时常掉了下来，来不及捡拾；花圈上的花朵也在摩挤中擦落，女孩子们珍惜地拾了起来，它在人们心头永远不会萎谢，由殡仪馆到公墓去的一段长路也永远不会被忘怀，它们"永恒"在新的曙光来到以前，人们反抗斗争的精神也是"永恒"。

千百个脚印踏在马路上，千百个叹息在空气中消逝，但在迂缓的哀悼歌声中依然包藏了力量：责任的开始。

纠察队员忙碌地前后奔跑，陌生的人们在今天熟稔得像老朋友，听着嘱咐，询问着辛苦，救护队的热水瓶在这时尽了不少力，人在喘息和人在颤抖中送下了一些水滴，像是甘露。

电影公司的汽车驶过，去拍葬礼新闻片了。有人忆起最近在苏联影片中高尔基葬仪的新闻片，民众的热烈正和自己一样；但在这儿，"中国的高尔基"并没有受到当局什么热烈的慰唁和珍视，他只生长在民众心头，受着青年们的永恒的爱情——这，够了！不是个在斗争中的黑暗时代么？

在挽联中人们没有忘记鲁迅先生的遗言，许多原来镂在人心头的"语录"全写了下来，这里面有用世界语和拉丁语写的。

到虹桥路经过日本学校同文书院，许多学生在门口围观，有的穿了睡衣拖了木屐，宣传队员把印刷品也分给他们，对鲁迅先生他们是熟悉的，微笑着展读。可不是，在中日青年中并没有仇恨，大家是社会的幼芽，从没有想到相互摧折，结下了冤仇的只是他们国内的帝国主义者，虽然他们之间也许有了不少熏染，准备做未来的屠手，中国青年对于他们除了悲哀之外，还有说服引导的责任，年轻的伙伴是向着一个目标走的啊！

在一些服装怪异的天主教徒们的注视中，大队走进了万国公墓，门口上有"丧我导师"的横幅。这里虽没有参天古木，但多少墓碑旁栽种着的树木已挺然地伴着死者。太阳已消失，残留着的树叶稀疏地盖着云天，枯黄的败叶在人脚下起着碎响，老树、挽联和队伍一起在撼摇，感情质的青年遏不住悲凉，把下唇咬得紧紧的。

队伍分站在纪念堂前，在这儿要开一个会，电影公司的开麦拉和摄影记者一起在工作，天已薄暗。

主席蔡元培先生简单地报告说这是一个国际性质的纪念会，有欧美人参加，也有日本人参加。对于这些日本人，人们用鼓掌致着欢迎。

×××先生在讲演中提到鲁迅先生没有受到当局慰抚的遗憾，同时也可以说是一个民众的葬礼。

"民众的葬礼！"高声地回响，这里面有学生、工人、知识分子，以及十多岁的孩提。

孙夫人在热烈欢迎中和群众见了面。

另一位大块头的声音："鲁迅先生不只是写写文章而已，他的文章是替大多数人说话的文章，他一生中永没有背叛了大多数人而去向少数人屈服……"

大家不忘记韬奋先生，把他从人堆中挤上了纪念台。

"有人是不战而屈，鲁迅先生是战而不屈……"这简单的话语中包藏了无限的力量。

从几位救亡团体中的人把一面白缎黑绒的旗帜覆在棺上，上面是"民族魂"三个大字。这三个字将随鲁迅先生下土，但他的后继者将在大量群众中新生。

赶着一丝光亮，人们送鲁迅先生安葬去，安息歌在墓道上吹拂，不怕黑暗的全部群众跟踪在棺木后面，这时没有了理智，真的就送他一个人下了土么？多残酷的人类！老树在轻声咳嗽，是欢迎它新的来客？是讽笑人类的残酷？是替人们哀愁？……

鲁迅夫人许广平女士一直在哭泣，泪水淌在地上，人的脚印擦去了它，这以后她应该在群众的纪念鲁迅先生的工作中新生了，群众会安慰她鼓励她，受她的指引。她手里捧着"致鲁迅夫子"的墓偈——头一句似乎是"哀愁笼罩了大地"，用血泪记下了鲁迅先生的努力和反抗的精神，以及他的"严肃的工作"。他曾说自己像只牛，吃的是草，吐的是牛奶和血滴……

海婴那天真的孩子抱在人家手腕里——啃着饼。他太幼小，对这情景有点茫然，但在将来，必是一个永恒的记忆。

"愿你安息……安息在土地里……"歌声又起来，哀乐伴着，家属、亲友以及青年全低了身躯偷泣了，青年人的热情没法子赶回去，用帽檐、纱帕和手背抹着泪水，比死了老祖父还要沉痛，这位老祖父在青年队伍中一直是年轻的啊！放声大哭的，在每个角隅里发见。

坟匠终于替鲁迅先生掩上了水门汀的大盖，施展着他们的手艺，他们也许知道自己受了多少诅咒，为了他们的毒手。不，青年们知道毒手不是他们，真的毒手已把鲁迅先生压了三十年……

摸着黑暗走出了墓道，多少人没地方找车辆，又徒步从乡野走了回来，没有一点怨言。

堵在大家心头的是空虚、怆凉，望望前面是没走完的、辽远的路。一个苦笑在青年人脸上划过，把步子放大了走吧，跟着"老朋友"的指示。他，安息去了哟！

1936年11月

记胡适之

国会街的北京大学第四院门前交插了两面同样国旗，跋涉三千里来的与在北平受了八年苦难的学生，菜色的脸上同样的兴奋地在出出进进，迎门欢迎胡校长的标语是要求学术自由与思想自由，那屏风似的大壁报的尾声上写着：纪念双十节要——

"打破士大夫阶级的可怕的冷静。"

"宣泄几十年来在统治阶级下的苦情与怨恨。"

三十五年十月十日准十时，大礼堂——过去的"民主会场"——楼上楼下都坐满了二十岁左右的学生。一阵嘶哑的铃声摇过去，教授们在台的两旁入了座，党旗与国旗交叉的台上出现了长袍马褂的胡适校长。没有任何仪式，大家安安静静地坐着，他站定便开口了：

"今天是三十五年的双十节，我们举行一个仪式，这是北大的一个传统作风。"

在内战的阴影笼罩下，在举世民主斗争的阴影笼罩下，胡适校长掀开了北大四十八年的历史，他称为"说几句家常话"，是一位考据教师用半世纪来的历史混合着诗人的感情与外交家的声音，像最复杂的交响乐似的，他说了一个半小时。时代的小儿女们有笑声，有掌声，有唏嘘，有愤怒，更有时是眼睛蒙胧了，有的用愤怒之火烧干了，有的眼泪直向内流。

胡适校长的"历史的叙述"我要记在最后，最主要的应当是他的"梦想"。今日的北大比"联大"大了一倍，比旧日的北大大了三倍，他说："我只做一点小小的梦想，做一个像样子的学校，作为一个全国最高学术的研究机关，使她能在学术上，研究上，思想上有贡献，这不算是个太大的梦想罢。"

"就是这样卑之无甚高论的两个方向：（一）提倡独立的、创造的学术研究，从理、文、法到农、工、医，从社会科学自然科学以及应用科学（记者注，这是蔡先生的传统，以全学校讲，理学院为首院，以文学院讲，哲学系为首系）；（二）对于学生，要培养利用工具的本领，做一个独立研究，独立思想的人。"

胡校长说到这里自作疑问号，"你们大门上贴着欢迎我的标语，要求自由思想，自由研究，为什么我要你们'独立'而不说是'自由'呢？要知道，自由是对外面的束缚而言，不受外面势力的限制与压迫，这一向正是北大的精神。而独立是你们自己的事，不能独立，仍然是做奴隶，我是说，要是不盲从，不受欺骗，不用别人的耳朵当耳朵，不用别人的眼睛当眼睛，不用别人的头脑当自己的头脑。我提倡你们应有走独立的路的工具。"

他于是大声说道："学校当然要给你们以自由，但是学校不能给你们独立，这是你们自己的事。

"我是一个没有党派的人，我希望学校没有党派，即使有，也如同有各种不同的宗教思想信仰自由一样，你是国民党左派或右派，你是共产党，你是什么各种党派，但是学校是学校，学生要把学校当作学校，学生也不要忘记自己是在做学生。"

胡适校长用手指轻轻地叩一下课桌，他的眼光从眼镜片中射出来，认真而坚定。到北平两个月，他比初来时略胖了一些，而头发的斑白也大为减少，谁能想到他差四岁就是六十的人呢？

"我们没有政治上的歧视。但是先生们及学生们要知道这学校是做人做事的机关，不要毁了学校，不要毁了这个多少年不容易重建的不惭愧的学术的机关。

"学生们不要忘了自己是学生，我们有句俗话，越想越有至理，'活到老，学到老，活到了，学不了'。我五十六岁了，我才知道这句话的深刻。我批评中山先生的知难行易，就是不武断，专制、愚昧的去行。我现在要做一个小学生，昨天还有人问我：'你是安徽人，你知道安徽主席是谁吗？'我说不知道，我真是要做小学生，不是规避。（大笑）

"我想起七百年前朱夫子同时的吕祖谦，他的东莱博议上有八个字，我要念给诸位听，那就是：善未易明，理未易察。"

胡适校长的训话到这里终止了，我们转回头去，再记他的"四十八年校史"的分析，他是分为五期来追叙，他指出这四十八年不是中国多难之秋，有着多少可纪念史的事迹。

"第一期是从戊戌变法到民国四年（一八九八到一九一六），那是所谓京师大学堂时代，所谓官僚养成所，其实她还是革命思想中心，是革命同情者，得到满清与袁世凯的猜忌，民国二年一度要开不了门。

"第二期是革新时期，从民国五年蔡孑民先生来校到国民革命为止（他环顾左右道，今天到场与蔡先生同事的不过一二人），蔡先生不是有口才的人，也不是笔锋上带感情的人，他的口才讷讷，写文章不过三百字，可是他能以学术为目的，我们来剥夺了他的权，他反而高兴。他真是大公无私，他能给别人以权利，他信任别人，他配做领袖。就在这个时期内，有了五四运动，思想革新，文学革命。这时候除了山西大学以外，只有我们一个大学，而预料也只有我们一个。虽然各种方面都不够，但外面猜疑与忌妒使蔡先生几次要去职。幸赖他的弟子蒋梦麟先生参加，冲淡了军人与政府对蔡先生的误会。北大这时，虚名大，但实不符合。直到国民革命前夕，有的离开，有的留下，教授与学生，牺牲了几位。

"第三期是过渡时期，许多同事都留在南方，从十七年起，北大就没有了，我们不做政治工具，北大成为北平大学区的一个学校。许多人要恢复，我说，我不热心。历史上的人物是不能不死的，就算死了，也没有人能取消这一段历史，埋葬这一段历史的。

"第四期是中兴时期，二十年一月，蒋梦麟从教育部台上下来了，我正为了编辑委员会到北平来。这时各校教授正作'有系统的缺课'，我们请蒋校长回来，由中华教育文化基金找到一百万基金，为北大设了二十二个研究讲座，这时候，理学院及法学院来了新院长，除留一二位之外全换了。全国的名教授集中北大，就是这时奠定了基础。蒋先生说'辞旧人我来做，新人你去找'，这对北大真是伟大贡献。"

胡适校长提高了声音，非常有现实感地大声说："我们自一月忙到了九月，定十七日开学了，第一天很高兴，第二天我们就知道九一八了，我们知道这样不仅是国内的，而是国际性的。我们不能安心了，但是蒋梦麟先生很镇定。长城作战的时候，朝阳门外三十里就是战争。可是我们没有动，就在战争威胁之下；我们却认真地工作了四年。除了聘请教授讲座的余款，我们还盖了三所大房子，即新学生宿舍，新地质馆及新图书馆。一方面是利用余款，另一方面对民间也起了不少安定作用。

"在这六年内，工作最紧张的六年内，我们北大的自然科学、社会科学、文史刊物，中文的及外文的都得到全世界的注意。

"第五期就是八年抗战流亡时期。抗战的局面太大了，我们非迁不可。先由王世杰、傅斯年和我决定设临时大学，由长沙而转昆明。改为西南联大时期，我没有参加，从外面看，有两点很值得称赞：（一）在艰辛中奋斗，学术上、教育上均有成就。生活的苦，如先生洗马桶，太太摆小摊，国际上都知道了。（二）合作的精神，只是西南联大合作到底，今年是第九年，我们还一起招生。我们北大，也向例是把荣誉给别人。

"今天的北大是大多了，有联大学生七〇九人，临大分来的一五六二人，新生四五八人，工学院新生九二人，先修班六八六人，医学院试读生七人。以上共三五一四人，这还不连沈阳新生，青年军，抗战有功子弟，政府分发者，可以说，比联大时期大了一倍，比旧北大大了三倍，学院也加了三个。

"我们有精神上的财产，有蔡先生三十年的遗风，独立研究，自由创造，再加上八年来的吃苦耐劳。如在座的白雄远先生，他的吃苦耐劳就是北大精神，我们谢谢他。"（全体大鼓掌，白氏起立，面红微笑，朝胡一鞠躬。）

胡适校长在报告中对于抗战中在北大代管校产的钱玄同、孟心史等人加以赞美。几位职员，一位保护蔡先生相片在家，一位运汉简至沪，安全运美。特别是对沈兼士的地下工作更表敬念。"今天我们已比较有基础，十一万卷书没有少，外面的正运回，新设的农学院正在建设中，医学院的人才及设备不说是第一，也该是第二。"所以他说：

"我有一点小小的梦想，不算太奢侈。

"两千二百年前，中国有个哲学家孟轲，他说国家历史常是'一乱一治'的。他说第一次大乱是四千二百年前的洪水，第二次大乱是三千年前的猛兽，后来说到他那时候的大乱是杨朱，墨翟的学说。他又把自己的拒杨墨比较禹的抑洪水，周公的驱猛兽。后来一个学者是要攻击别种学说，总是袭用'甚于洪水猛兽'这句话。譬如唐宋儒家攻击佛教用他，清朝程朱派攻击陆王派也用他，现在旧派攻击新派也用他。我以为用洪水猛兽来比新思潮，很有几分相像。他的来势很勇猛，把旧日的习惯突破了，总有一部分的人感受痛苦；仿佛水源太旺，旧有的河漕不能容收，他就泛滥岸上，把田园都扫荡了。对付洪水，要是如鲧用湮法，便几湮几决不可收拾。要是像禹改用导法，这些水归了江河，不但无害，反有灌溉之利了，对付新思潮也要舍湮法，用导法，由他自由发展，定是有利无害的。孟氏称：'禹之治水，行其所无事。'这正是旧派对付新派的好方法。至于猛兽，恰好作军阀的写照。孟氏引公孙仪的话：'庖有肥肉，厩有肥马，民有饥色，野有饿莩，此率兽而食人也。'现在军阀的要人都有几百万几千万的家产，奢侈得了不得，别人好好做工，穷的饿死，这不是率兽食人的样子吗？现在天津、北京的军人受了要人的指使，乱打爱国的青年，岂不明明是猛兽的派头吗？所以中国现在的状况可算是洪水与猛兽竞争，要是能有人指导猛兽驯服了，来帮同疏通洪水，那中国立刻就太平了。"

胡适校长为了今年的五四，办了一个五四史迹展览会，他翻出了不少的史料。如上面蔡子民先生在新青年七卷五号所刊的"洪水与猛兽"，引起了他的无限感慨。那时的顽固敌人，正以这样的话来打击蔡先生，如果胡适要继承蔡先生的一切，那么，这颗炸弹也可能就打到他的头顶上。

在胜利后的第一个蔡先生的忌日，胡校长描写那时的蔡先生当真以为公理战胜了的兴奋道："第一次欧战结束，教育部在天安门开提灯会，蔡先生要求借那席棚三天，供给北大师生来对群众作讲演，先生愿意人民了解世界有了新转机，他又写过以黑暗与光明的消长为题的文章，说明了欧战胜利的意义有四：（一）黑暗的强权论消灭，光明的互助论发展，（二）阴谋消灭，正义发展，（三）独裁专制打倒，民主政治发展，（四）种族偏见消灭，大同主义发展。"

那时候的蔡先生自然兴奋得过分。但这些意见，胡校长以为今天仍然用得到。蔡先生就是科学（赛先生）与民主（德先生）的合流，事实上，这仍是今天中国的重心。翻开了历史回到民八的五四运动，胡适校长的嘴角上展开了这划时代的一幕：

"五四运动是一个没有组织，没有领导，是自动的，是爆发的，由于一个秘密而可靠的消息，引起了这样的一个大运动。"

那正是第一次欧战之后，四月起在巴黎的凡尔赛宫举行和会。对于中国的山东问题，日本代表在四月二十八日，做了一个欺骗的诺言，口头上承认除了经济外，山东的军事政治可以交还给中国，美国总统威尔逊也上了当，在五月一日承认了和约第一五六、一五七、一五八等三条。巴黎和会上，王正廷代表广东革命政府，陆征祥代表北京政府，但他们对外交是合作的，这个消息传到了北京，政府并不敢发表。

"当时有一个外交委员会，"胡适说："委员有熊希龄、汪大燮、林长民，还有蔡元培先生。那时候，因为杜威博士五月一日来华，我并没有在北平，这坏消息是五月三日传到北大的。五四恰好是一个星期日，由北大发起，联合中等以上学校的学生开了大会。陈独秀那天在北平写了一天的文章。本来像包脚布那么一单张的每周评论，出了专号。我在上海欢迎杜威，到五五还惊讶各报没有了北平专电。五四的历史，就是巴黎和会中，我国要求失败，由一群捣乱孩子们自发而没有人领导地弄出来的。"

胡先生一再在集会上也表示并非谦虚，真像就是如此，为了怕将来有人写错了，变成假历史，说是只由胡适领导的。

"那次大会的主席，好像就是段锡朋，会上决定整队游行（那时还不知道示威），表示两点：一是要盟国主持正义，一是要惩办曹、陆、章卖国贼。先到东交民巷各盟国使馆请愿，游行到了赵家楼，有人知道曹、陆、章在里面开会，到时却大门紧闭，便用叠罗汉的方法跳进去，对于曹的老太爷、姨太太都不曾伤害，只是打坏了章宗祥。忽然起火了，有一说学生放的，有一说曹家放的。总之，学生便退出来了。警察厅吴炳湘派了警察来弹压，队伍乱了。譬如傅斯年那次曾碰掉了眼镜，毛子水也挤落了鞋，结果抓去了三十三个学生。"

学生们所发的传单以"外抗强权，内除国贼"为口号，用白话写的。胡先生以文学革命家眼光来欣赏道："这是一个很好的白话传单。"白布的大挽联上"泪挽"曹、陆、章"遗臭万年"，还有主持要"诛"三人的，（那时还不懂得使用打倒字样。）写标语用这样的句子写"日本人之孝子贤孙四大金刚三上将"之类。

"政府当初疑心是党派斗争，旧交通系如何如何，用高压，主严办，一方面下令骂学生的爱国运动，另一方面又在褒奖曹、陆、章诸人。三十三个学生由各学校保出来之后，这运动一天比一天扩大，满街的演讲队，劝人抵制日货。六月三日，这一天，政府决心严办，一下子捉了一千多人，先把北大法科改为临时监狱。第二天，又抓了一千多，又在北大文科开设了临时监狱，并且指定由学生供给伙食。学生那时穷得不得了，哪有这笔钱？只好由私人组织起来，送一些饮食给这些"囚徒"们。政府派兵戒严，从东华门、北河沿到北大，计有二十座棚（杜威小姐曾给这些勇士们照了几十张相片，可惜目前已找不到了），日夜看守，使全国为之震动。

　　"那时候，上海领导着罢工罢课，总商会也宣布了罢市三日，天津、汉口、杭州、重庆、厦门、广州，各地响应。这消息连日到了北京，政府对于罢市特别看得重。拖到六月六日，部队悄悄带着帐篷撤了，学生恢复了自由，又陆续在街上讲演。十日那天，政府罢免曹、陆、章三人。十二日内阁总辞职，十三日总理钱能训免职，换了龚心湛。徐世昌也表示辞职，后来却没有辞。至少这是一次倒阁的运动了。

　　"在欧洲的学生，组织了纠察队，王世杰、郑毓秀，都是那时的打手，包围着代表团住所，不许他们去签字，要他们表示正式拒绝。"

　　从五四直到六月二十八日，这个运动才算告一段落。

　　"当我们创办《新青年》杂志时候，我们曾表示有二十年不谈政治不参加政治的决心，希望是在政治以外在思想及文化方面奠定新的基础。不必说《新青年》，只看学生们所出'新潮'内容及写作，虽不谈政治也震动了全国。

　　"朋友之中谈政治也有陈独秀、李大钊、高语罕等人。民国七年十二月，在我回家的时候，北大就成为全国的领导者。"

　　如："教育的工具有了大的改革，白话文的使用蔚为风气，民国八年到九年的一年中，白话的小册子竟有四百余种之多，全国风行。民国十年教育会议决定小学教科书改为白话，后来又决定初中教本改为白话。工具的改革，这个运动乃起了思想革新的始基。

　　"由于白话文的使用，便有了新的文字，不论是小说、戏剧、散文、诗歌，都有了新的成就。而且由各个角落的年轻人参加了这个运动，贡献了不少新的作品。

"思想革新是很重要的，百家平等，打倒了儒教一尊，杜威走了，罗素又来了，一九一七年苏联革命，一九一八年十一月十一日停战，一九一九年便有了社会主义入中国……

"各党派的政治家那时明白了青年是最大的力量，白话是最大的宣传工具，研究系的三个报《国民公报》《晨报》和《上海时事新报》都有了白话的副刊。南方国民党的上海《民国日报》的《觉悟》和《建设杂志》也改为白话。国民党改组以后，更扩大了基础，吸收知识分子，共产党有陈独秀，少年中国学会有李大钊……"

对政治上的影响无疑是更大的。胡氏郑重地说：

"我们的思想，文化的运动变为政治的，变质了，这不能说是一个错误，而应认为是历史的趋势。"

"今天有没有五四运动的条件呢？"许多人都想这样问。

胡适先生的眼光在厚厚的眼镜片下闪动着，他几次避开正面的回答，仅仅说这是要你们新闻评论家作的推论。最后，他却这样说道：

"国民革命是民族主义的革命，二十年了。凡是民族主义革命不免是保守的，一些守旧分子总是说，老祖宗的都是好的。这种观念的扩大，使思想与文化上的进步，很受影响，很有退步。甚至师范学校里有不教国语，讨论的题目是'中国本位'，组织了文化的革新。白话文推进了几十年，而公文仍然是文言。有的而且越发的典雅。

"国民政府初年，教次刘大白建议公文用白话，用标点，如今什么都没有了，一句话，不满意。从我的立场上，从文化的立场上，我要提倡革新的态度，文化、思想，还是应当欢迎五四运动时的德先生、赛先生。"

胡适先生又表示他了解青年的苦闷，他想写一篇文章说明必须努力工作，只有努力工作可以解除烦闷，"必须先把自己这块材料铸成个有用的东西"。对于今日的教育，他认为"太不正当"，小学教育在宪法中规定了六年免费的条文应争取实行；公立的中等学校应加多，而地方财政却太穷。国立的大学可以不花钱来住，则又是世界所稀有。除了上海几个例外之例，北方的私立学校也都不敢随便加学费。

"北大有二千三百多学生是公费，占百分之六十。学校给他们准备的平价衣服，只用二千元便可以买一套。"

干燥的春天，干燥的心情，游人们折完了天安门内的花树，又在明媚的中山公园里普遍偷花，有人用了一叶知秋的原义，而认为由小孩到成人的私偷花木而知四十年的教育的失败。胡先生听了这话，连忙说："外国的教育从没有得到过这样的结果。""教育上的毛病，"他跟着又加了一句道，"只有用更多的教育，才能有救。"

五四运动之后八个月，——孙中山先生在民九一月二十九日给海外同志的信上指出这次运动与革命的关系道：

"自北京大学学生发生五四运动以来，一般爱国青年无不以新思想为将来革新事业之预备。于是蓬蓬勃勃，发抒言论，国内各界与论一致同倡，各种新出版物为热心青年所举办者。纷纷应时而出。扬葩吐艳，各极其致，社会遂蒙绝大之影响。虽以顽劣之伪政府，犹不敢撄其锋。此种新文化运动，在我国今日，诚思想界空前之大变动。据其原因，不过由于出版界——觉悟者从事提倡，遂至与论大放异彩。学潮弥漫全国，人皆勇发天良，誓死为爱国之运动。倘能继长增高，其将来收效之伟大且久还者，可无疑也。吾党欲收革命之成功，必有赖于思想之变化，兵法攻心，语曰革命，皆此之谓。故此种新文化运动，实为最有价值之事。"

故适校长一再引用这些段话，而且频频加以赞美，指出中山先生的伟大之后，便对于今年各方对于五四的特别注意，作幽默语道：

"五四这些年已经不时髦，在国家教科书内没有他的位置了，但是想不到今年又热闹起来了。"

想不到的事情还有一件，就是一九四六年圣诞节前夕强奸北大女生沈崇的美军伍长皮尔逊，在六月下旬竟由美海军部电传宣判无罪了。这正是中国政府需要美国援助的时候，朝野不作一声，而胡适说话了。

"审判皮尔逊时，我全列席旁听，根据一切证据，被告应犯强奸罪。在审判之前及审判其中，我一再申述我对美国法律尊严的信任，现在我仍然如此。所以我希望美海军部长不会批准检察官，取消皮尔逊之罪状。"

胡校长更不同意美国报界所谓皮尔逊被判罪系在学生运动时期的说法，他指出审判系一月十七日开始，二十三日宣判，在学生抗议游行后第二个星期。他的结论是：全中国正严密注视美国法律尊严之试验。学生们跟着便又有一次的宣言呼吁。

意志不容强奸，是非不容颠倒，这就是五四运动的延续。

胡适校长在复校典礼以后说的一次重要的而又最受欢迎的讲话，便是当"五四"第二十八周年纪念会上提出的：我们要"重新估定一切的价值"。

在几千大学生面前，胡适校长慢慢地返老还童了。他好像自外交家的楼梯上下降，避开了空洞无味的鸡尾酒会，脱去了束缚的燕尾服，恢复旧日的书斋生活，重新举起了"考据之斧"，从事于学问方面的开拓。他是实用主义哲学家，他是新思潮运动的领导者，他还是一个温和的、理智地、提倡不流血的革命家，他指出："五四带来的新思潮就是批评精神，也就是尼采所谓重新估定一切价值，以此重估为工具，以批评的精神解决问题为方法，便可以达到改造中国文明的目的。"于是他就这么说了：

"从前认为好的、美的、对的，我们要评判它，从前认为坏的、丑的、不对的，我们也要评判它，反对裹脚，反对文言文，反对孔教会就是些好例证。当时吴稚晖曾说：'戴红顶子来提倡危险思想的。'如今呢，昨日少年今白头，当年的危险分子都老了，但是三十年来的成就太不够，我们要继续重新估定一切价值。"

在十字路口上，胡适校长有两条路：一条是继续腾云驾雾，像代表人民接受宪法似的凌空下去，一条是脚踏实地，特别是与勇敢的年轻人为友，促进中国走上宪政（民主）之路。从这一次"反内战反饥饿"的学生运动看来，胡适校长在青年的前面，虽然只是"谅解"而不是"同情"。然而，他与人民的心声相应，更由于他的存在，五四没有在北平重演，他又说"左边骂你，右边也不喜欢你，这就是自由主义者的道路。"

远在今年的五四之前，胡适校长对于"青年与政治"的关系便有了坚定的表示。那是一个久旱不雨的干燥春晨。当他静静地听着《胡适文存》二集卷三，第二三四页上的一段话道："中年的知识阶级不肯出头，所以少年的学生来替他们出头了。中年的知识阶级不敢开口，所以少年学生来替他们开口了，殊不知少年学生所以干政，正因为中年知识阶级缩首袖手，不肯干政。"

胡适校长听着，眼睛里闪闪有光，他的结论说道："是的，我今天仍然这么想，这种说法对于古今中外都很适用。"他跟着加以阐释道："青年人应当享受青年人的权利，需要游戏，需要娱乐，需要求学，但到政治不能满人意，又没有合法的机构来改革政治之下，干涉的责任便落在知识青年的双肩上。譬如汉宋的太学生请愿，明代东林党的攻击朝政，清代的戊戌政变，乃至辛亥革命五四运动。外国也是一样，一八四八年欧洲的骚动，开始于学生，俄国大革命前夕，戴蓝帽子满处跑的也是学生，印度运动的领导者，也是学生。反之，当政治上了轨道，如美国、英国，今天有了正当合理的机构来改革政治，监督政治，青年人则应享受他们的权利，是娱乐、是运动、是求学、是求爱，是一些青年人的事了。"

胡适校长在"热五月"中，把这一番话翻来覆去地说，对学生，对教授，对中外记者，对党政军负责人。五月十八日他在北平行辕谈话会上公开表示，义正词严地说："中国今天的现状，不要说青年人不满意，就是我们中年人也感觉不能满意的。譬如到现在还在作不合法的逮捕人，真是一种遗憾。"又说："现在的学生运动和五四事实上是一样的。"

北方的总罢课来"反内战反饥饿"清华大学于五月十七日开始，十八日是一个星期日，北大、燕大、中法、交大、北洋、朝阳等校相继于十九日起罢课三天，教授们对于学生的原则，一致同情。

胡适校长在十七日上午，在牙痛中手拟"北大布告第二十九号"，经临时行政会议通过后公布全文如下："这几天来，本校同学们酝酿着罢课，我们体认自身教学的职责，不能不向同学们说几句话。

"我们对同学们的生活，时刻关怀，近来物价骤然激涨，影响到大家的伙食，学校总在设法筹备款项，预先垫发，现在副食费业已调整，粮价计算亦正谋改善，总期能在整个困难局面下，能得到一个合理的解决，我们切望同学们不可为这个问题，轻易举动到功课学业上的牺牲。

"至于教职员生活艰苦，但一定不忍见青年学生为他们的生活而牺牲学业。

"至于同学们对现实政治自由发表意见，我们当然不反对，但政治问题都是很复杂的，都不是短时期能解决的，更不是学生罢课所立能收效的。所以我们很诚恳的希望同学们，郑重考虑，且不可用牺牲学业的方式做政治的要求，此布。"

北方学运提出的"反内战反饥饿"是一个权威性的口号，胡校长无疑的也被重压在这块巨石之下；他有一天自己半玩笑地打开账本算一算说："去年七月校长薪金可得二十八万元，折合美金一百多块，八月调整每月薪金五十余万元，亦可折合一百余美金，年底再度调整薪金近百万元按官价折合80美金，若照现在行市，每月仅合三十五元美金了。"校长每天的薪水折合美金实只一块二角。当北方玉米面自每斤六百元涨到一千四百元的时候，胡校长与饥饿的人民的心声是相应的。为了阻止事态的扩大，他决定不出席参政会，和参政会再见了。

五月十八日下午四时，青年军在西单牌楼打伤了校外宣传的学生，和一辆校车。这个不平凡的星期日，紧张的情况简直要将过去五四的健将与今日的学生成为对立的两极。胡适校长匆匆到北大医院无能为力探望被打的学生，医师问他道："胡校长什么时候来医牙？""这个连我自己也不知道。"

他走时留给学生一百万元的疗养费。

当国务会议通过了《维持社会秩序临时办法》以后，蒋主席又发表了对于全国学潮纯由共产党煽动的谈话，十九日清晨十时，当我访问胡校长时，他对蒋主席谈话不表示意见，自称尚未看到，仅仅对于西单血案表示愤慨，他看到报载青年军的当局谈话更不高兴，"真是岂有此理。"他更表示这绝不是有计划的行为，上层谈疏导，下层来压迫，而实在是一个偶发的事件。

"古今中外，"他郑重地说，"只有一句话：就是不能压。"

那天十一时半，南开大学训导长鲍觉民由北大训导长陈雪屏陪来看胡校长，希望联大态度一致。胡氏更面对很多往访的记者说：

"对于学生运动，由于我们比他们多吃了几石米，只是谅解，谈不到同情，我在北大布告上说，政治是复杂的，但罢课并不能解决问题，罢课是今笨重的工具，一切带罢字的，我都反对，因为他太不具体。政治如果不复杂，政协就不至于开了十一个月，至于学生要革命，离开学校，那是对的，甚至于可以开欢送会，过去北大学生参加黄埔军校时候就是如此。"到了下午，胡校长才看了蒋主席文告，四时半他对往访的记者团重申他三十年来对学生干政的看法之后，说道：

"政府好像不很明了北方情形，关于学潮的谈话，似乎是指沪杭情形，至于所谓学生受共产党煽惑，几十或几百共产党能使几万人行动，也不甚公道，应该说是青年在困难无路中的烦恼，较为合适。当一个国家未上轨道，政治不满人意，而没有一个合法的民意机关监督改善政治，那么，学生必然要干涉政治的。"

胡校长及陈训导长至此乃对学生会代表人公开表明态度：对于学生运动，学校不愿干涉，但有三事要求注意：（一）在文字宣传上避免刺激感情，（二）向老百姓解释的时候，要避免冲突，不要妨碍了交通，（三）同学罢课三天，如期复课，希望院系联合会能放能收。

李主任至此也表示不干涉，于是"五二〇"平津两地都有万人游行。同时天津的学生挨了打，北平的太和殿，另开一个肃奸大会。"反饥饿反内战"的口号在答案会上提出来了：

"要民主，要和平。"

会后定北大红楼前为民主广场，定六二为反内战日。

罢课的第三天下午五时，胡校长请院系联合会代表遵照诺言，如期复课。学生代表称华北学联决议，续罢一天，为受伤同学抗议。胡校长立即表示不可再有刺激的行动。

二十二日，续罢的一天内，刺激行动是有了，但不是罢课学生，朝阳及四中二处都有了流血事件，学生分裂为两派，其中一派可以邀请另外武装来打击另外一派。北大教授发表了宣言，指摘政府的处理办法，胡校长对此事认为不只是一个学校的问题，而是"作风"上有了问题。

罢课延长了，二十四日北大再出布告劝学生复课："前天本校决定复课，我们正觉安慰。不料前晚有别的学校发生事故，本校同学因此又继续罢课三天，我们不赞成同学们用这种方法来应付社会上随时可以发生的波动，这些波动都可以由负责方面逐渐谋合理的解决。成年的大学生应当自己力求镇定，只有自己求镇定，只有自己镇静，才可以应付动态的环境，否则随时可以受外面波动的牵累，随时可以有学业上的重大牺牲，那是最可惜的。所以我们很诚恳的劝告同学们如期复课，切不可再轻易受外面的牵连而牺牲自己与全体同学的学业。五月二十四日。"

胡校长这一周来内心里有一点隐忧，他担心青年军与清华、燕京两校同学之间的误会扩大，由于怕青年军的寻隙，清华每晚提早关大门，燕京有一夜且由外籍教授把门。到了二十三晚，清华学校当局与青年军负责人在农学院聚餐联欢，第二天，清华及燕京的学生代表五个人到二〇八师去访问。青年军方面由陈焕彩副主任说明，有人冒充青年军来打学生，两校代表亦说明有人冒充同学殴打青年军，双方误会，自此冰释，为联络计，今后将彼此交换剧团、球队及游览，当胡校长得到丘八及丘九切实携手的消息后，这一周来从所未有的哈哈大笑起来，并且说："这真是一件空前未有的好消息。"

同时，他又对于文汇、新民、联合三报的奉命停刊发表感想道："自然这不是一个好消息。文汇，我是看的，新民、联合我不清楚内容，虽然我不尽同意文汇报的言论，可是我认为文汇报的公开寄递及出版，是代表了一种文明。我们今天不可以动感情，要容忍要有理智。"

他更以老朋友的口吻说道：

"如果你能不见怪的话，我以为对于学生运动的记载，不论中央社或是大公报都是有太浓的感情。我也要劝告大家都理智一点，如果能有一点幽默，那就更好了。哈哈哈。"

二十六日复课了，胡校长牙痛没有医治也就好了。就在五六月之交的这一周内，北平满城风雨，恐怖异常，治安当局及舆论表示聂荣臻部进攻与学生六二游行配合，将造成"三罢一惨"的结局，从五月三十日起，晚十点就开始戒严，随时检查可疑户口。

胡校长就在这种风声鹤唳中，在行辕记者招待会上宣称：

"学联方面的代表曾向我表示，六二罢课，但不在校外游行，煽动罢工罢市。这真是一种理智而又聪明的决定，一方面地方当局可以省去很多麻烦，而青年方面亦可避免无谓牺牲，所以我向来是乐观的，这种理智范围以内的表示，不游行，不鼓吹罢工罢市，在继续不断的疏导中，慢慢便可恢复平静状况。我曾对青年们说，理智的表示是最有力的表示，唯有自理智出发，不受感情牵涉，思想才能全部表现出来。"

胡校长曾约集外籍记者长谈四小时，解释北方的特殊情形，以"反内战反饥饿"的正确含义借他们的笔传达到全世界。五月三十一日，华北学联开会时胡校长得学联的允诺，与梅校长列席参加，使他非常高兴，他谢谢大家，使中年人能回到青年群里，他劝大家不要再出去游行："如果你们一定出去，就是上帝来了也不能保证你们的安全。"学联开会向来是不公开的，这次是为了对学校当局表示敬意。

胡校长又况："你们如果没有地方开会则校长室及子民堂都可以利用。"他反对同学在民主广场上升民主旗，他问是不是与国旗对立呢。学联方面则表示先升国旗后升民主旗，会毕即自行降落，以企得到校方的谅解。胡校长从这些青年的身边，看到了他们所代表群众的善良影子。

华北学联的不游行的决定公布了，但是北大的周围却像铁桶一样地被包围起来。

北大的民主墙上写着：

> 死去的以白骨与碧血，
> 活着的以悲哀和愤怒。

今天，我们筑起反内战的纪念碑"六二"在北大。

绿地白字"民主"旗上升了。

每一个学校周围都用沙包，麻袋丝网围起来，特别是北大，只留下一条由沙滩通北池子的大道出入都要检查，但人还是像水一样地流进去（一些人就在这种状况下被捕了）。

胡校长穿着一件灰色长袍，面上带着微笑，非常安详地站在烈士台前向千余群众讲演。这次装了扩音机。北大墙外都围满了听众，连军警都在一起听他的话了。他的话是分为三点来说的。

第一，就理论上讲，他重申他屡次公开表示的一个基本观点，当政治腐败而又没有合法的单位从事于改革的时候，这种时候，干涉政治的责任，便自然会落到年轻人的肩膀上。这是一个历史的公式，古今中外，莫不如此，这次学生运动也就这样产生的。

第二，半个月来，北平学生运动很有秩序，很合理智，他个人表示敬佩。他更相信全国教育界都具有同感。现在北平学生提出来的"反内战反饥饿"两大口号，全国的人民甚至全世界的人民，都看得明白，听得很清楚，因为北平的学运没有破坏秩序的行动，以引起枝节的问题，所以人民看到的便是大口号。说到这里，胡校长加重语气道，只有理智的行动最有力量。

第三，他证明这次运动不是被什么奸党或少数一二人所操纵，把持，玩弄的运动。相反的，华北学联表现了真正的民主。他以幽默的语调叙述了他参加学联会的经过道：我首先也以为在那里聚集着许多粗声粗气危险分子，进去了才知道是十二三位学生代表，都那么平心静气地讨论。"你们真有政治家的风度，二十几左右的人，就能这么用理智支配感情，民主的前途是很有希望的。"

胡校长又附带报告北平及北大附近戒严的情形。据警备司令陈继承与市长何思源说，戒严不是对付学生，而是一种对军事上的紧急措施。胡校长要求撤去北大附近的沙包，陈何两位说明他们也不要这样做，不过命令下去后，做的就不同的。胡校长说这话时，嘴角上有一丝笑容，这是"话中有话"的笑容。

从六二的前夕，北大周围便被封锁了，一直到六二的下午才由何市长伴着胡适校长来一重又一重地启封。当会毕回家的时候，胡适校长及另一部校方负责人的车子，在这八卦阵中绕了二十分钟，堡垒被允许开放。胡适校长的车上站了一位校警，当冲出重围时，他当真愤怒了，恨恨地说："你们究竟把学校和学生当成了什么？"

六二的第二天，胡适校长的神经仍在紧张着，他在与各方联络，保释任何一个被捕的学生，他以幽默的口吻对一位专门找奸党证据的负责人道："我以考证家的资格对你们搜集的材料说一句话，我认为是不能成立的。"

对方听了无愠色，最后还是将全部二十六个人，以胡校长的名义保释了。只有公正无私的这位四十三个学位的老博士，才能以自己的"谅解"换取别人的"谅解"。他成为北方的最高当局李宗仁及广大爱国青年之间的最好桥梁，环绕他的周围的有北大、清华、燕大及天津各大学教授们，一而再，再而三地正式宣言，为胡校长的声援。自由主义者，第一次这样地团结起来，展开了堂堂的正义之旗，闹是非的人们，已经在真正是非之前战栗了。

胡适校长以菩萨心肠恕了一切，并且容忍了一切。对于要求了一天一夜而不撤，最末还是由何思源以市长名义，一处一处地命令着撤去的事。他说，这叫"官僚制度的拙笨"他们军人不能像文人一样，何况又正在打得你死我活的时候，所以上下就不能一致。

"你知道文书上有一种红带子吗？我是作了外交官后方才知道的。每一件文书上系那么一条，有的还加上火漆。那么照着命令行事，一天一夜会传到下层的，因为红带子要开要封，一层一层地转下去，把时间都浪费了。"

一个中年人在年轻人中慢慢年青起来了，胡校长的两周努力得到了收获，最后，连蒋主席也都赞美起来平津的"秩序"了。这是理智、容忍及谅解所造成的文明的果实。他听说天津新闻恢复检查了，他频频摇头。"文汇报的自由发行是一种文明，胡适之、陈雪屏、毛子水天天挨骂不回答也是一种文明，在盛大的鸡尾酒会上，李宗仁和叶剑英一起干杯，这也是一种文明。这几年文明已经不多了，为什么又自己减削自己？"

当他知道六月开始的不幸将比五月更多时，他说假如本诸良知，以为是对的，他就做下去好了。"既然要碰到政治，那么俗话说道：瓦罐不离井上破，将军难免阵前亡。牺牲总是免不了的。"在北大开学典礼上，胡适校长说，不仅要自由，而且要独立，他这两周来奏出的民主交响乐，可以说就是自由的、独立的、民主进行曲。胡适是代表人民在三十五年十一月下旬从蒋主席手中接受了宪法。

他说："一千六百余人的国大实为一大训练班，比诸其他国家，并无逊色。张自忠的哥哥张省三为山东人，第一次听到贵州人讲话，以为如此易懂，大为惊愕。此可见中国之大，第一次得到民主训练，如此成果，亦大不易。"胡适自己又说他对实际政治无兴趣，他在十二月三十日返平，在五十天内写了《水经注》跋三篇。只要是认识他的人，他相信决不会因了他接受了宪法而做官。

对于宪法，他以为"是各党派人士协商的结果，就不是一党一派的宪法，而是顾到了全国人民意见的宪法"。他以为这样可以扩大政协的精神与决议，而结果，也许正是他那时所未计划到的，所有希望都变为一场春梦。当他回国的时候，他曾说不愿意多说话，而愿意做个小学生，这也许就全属于小学生的第一课。

南京那时更有个谣传，胡适之可能组党，或恢复《独立评论》，胡氏说"我绝不组党，因为我的兴趣依然在学术方面"，至于独立评论，他说当年很容易"独立"，由十二个朋友各出每月的固定收入百分之五凑成五千元作为资本而创办发行了几年，刊行一千四百余篇文章，但一个铜板的稿费没有付过，"而现在是不很容易独立了。"他又说："张奚若的一篇文章，使独立评论停刊，我太太办了一桌菜谢他，因为她担心我们办下去，随时都有被捕的可能，她天天地乞禧，这时她放心了。"

胡校长是三十五年六月返国的，在归国的船上他听到广播的停战令为之欣喜，但拖到今年的七月初，剿共的动员令下来了。有人去问对于现实政治的意见，他说去年刚回国的时候，我是才做小学生，到现在整整一年我还没有毕业。他说：

"不过，政府总动员令的发布早是既成事实，现在仅仅是加以字面的说明罢了。这是政府态度明确地表示，一个国家的政府，对维护全国人民的安全与整个社会的安定是应有的责任。目前中共并不是用议会的和平方式与其他党派竞争，而自认为是向政府实行革命。"

并且引起了他写文章的动机了。

"我正在写一篇文章，在这文章里，我把政党用为甲、乙二种，甲种政党是用和平手段取得大多数人的拥护，不夺取政权的，他允许其他不同主张的党派同时存在与竞赛争，不用武力夺取政权，也不用武力来维持政权，能上得来也下得去，如战时赫赫大名的英国保守党领袖丘吉尔，战事结束了，工党被选上台，他便也轻轻地走开了。乙种政党是有坚持的组织与铁的纪律的集团，不允许其他任何与他不同主张的政党同时存在，也不允许其他政党将来代替他的位置。自己以外，否认了一切，而且不择任何手段来夺取政权，用武力取得也用武力维持，如俄国革命的共产党，意大利的法西斯党，德国的纳粹党，虽然是属于左右两个极端，但在组织上，却都是属于乙种政党的。

"如果一个政党不用议会的选举手段来取得多数人投票的拥护，只想用武力推翻现存政府，当然是属于乙种政党，一时国家在政府立场本身，严重的表示态度，是应该的而且必要的，政府不能眼看到老百姓在拉锯式的战争里死去。

"孙中山先生手创国民党，最初便是采用了乙种政党的组织，革命成功便认为没有必要了，可是中途变了质，许多反动势力乘机混据了国民革命的招牌，获得了政权，全个的中国便混乱了十几年，及至至民国十三年第一次全国代表大会宣言中，便公开喊出要学习苏俄共产党的办法，加强组织，集中力量，实行暂时性的一党专政，于是制定了军政、训政、宪政的三个阶段。到现在训政时期宣告终了，召开国庆，制定宪法，蒋先生本着这三个阶段的原则，已经放弃了一党政权，改组为多党政府。这又是表现国民党从乙种党再转回到甲种政党来，以军事为手段，训政作桥梁，宪政作归宿，只是走得有些太慢。

"民社党、青年党力量很小，不能与国民党全力相争，毕竟是多党的民主制了，国民党的政治生命在四五年之内决不会为其他党派所代替。民青二党固不可能，共产党也不能。下总动员令后，国际间会起怎样的反响，我不清楚。但是一个国家迫不得已要如此做时，也不能顾及其他了。

"欧洲目前的灾难比亚洲还要惨重。美国的注意力还是偏重欧洲。欧洲的复兴，起码要五十年以上，所以美国还不会把杜鲁门主义马上借机会搬来中国运用。至于美国出售子弹给中国，一亿三千发子弹打不了三天，同时也不适于美式装配，这是美国不要的东西，合众社一向是反共的，'帮助中国政府对付共党'的报道十分不正确。

"总括一句话，不管武力戡乱也罢，和平谈判也罢，老百姓是急于需要和平与安定的，内战破坏之惨为前所未有，难民逃亡之苦亦前世罕闻。只有和平才是老百姓所要求的。"

有人便问他在"两个世界"的暗影下，中国怎样才能独立自存呢？

"眼前世界有两种对峙的大势力，这是不可否认的事实，这两种大势力的分野在最近的一年中，似乎更明朗化了。是祸是乐，会不会就走上武力冲突的路上去，这些问题都有讨论的余地。

"这两年来的形势看，我们可以说苏俄与美国都不顾破坏世界的和平，他们都在筹划本身的安全；苏俄要扩张他的势力范围来谋他本身的安全。美国的新政策当然要使这两大势力的对峙更明朗化。但明朗化正是避免当时国际局势没有明朗化的恶果，我们也可以说，有力量的国家肯明白宣布他们的国际政策，这正是免除国际战争的重要步骤。

　　"我们读这一年里美国朝野领袖的言论，应该可以明白今日美国对苏联'坚定而忍耐'的政策，其主要目的只是使美国的立场明白清楚，不容疑虑。今日只有美、苏两个国家有安定全世界的力量，也有破坏全世界和平的力量。这两个大势力之间有了明朗化的政策，这正是免除误解的起点，也正是世界和平的新起点。

　　"有了明朗化的国际局势，再加上长期集会的国际新机构与国际新生活的训练，使旨趣不同的国家，都有尽量公开辩难争论的机会，使政体与经济组织不同的各国代表都有从辩难争论里相互认识了解的机会，那么，十年或十五年的国际对峙局势也许可以逐渐进步，演变成一个更协调、更合作的新世界了。"

　　虽然两个世界在对立了，虽然两个世界的距离相当遥远，但胡适先生坚信第三次世界大战不会立刻发生。他反对那种"美国可以给人一张选举票，苏联可以给人一块面包"的对比说法。他从国大回来之后就这么说："这似乎不是公允的比较论，美国人民未尝没有面包，苏联人民也未尝没有选举票。但这两个世界的不同，正在那两种选票的使用方式根本不同。苏联因为没有反对党，故一九三六年新宪法之下的选举结果总是百分之一百，或是百分之九十九。美国因为容许反对党自由竞争，所以罗斯福最大的胜利年，总不过人民投票总数百分之六十。（此指一九三六年大选的结果，一九三二年他只得百分之五十七，一九四〇年他只得百分之六十的大胜利，代表自由的政治，代表独立的思想与行动，代表容忍异党的雅量，所谓两个世界的割分，正是在这自由不自由，独立不独立，容忍不容忍的割分。）"

　　胡适先生最会引证历史的人，所以他断然指出在三十年前，谈政治的人只知道一种政党，那就是英国、美国和西欧的政党。但在这近二三十年之中出现了另外一种政治组织，那也叫作政党，但它的性质和英美西欧所谓政党完全不相同。前者的政治斗争是有"胜固可喜，败亦欣然"的雅量，而后者绝对不承认，也不容忍反对党的存在，一切反对的力量，都是反动，都必须彻底肃清铲除。他指出民主党的威尔基竟做共和党的总统候选人。民主党政策，本党无法制裁，社会也往往特别赞许，可称为"独立"的精神。而人民今次大选喜欢佛，下次又喜欢罗斯福也完全是一个"独立"的作风。这就是胡先生的理想的作风。

"孙中山是爱自由讲容忍的政治家"，在胡先生的眼中，那是等于蔡孑民先生的全能，对于毛润之先生，他希望他解除兵权为中国的第二大党领袖，一如在美国时所发出的电报。对于国民党，他说：

"近来国民党准备结束训政，进行宪法，这个转变可以说是应付现实局势的需要，也可以说是孙中山先生的政治纲领的必然趋势。一个握有政权的政党，自动的让出一部分政权，请别的政党来参加，这是近世政治史上稀有的事，所以无论党内或党外的人，似乎都应该想想这种转变的意义。依我个人的看法，这个转变应该是从乙式的政党政治变到甲式的政党政治。这里面似乎应该包括党的内容与作风的根本改革，而不仅是几个政党分配各种选举名额或分配中央与地方的官职地位。如果训政的结束能够引起一个爱自由的，提倡独立思想的，容忍异己的政治新作风，那才可以算是中国政治大革新的开始了。"

胡先生的长处有一点，从北大复员的第一天起，他就在喊自由、独立、容忍。也许他的文章曾为他造成一些烦恼，但他在美国的一点希望还是可以重复的。那就是他希望中苏的关系有如美、加，后者的三千英里国境既可以不设防，前者的三千六百英里的国境也应同样的不设防。美国的防线设到中国来，无疑的，他必能投他反对的一票。

注：一九四一年十二月三十日胡适在纽约举行之美政治学会上演讲称："中苏两国需要友谊合作，因两国边疆接壤四千五百英里，如每一地方驻兵是不可能的，我希望中苏能如美加接壤三千里的办法，没有一兵一卒看守，中苏边疆接壤能这样，则边疆不是隔离现象，而是将成为友谊的表示。"

（原载于《大公报》，天津，1947年7月15日）

毛主席说，有四个人不能忘记……

自从鸦片战争以后，中国一步一步沦为半殖民地半封建社会。多少年来，不少有识之士为了发展工业，建设国防，求得祖国的富强，曾做过的努力。他们虽然在某一时期和某一方面也取得了一定成绩，但最终总是归于失败，更谈不上从根本上改变中国贫穷落后的面貌。他们所做的努力是难能可贵的：他们所走过的道路，至今对我们仍有教益。毛泽东同志早在五十年代中期谈到中国工业发展时就说过，有四个人不能忘记：讲重工业，不能忘记张之洞：讲轻工业，不能忘记张謇：讲化学工业，不能忘记范旭东；讲交通运输，不能忘记卢作孚。

本文谨将毛泽东同志那次讲话提到的四人的情况分别简介如下，以飨读者。

张之洞（一八三七——一九〇九），字孝达，号香涛，直隶南皮（今河北）人。他是清朝同治二年（一八六三）的进士，曾经任过翰林院侍讲学士、内阁学士等职。一八八一年任山西巡抚。一八八四年中法战争时，调升两广总督，曾经起用爱国将领冯子材，在广西边境击败法军。张之洞醉心于举办洋务事业，得到慈禧和醇亲王奕譞（光绪之父）的扶持。一八八九年调为湖广总督，督办南段芦汉铁路（由卢沟桥至汉口），开办汉阳铁厂和湖北枪炮厂，设立织布、纺纱、缫丝、制麻四局。九十年代初，张之洞一跃而成为仅次于李鸿章的洋务派首领：武汉也继上海、天津之后，成为重要的洋务基地。

所谓洋务，包括对外交涉、通商、编练新式陆海军、兴办近代化的工矿企业和交通运输业、设立学堂、派遣留学，等等。早期的洋务派用力最多的是建立军事工业，以"求强"为目的。自六十年代至九十年代，他们先后在各地兴办了大约二十个制造枪炮、船舰和弹药的工厂。这些官办工业，技术上和业务上全由外国侵略者摆布，产品质低价高，维持已感困难，更谈不到扩大生产。而清朝政府由于财源枯竭，也无力再向这些企业提供资金。洋务派首领于是转而谋求建立民用工业，企图仿效外国资本主义以工商致富，通过"求富"来支撑和发展军事工业。同时，在官办之外，另辟"官督商办""官商合办"的形式，吸收私人投资。这些民用企业，包括采矿业、冶炼业、交通运输业、纺织业等。

张之洞早在任山西巡抚时，就打算发展土铁，由海运出口。一八八九年他在两广总督任内，计划在广州珠江口凤凰岗筹建官办炼铁厂，曾委托驻英国公使刘瑞芬订购机器设备。他于这年八月调任湖广总督后，这个拟办的工厂也就跟着他到了湖北。但为了解决原料（铁矿砂）和燃料（煤）的问题，炼铁厂的筹建工作进展迟缓。后来，决定开采大冶铁矿及江夏马鞍山煤矿，于是炼铁厂的厂址问题又引起了争论。有人主张"运煤就铁"，也有人主张"运铁就煤"。张之洞决定"两不就"，而在汉阳建厂以便由他自己就近控制。一八九〇年十一月开始建厂，花了三年多的时间，到一八九三年基本建成。全厂包括大小十个分厂，有炼铁的高炉两座，炼钢的酸性转炉两座，平炉一座，还有轧制铁轨的设备等。一八九四年五月高炉开始出铁。这个厂原定生铁日产量为二百吨，事实上当年的全部产量仅一千一百吨，而且质量低劣，成本高昂，更谈不到炼出合用的钢材了。

应当承认，当时办这样一个厂是很有魄力的壮举。工厂快要建成时，张之洞说："地球东半面凡属亚洲界内，中国之外，自日本以及南洋各国各岛，暨五印度皆无铁厂。……中国创成此举，便可收回权利。各省局、厂、商民所需，即已甚广。"而且他认为产品还可外销日本，因此，"此后钢铁炼成，不患行销不旺"。事实上，这个工厂确是当时东方的一个最大的钢铁厂。日本八幡制铁所到一九〇一年才开始投产晚于汉阳铁厂七年。至于建厂当中遇到的困难，正如张之洞在其奏议中所说："此项工程之艰巨，实为罕有，机器之笨重，名目之繁多随地异宜，随时增补，洋匠亦不能预计。而起卸之艰难，筑基之劳费炉座之高大，布置连贯之精密，尤非他项机器局可比。……"

张之洞在开始筹建汉阳铁厂时说："华民所需外洋之物必应悉行仿造，虽不尽断来源，亦可渐开风气。洋布、洋米而外，洋铁最为大宗。在我多出一分之货，即少漏分之财，积之日久，强弱之势必有转移于无形者。"表明了他的由富而强的梦想。

在对冶炼工业毫无经验，也缺乏知识的情况下，张之洞办铁厂不免有不少舛误。基建方面，他把厂址选择在汉阳大别山（龟山）脚下，煤铁"两不就"，原料和燃料运费很大，产品成本必然提高。加以这里地势低注，地质不好，仅仅筑地基，人工填土九万余方，就花去了一百多万两银子。设备方面，他向英国订购炼钢炉，不先化验铁砂，再决定用什么样的炼钢炉，而是认为"中国之大，何处无煤铁佳矿"，主观决定"但照英国所有者购买一份可也"。结果，买来的三座炼钢炉中的两座酸性转炉，不适合于后来所用的含磷较多的大冶铁矿，影响了所产钢轨的质量。燃料方面，汉阳铁厂开工时，炼焦煤尚无着落，湖北境内两处可用的煤矿，不光储量很少，又没有机器开采，终于只好高价购买北方开平煤矿的煤和外国进口的焦煤。销售方面，张之洞还不懂得，只有炼铁炼钢设备不可能造出钢铁器物，却任意地构思了许多制这造那的设想，结果当然只能化成泡影。后来由于清朝当局准备修筑芦汉铁路，汉阳铁厂就以铸造铁轨为主。但芦汉铁路还没有开工，李鸿章就表示"造路专任洋匠，彼以华厂试造，不若洋厂精熟可靠"，不买汉阳出的铁轨。张之洞也承认，焦煤含硫多，钢轨含磷易脆，但若换用开平煤及进口煤，成本又三倍于外商钢轨的价格。由于找不到销路，张之洞甚至把自产的钢铁请上海的洋行试销，当然只能遭到抵制。张之洞的美妙幻想迅速失败了。这个工厂的一切机器和厂房、工料等，几乎全是从外国买来的。机构庞大，厂里用重金雇用的外国技师约四十人，工人约三千人，产品质量差、成本高，加上经营不善，开支浪费，官吏贪污中饱，原计划用银二百多万两，到一八九五年八月止，一共支出了五百六十多万两，亏折太大。张之洞开始时的想法是先用官款把厂子办起来，然后招集商股，归还官本，实行官督商办。但是这时这种办法已经行不通，所以只好继续使用官款。

张之洞受到了一次又一次的打击。一直支持他的醇亲王奕譞死去了。洋务派大臣阎敬铭去职了。户部尚书翁同龢（光绪师傅）也嫌他浪费太大了。而早在一八九〇年，"言官"、大理寺卿徐致祥就说他"辜恩负职"，是一个"徒博虚名，无裨实际"的罪人。至于地方上说他挖坟毁墓、破坏风水，更是人言啧啧。一八九五年八月间，上谕责备张之洞："湖北铁政，经营数年，未着成效。……着张之洞通盘筹划，毋蹈前失。"

汉阳铁厂开工后一年，张之洞决定把"铁厂一切经费包与洋人"，他曾派人多方探询英、德、比各国。大工厂，是否愿来"估价""包办"。后来他怕因此受人攻击，又放弃了这个主意。一八九六年，张之洞把汉阳铁厂连同大冶铁矿交给积极协助李鸿章举办"洋务"的盛宣怀接办。盛宣怀其人亦官亦商，神通广大，同外国商人和上海的买办商人有很多联系。他接办汉阳铁厂后，名义上是招募商股一百万两，官督商办，实际上是靠挪用招商局、电报局（盛又是这两个局的总办）的款项并向外国银行借款来维持这个企业。从此这个企业差不多成了盛宣怀的私产，内部腐败不堪。盛宣怀及其亲属都发了财，而这个企业则为日本、德国和比利时等国资本所侵入，成为他们争夺的对象。一九〇八年，汉阳铁厂，大冶铁矿，加上江西的萍乡煤矿，合组为汉冶萍公司。张之洞兴办汉阳铁厂等企业，本来是想由富而强，多少转变一点清朝政府和外国侵略者之间的强弱之势，但经他辛辛苦苦筹办起来的汉阳铁厂，后来竟又落入了侵略者之手，这却是张之洞始料所不及的。

张謇和大生纱厂

张謇（一八五三——一九二六），字季直，号啬庵，江苏南通人。十六岁中秀才。一八七四年外出谋生，曾在庆军统领吴长庆幕中办理公文。一八八一年与来投庆军的袁世凯相识。一八八二年朝鲜"壬午兵变"，随军开赴朝鲜（当时为清政府的保护国），因办事干练受到称赞。一八八五年应乡试中举。此后十年中主要掌教于江苏赖榆选青书院和崇明瀛洲书院。中法战争后，张謇在资产阶级改良主义思潮影响下，鉴于"国势日蹙"，产生了"中国须兴实业，其责任须士大夫先之"的思想。一八九四年张謇四十二岁时考中状元，授翰林院修撰。这年七月，中日甲午战争爆发，张謇主战，曾上疏痛劾李鸿章的妥协政策。他这时虽然科举成名，但目睹国事日非，不愿留京做官，决心另走兴办实业和教育的新路。

一八九五年中日战后，根据不平等条约清廷割地、赔款之外还大开门户，允许日本人用机器在中国内地制造土货。张謇的家乡南通盛产棉花，质量优良，早为日本纱厂乐于采用：如果允许日本人用机器生产，势必要加重对土布的打击，无异早已用血喂肥了老虎，现在再用裸露的肉体去喂它，这是多么可怕的前途啊！当时两江总督张之洞看到了这点，策划抢在日本人之前赶办纱厂，分别委托留在苏州镇江、通州本籍的京官办理。张謇接受了创办通州纱厂的任务。

张謇创办纱厂历时五年，在招商集股方面遇到了许多困难，倾注了无数心血。开始他在上海、通州找到广东人潘华茂，福建人郭勋，浙江人樊芬，通州人刘桂馨，海门人沈燮均、陈维镛等六人合作请立案后，决定分通州、上海两股，集股六十万两，潘认集四十万两，沈、刘认集二十万两，订购纱机二万锭设厂。一八九五年十二月，用南通股款在南通唐家闸购地建厂，取名"大生"。第二年刘坤继任两江总督，继续支持张謇建厂。但樊芬、陈维镛申请退出。七月，江苏商务局道台挂嵩庆标卖张之洞四年前订购的四万纱锭（放在黄浦江边，风吹雨淋，将要报废），作价五十万两。这时华茂、郭勋都称股款不易招集，于是张謇提议利用这批机器，以便少筹款项。潘、郭同意后，再由张謇招蒋锡坤、高清二人合为通股，刘挂馨和潘、郭并为沪股，双方各认集股二十五万两，合成五十万两，与官机价值相符。年底，张到上海和潘、郭签约，潘又变计，仍推刘为通股，潘、郭各认招股八万两。一八九七年七月，潘、郭决定退出。张謇不得已乃把官机分作两份，与盛宣怀各领官机二万纱锭作价二十五万两，各集商股二十五万两，在南通、上海分设两厂。挂嵩庆、盛宣怀还答应帮助张謇招股。十二月在唐家闸建造厂基，一八九八年启运机器，建车间，修闸砌岸，建坝，筑路，造桥，到年终基本竣工。一八九九年五月开车纺纱。当年挂、盛允许帮助招股的话全部落空，大生纱厂开始生产就遇到了资金短缺的困难。由于缺乏流动资金，周转不灵，常常因为原料不继，生产陷于停顿。张謇苦无善计，住在上海集股。他一度打算将纱厂暂时出租与人，曾与泾县人朱幼鸿、慈谿人严小舫洽谈。朱、严虽是富商，但市侩习气浓厚，不仅在租金等条件方面故意挑剔、压价，甚至口头谈妥了到签约时又翻悔，并终于拒绝水租。正当张謇滞留上海走投无路的时候，沈燮均从南通来找他，闻讯后不胜感慨，与张謇相约自力更生，回到南通另订救厂计划。后来，沈燮均竭尽全力，以自己经营的布庄的全部资力接济大生，并以布庄的名义在上海、南通贷款来转借给大生；又通过愿意合作的陈又蘧、杜殿周向花贩赊欠取得原料，这样才使大生得到转机。这年，纱价大涨，获利二三十万两。

据沈燮均的长孙沈燕谋（留美化学硕士，回国后被张謇聘为南通纺织学校教授、大生三厂经理）回忆，幼时随祖父到大生总办事楼，曾见到壁上挂着张托南通画师单竹孙所画的《厂儆图》四幅，记载建厂时期的艰辛历程。一为《鹤芝变相》，寓意为初创六人中，潘华茂、郭助中途退出；一为《挂杏空心》，寓意为挂嵩庆、盛宣怀（字杏荪）初允集股而终于食盲；一为《幼小垂涎》，寓意为朱幼鸿、严小舫翻悔承租。（另《水草藏毒幅寓意不明。）

大生纱厂建成时，有原始资本四十四万五千一百两，纱锭二万零四百枚。投产后，经受住了洋货的竞争，年年盈余。这是因为通川地区具有产棉旺、销纱多、运费省、工资廉等有利条件。大生凭借这些条件，压价收花，抬价销纱，压低工资，并改善经营管理，使利润不断增加。一九○四年，利用纱厂盈余和续招新股，增加资本六十三万两，增加纱锭二万零四百枚。一九○七年，在崇明久隆镇（今启东县）办了大生二厂，资本一百万两，纱锭二万六千枚。从一八九九年到一九一三年大生共获净利约五百四十万两，发展成为拥资二百万两和纱锭六万七千枚的大厂，是"欧战以前华资纱厂中唯一成功的厂"。

为了使大生能自成系统，张謇还陆续办了其他企业。为增加棉花来源，一九○○年办了通海垦牧公司：为解决棉籽出路，一九○二年办了广生油厂：为了解决原料和产品的运输问题，一九○四年办了上海大达外江轮步公司和天生港轮步公司：为了维修和制造机器设备，一九○六年办了资生铁冶厂，等等。

张謇称实业和教育为"富强之大体"，为了实现以实业所得兴办教育和用教育来改进实业的主张，他用大生纱厂的小部分盈余以及劝募所得，在本地举办教育文化事业。一九〇二年创办了国内第一所师范——通州师范，后来又办了女师、幼稚园、小学和中学。他还创办了十多所职业学校，其中以纺织、农业和医校较为有名，后来三校扩充为专科，一九二〇年合并为南通大学。在外地，由张謇倡议或资助而设立的学校有：吴淞商船学校，吴淞中国公学，复旦学院，龙门师范，扬州两淮两等小学、中学及师范，南京高等师范和南京河海工程学校等。此外又在通州创办了图书馆、博物苑、气象台、盲哑学校、伶工学社、剧场、公园和医院等。

张謇由于举办实业和教育，声誉越来越高，一九〇四年清政府赏他三品衔为商部头等顾问官，一九一一年学部委任他为中央教育会会长。一九二三年张謇七十大寿的时候，大生三厂已在海门建成投产，大生四、五、六厂也在各地筹建，大生八厂更后来居上已将厂房建成。一九二四年，大生四个纺织厂的资金为九百万两，纱锭十五万五千枚，约占当时全国华厂总锭数百分之七强：另布机一千五百八十余台。其他企业，苏北沿海一带二十个盐垦公司拟分期实行机械化、电气化轮船公司师购了新轮，淮海银行已成立，学校、戏校、剧场……局面日新。他所经营的事业，规模之大，资本之厚，范围之广，在当时民办实业中均属首届一指。

张謇实业的黄金时代在第一次世界大战前后。当时帝国主义忙于战争，无暇东顾。第一次世界大战结束，帝国主义对华的经济压迫转剧，加之国内军阀连年混战，以致民生凋敝，百业萧条。新兴的日本帝国主义向中国廉价倾销它剩余的棉织品，大生纱厂首遭打击。就在张謇庆寿的一九二三年，大生纱厂第一次转为亏损，以至于到了年关，不得不把大生一厂向银行押款还。大生纱厂发生了问题，其他依赖大生纱厂的工厂，也是惶惶不可终日。恰值此时，盐垦地区也遭到水灾，海堤溃决，颗粒无收：棉田又遭虫灾，严重减产。大生纱厂原料无着不得不向外地购进，增加了成本。一九二五年七月，大生一、二两厂已负债一千余万元。同年，上海银行、金城银行等四家银行组织银行团到南通清算账目，接管大生各厂及欠大生款项的各公司。

张謇在政治上属于立宪派，在清末的立宪运动中，居于重要地位。曾任江苏谘议局议长。辛亥革命后任南京临时政府实业总长，但他却拥护袁世凯。一九一三年任袁政府农商总长，至即将称帝时又辞职南归。张晚年思想更加趋于保守和投落，在五四运动和五卅运动中均持反对态度。

范旭东和"永、久、黄"

范旭东（一八八三——一九四五），湖南湘阴人。父亲早年亡故，随母亲和兄长范源濂到长沙定居，家境贫困。范源濂比范旭东年长约十岁，他就学于长沙时务学堂，在梁启超的影响下，接受了变法维新思想。范旭东得到兄长的提携，读过几年私塾，于一九〇〇年去日本留学，一九一〇年以优良成绩毕业于京都帝国大学化学系。在日本期间，他通过与日本同学接触，对日本民族奋发图强的精神感受很深，激发了他的民族自尊心和爱国心，痛恨清朝统治者的腐败。他勤奋学习，努力掌握科学知识，希望学成后报效祖国，使国家臻于富强。一九一一年辛亥革命爆发时，范旭东回国。不久，范源濂出任北洋政府教育总长，范旭东奉派出国考察化学工业。他在英、德、比等国考察制碱工厂时，多次受到冷遇，不让进入生产现场；在英国卜内门碱厂，只让参观锅炉房。这一切使范旭东深受刺激，更加坚定了自力更生、振兴中华的创业思想。

一九一四年范旭东自欧洲考察归来，即着手筹办久大精盐公司，盐是人民生活的必需品，可是，从清朝到民国，多少年来，食盐产销都由官商合伙垄断，人民付出高价吃的是带菌盐。范旭东希望从改良盐质开始，以低价的无菌盐供应人民。他招股集资，在天津塘沽建厂以海滩晒盐或卤水加工，用钢板制平底锅升温蒸发，制成精盐。那时，辛亥革命初告成功，荒凉海滩，萧条渔村，八国联军遗留下来的兵营还飘扬着侵略者的旗帜。就在这里，范旭东迈出了开创我国化学工业的第一步。

久大精盐问世后，深受消费者的欢迎，业务发展极快。创办之初，集资仅五万元，十年后，股本扩大到二百五十万元。但在此期间，旧盐商在官僚代表人物的支持下，经年累月与久大缠讼不休，企图搞垮久大。范旭东则凭借久大公司董事长景本白（与张謇有联系）的力量，与经营精盐的同业组成"精盐公会"（景是首届会长）与之对抗。

范旭东成为民族工商业界崭露头角的人物后，进而提出创办永利碱厂的建议。当时正值第一次世界大战期间，历来垄断我国纯碱市场的英商卜内门公司，因运输困难，供应锐减，而我国纺织业和冶炼工业却急需纯碱。范旭东的建议，得到了久大公司董事会的赞成。永利碱厂创办于一九一七年，厂址与久大盐厂毗邻。范旭东后来回忆说："当我初到塘沽勘选久大厂址时，看到一望无涯的长芦盐滩，洁白的盐粒在阳光下闪闪发光；又见到石灰石遍地皆是，感到资源丰富，可以就地取材，实为创设碱厂的适当地点。"尽管有这样好的条件，范旭东也确有促使我国基本化学工业起飞的精神，但是，在半殖民地、半封建的旧中国，要想创办这样规模宏大、没有先例的事业真是谈何容易！

永利碱厂为掌握先进的制碱技术，付出了巨大的代价，艰苦奋斗了十年，才终于获得成功。开始，范旭东自己进行科学试验，摸索工艺流程，自行设计图纸，再向美国购来设备，然后安装建设。但由于技术不过关，以致设备和安装一改再改，长期不能正常运转。范旭东同国外谈判引进技术，对方提出的条件十分苛刻，如要求规定生产关键工序由他们派人直接操作，不带学徒，不教技术，产品出售要收取专利权费额，要由他们规定市场等。范旭东对此十分愤慨，断然拒绝。他后来还从美国聘请了一位制碱工程师李佐华来永利协助侯德榜总工程师工作。由于永利制碱长期不能过关，范旭东为了维持这个企业，曾经债台高筑，多次濒临绝境，几乎拖垮了久大盐业公司。直到一九二五年，以侯德榜为首的这支技术队伍，成功地制成了纯碱，产量稳定，行销国内，永利才开始打开了新的局面。

永利纯碱为打开销路，同英商卜内门公司进行了艰苦的斗争。永利初期，卜内门认为该厂资金不足，技术人才缺乏，最后必然失败。及至看见永利产碱有望，又利用英帝的政治力量通过盐务署规定工业用盐也必须征税（英国卜内门用盐免税），企图将永利扼杀于襁之中。永利向政府据理力争，才获准免税一年，但条件为永利纯碱售价高于洋碱时方为有效。一年期满，正当"五卅"案起，政府迫于民众反帝呼声，才批准永利制碱用盐免税三十年。卜内门鉴于用政治手段压不倒永利，转而邀永利谈判，提出愿以资金和技术与永利"合作"，范旭东婉言拒绝。英商利诱不成，又故意压低洋碱售价，逼使永利屈服，不料永利全厂职工艰苦撑持，宁肯裁员减薪，依靠贷款度日，始终坚强不屈。当年"红三角"纯碱每担成本约为银洋大元五角，在卜内门"蛾眉"牌纯碱最后压至每担四元二角时，

"红三角"仍依惯例比"蛾眉"低三角出售，竞争之激烈，永利牺牲之惨重，由此可见一斑。卜内门无计可施，不得不向永利声明，今后决不压价竞销，调整碱价必与永利协商进行，永利自此方才保住了国内市场，生产不断提高。一九三〇年又打入了日本市场，委托三井推销部分产品。一九三二年，永利决定扩充设备，增加产量和品种。随后又在江苏六合县卸甲甸筹硫酸铵（化肥）厂，历时三年建成后，日产硫酸铵一百五十吨，填补了我国基本化学工业的一大空白。

范旭东重视科学研究和培养人才，早在一九二四年就以久大、永利给他的酬金创办了黄海化学工业研究社，聘孙川博士为社长，以又陆续罗致国内化工毕业生和留学生四十多人到"黄海"工作。该社除分设化工原理、应用化学等都门外，还单独成立了发酵化学部海洋化学研究室。又选拔了一些人到日本和美国深造。抗日战争期间该社迁至四川犍为县五通桥盐区，指导当地盐户改进生产技术，发挥了很大的作用。抗战胜利后迁回塘沽。新中国成立后迅到北京。中国科学院成立时，该社所有仪器、资料、房屋会部献给国家，研究人员分别参加各单位工作，继续贡献力量。

抗战军兴，天津陷入敌手。久大、永利两厂，连同范旭东在青岛创办的永裕盐业公司、在连云港创办的久大分厂，以及开始生产仅九个月的南京硫酸铵厂，均按照范旭东的意见，停产撤离，大部分职工都到了四川。

抗战期间，久大、永利分别在四川自流井和五通桥两盐区建厂。久大在熬制精盐并提取副产品硼砂方面取得成功，产品运至湖南、湖北销售，为当地人民解决了缺盐的困难。抗战胜利后，久大盐厂交由川康盐务局接管，继续为川盐革新做出贡献。新中国成立后，在党和人民政府领导下，获得了很大的发展。范旭东支持侯德榜搞革新，先后派侯德榜及其他技术人员到德国考察，到美国设立化验室，以后又在永利川厂成立"联碱法"（既取得纯碱，又得到氯化铵）实验中心集中人力，扩大规模，终于取得完全成功。范旭东借此机会，向政府银行贷款正式建厂，并亲自去美国订购设备器材，希望做到钻并取盐开矿取煤，以保证川厂用"联碱法"制碱的原料和燃料供应无缺，不料因日寇南侵，运输困难，这些设备器材未能运回国内。永利川厂不能坐等，只好采用芒硝作为原料，以路布兰法制碱，借此渡过难关。

范旭东还为筹办永利湘厂做过许多努力，但因为他坚决拒绝官僚资本的插手，未能取得贷款。他甚至还有战后在全国建设十七个化工基地的计划（塘沽、南京、四川、湖南四大基地而外，再在兰州、广州、温州、河南等地建厂），但终其一生也未能实现。范旭东在抗战期间还办过中国工业服务社，曾帮助四川南川县开发煤矿和开办酱油厂。他还有过筹办麻袋厂（包装食盐、纯碱）和自营内河航运（运盐碱到湖南和湖北，再由湖南运烟煤回南京供硫酸铵厂之用）的计划，也都没有成功。范旭东曾任中国自然科学社理事三十年，还几度被推选为中国化学会会长，并不遗余力地在经费上支持过许多文教事业。抗战期间，他任过国民参政会的参政员、资源委员会委员。

范旭东生活简朴，毕生以"发展实业""科学救国"为志愿，曾经两次拒绝出任国民党政府部长职务。他思想活跃，热情健谈，处事干练，善于团结职工共同工作。范旭东在参政会中与周恩来、林伯渠、董必武等同志有过多次交往，曾经对他的亲友说："中国的未来，只有靠中国共产党才有希望。"一九四五年十月三日，范旭东因病与世长辞，终年六十三岁。毛泽东主席当时正在重庆，曾题"功在中华"横幅和"化工先进"挽词，表示悼念。周恩来同志亲往吊唁。重庆《新华日报》报道了范旭东逝世的消息。十一月十四日，由二十二个团体发起为范旭东举行隆重的追悼会，参加的有郭沫若、沈钧儒、章乃器、胡厥文、侯德榜、吴蕴初、间幼甫等。胡厥文致送的挽联是：

建国方新，忍看工业有心人渣然长逝；
隐忧未已，何图生产实行者弗竟全功。

卢作孚和民生轮船公司

民生轮船公司是新中国成立前民族资本中最大的一个航运组织，创办人卢作孚。卢作孚（一八九三——一九五二），四川合川县人，小学毕业程度，通过自修取得较高的文化知识。青年时期管任中学教员、教育科长、成都市通俗教育馆馆长等职。一九二五年回到家乡合川倡议集资包办航运，经营嘉陵江下游重庆到合川一线。卢作孚亲到上海订造了一只七十吨小汽艇，价三万余元，取名"民生"。一九二六年六月民生公司在重庆成立，"民生"轮开到后即航行于渝、合之间，以客运为主，货运为辅，业务兴隆，获利甚厚。

当时四川正处于军阀割据时代，合川、重庆分属于两个军阀的防区，而渝、合之间的北碚镇，处于两个防区的交界，更是土匪横行之地。要搞航运，必须取得军阀的支持，否则不但航行受阻，甚至连船只也会被扣。卢作孚通过各方面关系，促成了两系军阀的谅解，成立拥有武装的峡防局于北碚，由卢任局长。渝合线航行成功后，民生公司的业务逐步向渝涪（陵）线发展。一九二九年，军阀刘湘打败军阀杨森后，任命卢作孚为川江航务管理处处长。卢作孚借此机会发展民生公司的业务，不仅获得了渝合、渝涪、渝长（寿）各线的专利权，垄断了大宗货品的运输，而且呈准刘湘，凡军队拉差，也要付给燃料费和四分之一的票款。卢作孚掌握了航管处，在货多时，将兵差派给其他公司，让民生公司独获高价货运；货少时，将兵差派给民生公司，让其他公司的船闲置，民生公司仍有收入。民生公司就是凭借这些特殊关系，在竞争中战胜了同业，业务很快发展起来。

民生公司在它的发展中，对其他同业采取了兼并的手段。同时积极改善经营管理，充分利用仓库、码头、趸船等设备，改进客运服务，极力拉拢同川帮银行的关系。就这样，民生公司的船只逐年增加，航线逐年增多，每年都有盈余。一九三二年民生的航线已由川江延伸至宜昌。一九三四年以后，开辟有合、渝浒、愉碚、渝宜、宜申等长短航线共九条。一九三五年客运四百零八万人，货运六万吨左右。上宜昌设分公司，汉口、南京设办事处，长江全线通航。从创立到这一年，共获利一百五十多万元。

我国的内河航权，早自一八四二年五口通商以后，就为帝国主义者所掌握。长江航运的外商轮船公司，主要有英国的太古、怡和，日本的日清。它们凭借政治上的特权和设备上的优势，垄断长江航运，我国的民营轮船公司根本无力与之竞争。民生公司船只日多，航线伸到了长江下游，引起了太古、怡和、日清等的仇视。它们采用联合压价的办法企图挤垮资本微薄的民生公司，这是帝国主义打击中国民族资本的一套惯用手法。民生公司在外商的挤轧下得以生存发展主要是依靠了人民群众反帝爱国运动的支持。民生公司创办之初，正当北伐高潮，民众反帝爱国情绪高涨。一九二六年九月，英帝因四川万县军民扣留了撞沉木船的太古商轮，竟调来兵舰炮表万县，死伤居民一千余人，毁坏房屋一千余间，造成万县惨案。英帝的暴行激起了人民群众的反抗怒潮，纷纷起来抵制英商航运，工人拒绝装卸货物，受雇者都自行离去。民生公司在这时期得到了初步的发展。九一八事变后，民生公司投入了全国兴起的反日爱国运动。它曾经参加各民众团体召开的"收回内河航权"大会，响应人民群众发出的"中国人不搭外国船，中国船不装外国货"的号召，并带头反对"甲级船员只能由外国人担任"的规定，首先在外国人，均由中国人担任的办法，民生公司的这些举动，打击了英日轮船公司的气焰，博得了各界人士的好评，提高了自己的信誉。当民生公司受到外商压价排挤时，公司职工出于爱国热忱，表示宁肯勒紧裤带，也不让民生公司被挤垮。

民生公司在得到人民群众支持的同时，还针对外商轮船对待中国普通旅客的恶劣态度，大力改善客运服务工作。旅客不仅在生活上得到便利，人格上也受到尊重，都愿意搭乘民生公司的船，甚至宁愿在旅馆多住几天，也要等到民生轮船的班期。民生公司还注意培训基层骨干，延揽技术人才。业务管理上实行了成效卓著的调度会议制度，使企业的首脑从卢作孚起都能及时掌握全局，了解情况和解决问题，严格执行货运管理方面的责任制，重视调查各地物产和商旅情况；制定一整套对职工的人事管理办法，调整劳资关系；重视宣传工作等。

民生公司在外商的排挤下，不仅没有被挤垮，反而得到了发展，而外商轮船公司的业务大受打击，逐渐退出川江。到了一九三五年，川江共有中外船舶八十只，民生公司一家就占了三十八只，而外商轮船只剩下了十几只。

抗日战争开始，民生公司投入了全民抗战的洪流之中。由于国民党政府一再退却，撤退运输工作极为紧张、繁重。民生公司的四十六万八千多吨轮船，抢运了几万吨器材、物资，运送了国民党政府的人员、大批学生和各界人民，这些物资，许多是几十吨的重件，没有适合的码头，装卸全靠手工又还要避免敌机的轰炸，其困难可想而知。民生公司的职工，在卢作孚的带领下，不辞劳苦，不怕牺牲，表现了高度的爱国精神。在撤退运输中，民生公司计有一百一十六人牺牲，六十一人受伤，先后被敌机炸沉炸伤的轮船共十六只，抢运中因着火、爆炸，损失驳船四千多吨，被敌机炸毁的厂房、仓库、码头、器材等，为数更不在少。

尽管民生公司在支援抗战中立下过很大的功劳，但仍然免不了官僚资本对它的垂涎。孔祥熙、宋子文两个财团，都不断寻找机会，企图吞并民生公司。一九三九年，民生公司因资金困难打算增资，孔、宋都示意要投入百分之五十至六十的股份。卢作孚极力避免受到某方面的控制，游说国民党政学系和CC派首脑，造成各派在民生公司投资上的僵持局面，然后改增股为发行七百万元公司债券，由各派分别控制的中国银行、交通银行、中央伴托局、金城银行、农民银行、四角省银行以及各私家银行认购。这样，一债多主，互相牵制，才避免了孔、宋财团的吞并，达到了增资的目的。

抗战期间，国民党政府迁到重庆，川江航运的重要性更为突出，民生公司的地位也益形重要。国民党政府要利用它为自己服务，不得不给以支持，民生公司资产大为增加，最多时曾有船只一百一十六艘计三万六千多吨。此外，民生公司还大量投资于各项企业，投资总额达资本总额的百分之四十以上。还经营美金公债、黄金储蓄，储存了二百万美元外汇。抗战期间，许多工厂内迁，重庆及西南各地区经济曾一度发展，民生公司担负水上运输任务，起到了积极作用。

抗战胜利后，随着国民党反动派发动内战，国民经济破产，民生公司也很快就从发展的高峰上跌落下来，陷入了严重的危机。一九四七年初，根据国民党政府发动内战的总动员令，民生公司将大小十八只轮船的客货运完全停止，编为差船，赶运军需和军队。差运的运价远远低于一般客货运价，加以物价飞涨，维持极为困难。不仅如此，民生公司又为在加拿大借款造船的事，受到了宋子文财团的阻挠，蒙受了很大的损失。同时，宋子文把持的招商局，由于接收了全部日伪船只，以及美国善后救济总署拨给的大批美军剩余舰艇，顿时从原有的十七条船二万三千多吨，变为拥有江海船舶三十万吨，比民生公司大十多倍，形成绝对优势。招商局又采取夺走业务、用高薪拉走驾驶人员、不配给货物任其放空驶回等办法，不断打击民生公司。一九四六年后，民生公司的船已开航台湾、天津、青岛、广州等线，以后在美国购买了三只海轮，航线还伸到海防、曼谷、菲律宾、新加坡、日本等地。当时由于沿海民营航空业尚未恢复，而招商局海轮忙于内战军运，民生公司才得以暂时站稳脚跟。

民生公司在国内遭到官僚资本的打击，在国外原想依靠"盟邦美国投资的梦想也很快落空，民生公司用自己的外汇储备和借来的外汇共美金二、三百万元，买了美国些剩余军用船舶，加工改造成货轮或拖轮。可是后来这批船舶，以及在加拿大订造的船舶，所需一切配件、油料都必须在美国购买，但供应脱节，马上发生问题。至于配件的价格，更是任人索要。一九四六年十一月，《中美通商条约》规定美国轮船可以在中国领海内的各大港口自由航行及停泊，装卸货物，这对民生公司发展海运的企图又是一个严重打击。

新中国成立前夕，民生公司内部矛盾重重，经济上负债累累。卢作孚千方百计借得黄金外汇以求维持，又把一些主要船舶转到华南，希望开港、澳和南洋一带的航线，赚取外汇以资弥补。这一切自然都无济于事。解放大军渡江后，中共上海地下党通知民生公司负责人保护财产，不得破坏、转移，宣传了党对民族工商业的政策。民生公司全体职工，为了保卫船只不遭劫持和破坏，进行了英勇的斗争。卢作孚在香港主持局面，绕室彷徨，焦心苦虑，如何摆脱危机，选择自己的前途。一九五〇年春，周恩来总理派人请卢作孚来京商谈解决民生公司问题的具体方案，希望民生公司在新民主主义建设中继续发挥作用。卢作孚了解了共产党的政策，毅然率领在港的全部船舶，以及在加拿大订造的七艘"门"字轮，于当年六月，在一路欢声笑语中奔向北京。卢作孚任政协全国委员会委员、军政委员会委员，直到一九五二年病逝。

张申府谈逻辑

新任全国政协委员中，有一个八十四岁的张崧年（申府）。最近我见他的时候，他正为北京图书馆校订一本关于罗素的文集。新中国成立前的《当代中国名人录》上有关于他的一段简单介绍：

"张崧年，字申府，河北献县人。法国里昂大学硕士。现任北平中国学院哲学系主任兼教授。国立北京大学哲学系讲师。译有《现代哲学引论》等书。"

张申府说，近三十年来，他住正北京西城根一家深门大院里，生活费来自担任北京图书馆的三级研究员。"文化大革命"中，他的几间屋的存书并没有任何损失，他非常珍惜他能够保存罗素的全部著作。"从五四以来，罗素出一本书就送我一本，一直到他死。"他说，近三十年来，他没有公开发表著作。直到今年，才应约写了一篇《五四运动的今昔》已经由手稿变为铅字。他说，由于腿脚不好，近十年来，一直没有再进北京图书馆的书库，只有"北图"的工作人员来看他。"我是一个书生，每天订的六份报纸，已经够我看的。"张老的眼睛特好，不戴眼镜还可以看清五号字。他说："我能活到现在，是政府给的照顾。"

1919年，张申府在北京大学既是数学系又是哲学系的学生。他说："对我无所谓毕业，就随蔡元培出国了。"在法国勤工俭学时期，就为商务印书馆第一次翻译过爱因斯坦的《相对论》，拿过稿费，但没有印行。张老参加过北伐、抗战，一直教书和写文章，"人家认为我是搞哲学的，其实我最喜欢的是数学。"他和老伴刘清扬中途就分手了。刘清扬女士已于去年逝世。

张氏对于红极一时的英国经济学者凯因斯（John Maynard Key-nes）

很有兴趣。他在所写的一篇人物评介中说："凯因斯原不只是一个经济学家或货币学家，更不只是一个银行事业家，他并且是一个有卓越成就的现代逻辑学家，与英国现代的一些数理逻辑学家如罗素等，也有至好的关联。……凯因斯到大战中还活着……看他那副样子，短短的胡子，长而浓的眉毛，敏锐沉静的眼神，瘦削白皙的面孔，背很有点儿驼，也确像一个文弱的学者，而不像一个活跃于国际上的人物。"西方为了要解决"充分就业"，凯因斯死后又出现了新凯因斯主义。张氏对于这个人是有所怀念的。

他还说："英国学问界，从十九世纪以来，尤其是在剑桥大学里，有一个很好的特殊传统，或说是学风也可以。那就是出名的学者常常都很渊博，尤其常常是逻辑学家与经济学家。如为中国人所熟知的《穆勒名学》的作者约翰·穆勒，不但是十九世纪的一位大逻辑家，也是一位大经济学家。"

张申府自己也是一位逻辑学家，他向往罗素，但又认真地学习马克思主义，以历史唯物主义分析问题。他为"实践是检验真理的唯一标准，评价历史人物要尊重客观事实"而欣喜。他娓娓清谈，说到时代风云，个人浮沉，都不免作长叹息。《中华历史论丛》关于孔子的讨论，他很兴奋地要投入参加。他说："多年以来，我们的态度，就是打倒孔家店，分析孔夫子。"他正在写一篇有关逻辑学的文章，迟迟没有写成。他笑着说："我老了吗？除了腿不行了，我的脑子还行。"

不服老的老数学家——华罗庚

　　中国科学院副院长华罗庚教授是举世知各的老数学家。除了从事艰深的学术研究外，他从六十年代起，就以"统筹法"和"优选法"为轻工业部门做出巨大贡献。他说，在工艺加工上搞优选，在生产管理上搞统筹，不管从体力和脑力方面看，都取得了显著成绩。他认为，轻工业系统职工所从事的工作，一点也不轻。

　　华罗庚从事应用数学的研究与推广工作，曾经到过全国二十多个省、市、自治区，应邀参观视察过数百个轻工业的工厂，同这些工厂的职工讨论问题，分析矛盾，研究应用统筹法和优选法。他关心过东北佳木斯造纸厂的制浆，齐齐哈尔的冰鞋，丹东手表厂宝石的时效处理，沈阳的啤酒生产，天津的透明皂，北京的皮鞋，山西杏花村的汾酒，广西梧州的火柴，柳州的蜜饯，广东惠州的制糖，福州油墨厂的内涂剂，等等，都以应用数学的方法改进了工艺，做到优质、高产、低消耗而又安全，充分发挥了集体的聪明才智，使他留下深刻的印象。

　　早在一九三六年，华罗庚曾去英国剑桥大学研究数学。一九七八年，他以六十九岁的高龄，应邀出席英国达勒姆举行的国际解析数论大会，并做了半年讲学。相隔四十三年，故友新交，都认为他把数学应用到工业、农业生产的实际问题上，为应用数学闯出了一条新路。华罗庚虚心承认中国数学界同国际数学界的差距，却也肯定中国数学界在某些领域的成就。他说："科学的根本是求实。树老易空，人老易松，科学之道，戒之以空，戒之以松，我愿一辈子从实以终。"华老不老，认为中国数学家将在国际间取得巨大的荣誉。

　　去年八月，华罗庚又应邀去旧金山参加第四届国际数学会议。会后，在美国访问了二十六所大学，三家公司，讲演三十八次。他讲的"关于在中国推广数学方法若干问题的个人体会"，即论述优选法原理、作用及如何推广问题，引起美国学术界的广泛兴趣。华氏的两本有名的数学代表作，并有译本先后在德国出版。芝加哥的科学和工业博物馆，把华罗庚的名字写在列有国际著名数学家的墙上。

今年二月底，华罗庚才从美国讲学归来，三月底北京数学界请他做了一次访美报告。这次报告，除了叹息十年浩劫，使中国同国际数学界的差距大了之外，他绝不同意"中国缺少了年青一代"的那些说法。他认为年青的一代的存在是客观事实，绝非是什么"缺"的问题。只由于这一代年轻人的青春被浪费了，因此在他个人来说，就要从难从严地帮助他们，让他们补上失掉的时间。他相信，长江后浪推前浪，一代新人胜故人，在应用数学方面出现的新人，也正是如此。

华罗庚自己总是像年轻人一样，在国际上不断向那些学有专长的学人交流经验，虚心求教。他说："下棋找高手，弄斧到班门。"也就是说，只有不怕在能者前面暴露自己的弱点的人，才能不断进步。这是一位多么值得尊敬的老科学家呀。

钱端升长联悼吴晗

多年从事国际问题研究的钱端升教授，今年已八十高龄。虽然年来多病——老心脏病，新的眼病，不久前还住院做过直肠手术。可是这些日子，老人在精神上表现十分顽强。一天之中，各方面旧友新知来拜访他，已经够吃力了，得空就拿起一个放大镜来看报看书，他书斋里的电话，也给他添了一些麻烦事。全国政协文史资料委员会举行过一次关于征集蔡元培先生史料的座谈会，钱老拿起手杖，戴上墨镜，赶往参加。在发言中，谈及五四运动与蔡元培几进几出的旧事，不由自主地激动起来，流下眼泪。

钱夫人虽然对于过多的来慰问的客人不好意思下逐客令，但她一再说："钱老的血小板只有五万多，医生要他好好休息。"钱老却仍旧与客人大谈国际问题，谈笑风生。有一天，他的学生王铁崖从日内瓦开会刚回来，他一定要留他作长谈，丝毫不顾自己的衰老。其实，钱老只是瘦了一些，胡子刮得光光的，并不显得老，他的衣服穿得十分整洁，一如往昔。只是取消了一个老习惯：天天清晨五六点钟赶到西长安街散步，遥望天安门……

钱端升教授天天拿着放大镜，把手头的报纸一份又一份看得十分仔细。为了一个什么问题，翻阅过大堆参考书。他一如往昔地处理日常生活，照旧把一些问题反复推敲。一天，他说："吴晗开追悼会了，要我写一副挽联，辰伯（吴晗的号）是我的学生，我拼着老命也要给他送一副。"写了几天，大致完成。阴法鲁教授来看他的时候，就向阴请教某一个字的平仄，要求为之订正，表现得那么谦虚而一丝不苟，这是很感劲人的。

挽联上款：悼辰伯同学。下款：钱端升谨挽。二百六十四字的挽联如下：

熟读明史三百卷，通览群书，旁征博引。海忠介清介自持，爱民亦为民所爱，在当时不愧为一个好官。作《海瑞罢官》，帮助人们明辨历史人物之是非善恶。这是功，不是过，君对人民文艺亦有贡献。林彪、"四人帮"假手文痞，大兴文字狱，陷害忠良，罪不容诛。今日拨乱反正，安定团结，形势大好，才可能隆重集会，为君昭雪平反，沉冤大白，君其安息。

共事联大七八年，教学任重，忧国尤殷。共产党真正抗战，为国更为国所需，万千年永远是人类救星。各人认识到，跟共产党走这一真理决定何去何从。君奔走联系，对团结进步力量显具成果。可恨蒋匪帮倒行逆施，杀害我李闻，穷凶极恶，不义自毙。而今侪辈多已谢世，生者值此实现"四化"之际，和广大人民同心同德，力促其成，责无旁贷。

记顾颉刚

八十八岁的顾颉刚在去年12月25日去世了。我和这位一代史家稍有往来，所知不多，但屈指算来，他经历了不少的"八"字。他在八个大学任教（中山，燕京，北京，辅仁，云南，齐鲁，中央及复旦），他参加八种期刊的编辑工作（《中山大学语言历史周刊》《燕京学报》《禹贡半月刊》《遍疆周刊》《齐鲁大学国学季刊》《责善半月刊》《文史杂志》《文讯》），从蒙古到云南足迹远远超过八省，主持过《资治通鉴》和《二十四史》的标点工作，又是三倍于八的工作。逝世前还编成《古史辨》第八册，此书即将出版。

我在《姑苏三老》一文中，记录过此老虽患哮喘，长住病院，但仍是童颜鹤发，自强不息地写作，既为中国哲学史写作，亦同时为中国民间文艺写作，还为集体编著的《崔东璧遗书》写了三万字的序言。他的小客厅里，高悬商承祚赠的甲骨文联语："言行中和，固绥福佑。文史游观，以遣岁年。"容庚在对面以钟鼎文写的对联，则为"好大喜功，终为怨府。食乡务得，那有闲时"。国际友人读了这两副对联，说活画出顾老的一生，真是极为生动的写照。顾老编写通俗文学三百种，宣传抗战，据日本人的估计，发行的各种抄术印本达三千万册，周恩来总理让顾老主持了《二十四史》的标点工作，顾氏一方面说这是前人及别人的工作，推重白寿彝；另一方面痛恨《帮史学》，表示他无法总结这一段功过，我只听他"自强不息"地说："不怕老，不怕病，一生、一世搞中国古代史，总想把两千年来缠扰不清的若干问题提出来，像医学工作者站在手术台前一样。"顾老到老还是拿笔在岗位上战斗。

由张友渔主持、白寿彝主讲《悼念顾颉刚先生》这个隆重而新颖的学术报告会，在北京国际俱乐部礼堂召开，具有非常的历史意义。八十岁的白寿彝向台下七八十岁的老年人照本宣读他写的一篇论文之后，发表了五分钟的讲演，十分精彩，白氏说，郭老（沫若）、范老（文澜）都不是读史学的，半路改行，比科班出身的人，其治学的功力都要好一些。顾老读完万卷书，行万里路，走到哪里，学到哪里。"到处留心皆学问"，顾氏是怀疑派，从不把她自己和治学拘于一个小圈子之中。

这位史学专家言简意赅地演讲了几个非常精简的事证。他说，顾老讲"吹牛""拍马"，有独到之处，他的知识学问是在实践中得来的。顾老讲古书，对于"乘革"不懂，元世祖用"革囊"渡军，也不好懂，顾老到了黄河上游，亲眼看到用牛皮和羊皮吹起来的牛皮和羊皮筏，恍然大悟，"乘革"就是乘牛皮或羊皮筏子渡江河，自古以来就是以牛皮吹起来当船使用的，于是他联想到"吹牛"一词的来源也是可知的。又如"拍马"，也不知道何据何说，当它在蒙古旅行，看到善乘的蒙古人骑马相遇，互相拍马屁股为敬礼，习以为常。于是又恍然大悟，辞源来自蒙古族。顾老一生，脑子里总有新问题，总在想方设法解决新问题，因此他总不断有新计划。提新问题和解决问题，又不能由一个人单干，他就培养青年，组织力量，如办《禹贡》杂志，没有班底，就组织起一个班子，写作人越来越多，杂志由薄薄的一本，变为厚厚的一大本。顾老培养史地学界一班人之功，不能不常此留在我们的记忆之中。

白寿彝教授的总结性发言，此地不比再抄。我和顾老在他去世前三四天，还有一段因缘可述。由于我曾找过北京大学任二北为吴梅（瞿安）写传记，两年前向顾老借用过这位大词曲家吴梅的部分日记，这时候，病中的顾老托人带信来问：八十多岁的任老无恙乎？他毕生从事的敦煌俗文学的整理又怎样了？对吴瞿安先生的传记写得怎样了？我立即复信寄到北京医院，告他任二北穷毕生精力，在北京图书馆同国际各图书馆收集工作，粗告完成，刻已返回扬州故居度其余年。吴梅先生的著作正由中国社会科学院文学研究所的青年同志积极整理中，吴氏文稿则由李一平居士保管无误，请他安心。他关心的事情太多了。这只是一个小小的例子，在他的学术长河中的一个浪花而已。

顾老很关心《大公报》，他打算买一部录音机为我们写《我的生平》，他想从《姑苏三老》（叶圣陶、章元善和俞平伯）在苏州一中同学时谈起。他还说："鲁迅先生对我的批评，我想也要在这本书里讲一讲，我对此也是不能不开口的。"这都成为过去的事了，我也不能不在此提上一笔。在1月23日下午的纪念会上，我看到叶老和章元善都在场翻阅顾老的展览手稿。叶老精神越来越好，重视德育、智育、体育，培养有社会主义思想的一代新人。章元老以87岁高龄还为民主建国会开办英文学习班，还为全国政协文史资料委员会的《文史资料》写了一篇辛亥革命那年他在美国的史料。

美国包华德主编的《民国名人传记辞典》，记载了上百的旧中国"名人"，在"赵元任"一条中，开头就写有他出生在天津的一段，原文如下：

"赵元任原籍江苏武进（常州），他生在华北天津，出身于世代书宦之家。他有一个祖先叫赵翼，是《二十二史札记》的作者。清末，他的祖父在北方做官，赵幼时随其家先后在北京、保定和河北其他地方居住过，因此他能说北方方言。他五岁时，家里为他请了一位江苏籍的老师，他学会了用常州方言背诵儒家经典四书，同时，他又从他的姑母那里学会了常熟的方言。这样，赵元任开始发觉在中国口语中的方言差别。赵元任又学了中国音乐，因为他的父母是有名的昆曲客串演员。"

从这段"家世"说明，赵元任幼年就受过多种方言的锻炼，他开始掌握了学习语音的技术。以后写过《国语入门》《粤语入门》，都是从这一基点开始的。赵生于1892年，1910年考取清华公费留学美国，在康乃尔大学学习数学和物理学。那时，他正在研究汉语标音，曾写了这方面的文章，投登国内的《中国学生月刊》，同时开始作曲。十年后归国。1920年，杜威来中国讲学，由他的学生胡适担任翻译，罗素来中国，则由赵元任担任翻译。由于赵的口齿清晰，引人入胜，罗素的讲学因而比杜威的讲学，给听众获得更好的印象（我国研究罗素多年的张申府教授这样说的）。由此，赵元任的语言天才得到了公认，他自己也决定以语言学研究作为他的终身事业。

1921年，赵元任同杨步伟结婚。杨是一位医生。她的祖父杨仁山是中国有名的佛学家，设立支那内学院，培养出欧阳竟无及吕澂等一代佛学研究名家，具有国际地位，她受其祖父的影响甚深。婚后，赵元任同她去美在哈佛大学担任汉语讲座。1924年，去欧洲进修，遇到瑞典汉学权威高本汉，商定由赵将其《中国（汉语）音韵学研究》译为汉文。

我曾受中国对外翻译出版公司的委托，打听他们什么时候再度回国探亲。他们曾于1973年回国，受到周总理的迎接。大家曾说起他翻译的《阿丽思漫游奇境记》是学习语言的范本。此刻，翻译公司打算为之出版。

1980年，中国佛学家赵朴初居士访美归来，说起九十岁的赵元任夫妇在纽约郊区欢迎他的探视，约定在祖国再会。杨步伟怀念祖父，也怀念支那内学院（新中国成立后已改为金陵刻经处）。赵老是中国佛协的会长。他明白告以该处在十年灾难中遭受损失，但他曾受周总理委托，每年都去探视一次，促其早日恢复。据我所知，今年五月，赵元任回到祖国，曾受邓小平同志的欢宴。但是杨步伟已于去年逝世，赵元任受杨的委托，于赴常州时，过访南京，探视了恢复中的金陵刻经处。亲见那里正在赶印六十七年前由鲁迅先生捐资刻印的《百喻经》，来纪念鲁迅先生一百周年诞辰。赵元任看到该处职工从十几万块凌乱不堪的经版中，大海捞针似的找出雕版，并加了新刻的一块赵朴初写的"因缘"记，为之十分感动。

今年6月，赵元任在北京大学再受"荣誉教授"称号。他的弟子王力教授也获有国际语言学家声誉。他对接班有人很高兴。会后，提起祖国四化，似锦前途，赵元任唱了《教我如何不想他？》的名歌，四座欢腾。清华校庆，九十岁的老校友到了三人，共称人瑞。其中章元善与赵元任欣然话旧，再以昆曲合唱了《教我如何不想他？》清华大学校长欢宴赵氏，赵即席高唱《教我如何不想他？》唱后，记者访问赵氏，问起歌中的他是谁，赵笑称，是他，是她，是它。我体会，他，她，它，都是可爱的祖国。祖国呵！他正在百般困难中走向繁荣富强，"教我如何不想他"？

姑苏三老

苏州籍的老辈文学家在国内为数很多，新文学家叶圣陶是一位。这里所要提出的是顾颉刚、俞平伯、章元善三位。他们在苏州是小同学。

这三位老人都是年在八十岁左右的衰翁，当年他们都是俞曲圆的得意晚辈，都擅长昆曲，曾在不同的场合互有唱和。但今天他们虽同居北京，却连见面都不多，至于赋诗唱曲，那就更难得了。

顾颉刚年岁最长，精力较旺，外界活动不多，但著作甚勤。去冬顾氏因患哮喘，在北京医院休养达两个月之久。家中有中国社会科学院古代所、历史所派去的两名人员，为他抄写整理崔东壁遗书，已经完成。顾氏病愈归来，为之写了一篇三万言长序。他在文章中说，不怕老，不怕病，"一生一世搞中国古代史，总想把两千年来缠扰不清的若干问题提出来，像医学工作者站在手术台前一样"，与"帮史学"奋战到底。

最近他拟为中国哲学史杂志再写一篇长文，余勇犹昔。在顾氏的古雅客厅内，有商承祚书赠的甲骨文联语："言行中和，固绥福佑。文史游观，从遣岁年。"顾老自题，并由容庚写的钟鼎文对联则为"好大喜功，终为怨府。贪多务得，那有闲时"。一位日本学者来到这里，看了这两幅联语，赞叹倍至，认为这是顾老一生治学精神最严肃而又全面的描绘。

我最近遇到顾老时，他指着报上的《民间文学》出版的消息，很高兴地说："这也是我最有兴趣的一门，我早晚总得为他们写点稿子。"曾选出过上千本"俗文学"的老人不服老，壮哉此者！

俞平伯老人近年一再迁居，与顾老所住的地方距离不远，却同他工作地点中国社会科学院文学研究所成了南北极。文学研究所旧址要盖大楼，已经拆掉，俞老曾有一度都不知新址在那里。

俞老前年轻度中风，半边身子不大灵便，但去夏他却兴致勃勃地坐了"政协"小汽车，随着大伙在京郊参观。他看过公社的打渔场，看过新建的大片宿舍，看过老舍早年写的又在重排的《女店员》，笑逐颜开，童颜鹤发，毫无暮气。

对于今年的纪念五四运动六十周年，俞老兴致更高，因为他正是从一九一九年侍亲迁居到北京大学后垣毗邻（当时称箭杆胡同）并开始在北大读书。俞氏居北京，先已历六十五载，堪称老北京。他记性很好，还记得五四运动那天有雨，说今忆古，有诗曰："清明时节家家雨，五月花开分外鲜。""五四"真堪髓"五四"，积薪之象后居先。俞老对家中幼辈及学生们爱抚地说，当年我是孩子，现在还有孩子气。其实，他这指的是习惯于同年轻人多所接触，至今治"红"学成为一个代表人物，此老人所以不老也。

章老元善，亦八十岁人。看来身体较前二老为健，满口苏白，却喜写诗，但究竟也不比二十年前在中山公园常开昆曲聚会时候了。章老新中国成立前即参加民主建国会组织，勤于读书学习，每周不间寒暑，从不缺课。所居邻王府井八街闹市，道上车水马龙，从不介意，谓漫步胜于挤车，也是一种锻炼云云。

章老幼年在美研习化学，回国后办欧美同学会，联系各时期各方面的归国学人。这个同学会组织直到"四人帮"横行时，方告解散，现由北京市政协学委会使用其旧址，较前更为整洁。章氏一手办理华洋义赈会，近亦偶然谈及当年事，他听了南水北调报告，继之又参加了讨论，兴奋异常。

老人说，早年经办赈济，成了一家，从来想不到能根治水患，所谓信用合作的成批贷款，也是便宜了当地土豪劣绅，农民实在得不到什么好处，如今起了根本变化，长江、淮河与黄河联成一线，水道纵横，绿遍华北高原，是百古未有之壮举，老人愿意搭乘试航船，从北京直趋姑苏与杭州。

费孝通有两笔欠账

1月24日，费孝通回到北京就通知我，他由纽约乘中美直航的飞机第2班回国渡春节。他很高兴，地球旅行大大缩短了，他说，他是1月2日去多伦多参加美国科学促进会年会的，8日去哈佛，17日去匹茨堡，20日回纽约，却并没有赶上对"四人帮"的宣判，他为中国社会学的创建再忙一阵儿后，就要到英国接受英国皇家人类学会颁发的赫胥黎奖状，还要去澳大利亚做一次讲学旅行。

费博士方过七十岁，却已是当年国际社会学界的老一辈学人了。它正以无比的潜力调动同辈的一批人的积极性，准备用五年时间再为我国培养第1批社会学的研究人员。我们知道他是1938年伦敦大学的哲学博士。按英国学制，在伦敦经济学读书，即系伦敦大学博士候补生，由该大学指定考官，进行考试及格就给博士学位。获得这一个学衔，并不简单，他和他的老师马林诺斯基是属于国际社会学的一个学派的创造者。近三年来，费孝通出访日本、加拿大、美国，国内的活动也极多。民族问题的研究近年被突出了，费孝通的那篇《关于我国民族识别问题》专文就刊登在《中国社会科学》去年第1号上。文章之前有短文介绍说：本文分析我国民族情况的特点，说明我国发生民族识别问题的背景，并用具体例子说明在民族识别的科研工作中怎样运用马列主义为指导思想，对中国各民族的具体情况进行具体分析。费氏在其专文中指明，到1953年，汇总登记下来的民族名称据称有400多个，在北京王府井大街，《人民日报》画廊上，挂着54个民族的图像，说明这个"识别"工作正在群众中普遍展开。他说，"一个10亿人口的国家，不把国情民情弄清楚，就不知道我们是在什么基础上前进。"就是这么一句话，三年前也没有人敢那么说的。社会学从1958年起禁闭了20多年。

费老不老。去年6月23日在六君子的平反会上，这个年逾古稀的人，却说自己还是后生。还要在"跌跌撞撞，颠颠扑扑"的道路上前进。在那次会上，他表示除在社会学方面的任务外，还想提到两笔老账，想写两本书："一是我在20年前许下的愿，想再到我调查过的江苏本乡的一个农村里去调查一次，为后代留下一本关于这个农村在半个世纪里所发生的变化的忠实记录（按：过去他写过国际熟知的《禄村社会》），国内外的同行们都督促我早日偿清这笔欠账，第2笔账是欠我前妻的，我们两人在30年代一起在广西大瑶山调查，她当时想写的调查报告因为她的不幸逝世（按：她掉在捕捉老虎的陷阱中贡献出科学家的生命），而没有完成，我希望在有生之年完成她的夙愿，写出一本经得住时间考验的书，来偿还这笔欠账。"

在我记忆中，他手中就又有两本新书问世，一本是《迈向人民的人类学》，一本是《民族与社会》。在一次通信中，他曾戏称过去有《浮生六记》，他写成的书已接近十集，想编一套《浮生十记》。看来，十记也还打不住，留美记，留英记……直到"两笔欠账"的完成，谁知道这个自强不息的老头儿在他那小小亭子间里的《浮生》完成十几本书呢？北京宣武区有120户居民的社会调查，还在等他开始呢！

巴金探望沈从文

全国政协大会闭幕，沈从文又一次请病假，没有出席。有些关心他的人士去社会科学院宿舍的十四层高楼去看他，看见他的五楼房门口写着"从文生病"的字样，对来访者表示歉意，也就不敢去敲门，口袋里有纸的关心人，向门缝里塞进一张条子，写上几句致候话，表示了真挚的、朴素的关心的感情。

政协开幕之前，沈从文能够扶着下床走路了，眼睛也有好转。他就离开中日友好医院的第十八层病房，搬到家里休养。沈夫人张兆和同儿子龙朱和虎雏也不必轮流到遥远的和平街去陪住，关心沈从文健康的人，也不愿讲些文坛信息打扰他干扰他的静养。我去过几次，用听不见的敲门声表示问候，望望他写的"从文生病"字样，就安心下楼，他还活着。

有一天，正好碰着照顾他一家人生活的一位无为县姑娘在开门，张大姐也出来了。我问是否可以进去，她说，从文正坐在那里感到无聊，正好要有人去同他讲几句有"滋补性"的话。我笑笑，愿意做这一名不懂医学的医生。因此也就听到说，巴金来到北京，三月二十八日上午九时来电话说要来看从文。张大姐说，这里的电梯有时停得不合时宜，八十岁的老人最好不要来。巴金的孩子传话说，巴老非来不可，他说不就是上五层楼吗，挂着手杖就可以上来了。他执意要来，只好由他的儿女扶着他到了沈家。这天的电梯很好，我到大门口接他们上楼来的。巴金笑着，一路上很高兴。

巴金和沈从文都是八十多岁高龄的人。巴金觉得沈从文大病之后，还能在书桌边上坐半天就不坏，沈从文认为巴金挂着手杖就能走来走去，每天还能写几百字稿子，更为钦佩。巴老问沈君，他近年出版《随想录》每本都签名寄给他，是否收到了？沈从文指指他的书橱第二层的一角，厚厚的摆着巴金的新作品。当然《沈从文文集》也出齐了十二卷，他也同样亲笔签名寄到巴老住所。巴老的新作有国外译本。沈从文说，他也知道德国作家最近译了他的三本书即《从文自传》《边城》和《短篇小说选》，

两位老作家有些话不是用嘴说的，只是可以意会而未必能以言传。张兆和大姐帮助他们回忆二老上次在上海见面的时间。首先是说，八一年从美国回来，过上海时，沈从文过巴老寓所。沈从文插话说，他记得端端（巴金外孙女）出生的那一年去看望过巴老一次。兆和大姐说，端端七八岁了，可以推算出是八一年以前的事了。就我所知，沈从文在大病之前，一直表示他对巴老文章及道德的尊敬，在其书橱内摆着巴老著作的新版本。

巴老向张兆和打听关于沈从文订正中国服装史的情况，据称，沈老身边还有一批专门研究中国古代服装史的年轻人，还能胜任愉快地从事这个工作。张大姐拿出台湾翻印的服装史来给大家看。与原著同样的开本，用黑红色封套，大致一如原书，只是分订两册，并把郭沫若的序文及沈从文的后记都删掉了，用一个《福田》字样作为出版单位。大家摇摇头，不欣赏这种作风，像说，有这么精湛的技艺，多做些正经事不好吗？

自然，也会提到沈从文原著的《边城》电影片，在国内文化界集会上面已经多次演出，导演以表现了原著大自然风物达艺术高度，而得到大奖，可是这个影片的几个拷贝都由外国厂家买去，为什么国内电影院迟迟不予公演？这个问题是在座者谁也不能答复的。

沈家原有的一位小保姆是安徽无为县人，在沈家有两三年了，她熟读沈老作品及其他名家的作品，成为一个小说迷。可是，她家中忽然逼她回家结婚去，而沈老恰恰此时从医院回家休养，一时找不到替手，沈家忙了一阵才又找到日前的另外一位无为小姑娘来为他家做些杂事。沈老的胃口不坏，人已胖乎乎的，每天由人扶着在房子里散步，一时还不能像巴老那样动笔写作。

沈老一家人都喜欢一个小盆景，也喜以此迎客。那个酒杯大小的花盆里种着一棵藤本小树，此时正在萌生新芽。嫩绿喜人，充满生气。大家举杯为两老庆祝，老作家个个不老。

沈从文近况

沈从文前年去过一次美国，同海外研究沈从文的文学作品的人们见了面。

湖南苗族土家族自治州成立吉首大学后，即出版吉首大学学报。其一九八二年第二辑中有刘一友专文《桃李不言，下自成蹊》，介绍"沈从文的作品与人品兼及湘西的沈从文热"，其中说：欧美有好些国家，有好些位文学爱好者都在研究我国作家沈从文。在美国，有四人因研究沈从文获得博士学位，有三十多人获得硕士学位。哈佛大学有一个文学博士写了长达五百多页的有关沈从文的专著。在法国，巴黎大学甚至做出这样的规定，凡是要投考"终身中学中文教员的人，都要读四本中国文学书，其中必有一本是沈从文写的"。沈从文回国以后，完成了从文著作十卷本的编辑印行事宜，修订了《中国古代服饰研究》巨著，不辜负国内外对他的期望。还出去做过几次旅行。介绍文中说，"他曾为新文学运动做出过出色贡献，但在湘西故乡却极少为家乡人所知"。在他的旧居凤凰县城里，四五十岁的人其所以知道他，还搭帮了他那位长期赋闲在家的老兄。老兄的同辈常亲昵地称呼他为"沈瞎子"，因为他戴着一副深度的近视眼镜，由此及彼才知道"沈瞎子"伯伯还有一位老弟在遥远的外地做事，这真是"从文"而不是"从武"。至于这位真正"从文"的凤凰人到底写了些什么，年轻人中连见过书皮的人也不多来了。……这一来，沈从文家乡的年轻一辈就不再是"拐弯抹角""由此及彼"地知道沈从文了。

一九八二年起，沈从文和黄永玉两次回到家乡——土家族苗族自治州的凤凰县的吉首大学来看望乡人，同时为他的《翠翠》电影选择外景及主角。沈从文十分激动地参加了校内座谈并做了谈话。

沈从文曾说，他在北京大学讲课很随便，主要是改文章，有问有答，有时候，你问你的，我说我的。到国外讲学时也是这样。但他到了家乡大学的座谈会上，说的却是朴素亲切的心里话，纵横数千里，上下几十年，有说不尽的乡情和热情。

"我实际上算不得什么作家，也算不得什么考古专家。我在六十五年前从湘西打乱仗出去的。谈文学我是没有资格了，现在没有发言权了，因为现在条件与我们那个时代不同了。谈考古也没有什么。我是在故宫博物馆做了三十年工作，都是些琐碎的、常识性的事。我一直不声不响地在博物馆又做了三十年，一直到'四人帮'倒了之后的一九八一年才调到中国社会科学院工作的。我出了一本关于服装的书，外面讲是中国古代服装史，其实不是。香港已经出版了，实际上是一本很笨、大而不当的书，送到酒吧间都拿不动。我希望在出第二版时，只有五磅重。那时（我会）送给吉首大学一本。

"这几年我的旧作又有机会重印了出来，但这些作品是过去了的东西，没有什么参考价值。大多数作品是五十年、四十年前写的，都是过去生活的反映。有一点用处，那就是和现在比较可以看见我们新社会伟大。六十年前，我在湘西的时候，满地是鸦片烟。新旧社会对照，新社会的伟大就显现出来了。

"我是毫无成就的。我到北京（那时叫北平），主要的是想改变当时的环境，也抱着想读点书的希望。我到了北京，才晓得没有机会。卖报纸北京是分区分路的，想卖报不行。北京讨饭也规定很严，年轻人不允许讨饭，我找到一个旅馆，是过去为科举提供方便的会馆。我就住了下来，又不要花什么钱，幸好我的舅舅、黄永玉的祖父那时就在香山（他帮助了我）。

"北京从五四以来，现在大家提到蔡元培先生伟大的地方，就是学校的一切为学生开门，为教师开门。我看这一点还好。选教授不考虑资格，是著名的事情。梁漱溟先生是考不取北大，过了两年在北大教书的。对学生也是一样，不是学生也可以去北大听课，而且教员有这么个习惯，外面人也可以参加考试，考得好也给分，他也不问你是哪个系的，也可拿奖励，三角五毛的。我就得到这个便利。

在北京的这两年，我是全靠穿单衣过冬天，在北京零下二十八度穿单衣还是一个考验，但我很早就得到了这方面的帮助。我想，我不是什么天才。大家所以欣赏我这个奇特的凤凰人，就是穿单衣过冬不怕冷。所以，什么坚强也说不上的，形势所迫，使我不能动弹。到了文章有点出路了，才好一点。其实我的文化最低，主要是耐心、耐烦，一篇文章总要改来改去，磨来磨去。我的文字成熟得很晚，比较成熟的是一九三〇年到一九三五年，这几年就是写得很多，人家不是骂我多产作家吗？

"我们一块的许多同志，他们有机会读书，进清华（学校）念两年预科，再到美国念两年，回来已经得了博士，每个月拿四百块钱。那时，我每个月从来没有超过四十块钱。后来到学校教书了，每个月才拿上一百块钱，生活比你们所想象的还要困难一些。但我有一个习惯，就是我向前走了，我就不回头，本来我有机会可以回头，向家乡的老上司或者亲戚写封信啦，他可以寄钱给我，但我不回头。

"至于做学问，我根本不能说，若像我这样就糟透了。不仅当时不懂标点，文法，到现在还是不懂。我是个假知识分子，如果说我是知识分子那是一个错误。

"我的家乡话永远改不脱，人家听着就觉得怪里怪气的。我有一个亲戚他是文字改革专家（笔者按：指文改专家周有光），讲语言学的。我们足有将近五十年同桌吃饭，他听了我的话，也有些听不懂。所以，我在学校教书有些吃力，就以写作来作为我的讲学，试写一些作品，或写成了或写失败了。一直到一九三五年印我的选集的时候，从三四十本集子里抽出一些出来编印时，我还是叫它为习作选。我向来认为自己习作五十年，才有机会、有资格按照我的想法去写，以前全部是习作。但是，社会变化太快了，于是我的习作资格也没有了。所以，在写作上就跟不上了，失败了。

"我学习很差，可以说，我只学会十一个字，那就是，为人民服务、实践、古为今用。这是很具体的。但是，对于抽象的东西我总是理解得很差，也很容易犯错误。到科学院后，我选中了去博物馆，实际上是到博物馆去学习。到博物馆三十年来，我见的实物多，坛坛罐罐等都是十万八万的，都很感兴趣。科学院得到周总理的同意，让我编一本书做史料。出于得到各方面的帮助，一九六四年就编出来了。但接着运动就来了，幸好保存下来，印出来还像一本书（笔者按，原书在后五年中一改再改，早已超出原来的规模，而第二版又在大改特改之中）。不过实际上还是很粗糙，充满了实验性的，多半是从实物出发解决问题的。

"后些年来，我写的习作在书店看来是过时了的，有的给烧掉了。台湾也禁止我的书，现在都没有敢解禁令，现在有机会重印出一些来，就是靠一些不认识的香港朋友给我寄来四十本。香港这个地方杂一点，保存了一些书，我这才得以编辑我的选集。不过，编成的书大家不要抱很大的希望，很大的希望是不可能的。都是五十年以前的作品，碰到写家乡的景色以外，社会面貌已基本上改变了，只能把它当作反面教材看。看到我们社会可取的一面，看到我们这个地区新中国成立前人民痛苦的情况，只能这样。也有人说，你把你的家乡宣传得太厉害了，太美了，但到过湘西的人又有同感，说是湘西确实不错。特别是我们湘西人的爽快、热情和爱好朋友，充分得到了朋友们的好评。所以提到这一点，他的话就（不免）多说了一点。"

沈从文身体欠佳，虽然心里想着拼命赶做一些永远也做不完的工作，但他已经不能作远行了。他为即将献映的电影《翠翠》的拍摄做了大量的修订工作。他指出湘西还有很多楚墓，要培养研究崖墓葬的问题。看来保存商文化最多的崖墓葬，前期的葬在巴蜀一代，后期是在湖北、江西等地。"悬棺葬即使是空棺，没有什么东西都不要紧。只要有尺码就能知道它的年代。楚文化是件大事，至少现在还有四千一百座大坟，几千座小坟，原来以为毁掉了，现在知道还埋在土里头，只毁掉周围的碑。"湘西的土家族文化、苗族文化，资料还未发掘，把希望寄托在原始纺织梁的研究方面。他希望吉首大学的研究生能负起上述责任。但是，学校成立后，就没请到可尊敬的教师，吉首大学的责任真不轻呵。

名画家黄永玉也是湘西人。他的祖父是跟着熊希龄（曾任北洋时代的国务总理）来北京在香山办学。沈从文说，曾受到他的帮助。黄永玉谦称自己是个手艺人，不会讲话，他为沈从文在吉首大学的讲话做了补充。他说，我总感觉湘西人干什么都不畏缩，这是大家公认的。正如沈老那样，知道艰难，但不怕苦，不回头。人家说，湘西人是"蛮子"的"蛮子"，却很忠实，但又不太容易屈服，不驯服。湘西人大概就靠这一点在工作，在生活。沈老在我很小的时候就在外面谋生，度着艰难的岁月，我常常想到这些，也常常给自己敲警钟：不要懈怠。

沈从文在漫长的岁月（即将八十岁了）培养了不少一代新人，画家黄永玉，就是其中最优秀的一位，他们永在给自己敲警钟，不要懈怠。

寄自北京

海棠三友章元善

多年来海棠花开的时候，四位苏州籍举人即约期相聚，饮酒赋诗。大前年顾颉刚弃世，叶圣陶大病新瘥，循例仍邀请俞平伯、章元善在叶宅欢聚。海棠花下，剩了三反，但诸老都有"余热"，只是表现不同。今年叶老入院再疗胆石，海棠聚会没有开成。叶老写出诗篇，仍然分送两者订正，然后在《人民日报》公开发表了。我先后看过叶、俞二老，总想去探望一次章元老，而章元老已经九十二岁了，精力过人，开会次数亦过人。每日少吃多餐，日有五次。上月全国政协开会，章老自始至终，住在国务院第一招待所宿舍，大小集会，无不参加，无不发言，吴侬软语，但声如洪钟，足证此老之不老也。

海外以章老毕业于美国康乃尔大学，学化学知名。归国后，章老活动逐步扩大。在颜惠庆执政时，创办欧美同学会，交游广阔，更为中外知名。以后，创办华洋义赈会，足迹遍华北各省灾区，章任总干事，在其手下工作之外国人有数十人，章氏称："用外国人，为中国人民服务；用外国钱，为中国人民服务。"以此成为我国最老的合作社运动的开拓者。当时，晏阳初、梁漱溟、陶行知及金陵大学基督教会学校，各搞各的乡村建设运动。再后，包括国民党办的合作组织，共同受新设经济部合作司的领导，这位统一领导者即章老。但不久，被四大家族所不满，借故将他关在重庆化龙桥，贼喊捉贼，其丑弥彰。章氏出狱后，刻了一方"曾任合作司长"的图章自励、自警，闲以说明办了几十年合作运动，花了几百万捐款一身干净的老人晚年，却有此种不愉快的结局。

抗战胜利前重庆，张家花园有黄炎培、冷御秋、江问渔、穆藕初、杨卫玉五位老人为救国创办《国讯》杂志。章老喜昆曲，并参加了他们之间的唱和。以后，参加民主建国会，投入救亡运动。开国后，任民建会中央委员，全国政协委员。章老在八十出头的年岁，除积极参加大会、小会之外，还自动提出要为民建会的青年人办了一个英文学习班，自任教授。他说当时牙齿已落，痔疮未痊，不让机关来车，强自走路上课。他戏谓"无齿之徒"与"有痔之士"，即指此时此地的授课活动而言。事情发展很不寻常，章氏努力工作却使健康日有增进。真是一位"有志之士"，他以最大的热诚为社会主义建设贡献出最大的力量。

全国政协六届二次大会闭幕后，章老回家休息，我打电话问他的夫人，是否可以约时去谈谈。章老夫人身体也不太好，只说，后天又是五天民建、工商联的常委会，让他歇一天吧。我虽未得章老允许，第二天早上还是去看他。他已正襟而座，翻读大会印发的发言稿，称赞这次会开得好，许多发言十分深刻，篇篇都想看看，苦于没有时间。这位九十二岁老人，如饥如渴地吸收新知，足以示范了。

我告诉他俞平伯老人相约明年海棠花期，要到叶圣陶家集会的事，章老欣然相信，此会可期。又谈及故人赵元任、顾颉刚等学人的著作出版，对其治学态度不胜景仰。谈到友人近年写了不少外籍友人的故事，行将成书，其中不少亦是章老的老友。当此对外开放时期，章老似可也写一本结交洋朋友的故事。章老欣然表示，愿意写一本。我们等待明年海棠花期，庆祝他有一本新著完成吧。

漫记俞平伯

叶绍钧老人大病开刀，恢复之速，超过同时代青年，已于五月二十日返寓。叶家住在一所不大的四合院后院内，门虽设而不关，探视者欣然而往，微笑而出，虽然没有见面，闻讯即满足了。

叶老院内的海棠花早已开过。当年此时，苏州籍诸老如顾颉刚、章元善、俞平伯等均赶在花前作每年一次的小聚，宴饮赋诗，已有多年。去年，叶、俞尚循例欢聚。由一位新加坡来客周颖南为他们摄影留念，放大后印在彩色油画布上，分别挂在他们家中。今年此时，叶老住了医院。时全国政协召开六届二次大会，叶老任副主席之职，大病初愈，亦只好请假，顾已谢世，章、俞只好请假。我探望叶老一次，白眉白鬓均修剪得短些，眼睛却显得更有神采。叶老躺在床上，手中拿着俞平伯来的慰问信，内心激动犹存，回忆了若干年来海棠花下的旧情。我即于翌日去南沙沟看了俞老，向他介绍老一辈的这种感情。

俞老的夫人许莹环前年（一九八二年）去世后，俞老感情上却受了不小的创伤。生活上虽有一个女儿照顾，但室内空空，到处似无人影。我到俞家绕室一周，前后门均锁，敲了十分钟的门，也没有人出来，但我深信俞老自己一定在内，但他因腿脚不便，却不会出来（俞在中国社会科学院文学研究所任职时，"四人帮"的打手叫他专跑茶炉送水，以示惩戒）。半小时后，总算有救，俞家女儿回来给我开门，俞老知道来者也是白了头发的人，才扶着椅子慢慢走出，欣然道故。俞老身子骨不错，腰板挺直，能写小字，但穿着却是随随便便，谁也猜不出他这位当年美国留学生在那时英姿了。我一上来就问他外边"红学"高涨，你有什么感想？俞老对此频频摇头，连说不谈不谈。这位一生治红学的老学者，写了"红楼怕梦"，真是不介入红尘了。但是，然而不然，我问他胡德平会长设置西郊曹雪芹纪念馆事，他却应声而出地说，东西没有真的，但办个纪念馆他是赞成的。可见他说在家中读读闲书一事，也未必全对。若不会友读报纸，又怎能知道这些活动呢？但是，俞老却说，外边有所谓研究俞平伯的学人，在他是一律加以否定。说他半生中的书斋变化聊系着红学的考据，"我是一概不承认的"，俞老愤然作色。我的书全部丢了，还有什么书斋可言。旧事在他内心的创伤还是很难平息的。曹雪芹这个人及其创作，俞老此生中又怎能忘记。不谈旧事，说到叶老身体好，还在听人读报等。俞老兴奋起来说道，明年海棠花开，我们还是要聚会的。我问他，今年为花会写诗了吗？他说叶老还能写诗并寄了来，而他却只能写点小联语了。

俞老的小客厅里除去年海棠花下那幅放大的照相油画外，西墙上还有纪念他的夫人的两件文物，一是早在"壬申三月胡嗣瑗客旧都"时集唐人诗句写的两条联语，联为"长爱谢家能咏雪，始知嬴女善吹箫"。另外则是许宝训画的一幅仕女图。俞老谈起他的夫人莹环时，情意深长，就像夫人还在他的身边似的。他们的感情是永恒的。

处在火热的建设社会主义的大时代的进军号声中，我记下这些身边琐事，在我心头是激动的。叶老的"余热"正在传播，只要他能站起来，他是会在全国政协的会上号召他这一代人为祖国的四化进军的。又如俞老，脚力不好，也是八十五岁的人了，它不能去开会，有时雇出租汽车还有活力，有朋友，吃吃小馆子，说明他有其所爱也有其所恨。多难多灾的旧中国的老一代的学人，心声相通，他们在各自的"天井"里工作着，他们不会辜负这个伟大的时代。

再作一预告，希望不久能看一看并写点自称"无齿之徒"与"有痔之士"的欧美同学会创办人章元善老人近况。

李约瑟博士来信

中国社会科学院长马洪教授于本年初授予研究中国科技史驰名世界的英国李约瑟博士以名誉博士的称号，祝愿他康健长寿，早日完成《中国科学技术史》多卷本这一巨大成就。我国社会科学院研究员温济泽教授同时去电致贺，并希望他再来中国。

李约瑟（Joseph Needham）毕业于剑桥。字丹耀，号十宿道人，他尊崇我国道家思想，以李耳之姓为姓。他前些年来中国北京，曾去白云观（道士观），了解道教炼丹术。当时，中国道教协会陈会长予以接待，并留有备忘录，登在中国道教杂志上，说明了中国炼丹有术，其中不乏科技道理。李氏夫人是化学胚胎学专家，这一对化学家夫妇于一九四一年和一九四八年分别被授予英国皇家学会会员的荣衔。

李约瑟早在一九三七年来到中国，在武汉、重庆等地主持中英科学合作。李博士不仅培养并送中国学生（如《大公报》的马廷栋先生）赴英留学，也对当时共产党领导的解放区提供了帮助，值得怀念。

一九〇〇年在英国出生的李约瑟博士今天的确是到了高龄了。《中国科学技术史》他计划出书七卷二十册，现已出版了十一册之巨，我国在译述中。在这部巨著中参考了中、日文书籍五千五百余种，西方书刊四千多种及两万五千篇论文。为了研究我国"针灸"一词的发展，他查阅二百多种中外书刊后，还亲自来到中国"行千里路"，找万卷书，纠正了许多错误解释，取得科技的正确论据。

本年八月，中国科技研究所就要召开国际科技史会议。在邀请的外箱专家四十一人中，首先就约请李约瑟博士参加。李博士最近派了一位他的学生到北京，为他搜集农业科技史料，曾到过北京农业科学院和南京林业科学院。据他说，李夫人最近去世后，李博士身体也不如昔，有心再来中国参加盛会、看来不易成行。但是，他的愿望是要来中国开会的，目前尚未得到回信。

李约瑟博士在五十年代至六十年代中，任英中友协会长，此后任英中了解协会会长至今。我们从马洪、温济泽两教授处，得到他的年初复信两件，弥足珍贵，附志于后，作为文化上的文献保存吧。

李约瑟博士的两封来信：

一

尊敬的马洪教授：

前已电陈，承蒙贵院授予我名誉博士的称号，不胜感激！我已在中国驻英大使馆举行的招待会上，荣幸地从大使先生手中接受了授予我这一称号的证书。

我对这一荣誉极为珍视，因为他表明了中国人民对于我们四十年来着力从事的工作——撰述中国这一文明古国的科学技术发展史——的赞赏。我下次去北京的时候，一定前往拜访您，以表敬意，同时了解一下贵院正在从事的研究工作。我实在没有什么东西可以教授给贵院的研究生们，不过我很愿意和他们在一起讨论一些问题。

我们刚做了一次长途旅行归来，所到之处包括新加坡、中国香港、休斯敦和纽约市。这次旅行一方面是为了讲学，一方面也是为了筹集资金，我们亟望在不久的将来，为我们的图书馆和研究所建造一座更为适应我们的特殊需要的永久性建筑。它将建在剑桥大学图书馆附近的一个特别安静的地方，我希望这次旅行所建立的一些联系，将会使我们得到大笔捐款，从而筹足所需的建设基金。我已将中国国家科学技术委员会授予我的中国自然科学一等奖的一部分奖金，直接纳入了此项基金。我期待着您几年后能有机会光临剑桥，届时就可以请您参观我们新落成的建筑了。在未来的年代里，它将是西方世界研究和传播中国古典文化的一个前方基地。

顺致

最热烈的问候

二

尊敬的温济泽教授：

不久前，我在伦敦接受了中国大使亲手转交的贵院授予我名誉教授学衔的证书。谨借此短笺，向您表达我极其喜悦的心情。对我来说，再没有什么比这更珍贵的学术荣誉了。我把所有这些荣誉，都看作是中国人民对我们四十年来撰述中国科学技术史方面所做工作的热诚鼓励。以极为感激的心情接受这些荣誉的，不仅仅是我个人，而且也包括我们研究所和图书馆所有参加这个小组的成员。我高兴地告诉您，《中国科学技术史》丛书的更多分卷现在已经或即将付印。目前我们正在抓紧完成该丛书最后几卷的编写工作，这几卷是论述中国科学发展的社会经济背景的。

当下次访问北京的时候，一定前往拜望您，以表达我对您和你们研究生院的敬意。

顺致
最热烈的问候

李约瑟
一九八四年一月九日

忆小方

"七七"事变时候，我和彭子冈都留在北平。我已为《大公报》作采访工作，彭子冈则为《生活》写点稿子，当时是由他的老师沈兹九作联系人。韬奋也曾来信催稿，我们这批政治新闻记者已处于日军四面包围之中。卢沟桥战后，从张自忠、秦德纯处得来的消息都是待命之声，宋哲元在乐陵探亲，有意拖延，迟迟不归。英雄的二十九军仍在第一线准备为保卫祖国一寸土做重大牺牲。范长江、陆诒离开以后，我说，北京将有《庚子落日》的重演，我们留下的人，就要记下这一笔血债。以后，我写下了《北平落日记》等稿，除痛斥汉奸江朝宗等群丑外，对于奉令撤退的二十九军的头头们也有微词。

八月八日，我军退出北平的第十日，"遵约"不入城的日军在街贴满"大日本军入城司令"的布告，有机械化的河边旅团三千人分向彰仪门、永定门及朝阳门三路进城，在天安门集合后，分驻天坛、铁狮子胡同及坛寺等地。北平市停止交通达四小时之久，所过之地，留下的是马粪、宣传纸和坦克的轮印及臭气。

这时，东交民巷外国兵营的高墙和炮楼上的外国新闻记者乘机大肆活动，在日军特许下拍摄了大量的镜头，为之宣扬。当时，我记得我当新闻记者在便道上也拍摄了"落日"的镜头。诸如，关门闭户的街市，用半片面粉口袋画一个红圈圈的旗子，外交部大门外汉奸头子坐的汽车牌号及其中个别人的无耻嘴脸。此时，爱国者与卖国者泾渭分明，当然不在话下。

当时，中外新闻学社摄影记者小方（方大曾）是冒险在日军的刺刀下拍摄这些"忠奸不并立"新闻照片中的一位（后来，我知道还有不少人冒死拍下"落日"的珍贵历史照片。）。事后，我找过他，请他秘密复制几张，由我带到几处《大公报》附刊刊载。小方答应了，而且也复印出来，但是没有转到我手，我就离开了"落日"后的古城。因为我知道那时候，小方已经跟着一批战士辗转到了保定。

过了一年之后，陆诒和秋江都在华北战场同他见过面。他说拍摄的反映时代宝贵摄影照片已为全国抗战报纸所刊用。再后，就得不到他的消息。小方寄给我一篇文章，编在生活书店出版的"沦陷后的平津"一书中。小方有意识讲出他的诤言，如说："不要批评二十九军的撤退，他向着敌人放出第一声解放战争的大炮，他做了我们民族解放的先锋队，这一个功劳将永远记载中国的光荣历史上。"他还说，"北平确已沦陷了，但中国不会亡。"他所熟悉的民先队员（青年知识分子）遍及北平各大学，他们勇于牺牲，一定在抗日战争中取得最后胜利。我说，庚子"落日"是一去不复返了。不久，我们将以胜利者重回北京。小方同志的思想是有深度的，他的预言也一步步实现了。痛心的是，我们这辈人中，已经得不到他的消息了。

写于1989年6月

图书在版编目（CIP）数据

家国萦怀不计年 / 徐盈著 . -- 北京 : 中国文史出版社，2020.1

（政协委员文库）

ISBN 978-7-5205-1877-2

Ⅰ . ①家… Ⅱ . ①徐… Ⅲ . ①社会科学—文集 Ⅳ . ① C53

中国版本图书馆 CIP 数据核字（2019）第 284918 号

责任编辑：徐玉霞

出版发行：中国文史出版社
社　　址：北京市海淀区西八里庄路 69 号　　邮编：100142
电　　话：010—81136606　81136602　81136603（发行部）
传　　真：010—81136655
印　　装：北京地大彩印有限公司
经　　销：全国新华书店
开　　本：16 开
印　　张：26.75
字　　数：400 千字
版　　次：2020 年 7 月北京第 1 版
印　　次：2020 年 7 月第 1 次印刷
定　　价：79.00 元